W0061474

Kirchen- und Theologiegeschichte in Quellen

Ein Arbeitsbuch

herausgegeben von
Heiko A. Oberman, Adolf Martin Ritter
und Hans-Walter Krumwiede

Band IV/2
Neuzeit

Neuzeit

2. Teil: 1870–1975

Ausgewählt, übersetzt und kommentiert von
Hans-Walter Krumwiede
Martin Greschat
Manfred Jacobs
Andreas Lindt

3. Auflage 1989

Neukirchener Verlag

Neukirchener Verlag des Erziehungsvereins GmbH
Neukirchen-Vluyn

Umschlagentwurf: Kurt Wolff, Düsseldorf-Kaiserswerth
Gesamtherstellung: Breklumer Druckerei Manfred Siegel KG
Printed in Germany – ISBN 3-7887-0592-2

CIP-Titelaufnahme der Deutschen Bibliothek

Kirchen- und Theologiegeschichte in Quellen:
ein Arbeitsbuch / hrsg. von Heiko A. Oberman . . .
– Neukirchen-Vluyn: Neukirchener Verl.
NE: Oberman, Heiko A. [Hrsg.]

Bd. IV. Neuzeit / ausgew., übers. u. kommentiert
von Hans-Walter Krumwiede . . .
Teil 2. 1870 – 1975. – 3. Aufl. – 1989
ISBN 3-7887-0592-2
NE: Krumwiede, Hans-Walter [Hrsg.]

Vorwort

Im Vorwort zu Band IV,1 haben die Herausgeber die von ihnen ausgewählten Texte zur Kirchen- und Theologiegeschichte der Neuzeit in den Rahmen des Gesamtwerkes gestellt. Für Band IV,2: Nr. 99–130 zeichnet M. Jacobs, für Nr. 131–200 H. W. Krumwiede, für die Catholica und Oecumenica A. Lindt verantwortlich; Planung und Koordinierung der Arbeit lagen wiederum in den Händen von H. W. Krumwiede. Herr cand. theol. Peter-Werner Gottheis fertigte das Register der Personennamen an und bereitete das Sachregister vor. Der in Band IV,1 ausgesprochene Dank an Personen und Institutionen sei hiermit wiederholt.

November 1979

H. W. Krumwiede M. Greschat M. Jacobs A. Lindt

Inhalt

Verzeichnis der Texte

(1–98 Band IV/1)

Der Abdruck der folgenden Texte erfolgte mit freundlicher Genehmigung der Verlage:

S. 59– 61: Ch. Blumhardt, Eine Auswahl aus seinen Predigten, Andachten und Schriften, 4. Band, hg. v. R. Lejeune, Verlag Rotapfel, Zürich 1932; wir danken hier auch Frau Dr. Lejeune für die persönliche Zustimmung zum Abdruck
S. 66– 67: R. Stupperich (Hg.), Kirche und Staat in der Sowjetunion. Gesetze und Verordnungen = SFOK 1, 1962, S. 5f.12, Luther-Verlag, Bielefeld
S. 74– 76: Max Weber, Politik als Beruf, Verlag Duncker und Humblot, Berlin 1977[6]
S. 79– 82: K. Barth, Der Römerbrief, Theologischer Verlag Zürich, Zürich 1919, 1963
S. 88– 90: F. Gogarten, Politische Ethik, Verlag Eugen Diederichs (jetzt Köln), Jena 1932
S. 90– 93: K. Holl, Gesammelte Aufsätze zur Kirchengeschichte Band I, Luther, Verlag J. C. B. Mohr (Paul Siebeck), Tübingen 1948[7]
S. 95– 97: E. Troeltsch, Deutscher Geist und Westeuropa, in: Gesammelte kulturphilosophische Aufsätze und Reden, hg. v. H. Baron, Verlag J. C. B. Mohr (Paul Siebeck), Tübingen 1925
S. 101–103: R. Bultmann, Jesus, Verlag J. C. B. Mohr (Paul Siebeck), Tübingen 1964
S. 103–104: O. Dibelius, Das Jahrhundert der Kirche, 1926[1], 1928[6], Furche-Verlag
S. 116–117: D. Bonhoeffer, Gesammelte Schriften 2. Band, 1959, S. 48f.64.66, Chr. Kaiser Verlag, München
S. 122–124: K. Barth, TEH 1933, Beiheft Nr. 2 von »Zwischen den Zeiten«, wieder abgedruckt in TEH, Alte Folge Nr. 1, Chr. Kaiser Verlag, München, Rechte bei Theologischer Verlag Zürich
S. 156–162: D. Bonhoeffer, Nachfolge, 11. Aufl. 1976, S. 13ff., Chr. Kaiser Verlag, München
S. 171–172: Auszug aus: A. Camus, Fragen der Zeit, (c) Rowohlt Verlag GmbH, Reinbek bei Hamburg 1960
S. 172–174: R. Bultmann, Kerygma und Mythos I, hg. v. H. W. Bartsch, 5. Aufl. 1967, Herbert Reich Evangelischer Verlag, Hamburg-Bergstedt
S. 208–209: J. L. Hromadka, Der Geschichte ins Gesicht sehen. Evangelische und politische Interpretationen der Wirklichkeit, hg. v. M. Stöhr, 1977, S. 302ff., Chr. Kaiser Verlag, München

99. Die Ethisierung der Religion: Albrecht Ritschl

Albrecht Ritschl (1822–1889), Professor in Bonn und Göttingen stellt über Schleiermacher und Baur hinausgehend die Religion als ein »elliptisches« Verhältnis von Erlösung und Reich Gottes dar. Sie wirkt nicht nur den inneren Trost, sondern zielt auf die Herrschaft des erlösten Menschen über die Naturwirklichkeit. Von Kants und Lotzes Erkenntnistheorien bestimmt, versteht Ritschl den Glauben als ein vom menschlichen Gefühl und Willen formiertes Werturteil. Ritschl wirkt tief in die liberale Theologie hinein (u.a. Harnack), auch in den Evangelisch-sozialen Kongreß.

Die christliche Religion

Schleiermacher hat die Beziehung von Erlösung und Reich Gottes nur unvollständig zum Ausdruck gebracht.

Daran hat ihn ohne Zweifel seine Unterschätzung der Religion des Alten Testaments gehindert, welche als die Vorstufe des Christentums mit analogen Merkmalen, wie dieses, ausgestattet ist. Denn der konkrete Begriff des einzigen, übernatürlichen, allmächtigen Gottes ist auch im Alten Testament mit dem Zwecke des Gottesreiches und mit der Idee einer Erlösung verknüpft. Aber jener Zweck ist in der Schranke des nationalen Staates, diese Bedingung jenes Zweckes allerdings als Reinigung von den Sünden, aber zugleich teils im Sinne der politischen Unabhängigkeit des erwählten Volkes aufgefaßt, teils von der Hoffnung auf wirtschaftliches Wohlsein begleitet, welches mit der vollendeten Herrschaft Gottes eintreten soll. Im Christentum nun ist das Reich Gottes so als der für Gott und die erwählte Religionsgemeinde gemeinsame Zweck dargestellt, daß sich derselbe über die natürlichen Schranken der Volksunterschiede zu der sittlichen Verbindung der Völker erhebt. In dieser Beziehung erscheint das Christentum als die vollendete sittliche Religion. Die Erlösung durch Christus, so wie dieser Begriff auch die Rechtfertigung und Erneuerung umfaßt, ist ebenfalls von allen Bedingungen natürlicher und sinnlicher Art entkleidet, um in dem rein geistigen Begriff des ewigen Lebens zu kulminieren. Auch die sinnenfälligen Unterschiede, unter welchen das Leiden Christi verlaufen ist, bezeichnen nicht schon dessen Bedeutung für die Erlösung, sondern dieselbe haftet an der Einwilligung in dieses Leiden, oder an dem unter diesen Umständen bewährten Berufsgehorsam gegen Gott. Und sofern sich die Erlösung durch Christus in der Rechtfertigung und Erneuerung vollzieht, wird eine Befreiung von den Übeln erzielt, welche sich von den alttestamentlichen Erwartungen als geistiger Vorgang spezifisch unterscheidet . . .

Nun hat sich die Theologie, namentlich die in den evangelischen Konfessionen sehr ungleich für diese beiden Hauptmerkmale des Christentums interessiert. Alles, was den Erlösungscharakter des Christentums betrifft, ist Gegenstand der genausten Überlegung gewesen, und demgemäß findet man in der Erlösung durch Christus den Mittelpunkt aller christlichen Erkenntnis und Lebensführung, während dabei die ethische Auffassung des Christentums unter der Idee des Reiches Gottes zu kurz kommt. Aber, so zu sagen, das Christentum ist nicht einer Kreislinie zu vergleichen, welche um Einen Mittelpunkt liefe, sondern einer Ellipse, welche durch zwei Brennpunkte beherrscht ist . . . Nun ist es für den Protestantismus verhängnisvoll gewesen, daß die Reformatoren nicht die Idee des sittlichen Reiches Gottes oder Christi von der hierarchischen Korruption [des Katholizismus] gereinigt, sondern dieselbe in einer nicht praktischen, sondern nur dogmatischen Auffassung ausgeprägt haben. Abgesehen nämlich von Zwingli, welcher auf diesem Punkte seine besondere Ansicht hegt, erklären Luther, Melanchthon und Calvin das Reich Christi als den innern Zusammenhang der Gnade und ihrer Wirkungen zwischen Christus und den Gläubigen. Diesen Gedanken setzen die Dogmatiker beider Konfessionen einhellig fort, indem sie aus dem Schutze gegen die der Erlösung feindlichen Mächte, welchen die Gläubigen in dem Reiche Christi genießen, ein Argument des religiösen Trostes schöpfen. Erst Kant hat für die Ethik die leitende Bedeutung des »Reiches Gottes« als einer Verbindung der Menschen durch Tugendgesetze erkannt . . .

Da jedoch Jesus selbst in dem Reiche Gottes den sittlichen Zweck der von ihm zu gründenden Religionsgemeinschaft erkannt hat, da er darunter nicht die gemeinsame Ausübung der Gottesverehrung begreift, sondern die Organisation der Menschheit durch das Handeln aus dem Motiv der Liebe, so würde jeder Begriff vom Christentum unvollständig und deshalb unrichtig sein, der nicht diese spezifische Zweckbestimmung in sich schlösse. Weiterhin kommt in Betracht, daß Christus diese sittliche Aufgabe des Menschengeschlechts nicht als eine philosophische Lehre im Allgemeinen ausgesprochen, noch sie in einer Schule verbreitet, sondern daß er sie seinen Jüngern anvertraut hat, welche zugleich von ihm durch andere Anleitung als Religionsgemeinde konstituiert worden sind. Indem nämlich das sittlich gute Handeln auf die Mitmenschen hin unter den Gedanken des Reiches Gottes gefaßt ist, wird dieses Gebiet selbst unter die Norm der Religion gestellt.

Das Christentum also ist die monotheistische vollendet geistige und sittliche Religion, welche auf Grund des erlösenden und das Gottesreich gründenden Lebens ihres Stifters in der Freiheit der Gotteskindschaft besteht, den Antrieb zu dem Handeln aus Liebe in sich schließt, das auf die sittliche Organisation der Menschheit gerichtet ist und in der Gotteskindschaft wie in dem Reiche Gottes die Seligkeit begründet.

Die interessierten Werturteile

[Es] ist nicht zu verkennen, daß jedes stetige Erkennen der Dinge, welche unsere Empfindung erregen, durch Gefühl nicht bloß begleitet, sondern auch geleitet ist. Denn sofern zu jenem Zweck Aufmerksamkeit nötig ist, tritt zunächst der Wille als Träger der Absicht des genauen Erkennens ins Mittel; das nächste Motiv des Willens aber ist das Gefühl als Ausdruck davon, daß ein Ding oder eine Tätigkeit des Begehrens oder ein Ding des Wegschaffens wert ist. Werturteile sind also bei jeder zusammenhängenden Welterkenntnis maßgebend, mag dieselbe auch in der objektivsten Weise durchgeführt werden . . .

Wenn man also darauf gefaßt ist, daß das religiöse Erkennen im Allgemeinen und deshalb auch das christliche in Werturteilen besteht, so ist diese Bestimmung ebenso ungenau, als wenn man dem gegenüber das philosophische Erkennen als das uninteressierte bezeichnet. Denn ohne Interesse bemüht man sich um nichts. Man hat also zu unterscheiden zwischen *begleitenden* und *selbständigen Werturteilen*. Jene sind wirksam und notwendig bei dem theoretischen Erkennen, wie bei aller technischen Beobachtung und Kombination. Allein selbständige Werturteile sind alle Erkenntnisse sittlicher Zwecke oder Zweckwidrigkeiten, sofern sie moralische Lust oder Unlust erregen, beziehungsweise den Willen zur Aneignung von Gütern oder zur Abwehr des Gegenteils in Bewegung setzen . . .

Das religiöse Erkennen im Christentum besteht in selbständigen Werturteilen, indem es sich auf das Verhältnis der von Gott verbürgten und von dem Menschen erstrebten Seligkeit zu dem Ganzen der durch Gott geschaffenen und nach seinem Endzweck geleiteten Welt richtet . . .

Daß das religiöse Erkennen in Werturteilen verläuft, ist glücklicher Weise von Luther im Großen Katechismus in der Erklärung des ersten Gebotes anschaulich gemacht worden. Deus est et vocatur, de cuius bonitate et potentia omnia bona certo tibi pollicearis, et ad quem quibuslibet adversis rebus ac periculis ingruentibus confugias, ut deum habere, nihil aliud sit, quam illi ex toto corde fidere et credere . . . Haec duo, fides et deus, una copula coniungenda sunt . . .[1] Die Erkenntnis Gottes ist nur dann als religiöse Erkenntnis nachweisbar, wenn Gott in der Beziehung gedacht wird, daß er dem Gläubigen die Stellung in der Welt verbürgt, welche die Hemmungen durch dieselbe überwiegt. Außerhalb dieses Werturteils durch den Glauben findet keine Erkenntnis Gottes statt, welche dieses Inhaltes wert wäre. Eine rein theoretische »uninteressierte« Erkenntnis Gottes ist also auch nicht als die etwa notwendige Voraussetzung der Glaubenserkenntnis zu erstreben. Man sagt freilich, erst müsse man Gottes oder Christi Wesen erkennen, damit man danach auch ihren Wert für uns feststellen könne. Das ist aber eben nach Luther's Einsicht nicht richtig. Vielmehr erkennt man das Wesen Gottes oder Christi nur innerhalb ihres Wertes für uns. Denn Gott und Glaube gehören untrennbar zusammen; der Glaube aber ist bekanntlich kein allgemeines oder bloß auf die geschichtliche Tatsache gerichtetes Erkennen, sondern ist nur mit solchen Merkmalen vorzustellen, welche Luther geltend macht.

Quelle: A. Ritschl, Die christliche Lehre von der Rechtfertigung und Versöhnung Bd. 3, 1888³, S. 8ff. sowie S. 193ff. 197. 201f. – *Literatur:* O. Ritschl. Albrecht Ritschls Leben, 2. Bde., 1892/96; G. Hoek, Die elliptische Theologie Albrecht Ritschls, 1942; Chr. Walther, Typen des Reich-Gottes-Verständnisses, 1961, bes. S. 137ff. = FGLP 10,20; P. Wrzecionko, Die philosophischen Wurzeln der Theologie Albrecht Ritschls. Ein Beitrag zum Problem des Verhältnisses von Theologie und Philosophie im 19. Jahrhundert, 1964; H. Grewel, Die Bedeutung des heiligen Geistes in der Theologie Albrecht Ritschls, 1962; R. Schäfer, Ritschl. Grundlinien eines fast verschollenen dogmatischen Systems, 1968 = BHTh 41.

1. Gott ist und wird der genannt, von dessen Güte und Macht du dir alle Güter gewißlich versprichst und zu dem du in allen Unglücksfällen und hereinbrechenden Gefahren Zuflucht nimmst, so daß Gott haben nichts anderes ist, als ihm von ganzem Herzen trauen und glauben. Diese zwei, Glaube und Gott, sind durch eine Copula miteinander verbunden.

100. Kritik am Kulturchristentum: Franz Overbeck

Franz Overbeck (1837–1905) stellt 1873 mit seiner Schrift »Über die Christlichkeit der Theologie« die Beziehungen zwischen Christentum und Kultur auf eine neue Ebene. Er bezeichnet das Verhältnis von Religion und wissenschaftlicher Theologie, von Glaube und Geschichte als eine Diastase. Im Mönchtum erkennt er die Gestalt der ursprünglichen christlichen Religion. So unterscheidet er auch zwischen einer exoterischen und esoterischen Form des Christentums. Karl Barth hat später an Overbecks Gedanken, insbesondere an dessen Auffassung von der christlichen Urgeschichte in ihrem Gegensatz zum patristischen Christentum angeknüpft.

Das Christentum habe, hört man heutzutage häufig behaupten, einen »Zug zur Wissenschaft«. Verständigen wir uns, um diesen Satz beurteilen zu können, zunächst darüber, in welchem Sinne darin von Christentum gesprochen wird. Das

Christentum in der Form, in welcher es zu den modernen Völkern gelangt ist, ist keineswegs nur eine Religion, es ist zugleich eine Kultur. Das griechisch-römische Altertum wird in den Stunden, in denen es sein Ende fühlt, christlich und gewinnt sterbend die Kraft, uns zu seinen Erben zu machen, so daß nun gleichzeitig, von denselben Händen und als ein einheitliches Gebilde die modernen Völker mit der christlichen Religion auch die Kultur des Altertums empfangen haben. Die Sache so angesehen kann man auch sagen, das Christentum sei die Einbalsamierung, in welcher das Altertum auf unsere Zeiten gekommen ist. Versteht man dies unter Christentum, so hat die Behauptung, es habe einen Zug zur Wissenschaft, keinen Sinn, denn so verstanden hat es die Wissenschaft schon in sich selbst. Nimmt man es aber als das, was es ursprünglich ist und zunächst ausschließlich war, als Religion, so kann nichts falscher sein, als der angeführte Satz, da so genommen vielmehr das Christentum, wie jede Religion, die unzweideutigste Abneigung *gegen* die Wissenschaft hat. Wie jede Religion: denn der Antagonismus des Glaubens und des Wissens ist ein beständiger und durchaus unversöhnlicher . . .

Quelle: F. Overbeck, Über die Christlichkeit unserer heutigen Theologie, 1873, zitiert nach: Neudruck der 2. Auflage, 1963, S. 22.

Die Wissenschaft hat sich von der Kirche völlig emanzipiert, ihre Beweismethoden schafft sie sich selbst und wendet sie ohne alle Rücksicht auf Zwecke, die außerhalb ihrer selbst liegen, an, keine einzige ihrer Disziplinen ordnet sich bei ihrer Arbeit den Bedürfnissen des Christentums unter, völlig unbekümmert sind alle um etwaige Kollisionen mit Vorstellungen der christlichen Tradition und am wenigsten schrecken sie vor der tatsächlichen Häufung dieser Kollisionen zurück. Da nun die Theologie, sofern sie Wissenschaft ist, eigene Erkenntnisprinzipien nicht hat, sondern, wenn sie nicht im Stande ist, solche den anderen Wissenschaften zu diktieren, sie nur von ihnen empfangen kann, so ist ihr nicht einmal der Wahn mehr möglich, sie sei christliche Wissenschaft. Denn läßt sich nicht mehr verkennen, daß es solche überhaupt nicht gibt, so kann sich auch die Theologie so nicht mehr ansehen, wobei es ganz gleichgültig ist, daß der Zweck der Theologie kein rein wissenschaftlicher ist, und es völlig genügt, daß sie überhaupt Wissenschaft in sich hat, da die Natur dessen, was sie davon hat, sich nicht durch diesen Zweck, sondern durch den sonst geltenden Begriff der Sache bestimmt. Ist nun aber im Grunde von jeher das Christentum für die Theologie ein wissenschaftliches Problem gewesen, so ist doch gar heutzutage zu verkennen nicht mehr möglich, daß dieses nichts anderes heißt, als daß die Theologie das Christentum als Religion problematisch macht, d.h. als solche überhaupt in Frage stellt. Und zwar gilt dies von aller Theologie, welches auch ihre Resultate sein mögen . . . Namentlich aber die moderne Theologie ist gänzlich außer Stande etwas, was auch nur einer Religion ähnlich sähe, zu reproduzieren. Gleichgültig kann eine Religion insbesondere gegen ihren Besitz an Mythen sein, nur so lange ihre mythenbildende Kraft eine lebendige ist, d.h. so lange die Wunderkräfte, die ihren Mythos hervorbrachten, noch in ihr fortwirken. Diese Kräfte sind in der christlichen Welt bekanntlich längst dahin, im Grunde seit es eine christliche Theologie gibt, und weil schon früher der christliche Mythus in das Stadium einer starren Tradition trat, ist die historische Interpretation desselben, vor allem seiner kanonischen Urkunden, schon früh in der Christengemeinde getrieben worden . . . Unsere heutige Theologie dagegen weiß nicht nur nichts mehr von einer anderen Interpretation der christlichen Religionsbücher als der historischen, sondern huldigt überhaupt dem fast unbegreiflichen Wahne, daß sie des Christentums auf historischem Wege wieder gewiß werden könne, was jedoch, wenn es gelänge, höchstens eine Gelehrtenreligion ergäbe, d.h. nichts, was mit einer wirklichen Religion sich ernstlich vergleichen läßt . . .

Quelle: ebd., S. 34f.

Die Spannung zwischen Ordinationsgelübde und wissenschaftlicher Überzeugung sucht Overbeck so zu lösen:

Es ist dies die Unterscheidung eines esoterischen und eines exoterischen Standpunktes des wissenschaftlich gebildeten Theologen. Über deren Unumgänglichkeit dachten die ersten Theologen der alten Kirche aufgeklärter als wir . . . Der wesentliche Unterschied des Wissenden und des Glaubenden aber ist im Wesen der Dinge so tief begründet, es ist so gewiß, daß der Theolog die Objekte des Glaubens, die er wissenschaftlich durchdacht hat, anders betrachtet als der einfach Gläubige, daß jeder in der Praxis in tausend Fällen sich exoterisch verhalten, d.h. seine Theologie für sich behalten und einen Glauben, der ihrer nicht bedarf, ungestört lassen wird. Dennoch steht einer prinzipiellen und unbedingten Anerkennung der bezeichneten Doppelstellung jedes praktischen Theologen ein in der Welt des Protestantismus überhaus mächtiger Grundirrtum im Wege. Ein solcher Irrtum nämlich ist die Meinung, der Geistliche habe seiner Gemeinde gegenüber seine persönlichen Ansichten und auf wissenschaftlichem Wege gewonnenen Überzeugungen zu vertreten, die er »mit voller innerer Wahrheit« ihr verkündigen könne. So scheinbar diese Meinung klingt, so anerkennenswerte Empfindungen ihr zu Grunde liegen, so ist sie doch eine der üppigsten Quellen der Verlegenheiten und Wirren der protestantischen Kirchen. Einmal entvölkert unsere Kirchen nichts so sehr, als daß man es in ihrem Gottesdienst so viel mit den persönlichen Ansichten ihrer Prediger zu tun hat . . . Sodann nutzt unsere Geistlichen nichts so sehr ab, als daß ihr Amt einen so beständigen Anspruch auf ihre Person macht, daß sie sich selbst so wenig dabei vergessen können und insbesondere in seiner Hauptfunktion, der Predigt, so ausschließlich Lehrer und gar nicht Priester sind. Freilich ist der strenge Begriff des Priesters im Protestantismus so vollständig entwurzelt, daß an seine Wiederherstellung in diesem Bereich nicht zu denken ist. Auch hat ja darin der Protestantismus gegen die katholische Kirche, auf überreiche Erfahrungen gestützt, jedenfalls Recht, daß sich das volle Priestertum, d.h. die vollständige Opferung des Individuums an das Religionsamt von Menschen nicht fordern läßt. Dennoch ist der Begriff des Priesters für jede Religion so wesentlich, daß er in einer religiösen Gemeinschaft, so lange diese irgend welches Leben noch in sich hat, vollständig fehlen kann . . . Hat aber dem Gemeindebeamten diese seine Aufgabe vor allem voran zu stehen und muß er dennoch unter Umständen seine wissenschaftlichen Überzeugungen durchaus unterdrücken und als solche überhaupt nicht hervortreten lassen, so steht nichts im Wege, ihn in sein Amt mit einer Verpflichtungsformel einzuführen, die seine persönliche Überzeugung ganz unzweideutig und vollständig freigibt, ihn aber in der Ausübung seines Amts durchaus an das Bedürfnis seiner Gemeinde bindet, sei es daß die Formel einfach auf diese oder auf gewisse in der Gemeinde anerkannte Symbole laute . . .
Die Fähigkeit aber der eben bezeichneten heutzutage den Theologen vorliegenden

Aufgabe einigermaßen und zwar mit Würde zu entsprechen, wird zu verschaffen nichts mehr geeignet sein als tiefe, die Einsicht in Welt und Menschen erhellende und über den Streit der Parteien wirklich erhebende wissenschaftliche Bildung . . .

Quelle: ebd., 139ff.145. – *Literatur:* C. A. Bernoulli, Overbeck und Nietzsche, 2 Bde., 1908; W. Nigg, Franz Overbeck. Versuch einer Würdigung, 1931; K. Löwith, Von Hegel zu Nietzsche, 1950², S. 402ff.; K. Barth, Unerledigte Anfragen an die heutige Theologie, in: Die Theologie und die Kirche, 1928, S. 1–25.

101. Rudolf Todt

Rudolf Todt (1839–1887) schreibt 1871 auf eine Anregung Stoeckers hin das Buch »Der radicale deutsche Socialismus und die christliche Gesellschaft«, ein erster Versuch, von christlicher, protestantischer Seite aus die Beziehungen zum politischen Sozialismus hin zu klären. Todts Sozialkonservatismus bereitet den Weg zur Begründung einer evangelischen Sozialethik und zu den späteren Versuchen Stoeckers und der Kathedersozialisten, vom Boden der evangelisch-sozialen Staatsauffassung her politisch aktiv zu werden. Zum *Begriff des Sozialismus im allgemeinen Sinne* schreibt Todt:

Der Kundige weiß, daß, wenn heute vom Sozialismus die Rede ist, er nicht bloß an die bösen Sozialdemokraten und ihre Lehrmeister Marx, Lassalle, Liebknecht, Bebel, Hasselmann zu denken hat, sondern daß es auch Kathedersozialisten gibt, d.h. Männer, die an nichts weniger als an eine Bundesgenossenschaft mit den Sozialdemokraten denken. Er kennt ferner die Christlich-Sozialen mit ihren Führern v. Ketteler, Moufang, Schings etc., Leute, die auf die Dauer nun und nimmermehr Freundschaft mit den atheistischen Sozialisten halten können. Er weiß endlich von den Sozial-Konservativen, denen unbestritten die eingehendste und umfassendste Kenntnis und das tiefste Verständnis der großen Bewegung eigen ist, die aber schon mit der zweiten Hälfte ihres Parteinamens bekunden, daß sie den zerstörenden radikalen sozialistischen Elementen gegenüber konservieren wollen. Alle diese Parteien gehören zu den verschiedenen Nuancen des Sozialismus . . .
Was ist aber nun die soziale Frage?
Zunächst nicht eine einzelne, sondern ein Komplex von einzelnen Fragen; weshalb es auch korrekter wäre, nicht von *der* sozialen Frage, sondern von *den* sozialen Fragen (der Lohn-, Wohnungs-, Frauen- und Kinderarbeits-, Fabrikarbeiter-, Tagelöhner-, Lehrlings- etc. etc. Frage) zu sprechen. Als solchen Komplex aller einzelnen sozialen und wirtschaftlichen Fragen definieren wir sie heut als:
die Frage der ganzen modernen zivilisierten Gesellschaft nach der Stellung, welche diese Gesellschaft sich selbst gegenüber in ihren einzelnen Bestandteilen einnehmen soll in Bezug auf ihre wirtschaftliche Zusammensetzung und soziale Ordnung; sie ist die Frage, welche die Gesellschaft an sich selbst richtet zum Zweck des ernsten Besinnens auf sich selbst, der ernsten Selbstprüfung, des aufrichtigen mit sich selbst Ins-Gericht-Gehens.
In diesem Sich-selbst-Fragen und Auf-sich-selbst-Besinnen liegt aber zweierlei: Einmal die Anerkennung eines Ideales, und zwar sowohl für das Verhältnis des Menschen zum Menschen wie für das Verhältnis des Menschen zu Gott, mag das Ideal nun in der modernen berühmten Humanität liegen oder in der unmodernen heiligen Schrift; das andere Mal die Vergleichung der Wirklichkeit, in der die heu-

tige Gesellschaft lebt, mit diesem Ideale, und weiter in der Folge dieser Vergleichung ein Auffinden von wirklich schneidenden Widersprüchen der tatsächlichen Zustände mit diesem Ideale . . .
Was also ist der Sozialismus im allgemeinen Sinne?
Er ist das Streben, den mit lebhaftem Bewußtsein empfundenen Widerspruch der heutigen realen wirtschaftlichen Zusammensetzung der Gesellschaft mit dem gewissen Bevölkerungsteilen vorschwebenden Ideale derselben durch eine neue Wirtschafts- und Sozietätsordnung zu lösen.
Unter diesem allgemeinen Begriff lassen sich alle heutigen sozialistischen Bewegungen auf dem Erdball zusammenfassen.

Kritik des Neuen Testaments
Das ganze Neue Testament – ebenso wie das alte – *ist ein einziges fortlaufendes großes Zeugnis von diesem Widerspruche, der zwischen Ideal und Wirklichkeit obwaltet.* Es spricht von dem Menschen als von dem Ebenbilde Gottes idealiter und dem Menschen als dem Sklaven der widergöttlichen Selbstsucht, dem Sünder schlechthin, realiter. Es redet vom alten Menschen und neuen Menschen, von den Kindern der Welt und den Kindern Gottes . . .
Und endlich, durchzieht nicht wie ein roter Faden das ganze Evangelium die Aufforderung, diesen Gegensatz zwischen dem göttlichen Ebenbilde, zu dem wir erschaffen, und dem sündigen Zerrbilde, in das wir uns verwandelt haben, auszugleichen, indem wir die Mittel, die es uns dazu darreicht, und die Wege, auf welche es uns hinweist, freudig und ernstlich ergreifen und betreten? »Lasset euch versöhnen mit Gott«, ist der Grundton der guten Botschaft (»Evangelium« wörtlich: gute Botschaft). »Euch ist heute der Heiland geboren« ist die Voraussetzung derselben.
Wenn wir also bei unserer allgemeinen Begriffsdefinition des Sozialismus stehen bleiben, so können wir in diesem abstrakten Sinne den Sozialisten nicht Unrecht geben, sobald sie Christum als Sozialisten proklamieren. Als derjenige, der da zeuget von sich: »Ich bin das Licht der Welt; wer mir nachfolget, wird nicht wandeln in Finsternis, sondern das Licht des Lebens haben«, konstatiert er diesen Gegensatz zwischen Ideal und Wirklichkeit und gibt zugleich die Lösung desselben nicht bloß an, sondern fordert zur Initiative in derselben auf. In diesem abstrakten Sinne ist er Sozialist, freilich nicht der erste, sondern der letzte und vollkommenste einer langen Reihe von Zeugen, auch im Alten Testamente.
Aber das Neue Testament redet hier vom Verhältnis des Menschen zu sich selbst und – zu Gott. Der Sozialismus aber faßt Ideal und Wirklichkeit nur in ihrer Beziehung zur wirtschaftlichen Zusammensetzung der Völker auf. Ist auf dem wirtschaftlichen Gebiete – und auf dem politischen, von dem wir hier nicht zu reden haben, ebenfalls – nun eine solche Kritik der tatsächlichen Zustände, ja sogar eine Lösung etwaiger Widersprüche mit ihrem Ideale erlaubt?
Wir sagen: Ja. – Denn das Neue Testament behandelt nicht bloß das Verhältnis des Menschen zu sich selbst oder zu Gott allein, sondern es umfaßt ebenso dasjenige des Menschen zum anderen Menschen, zu seinem Nächsten. Es stellt unter allen sittlichen Geboten die Nächstenliebe obenan, ja Christus proklamiert sie gerade als den Kern des ganzen Sittengesetzes. Die Nächstenliebe aber ist ein Akt des freien Willens im eminenten Sinne. Nicht minder aber basieren die wirtschaftliche Zusammensetzung und die aus ihr resultierenden oder sie bedingenden sozialen Ordnungen auf der menschlichen Willensfreiheit. Auch die neueren National-

ökonomen betonen wieder mehr die ethischen Momente für ihre Wissenschaft. Es ist das ein Satz, diametral entgegengesetzt dem heutigen herrschenden Wirtschaftssystem (Manchestertum), welches auch im wirtschaftlichen und sozialen Leben ebenso wie im Personleben nur ewige unabänderliche Naturgesetze anerkennen will . . . [*Das neue Testament*] negiert absolut und schlechthin die Dominierung des Naturgesetzes und proklamiert die Willensfreiheit.
Gilt also die Aufforderung des Evangeliums, der Lösung des Widerspruchs zwischen Ideal und Wirklichkeit nachzustreben, auch für das Verhalten der Menschen unter einander, so können wir auch die wirtschaftliche Zusammensetzung eines Volkes von derselben nicht ausnehmen. Wir können vom Standpunkt des Neuen Testamentes aus dem Sozialismus in seinem innersten Wesen die Berechtigung nicht versagen.
Nach dieser allgemeinen Definition des Sozialismus hat also jeder strebsame Christ, der es mit seinem Glauben ernst nimmt, eine sozialistische Ader in sich und jeder Sozialist, so feindlich er sich sonst dem positiven Christentum und der Kirche gegenüberstellt, trägt ein unbewußtes Christentum in sich. Wir empfinden auch diesen Widerspruch der tatsächlichen Verhältnisse in Staat, Kirche und wirtschaftlichem Leben mit den entsprechenden Idealen, die uns Gottes Wort gibt, der eine mit größerer Lebhaftigkeit, der andere mit geringerer, und suchen denselben auf eine uns angemessene und zweckentsprechende Weise zu lösen, und – in dieser Empfindung stoßen wir zuerst auf den Punkt, wo sich Sozialismus und Christentum berühren, der Punkt, in dem die geheimnisvolle Kraft des ersteren steckt: Bewußtsein des Widerspruchs der Wirklichkeit mit dem Ideale . . .

Quelle: R. Todt, Der radicale deutsche Socialismus und die christliche Gesellschaft, 1878², 41ff.44ff. – *Literatur:* W. Bredendiek, Christliche Sozialreformer im 19. Jahrhundert, 1953; M. Seils, Die Bedeutung Rudolf Todts für die Begegnung zwischen der Evangelischen Kirche und dem Sozialismus, in: . . . und fragten nach Jesus, Barnikol-FS, 1964, S. 228ff.; F. Völkerling, Der deutsche Kathedersozialismus, 1959; A. Gladen, Geschichte der Sozialpolitik in Deutschland, 1974.

102. Kulturkampf

a) Einführung von Zivilstand und obligatorischer Ziviltrauung im Deutschen Reich (1875)

Im Rahmen der gegen die römisch-katholische Kirche gerichteten Kulturkampfgesetzgebung wurde in Preußen am 9. März 1874 und für das gesamte Deutsche Reich durch das »Gesetz über die Beurkundung des Personenstandes und der Eheschließung« vom 6. Februar 1875 die Führung der Personenstandsregister dem Staat übertragen und gleichzeitig das Obligatorium der zivilen Eheschließung eingeführt.

Wir Wilhelm, von Gottes Gnaden Deutscher Kaiser, König von Preußen etc., verordnen im Namen des Deutschen Reiches, nach erfolgter Zustimmung des Bundesrats und des Reichstags, was folgt:
§ 1. Die Beurkundung der Geburten, Heiraten und Sterbefälle erfolgt ausschließlich durch die vom Staat bestellten Standesbeamten mittels Eintragung in die dazu bestimmten Register.
§ 3. . . . Geistlichen und anderen Religionsdienern darf das Amt eines Standesbeamten oder die Stellvertretung eines solchen nicht übertragen werden.

§ 41. Innerhalb des Gebietes des Deutschen Reiches kann eine Ehe rechtsgültig nur vor dem Standesbeamten geschlossen werden.
§ 67. Ein Geistlicher oder anderer Religionsdiener, welcher zu den religiösen Feierlichkeiten einer Eheschließung schreitet, bevor ihm nachgewiesen worden ist, daß die Ehe vor dem Standesbeamten geschlossen sei, wird mit Geldstrafe bis zu 300 Mark oder mit Gefängnis bis zu drei Monaten bestraft.
§ 76. In streitigen Ehe- und Verlöbnissachen sind die bürgerlichen Gerichte ausschließlich zuständig. Eine geistliche oder eine durch die Zugehörigkeit zu einem Glaubensbekenntnis bedingte Gerichtsbarkeit findet nicht statt.

Quelle: E. R. Huber/W. Huber, Staat und Kirche im 19. und 20. Jahrhundert Bd. II, 1976, S. 631. – *Literatur:* E. Schmidt-Volkmar, Der Kulturkampf in Deutschland 1871–1890, 1962, S. 127ff.

b) Gesetz, betreffend die Einstellung der Leistungen aus Staatsmitteln für die römisch-katholischen Bistümer und Geistlichen vom 22. April 1875

Im Kulturkampf suchen Bismarck resp. Kultusminister Falck im Verein mit den Liberalen durch eine Reihe von Gesetzen die katholische Hierarchie und das Zentrum der Staatsräson des Deutschen Reiches zu unterwerfen: Kanzelparagraph, staatliche Schulaufsicht, Ausweisung der Jesuiten, Kulturexamen, Beschränkung der geistlichen Disziplinargewalt, Anzeigepflicht bei kirchlichen Berufungen und Anstellungen. Das Gesetz betreffend die Einstellung der Leistungen aus Staatsmitteln von 1875 dokumentiert die Härte der Auseinandersetzung, die den Katholizismus stärkt, ihn weiterhin reichskritisch macht, die protestantischen Kirchen hingegen schwächt.

Wir *Wilhelm*, von Gottes Gnaden König von Preußen etc., verordnen mit Zustimmung beider Häuser des Landtages für den Umfang der Monarchie, was folgt:
§ 1. In den Erzdiözesen Köln, Gnesen und Posen, den Diözesen Kulm, Ermland, Breslau, Hildesheim, Osnabrück, Paderborn, Münster, Trier, Fulda, Limburg, den Delegaturbezirken dieser Diözesen, sowie in den preußischen Anteilen der Erzdiözesen Prag, Olmütz, Freiburg und der Diözese Mainz werden vom Tage der Verkündung dieses Gesetzes ab sämtliche für die Bistümer, die zu denselben gehörigen Institute und die Geistlichen bestimmten Leistungen aus Staatsmitteln eingestellt. Ausgenommen von dieser Maßregel bleiben die Leistungen, welche für Anstaltsgeistliche bestimmt sind. Zu den Staatsmitteln gehören auch die unter dauernder Verwaltung des Staates stehenden besonderen Fonds.
§ 2. Die eingestellten Leistungen werden für den Umfang des Sprengels wieder aufgenommen, sobald der jetzt im Amte befindliche Bischof (Erzbischof, Fürstbischof) oder Bistumsverweser der Staatsregierung gegenüber durch schriftliche Erklärung sich verpflichtet, die Gesetze des Staates zu befolgen.
§ 3. In den Erzdiözesen Gnesen und Posen, sowie in der Diözese Paderborn erfolgt die Wiederaufnahme der eingestellten Leistungen für den Umfang des Sprengels, sobald die Bestellung eines Bistumsverwesers oder die Ersetzung eines neuen Bischofs in gesetzmäßiger Weise stattgehabt hat.
§ 4. Tritt die Erledigung eines zurzeit besetzten bischöflichen Stuhles ein, oder scheidet der jetzige Bistumsverweser der Diözese Fulda aus seinem Amte aus, bevor eine Wiederaufnahme der Leistungen auf Grund des § 2 erfolgt ist, so dauert die Einstellung derselben für den Umfang des Sprengels fort, bis die Bestellung eines Bistumsverwesers oder die Einsetzung eines neuen Bischofs in gesetzmäßiger Weise stattgehabt hat.
§ 5. Wenn für den Umfang eines Sprengels die Leistungen aus Staatsmitteln

wieder aufgenommen sind, einzelne Empfangsberechtigte aber, der vom Bischof oder Bistumsverweser übernommenen Verpflichtung ungeachtet, den Gesetzen des Staates den Gehorsam verweigern, so ist die Staatsregierung ermächtigt, die für diese Empfangsberechtigten bestimmten Leistungen wieder einzustellen.

§ 6. Die Wiederaufnahme der eingestellten Leistungen an einzelne Empfangsberechtigte erfolgt außer den Fällen der §§ 2–4, wenn der Empfangsberechtigte der Staatsregierung gegenüber in der im § 2 bezeichneten Weise sich verpflichtet, die Gesetze des Staates zu befolgen.

Außerdem ist die Staatsregierung ermächtigt, die eingestellten Leistungen einzelnen Empfangsberechtigten gegenüber wieder aufzunehmen, wenn sie durch Handlungen die Absicht an den Tag legen, die Gesetze des Staates zu befolgen. Verweigern dieselben demnächst den Gesetzen des Staates den Gehorsam, so sind die Leistungen aus Staatsmitteln wieder einzustellen.

§ 7. Die Entscheidungen der kirchlichen Behörden, welche eine Disziplinarstrafe wider einen Geistlichen verhängen, dem gegenüber die Staatsregierung die eingestellten Leistungen in Gemäßheit des § 6 wieder aufgenommen hat, können sowohl von dem Geistlichen als von dem Oberpräsidenten im Wege der Berufung an den königlichen Gerichtshof für kirchliche Angelegenheiten ohne die Beschränkung des § 12 des Gesetzes vom 12. Mai 1873 angefochten werden. Die Berufung kann in diesen Fällen auf neue Tatsachen und Beweismittel gegründet werden . . .

Quelle: J. B. Kißling, Geschichte des Kulturkampfes im Deutschen Reiche Bd. 3, 1916, S. 438ff. – *Literatur:* J. B. Kißling, Geschichte des Kulturkampfes im Deutschen Reiche Bd. 3, 1916, S. 438–440; K. Bachem, Vorgeschichte, Geschichte und Politik der deutschen Zentrumspartei Bd. 3 und 4, 1927, Neudruck 1967; G. Franz, Kulturkampf, 1954; H. Bornkamm, Die Staatsidee im Kulturkampf, 1950 (auch HZ 170, 1950, S. 41–72.273–306).

103. Die christlich-soziale Bewegung: Adolf Stoecker

Der preußische Hofprediger Adolf Stoecker (1835–1909) unternimmt als erster den Versuch, die christlich-soziale Idee der Inneren Mission in der Form einer politischen Partei Gestalt gewinnen zu lassen, um den Wirkungen des Liberalismus und der Sozialdemokratie unter den Berliner Arbeitern zu begegnen. 1880 wird aus der Arbeiterpartei eine Handwerker- und Mittelstandspartei. Stoeckers Bild ist durch seinen königstreuen Konservatismus und seinen Antisemitismus gefärbt. Die erste Wahlversammlung der christlich-sozialen Arbeiterpartei am 3. Januar 1878 im Berliner Eiskeller, auf der Stoecker die nachfolgend zitierte Rede hält, wird von den Sozialdemokraten, besonders Johann Most, umfunktioniert und mit einer Resolution abgeschlossen.

Ich bin ein Hofprediger, und Sie denken vielleicht, daß ich auf den Höhen des Lebens stehe und Ihre Not nicht kenne. Meine Herren, ich stamme aus Ihren Kreisen. Mein Vater, ehe er Soldat und Beamter wurde, war ein Schmied; die Brüder meiner Mutter waren Handwerker; noch heute habe ich Vettern, die Arbeiter sind. Ich weiß sehr genau, wo den Arbeitsmann der Schuh drückt, und in meinem Amte, das mich zu mancher Arbeiterfamilie in das Haus führt, lerne ich ihre Verhältnisse in der Residenz kennen. Unsre Domgemeinde hat Tausende von Arbeitern, und ich versichere Sie, wir haben ein gutes Vertrauen zu einander. Ich kenne wirklich das Elend und die Not, die Sorgen und Mühen der kleinen Leute; aber ich weiß es aus meinem elterlichen Hause, daß auch unter der gegenwärtigen Wirtschaftsordnung durch Fleiß und Ordnung, durch Sparsamkeit und Genügsamkeit eine Familie zu einem guten Gedeihen, zu Wohlstand und Zufriedenheit kommen kann. So weit von mir, und nun zur Sache . . .

Ja, meine Herren, Sie hassen Ihr Vaterland. Aus Ihrer Presse glüht dieser Haß schrecklich heraus. Und das ist schlecht; das Vaterland hassen, das ist, wie wenn einer seine Mutter haßt. Auch haben Sie dazu keinen Grund. Gewiß ist auch bei uns nicht alles, wie es sein sollte; wir sind eben auf der Erde und nicht im Himmel. Aber dazu hat Ihnen das deutsche Reich das allgemeine Stimmrecht aus freien Stücken gegeben, damit Sie in Frieden mit andern beraten und beschließen, was zum Besten dient. Nicht dazu dürfen Sie Ihr Recht mißbrauchen, daß Sie auf Zertrümmerung Ihres Vaterlandes sinnen, das ist unvernünftig und undankbar.

Aber Sie hassen auch das Christentum, Sie hassen das Evangelium von der Gnade Gottes. Man predigt Ihnen den Unglauben, man lehrt Sie den Atheismus, und Sie trauen den falschen Propheten. O, wie weh das tut, wenn deutsche christliche Menschen nicht mehr an Gott und an den Geist glauben, wenn sich an ihnen das Wort erfüllt: Gott verloren, alles verloren! Was man mit den fünf Sinnen nicht begreifen, mit den fünf Fingern nicht betasten kann – so heißt es in Ihren Versammlungen, das ist auch nicht wahr, es stammt alles aus der Materie. Es ist durchaus töricht, so zu reden. Wenn Ihnen das Gewissen in der Brust schlägt und Sie um Ihre Sünden straft – und ich glaube, Sie kennen diese Stimme noch – das stammt nicht aus der Materie. Wenn Sie sich umsehen in der großen Schöpfung und fragen: Woher kommt das alles? – es ist leicht gesagt, daß alles aus sich selbst geworden ist, aber das ist ein Unsinn. Es gibt einen Gott, der die Welt geschaffen hat, und der die Menschen selig macht. Und wer nur will, der kann's auch mit Augen sehen. Meine Herren, ich habe schon am Sterbebette vieler Arbeiter gestanden und habe den schweren Kampf mit dem Tode gesehen. Aber wenn ich die heilige Schrift aufschlug, ihnen Gottes Wort vorlas und mit ihnen betete, dann wurde der Kampf leichter. Sie können mir glauben: das habe ich erfahren. Ich bin schon manchmal zu einem schlechten Menschen gekommen, den nichts von seiner Sünde befreien konnte. Aber die Liebe Christi hat ihn frei gemacht. Sie können mir glauben: das ist wahr. Warum wollen Sie das Christentum hassen, das doch so reich an Trost und Kraft und Gewißheit ist? Wenn ich Sie frage um das, was Ihrer Seele das liebste Losungswort ist, nicht wahr, ist es das Wort: Freiheit, Gleichheit, Brüderlichkeit? Nun gibt es freilich eine Freiheit ohne Zucht; eine Gleichheit, bei der nach dem Worte eines geistreichen Mannes alles darauf hinausläuft, daß sich alle ganz egal sind; eine Brüderlichkeit, die doch voll Haß ist gegen die andern Klassen. Aber wenn Sie jene drei Worte in ihrem wahren Sinne nehmen, als die Freiheit des Gewissens, als die Gleichheit vor Gott und als die Brüderlichkeit in der Liebe zu allen: dann stammen alle drei aus dem Evangelium, von Christo. O, meine Herren, es ist einer großen Partei unwürdig, Vaterland und Christentum zu hassen. Wollen Sie als Arbeiterpartei wirklich eine geschichtliche Bedeutung gewinnen, dann dürfen Sie das Edelste, was bisher in der Brust des Menschen gelebt hat, die Liebe zu Gott und die Liebe zum Vaterland, nicht totschlagen; das dürfen Sie wahrhaftig nicht. Eins aber erbitte ich zum Schluß von Ihnen. Wenn Sie in Ihren Blättern wieder die schnöde Rede von Pfaffen lesen, die das Volk nicht lieb haben, dann glauben Sie der Lüge nicht. Ich meine es treu, ehrlich und gut mit dem Arbeiterstande, so wahr mir Gott helfe.

Quelle: A. Stoecker, Christlich-sozial, 1890[2], S. 3ff.

Aus der Resolution des Sozialdemokraten Dentler gegen die Bildung einer christlich-sozialen Arbeiterpartei an diesem Abend:
Die auf heute in den großen Saal des Eiskellers zur Bildung einer christlich-sozialen Arbeiterpartei einberufene Versammlung erklärt: »In Erwägung, daß ein fast 1900 Jahre währendes Christentum nicht im stande gewesen ist, das Elend, die äußerste Not der überwiegenden Mehrheit der Menschheit zu lindern, geschweige denn ihnen ein Ende zu machen; in fernerer Erwägung, daß die heutigen Priester und Diener der Kirche keine Miene machen, das seither von ihnen beobachtete Verfahren zu ändern; in schließlicher Erwägung, daß selbst jede wirtschaftliche Errungenschaft, sei sie groß oder klein, völlig ohne den gleichzeitigen unbeschränkten Besitz von politischer Freiheit wertlos ist, und selbst bei Erfüllung des christlich-sozialen Programms die Sache beim alten bleibt, – dekretiert die Versammlung, daß sie lediglich und allein von der sozialdemokratischen Partei eine gründliche Beseitigung aller herrschenden politischen und wirtschaftlichen Unfreiheiten hofft, und daß es ihre Pflicht ist, mit allen Kräften für die Lehren dieser Partei einzutreten und dafür zu wirken«.

Quelle: ebd. S. XIX.

Das Programm der christlich-sozialen Arbeiterpartei, wie es endgültig festgestellt wurde
Allgemeine Grundsätze.
I. Die christlich-soziale Arbeiterpartei steht auf dem Boden des christlichen Glaubens und der Liebe zu König und Vaterland.
II. Sie verwirft die gegenwärtige Sozialdemokratie als unpraktisch, unchristlich und unpatriotisch.
III. Sie erstrebt eine friedliche Organisation der Arbeiter, um in Gemeinschaft mit den anderen Faktoren des Staatslebens die notwendigen praktischen Reformen anzubahnen.
IV. Sie verfolgt als Ziel die Verringerung der Kluft zwischen reich und arm und die Herbeiführung einer größeren ökonomischen Sicherheit.

Einzelne Forderungen.
I. An die Staatshilfe.
A. Arbeiterorganisation.
1. Herbeiführung obligatorischer, fachlich geschiedener, aber durch das gesamte Reich hindurchgehender Fachgenossenschaften, mit ihnen zusammenhängend Regelung des Lehrlingswesens.
2. Einsetzung obligatorischer Schiedsgerichte.
3. Errichtung von obligatorischen Witwen- und Waisen-, sowie Invaliden- und Altersversorgungs-Rentenkassen.
4. Autorisation der Fachgenossenschaften zur Vertretung der Interessen und Rechte der Arbeiter ihren Arbeitgebern gegenüber.
5. Verpflichtung der Fachgenossenschaften zur Haftung für die von den Arbeitern etwa zu übernehmenden kontraktlichen Verbindlichkeiten.
6. Staatliche Kontrolle des fachgenossenschaftlichen Kassenwesens.

B. Arbeiterschutz.
1. Verbot der Sonntagsarbeit. Abschaffung der Arbeit von Kindern und verheirateten Frauen in Fabriken.

2. Normalarbeitstag, modifiziert nach Fachgenossenschaften.
3. Energische Anstrebung der Internationalität dieser Arbeiterschutz-Gesetze; bis zur Erreichung dieses Zieles ausreichender Schutz der nationalen Arbeit.
4. Schutz der Arbeiterbevölkerung gegen gesundheitswidrige Zustände in den Arbeitslokalen und Wohnungen.
5. Wiederherstellung der Wuchergesetze.

C. Staatsbetrieb.
1. Arbeiterfreundlicher Betrieb des vorhandenen Staats- und Kommunaleigentums und Ausdehnung desselben, soweit es ökonomisch ratsam und technisch zulässig ist.

D. Besteuerung.
1. Progressive Einkommensteuer als ausgleichendes Gegengewicht gegen bestehende oder zu schaffende indirekte Besteuerung.
2. Progressive Erbschaftssteuer bei größerem Vermögen und entfernteren Verwandtschaftsgraden.
3. Börsensteuer.
4. Hohe Luxussteuern.

II. An die Geistlichkeit.
Die liebevolle und tätige Teilnahme an allen Bestrebungen, welche auf eine Erhöhung des leiblichen und geistigen Wohles, sowie auf die sittlich-religiöse Hebung des gesamten Volkes gerichtet sind.

III. An die besitzenden Klassen.
Ein bereitwilliges Entgegenkommen gegen die berechtigten Forderungen der Nicht-Besitzenden, speziell durch Einwirkung auf die Gesetzgebung, durch tunlichste Erhöhung der Löhne und Abkürzung der Arbeitszeit.

IV. Von der Selbsthilfe.
A. Freudige Unterstützung der fachgenossenschaftlichen Organisation als eines Ersatzes dessen, was in den Zünften gut und brauchbar war.
B. Hochhaltung der persönlichen Berufsehre, Verbannung aller Rohheit aus Vergnügungen und Pflege des Familienlebens in christlichem Geiste.

Quelle: ebd., S. 20f. – *Literatur:* W. Franck, Hofprediger Stoecker und die christlich-soziale Bewegung (1928), 1935²; D. Kuhn, Johann Most. Ein Sozialist in Deutschland, 1974; E. Bammel, Die Reichsgründung und der deutsche Protestantismus = ErF 22, 1973; M. Greiffenhagen, Das Dilemma des Konservatismus in Deutschland, 1977.

104. Feodor M. Dostojewski: Die Legende vom Großinquisitor

Feodor M. Dostojewski (1821–1881) ist der Höhepunkt der russischen modernen religiösen Literatur. In der Legende vom Großinquisitor klagt er die Machtkirche als das Sinnbild der materialistischen Totalherrschaft, einer bewußten Herrschaft im Namen des Satans an. In seinem Roman »Die Brüder Karamasow« läßt er Christus im Spanien des 16. Jahrhunderts auf der Erde erscheinen. Der Großinquisitor läßt ihn gefangen nehmen und offenbart ihm im Gefängnis das Wesen aller irdischen Macht: das materielle, irdische Glück der Menschen, aber erkauft für den Preis der Freiheit und der Scheinlegitimität des Gottglaubens. Christus sei nur der Idealist der Freiheit für die Heiligen und Märtyrer, die die drei Versuchungen in der Wüste bestehen. Die Masse folgt der Macht der Realisten. Der Großinquisitor sagt:

Der furchtbare und kluge Geist, der Geist der Selbstvernichtung und des Nichtseins, der große Geist sprach zu Dir in der Wüste, und wie die Schriften uns überliefern, habe er Dich »versucht«. War das so? Und wäre es möglich, etwas Wahreres zu sagen, als das, was er Dir in seinen drei Fragen vorlegte, und was Du verwarfst, und was in den Schriften »Die Versuchungen« genannt wird? Indes, wenn jemals auf Erden ein wirkliches, wie ein Donner erschütterndes Wunder geschehen ist, so geschah es an jenem Tage, am Tage dieser drei Versuchungen! Schon im Auftauchen dieser drei Fragen bestand das Wunder . . . Glaubst Du, alle Weisheit der Erde vermöchte etwas zu ersinnen, das an Kraft und Tiefe jenen drei Fragen, die Dir der mächtige und kluge Geist in der Wüste tatsächlich vorgelegt hat, auch nur annähernd gleichkäme? Schon allein an diesen Fragen, schon an dem Wunder ihres Erscheinens, kann man begreifen, daß man es hier nicht mit vergänglichem Menschenverstand zu tun hat, sondern mit dem ewigen und absoluten Geist. Denn wahrlich, in diesen drei Fragen ist die ganze weitere Menschengeschichte gleichsam zu einem Ganzen zusammengefaßt und vorhergesagt, und sind drei Bilder gegeben, in denen alle auf der ganzen Erde unlösbaren historischen Widersprüche der Menschennatur offenbart sind . . .
Entscheide selbst, wer damals recht hatte: Du oder jener, der Dich damals befragte? Erinnere Dich der ersten Frage. Ihr Sinn, wenn auch nicht ihr Wortlaut, war folgender: Du willst in die Welt gehen und gehst mit leeren Händen, mit irgendeiner Freiheitsverheißung, die sie in ihrer Einfalt und angeborenen Zuchtlosigkeit nicht einmal begreifen können, vor der sie sich fürchten und der sie schreckt, – denn für den Menschen und die menschliche Gemeinschaft hat es niemals und nirgends etwas Unerträglicheres gegeben als die Freiheit! Siehst du dort jene Steine in dieser nackten, glühenden Wüste? Verwandle sie in Brote, und die Menschheit wird Dir wie eine Herde nachlaufen, wie eine dankbare und gehorsame Herde, wenn sie auch ewig zittern wird vor Angst, Du könntest Deine Hand zurückziehen, und Deine Brote würden dann ein Ende nehmen. Du aber wolltest den Menschen nicht der Freiheit berauben, und Du verschmähtest den Vorschlag, denn was ist das für eine Freiheit, dachtest Du, wenn der Gehorsam mit Broten erkauft wird? Und Deine Antwort war: »Der Mensch lebt nicht vom Brot allein . . .« Aber weißt Du auch, daß im Namen dieses irdischen Brotes der Geist der Erde sich gegen Dich erheben, mit Dir kämpfen und Dich besiegen wird, und alle ihm folgen und ausrufen werden: »Wer gleicht wohl jenem Ungeheuer, das uns das Feuer vom Himmel gab!« Weißt Du auch, daß Jahrhunderte vergehen werden und die Menschheit durch den Mund ihrer Weisheit und Wissenschaft verkünden wird, daß es Verbrechen überhaupt nicht gäbe, und folglich auch keine Sünde, es gäbe nur Hungrige. »Sättige sie zuerst, dann kannst Du von ihnen Tugenden verlangen!« werden sie auf ihre Fahne schreiben, die sie gegen Dich erheben und durch die Dein Tempel stürzen wird. An der Stelle Deines Tempels wird sich ein neues Bauwerk erheben, wird der schreckliche babylonische Turm gebaut werden, und wenn er auch wie der erste nicht vollendet werden wird, so hättest Du doch diesen neuen Turm ersparen und die Leiden der Menschen um tausend Jahre abkürzen können, – denn zu wem sonst, wenn nicht zu uns, sollen sie kommen, nachdem sie

sich tausend Jahre lang mit ihrem Turm abgequält haben! Sie werden uns wieder aus den Erdlöchern hervorsuchen, uns, die in den Katakomben sich Verbergenden – denn man wird uns wieder verfolgen und martern –, sie werden uns finden und uns anflehen: »Sättigt uns, denn die, so uns das Feuer vom Himmel versprachen, haben es uns nicht gegeben.« Und dann werden schon wir ihren Turm vollenden, denn vollenden wird derjenige, der den Hunger stillt, den Hunger aber stillen werden nur wir, in Deinem Namen, und wir werden lügen, daß es in Deinem Namen geschehe. O, niemals, niemals werden sie ohne uns ihren Hunger stillen können! Keine Wissenschaft wird ihnen Brot geben, solange sie frei bleiben, und so wird es denn damit enden, daß sie ihre Freiheit uns zu Füßen legen und sagen werden: »Knechtet uns lieber, aber macht uns satt.« Sie werden schließlich begreifen, daß Freiheit für alle unvereinbar ist mit genügend irdischem Brot für jeden, denn nie, nie werden sie unter sich zu teilen verstehen. Sie werden auch einsehen, daß sie nie werden frei sein können, denn sie sind schwach, lasterhaft, nichtig, und sind Empörer! Du versprachst ihnen himmlisches Brot, ich aber frage Dich nochmals: Kann sich dieses Brot in den Augen des schwachen, ewig verderbten und ewig undankbaren Menschengeschlechts mit irdischem Brot messen? Und wenn Dir um des himmlischen Brotes willen Tausende und Zehntausende nachfolgen, was soll dann mit den Millionen und Milliarden von Wesen geschehen, die nicht die Kraft haben, das Erdenbrot um des Himmelsbrotes willen zu verschmähen? Oder sind Dir nur die Zehntausende von Großen und Starken teuer, die übrigen Millionen aber, die, zahllos wie der Sand am Meer, wohl schwach sind, aber dennoch Dich lieben, sollen die dann nur als Material für die Großen und Starken dienen? Nein, uns sind auch die Schwachen teuer. Sie sind lasterhaft und sind Empörer, aber gerade sie werden gehorsam werden. Sie werden sich über uns wundern und uns für Götter halten, weil wir, die wir uns an ihre Spitze stellen, bereit sind, die Freiheit zu ertragen, diese Freiheit, vor der sie zurückschrecken, und weil wir bereit sind, über sie zu herrschen, – so schrecklich wird es ihnen zum Schluß werden, frei zu sein. Aber wir werden sagen, wir gehorchten *Dir* und herrschten nur in *Deinem* Namen. Wir werden sie wieder betrügen, denn Dich werden wir nicht mehr zu uns einlassen. Und in diesem Betrug wird unsere Pein bestehen, denn wir werden lügen müssen . . .

Denn die Sorge dieser kläglichen Geschöpfe besteht nicht nur darin, etwas zu finden, was dieser oder jener anbeten kann, sondern unbedingt so etwas, das alle sofort gleichfalls anbeten wollen, unbedingt *alle zusammen!* Gerade dieses Bedürfnis nach *Gemeinsamkeit* in der Anbetung ist seit Beginn der Zeiten die größte Qual des Menschen gewesen, sei es als Einzelwesen, sei es als ganze Menschheit. Um der gemeinsamen Anbetung willen haben sich die Menschen mit dem Schwert gegenseitig ausgerottet. Sie erschufen Götter und riefen einander zu: »Verlaßt eure Götter und kommt und betet die unsrigen an, oder Tod und Verderben euch und euren Göttern!« Und also wird es sein bis zum Ende der Welt, selbst dann, wenn aus der Welt die Götter verschwinden: gleichviel, dann wird man sich vor Götzen niederwerfen. Du kanntest dieses Grundgeheimnis der Menschennatur, du konntest es unmöglich nicht kennen, doch Du verschmähtest das einzige Positive, das Dir vorgeschlagen wurde, um alle zu zwingen, sich widerspruchslos vor Dir zu beugen: das irdische Brot, und Du verschmähtest es um der Freiheit und um des himmlischen Brotes willen. So siehe denn, was Du weiter getan hast. Und alles wiederum im Namen der Freiheit! Ich sage Dir, der Mensch kennt keine quälendere Sorge als die, einen zu finden, dem er möglichst schnell jenes Geschenk der

Freiheit, mit dem er als unglückliches Geschöpf geboren wird, übergeben kann. Aber die Freiheit der Menschen beherrscht nur der, der ihr Gewissen beruhigt. Mit dem Brote wurde Dir eine unbestreitbare Macht angeboten: gibst Du Brot, so wird sich der Mensch vor dir beugen, denn es gibt nicht Überzeugenderes als Brot; wenn aber zu gleicher Zeit irgendein anderer hinter Deinem Rücken sein Gewissen erobert – o, dann wird er selbst Dein Brot verlassen und jenem folgen, der sein Gewissen umstrickt. Darin hattest Du recht. Denn das Geheimnis des Menschenlebens liegt nicht im bloßen Dasein, sondern im Zweck des Lebens. Ohne eine feste Vorstellung davon, wozu er leben soll, wird der Mensch gar nicht leben wollen, und er wird sich eher vernichten, als daß er auf Erden leben bliebe – selbst dann nicht, wenn um ihn herum Brote in Fülle wären. Das ist nun einmal so. Aber was ergab sich aus Deiner Weigerung? Anstatt die Freiheit der Menschen unter Deine Herrschaft zu beugen, hast Du sie ihnen noch vergrößert! Oder hattest Du vergessen, daß Ruhe und selbst der Tod dem Menschen lieber sind als freie Wahl in der Erkenntnis von Gut und Böse? Es gibt nichts Verführerischeres für den Menschen als die Freiheit seines Gewissens, aber es gibt auch nichts Quälenderes für ihn . . . Dich gelüstete nach der freien Liebe des Menschen, auf daß er Dir frei folge, von Dir verführt und berückt. Statt nach dem festen, alten Gesetz, sollte der Mensch hinfort mit freiem Herzen selbst entscheiden, was Gut und Böse ist, wobei er als einzige Richtschnur nur Dein Vorbild hätte. Aber hast Du wirklich nicht daran gedacht, daß er schließlich auch Dein Vorbild verwerfen und Deine Wahrheit bestreiten wird, wenn man ihn mit einer so furchtbaren Last, wie der Freiheit der Wahl, bedrückt? . . . Es gibt drei Mächte, es sind die einzigen drei Mächte auf Erden, die das Gewissen dieser kraftlosen Empörer zu ihrem Glück auf ewig besiegen und bannen können, – das sind: das Wunder, das Geheimnis und die Autorität . . .

Und so haben wir getan. Wir haben Deine Tat verbessert und sie auf dem Wunder, dem Geheimnis und der Autorität aufgebaut. Und die Menschen freuten sich, daß sie wieder wie eine Herde geführt wurden, und daß von ihren Herzen endlich das ihnen so furchtbare Geschenk, das ihnen soviel Qual gebracht hatte, genommen wurde. Waren wir im Recht, als wir so lehrten und handelten? Sprich! Haben wir die Menschheit denn nicht geliebt, als wir demütig ihre Ohnmacht einsahen, liebreich ihre Bürde erleichterten und ihrer kraftarmen Natur sogar zu sündigen erlaubten, allerdings nur mit unserer Genehmigung? Willst Du uns nun stören? Und warum blickst Du mich so stumm und tief mit Deinen milden Augen an? Zürne mir doch, ich will Deine Liebe nicht, denn auch ich liebe Dich nicht! Und was sollte ich vor Dir verheimlichen? Oder weiß ich denn nicht, mit wem ich rede? Was ich Dir zu sagen habe, ist Dir längst bekannt, das lese ich in Deinen Augen. Und wozu sollte ich unser Geheimnis vor Dir verbergen? Oder willst Du es vielleicht gerade von meinen Lippen vernehmen? So höre denn: Wir sind nicht mit Dir verbündet, sondern mit *ihm,* das ist unser ganzes Geheimnis! Schon lange sind wir nicht bei Dir, sondern bei *ihm,* schon seit acht Jahrhunderten. Es sind nun acht Jahrhunderte her, da wir von *ihm* das nahmen, was Du unwillig von Dir wiesest, jene letzte Gabe, die er Dir anbot, als er Dir alle Reiche der Erde zeigte: wir nahmen von ihm Rom und das Schwert des Kaisers, und wir erklärten, daß nur wir allein die Herren dieser Welt seien, die einzigen Herrscher der Erde, wenn wir auch unser Werk bis jetzt noch nicht vollendet haben. Doch wessen Schuld ist das? O, dieses Werk steckt noch bis jetzt in den Anfängen, aber es ist doch wenigstens der Anfang gemacht . . . Hättest Du das Schwert und den Purpur des Kaisers angenommen, so hättest Du die Weltherrschaft begründet und der Welt den Frieden gegeben. Denn wahrlich, wer sollte wohl sonst über die Menschen herrschen, wenn nicht diejenigen, die ihr Gewissen und ihre Brote in der Hand haben? Und so nahmen wir das Schwert des Kaisers, da wir es aber nahmen, verwarfen wir natürlich Dich und folgten *ihm* . . .

Quelle: F. M. Dostojewski, Die Brüder Karamasoff, übertragen von K. E. Rahsin, 1952, S. 410ff. – *Literatur:* W. Nigg, Dostojewskij. Die religiöse Überwindung des Nihilismus, o.J.; E. Thurneysen, Dostojewski, 1948.

105. Friedrich Nietzsche

Friedrich Nietzsche (1844–1900) hat den mindestens seit der Jahrhundertmitte aufkeimenden Wertzerfall der christlich-ständischen Lebenswelt in der Form des Nihilismus ausgedrückt und wesentlich gefördert. Er fragt hinter die geltenden christlichen Werttraditionen zurück und entdeckt sie als bloße Willenssetzungen, in der Sache aber als Un-Sinn. So bleibt nach dem »Tod Gottes« nur der Dezisionismus als der Wille zur Macht im Sinn einer biologistisch gedachten neuen Kollektivkultur der Zukunft, die er seherisch-dichterisch als den Mythos vom Übermenschen verkündet. Zarathustra entschleiert den neuen Mythos:

Vom höheren Menschen

1 Als ich zum ersten Male zu den Menschen kam, da tat ich die Einsiedler-Torheit, die große Torheit: ich stellte mich auf den Markt.
Und als ich zu allen redete, redete ich zu keinem. Des Abends aber waren Seiltänzer meine Genossen, und Leichname; und ich selber fast ein Leichnam.
Mit dem neuen Morgen aber kam mir eine neue Wahrheit: da lernte ich sprechen »Was geht mich Markt und Pöbel und Pöbel-Lärm und lange Pöbel-Ohren an!«
Ihr höheren Menschen, dies lernt von mir; auf dem Markt glaubt niemand an höhere Menschen. Und wollt ihr dort reden, wohlan! Der Pöbel aber blinzelt »wir sind alle gleich«.
»Ihr höheren Menschen« – so blinzelt der Pöbel – »es gibt keine höheren Menschen, wir sind alle gleich, Mensch ist Mensch, vor Gott – sind wir alle gleich!«
Vor Gott! – Nun aber starb dieser Gott. Vor dem Pöbel aber wollen wir nicht gleich sein. Ihr höheren Menschen, geht weg vom Markt!
2 Vor Gott! – Nun aber starb dieser Gott. Ihr höheren Menschen, dieser Gott war eure größte Gefahr.
Seit er im Grabe liegt, seid ihr erst wieder auferstanden. Nun erst kommt der große Mittag, nun erst wird der höhere Mensch Herr!
Verstandet ihr dies Wort, o meine Brüder? Ihr seid erschreckt: wird euren Herzen schwindlig? Klafft euch hier der Abgrund? Kläfft euch hier der Höllenhund?
Wohlan! Wohlauf! Ihr höheren Menschen! Nun erst kreißt der Berg der Menschen-Zukunft. Gott starb: nun wollen *wir* – daß der Übermensch lebe.

Quelle: F. Nietzsche, Also sprach Zarathustra, 1883, in: Nietzsches Werke. Kritische Gesamtausgabe Bd. VI/1, G. Colli/M. Montinari (Hg.), 1968, S. 352f.

Herrenmoral – Sklavenmoral

Bei einer Wanderung durch die vielen feineren und gröberen Moralen, welche bisher auf Erden geherrscht haben oder noch herrschen, fand ich gewisse Züge regelmäßig miteinander wiederkehrend und aneinander geknüpft: bis sich endlich zwei Grundtypen verrieten, und ein Grundunterschied heraussprang. Es gibt *Herren-Moral* und *Sklaven-Moral;* – ich füge sofort hinzu, daß in allen höheren und gemischteren Kulturen auch Versuche der Vermittlung beider Moralen zum Vorschein kommen, noch öfter das Durcheinander derselben und gegenseitiges Mißverstehen, ja bisweilen ihr hartes Nebeneinander – sogar im selben Menschen, innerhalb einer Seele. Die moralischen Wertunterscheidungen sind entweder unter einer herrschenden Art entstanden, welche sich ihres Unterschieds gegen die beherrschte Art mit Wohlgefühl bewußt wurde – oder unter den Beherrschten, den Sklaven und Abhängigen jeden Grades. Im ersten Falle, wenn die Herrschenden es sind, die den Begriff »gut« bestimmen, sind es die erhobenen stolzen Zustände der Seele, welche als das Auszeichnende und die Rangordnung Bestimmende empfunden werden. Der vornehme Mensch trennt die Wesen von sich ab, an denen das Gegenteil solcher gehobener stolzer Zustände zum Ausdruck kommt: er verachtet sie. Man bemerke sofort, daß in dieser ersten Art Moral der Gegensatz »gut« und »schlecht« so viel bedeutet wie »vornehm« und »verächtlich« – der Gegensatz »gut« und *»böse«* ist andrer Herkunft. Verachtet wird der Feige, der Ängstliche, der Kleinliche, der an die enge Nützlichkeit Denkende; ebenso der Mißtrauische mit seinem unfreien Blicke, der Sich-Erniedrigende, die Hunde-Art von Mensch, welche sich mißhandeln läßt, der bettelnde Schmeichler, vor allem der Lügner – es ist ein Grundglaube aller Aristokraten, daß das gemeine Volk lügnerisch ist. »Wir Wahrhaftigen« – so nannten sich im alten Griechenland die Adeligen. Es liegt auf der Hand, daß die moralischen Wertbezeichnungen überall zuerst auf *Menschen* und erst abgeleitet und spät auf *Handlungen* gelegt worden sind: weshalb es ein arger Fehlgriff ist, wenn Moral-Historiker von Fragen den Ausgang nehmen wie »warum ist die mitleidige Handlung gelobt worden«? Die vornehme Art Mensch fühlt *sich* als wertbestimmend, sie hat nicht nötig, sich gutheißen zu lassen, sie urteilt »was mir schädlich ist, das ist an sich schädlich«, sie weiß sich als das, was überhaupt erst Ehre den Dingen verleiht, sie ist *werteschaffend.* Alles, was sie an sich kennt, ehrt sie: eine solche Moral ist Selbstverherrlichung. Im Vordergrunde steht das Gefühl der Fülle, der Macht, die überströmen will, das Glück der hohen Spannung, das Bewußtsein eines Reichtums, der schenken und abgeben möchte – auch der vornehme Mensch hilft dem Unglücklichen, aber nicht oder fast nicht aus Mitleid, sondern mehr aus einem Drang, den der Überfluß von Macht erzeugt. Der vornehme Mensch ehrt in sich den Mächtigen, auch den, welcher Macht über sich selbst hat, der zu reden und zu schweigen versteht, der mit Lust Strenge und Härte gegen sich übt und Ehrerbietung vor allem Strengen und Harten hat. »Ein hartes Herz legte Wotan mir in die Brust«, heißt es in einer alten skandinavischen Saga: so ist es aus der Seele eines stolzen Wikingers heraus mit Recht gedichtet. Eine solche Art Mensch ist eben stolz darauf, *nicht* zum Mitleiden gemacht zu sein, weshalb der Held der Saga warnend hinzufügt: »wer jung schon kein hartes Herz hat, dem wird es niemals hart« . . .

Es steht anders mit dem zweiten Typ der Moral, der *Sklaven-Moral.* Gesetzt, daß die Vergewaltigten, Gedrückten, Leidenden, Unfreien, Ihrer-selbst-Ungewissen und Müden moralisieren: was wird das Gleichartige ihrer moralischen Wertschätzungen sein? Wahrscheinlich wird ein pessimistischer Argwohn gegen die ganze Lage des Menschen zum Ausdruck kommen, vielleicht eine Verurteilung des Menschen mitsamt seiner Lage. Der Blick des Sklaven ist abgünstig für die Tugenden des Mächtigen: er hat Skepsis und Mißtrauen, er hat *Feinheit* des Mißtrauens gegen alles »Gute«, was dort geehrt wird –, er möchte sich überreden, daß das Glück selbst dort nicht echt sei. Umgekehrt werden die Eigenschaften hervorgezogen und mit Licht übergossen, welche dazu dienen, Leidenden das Dasein zu erleichtern: hier kommt das Mitleiden, die gefällige hilfsbereite Hand, das warme Herz, die Geduld, der Fleiß, die Demut, die Freundlichkeit zu Ehren –, denn das sind hier die nützlichsten Eigenschaften und beinahe die einzigen Mittel, den Druck des Daseins auszuhalten. Die Sklavenmoral ist wesentlich Nützlichkeitsmoral. Hier ist der Herd für die Entstehung jenes berühmten Gegensatzes »gut« und »*böse*« – ins Böse wird die Macht und Gefährlichkeit hineinempfunden, eine gewisse Furchtbarkeit, Feinheit und Stärke, welche die Verachtung nicht aufkommen läßt. Nach der Sklaven-Moral erregt also der »Böse« Furcht, nach der Herren-Moral ist es gerade der »Gute«, der Furcht erregt und erregen will, während der »schlechte« Mensch als der verächtliche empfunden wird . . .

Quelle: F. Nietzsche, Jenseits von Gut und Böse, Abschnitt 260, in: Nietzsches Werke. Kritische Gesamtausgabe Bd. VI/2, G. Colli/M. Montinari (Hg.), 1968, S. 218ff.

Der tolle Mensch

Habt ihr nicht von jenem tollen Menschen gehört, der am hellen Vormittage eine Laterne anzündete, auf den Markt lief und unaufhörlich schrie: »Ich suche Gott! Ich suche Gott!« – Da dort gerade viele von denen zusammenstanden, welche nicht an Gott glaubten, so erregte er ein großes Gelächter. Ist er denn verloren gegangen? sagte der eine. Hat er sich verlaufen wie ein Kind? sagte der andere. Oder hält er sich versteckt? Fürchtet er sich vor uns? Ist er zu Schiff gegangen? ausgewandert? – so schrien und lachten sie durcheinander. Der tolle Mensch sprang mitten unter sie und durchbohrte sie mit seinen Blicken. »Wohin ist Gott?« rief er, »ich will es euch sagen! *Wir haben ihn getötet,* – ihr und ich! Wir alle sind seine Mörder! Aber wie haben wir dies gemacht? Wie vermochten wir das Meer auszutrinken? Wer gab uns den Schwamm, um den ganzen Horizont wegzuwischen? Was taten wir, als wir diese Erde von ihrer Sonne losketteten? Wohin bewegt sie sich nun? Wohin bewegen wir uns? Fort von allen Sonnen? Stürzen wir nicht fortwährend? Und rückwärts, seitwärts, vorwärts, nach allen Seiten? Gibt es noch ein Oben und ein Unten? Irren wir nicht wie durch ein unendliches Nichts? Haucht uns nicht der leere Raum an? Ist es nicht kälter geworden? Kommt nicht immerfort die Nacht und mehr Nacht? Müssen nicht Laternen am Vormittage angezündet werden? Hören wir noch nichts von dem Lärm der Totengräber, welche Gott begraben? Riechen wir noch nichts von der göttlichen Verwesung? – auch Götter verwesen! Gott ist tot! Gott bleibt tot! Und wir haben ihn getötet! Wie trösten wir uns, die Mörder aller Mörder? Das Heiligste und Mächtigste, was die Welt bisher besaß, es ist unter unseren Messern verblutet – wer wischt dies Blut von uns ab? Mit welchem Wasser könnten wir uns reinigen? Welche Sühnefeiern, welche heiligen Spiele werden wir erfinden müssen? Ist nicht die Größe dieser Tat zu groß für uns? Müssen wir nicht selber zu Göttern werden, um nur ihrer würdig zu erscheinen? Es gab nie eine größere Tat – und wer nur immer nach uns geboren wird, gehört um dieser Tat willen in eine höhere Geschichte, als alle Geschichte bisher war!« – Hier schwieg der tolle Mensch und sah wieder seine Zuhörer an: auch sie schwiegen und blickten befremdet auf ihn. Endlich warf er seine Laterne auf den Boden, daß sie in Stücke sprang und erlosch. »Ich komme zu früh«, sagte er dann, »ich bin noch nicht an der Zeit. Dies ungeheure Ereignis ist noch unterwegs und wandert, – es ist noch nicht bis zu den Ohren der Menschen gedrungen. Blitz und Donner brauchen Zeit, das Licht der Gestirne braucht Zeit, Taten brauchen Zeit, auch nachdem sie getan sind, um gesehen und gehört zu werden. Diese Tat ist ihnen immer noch ferner als die fernsten Gestirne – *und doch haben sie dieselbe getan* !« – Man erzählt noch, daß der tolle Mensch desselbigen Tages in verschiedene Kirchen eingedrungen sei und darin sein Requiem aeternam deo angestimmt habe. Hinausgeführt und zur Rede gesetzt, habe er immer nur dies entgegnet: »Was sind denn diese Kirchen noch, wenn sie nicht die Grüfte und Grabmäler Gottes sind?«

Quelle: Die fröhliche Wissenschaft, Abschnitt 125, in: Nietzsches Werke. Kritische Gesamtausgabe Bd. V/2, 1973, S. 158ff. – *Literatur:* C. A. Bernoulli (a.o. [Nr. 100] a.O.); G. Lukacs, Die Zerstörung der Vernunft. Der Weg des Irrationalismus von Schelling bis Hitler, 1955; E. Biser, »Gott ist tot«. Nietzsches Destruktion des christlichen Bewußtseins, 1962; B. Lauret, Schulderfahrung und Gottesfrage bei Nietzsche und Freund = Münchener Monographien zur historischen und systematischen Theologie Bd. 1, 1977.

106. Martin Kähler

Martin Kähler (1835–1912) repräsentiert die Linie des neuen Biblizismus. Das in der Leben-Jesu-Forschung so bedrängende Problem nach der Bedeutung des historischen Jesus für den Glauben sucht er mit dem Hinweis auf den »Beweis des Geistes und der Kraft« zu klären. Er löst den Glauben von der Richtigkeit historisch-empirischer Erkenntnisse über den historischen Jesus und begründet ihn vielmehr in der Bezeugung des erhöhten Christus, so wie er sich durch die Predigt und die Mission verwirklicht. Auch Martin Kähler beschreitet so den Weg zur Erkenntnisautonomie des Glaubens und der Theologie. Daran hat sich später die Existentialtheologie angeschlossen.

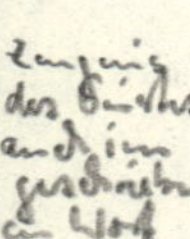

Es gibt schlechterdings kein Anliegen, Leuten, die keine Offenbarung zugeben mögen oder können, irgend ein Ansehen der Bibel dartun zu wollen. Wer aber nicht entschlossen ist, die Offenbarung zu leugnen, mit dem wird sich über Umfang und Art der Offenbarung, sowie über die Weise ihrer Bewahrung weiter verhandeln lassen . . . Das nenne ich das *in der Kirche* laut werdende Zeugnis des Geistes für das geschriebene Wort Gottes, welches das gewöhnlich allein betonte Zeugnis im Herzen einzelner Gläubiger vielfach erst vermittelt, jedenfalls bestätigt, ergänzt und trägt. Dieser Beweis des Geistes und der Kraft vollzieht sich keineswegs bloß für die lebendige Stimme des Evangeliums, sondern mindestens ebenso für ihre geschriebene Gestalt; nicht darin haben unsere Alten geirrt, daß sie das annahmen, nur daß sie diesen Beweis ausschließlich oder doch sonderlich an das geschriebene Wort banden . . .

Quelle: Der sogenannte historische Jesus und der geschichtliche, biblische Christus, 1892, hier zit. 1896², S. 32f.

Deshalb treiben wir Verkehr mit dem Jesus unsrer Evangelien, weil wir da eben den Jesus kennenlernen, den unser Glaubensauge und unser Gebetswort zur Rechten Gottes antrifft, . . . weil er der auf Erden wandelnde und so, wie er dort wandelte, nun erhöhte und das Fleisch gewordene Wort, das Bild des unsichtbaren Gottes, weil er uns der offenbare Gott ist . . .
Was ist denn eigentlich eine geschichtliche Größe? ein seine Nachwelt mitbestimmender Mensch, nach seinem Werte für die Geschichte gewogen? Eben der

Urheber und Träger seiner bleibenden Fortwirkung. Als wirkungsfähiger greift der Mensch in den Gang der Dinge ein; was er dann ist, das wirkt und eben dadurch wirkt auch er selbst . . . Was aber ist die Wirkung, die durchschlagende, welche dieser Jesus hinterlassen hat? Laut Bibel und Kirchengeschichte keine andre als der Glaube seiner Jünger, die Überzeugung, daß man an ihm den Überwinder von Schuld, Sünde, Versucher und Tod habe. Aus dieser einen Wirkung fließen alle andern; an dieser haben sie ihren Gradmesser . . . Und diese Überzeugung hat sich in das eine Erkenntniswort gefaßt: »Christus, der Herr« . . .
Darum sprechen auch wir von dem *geschichtlichen Christus der Bibel.* So gewiß nicht der historische Jesus, wie er leibte und lebte, seinen Jüngern den zeugniskräftigen Glauben an ihn selbst, sondern nur eine sehr schwankende, flucht- und verleugnungsfähige Anhänglichkeit abgewonnen hat; so gewiß sie alle mit Petrus zu einer lebendigen Hoffnung wiedergeboren wurden erst durch die Auferstehung Jesu von den Toten (1. Petri 1,3); so gewiß sie der Erinnerung des Geistes bedurft haben, um zu verstehen, was er ihnen bereits gegeben hatte . . .; ebenso gewiß waren sie auch erst dann imstande, sein Sein und Behaben, sein Tun und sein Wort als die Darbietung der Gnade und Treue Gottes zu erfassen, da er vollendet vor sie trat, er selbst die Frucht und der ewige Träger seines Werkes von allumfassender unvergänglicher Bedeutung; und zwar jenes Werkes, dessen schwerstes und entscheidendes Stück des historischen Jesu Ende war. Ob wir auch den Messias nach dem Fleische gekannt haben, so kennen wir ihn nun doch nicht mehr (2. Kor. 5,16) . . .
Der wirkliche, d.h. der wirksame Christus, der durch die Geschichte der Völker schreitet, mit dem die Millionen Verkehr gehalten haben in kindlichem Glauben, mit dem die großen Glaubenszeugen ringend, nehmend, siegend und weitergebend Verkehr gehalten haben – der wirkliche Christus ist der gepredigte Christus. Der gepredigte Christus, das ist aber eben der geglaubte; der Jesus, den wir mit Glaubensaugen ansehen in jedem Schritte, den er tut, in jeder Silbe, die er redet; der Jesus, dessen Bild wir uns einprägen, weil wir darauf hin mit ihm umgehen wollen und umgehen, als mit dem erhöhten Lebendigen . . .

Quelle: ebd., S. 60f.62f.65f.

Eine solche Stunde der Sichtung rücksichtlich der Bedeutung unsrer Bibel für unsern Glauben ist über uns gekommen und zwar nicht nur über die Theologen. Da gilt es denn reinlich zu unterscheiden, auch was nie und nimmer geschieden werden kann und soll. Wir müssen unterscheiden zwischen dem Angebote des Inhaltes für den Glauben und zwischen dem Beweggrunde, der uns bestimmt, den Inhalt im Glauben zu ergreifen. Und es wird für jeden Evangelischen, ja für den lebendigen Christen gelten, der treu und kindlich an seinem Heilande hängt, daß dieser Beweggrund zuletzt eben in den Erlebnissen liegt, die er in der Hingebung an seinen Heiland gemacht . . . Denn es ist mir eben das Bild des im Glauben Erfaßten, es ist das aus und in Glauben gepredigte Bild Christi, welches diese Wirkung ausübt; eben darum nie und nirgend das Bild einer auffallenden Menschengestalt, sondern jenes Bild, welches ein Dogma, ein Glaubensbekenntnis in sich trägt . . . Es bietet sich nämlich als die Gestalt des Herrn, des Weltheilandes dar, des Erlösers von Schuld und Sünde, des offenbaren Gottes.

Quelle: ebd. S. 76f. – *Literatur:* H. Leipold, Offenbarung und Geschichte als Problem des Verstehens. Eine Untersuchung zur Theologie Martin Kählers, 1962; J. Wirsching, Gott in der Geschichte. Studien zur theologiegeschichtlichen Stellung und systematischen Grundlegung der Theologie Martin Kählers, 1963 = FGLP 10,26; R. Schäfer, Die Rechtfertigungslehre bei Ritschl und Kähler = ZThK 1965, S. 66–85.

107. Neukantianische Theologie: Wilhelm Herrmann

Wilhelm Herrmann (1846–1922), Professor in Marburg, ist Schüler von A. Ritschl. Die Grundfrage zum Jahrhundertende, wie Religion begründet ist, sucht er durch die Analyse des inneren Lebens, des »Verkehrs der Seele mit Gott« zu beantworten. Darunter versteht er ein nicht objektivierbares Mächtigsein Gottes auf dem Grunde der menschlichen Vernunft im Sinne des Tersteegenschen »Gott ist gegenwärtig«. Offenbarung ist das Wahr-Sein des Denkens, wie es sich vom inneren Leben Jesu her eröffnet. Herrmann sucht Mystik, Ethisierung und Historisierung der Religion zu vermeiden. An seine Auffassung von der Autonomie der Offenbarung knüpfen u.a. Barth und Bultmann an. Herrmanns Unterscheidung von Glaubens- und Schriftgedanken beschreibt die Bedeutung der Religion »für mich«:

Die klare Anschauung davon, wie er [der Verkehr der Seele mit Gott] sich bei uns gestalten soll, muß die theologischen Verhandlungen über alles andere leiten. Erstens können wir das als Offenbarung Gottes verstehen, worin wir selbst den auf uns wirkenden Gott finden. Und wir können nur das als Gedanken unseres eigenen Glaubens denken, was sich uns innerhalb unseres Verkehrs mit Gott als Wahrheit aufdrängt. So ist alles, was überhaupt Gegenstand christlicher Lehre sein kann, in dem religiösen Erlebnis verknüpft, und alles erhält erst in diesem Zusammenhange die genügende Bestimmtheit. Zweitens kann aber auch das religiöse Erlebnis nur dann für uns selbst Wahrheit haben, wenn wir es in der Besinnung auf die Wirklichkeit, in die wir uns gestellt finden, entstehen sehen. Es muß sich darin vollenden, daß uns der Gehalt dieser Wirklichkeit eine Macht wird, die uns ganz überwindet und in der unser eigenes Dasein sicher ruht . . .
Damit treten wir nun auch in einen Gegensatz zu den Zielen und der Methode, die in der älteren protestantischen Orthodoxie entwickelt sind. Damals war die Hauptaufgabe, die Gedanken des Wortes Gottes, wie man sie von den klassischen Zeugen des Christentums zu empfangen meinte, in ihrem logischen Zusammenhange darzustellen. Wir greifen weiter zurück. Denn wir wollen zeigen, wie diese Gedanken in der Seele des Christen, der zum Verkehr mit Gott befreit wird, innerhalb dieses Vorgangs entstehen. Wir stellen sie also nicht als etwas Überliefertes dar, sondern als etwas gegenwärtig Wachsendes, als Glaubensgedanken. Die theologische Aufgabe, wie man sie damals faßte, zeigte sich nun darin als ungenügend, daß sie schließlich eine Frage von der größten praktischen Bedeutung unerledigt läßt. Wenn nämlich der vermeintlich notwendige Inhalt des Glaubens der Heiligen Schrift entnommen und logisch geordnet ist, so erhebt sich die Frage, wie der Mensch das objektiv Dargestellte zu seinem subjektiven Eigentum machen könne. Dieses Problem hat man niemals zu lösen vermocht . . .
Wir befinden uns nicht in dieser Gefahr. Denn wir lassen uns überhaupt nicht auf die Vorstellung ein, daß die in der Lehre formulierten Glaubensgedanken einem Menschen das Heil darbieten. Es ist ja im Grunde ein Hohn auf die Lage des unerlösten Menschen, ihm in solcher Weise als sein Heil den Inhalt von Gedanken zu

bezeichnen, von denen er sich sagen muß, daß sie seine Gedanken nicht sind und nicht sein können. Die Gedanken anderer, die erlöst sind, können mich nicht erlösen. Sondern daran liegt alles, daß ich in die innere Verfassung versetzt werde, bei der die Erzeugung solcher Gedanken auch in mir beginnt. Das geschieht aber, wenn uns Gott zum Verkehr mit sich erhebt. Dann stehen wir in der Wahrheit, die dem unerlösten Menschen absolut verschlossen ist.

Dann wird es uns auch möglich werden, in Glaubensgedanken der Heiligen Schrift die freien Regungen des geistigen Lebens zu erkennen, das auch in uns seinen Anfang genommen hat. In allen Schriftgedanken freilich gewiß nicht. Aber das braucht uns unseren Frieden nicht zu nehmen. Denn die Schriftgedanken sind nicht ein Pensum, das wir absolvieren sollen. Sowie sie so gefaßt werden, gehören sie zu der Welt, die der Erlöste überwinden soll. Solche äußerlichen Gesetze sollen für ihn abgetan sein. Er findet ein anderes Gesetz, das ihn gewaltiger bindet, in dem Verkehr mit Gott, der allein Leben spendet und richtet . . .

Denn dieser Vorgang ist an die Erfahrung objektiver Mächte geknüpft, die zwar für andere bedeutungslos bleiben, aber für den Christen der Ausdruck dessen sind, daß und wie Gott auf ihn wirkt. Auf diesen Zusammenhang des religiösen Erlebnisses mit der objektiven Wirklichkeit, in der wir uns vorfinden, richtet sich unsere Darstellung. In dieser Richtung auf das Objektive treffen wir also mit der orthodox-protestantischen Theologie zusammen. Nur daß das Objektive, das wir meinen, etwas ganz anderes ist als die in der Lehre formulierten Glaubensgedanken . . .

Quelle: W. Herrmann, Der Verkehr des Christen mit Gott, 1908[5 und 6], S. 29.31f.33.35. – *Literatur:* K. Barth, Die dogmatische Prinzipienlehre bei Wilhelm Herrmann, in: ZdZ 1925, S. 246ff.; P. Fischer-Appelt, Metaphysik im Horizont der Theologie Wilhelm Herrmanns, 1965 = FGLP 10,32; H. Timm, Theorie und Praxis in der Theologie Albrecht Ritschls und Wilhelm Herrmanns. Ein Beitrag zur Entstehungsgeschichte des Kulturprotestantismus, 1967 = SEE 1; F. W. Kantzenbach, Das Sozialismusproblem bei Wilhelm Herrmann, in: NZSTh 18, 1976, S. 22–43; W. Greive, Der Grund des Glaubens. Die Christologie Wilhelm Herrmanns, 1976 = FSÖTh < FSThR 36.

108. Ansprache des Evangelischen Oberkirchenrats an die Geistlichen der evangelischen Landeskirche vom 17. April 1890

Im Zusammenhang mit der von Kaiser Wilhelm II. verkündeten »neuen Ära« und der Aufhebung der Sozialistengesetze erläßt der Evangelische Oberkirchenrat der preußischen Landeskirche folgende Ansprache, die das Zeichen für eine kirchenamtliche Sozialaktivität setzt. Vorangegangen sind Erklärungen in den Jahren 1863 und 1879 bezüglich der sozialen Frage und der sozialistischen Bewegung. 1895 jedoch zieht der EOK die Aufforderung zur Sozialaktivität wieder zurück (s.u. Nr. 113).

Die sozialistischen Bewegungen in den sogenannten arbeitenden Klassen, welche gegenwärtig eine so große Ausdehnung und einen für das gesamte Volkswohl so bedenklichen Charakter angenommen haben, sind schon längere Zeit Gegenstand unserer eingehenden Erörterungen gewesen. Das Ergebnis derselben glauben wir den Geistlichen unserer evangelischen Landeskirche nicht länger vorenthalten zu dürfen, zumal Seine Majestät der Kaiser und König öffentlich auch die Mithilfe der Kirche zur Förderung des Wohls der betreffenden Volksschichten und zur Bewahrung derselben vor grundstürzenden Irrtümern in Anspruch genommen hat. Auch sind, wohl in Folge davon, in der evangelischen Landeskirche in mannigfacher Weise und an verschiedenen Orten darauf gerichtete Bestrebungen bereits hervorgetreten. Wir freuen uns dieser Anregungen, wünschen ihnen tunlichste Erweiterung und gesegneten Fortgang, möchten aber doch auch dazu beitragen, daß jede Einseitigkeit und Zersplitterung dabei vermieden werde. Denn nur, wenn die evangelische Kirche alle ihre lebendigen Kräfte zum Gebrauch der ihr zu Gebote stehenden Mittel zielbewußt zusammenfaßt, wird sie den ihr von Gott zugewiesenen Einfluß bei der Überwindung der sozialen Gefahren in fruchtbarer Weise zu üben vermögen. Vor allem dürfen wir hierbei nicht vergessen, daß unsere Kirche nicht berufen ist, die soziale Frage an sich zu lösen oder sich für irgendwelches in Vorschlag gebrachtes oder in der Übung befindliches wirtschaftliches System zu entscheiden, sondern sie hat lediglich die Aufgabe, die religiössittlichen Voraussetzungen hervorzurufen, zu befestigen und zu verteidigen, ohne welche kein Weg zum Ziele führt, die vorhandenen Verirrungen nicht beseitigt und Ordnungen, welche Bestand versprechen, nicht geschaffen werden können.

Diese Aufgabe ist umso größer, als gerade die religiös-sittlichen Antriebe es sind, welche der jetzigen Bewegung völlig fehlen. Die Wortführer derselben legen es sogar darauf an, die letzten Reste davon aus den Herzen zu reißen. Selten oder nie ist die christliche Religion so gehaßt, verunglimpft und dem Spotte preisgegeben worden, als es in den betreffenden Kreisen geschieht. Und wie man die Religion nicht will, so auch die Religionsgemeinschaft nicht. Das sozialdemokratische Zukunftsbild des öffentlichen Gemeinwesens hat keinen Raum für eine Kirche. Das Lebensglück sucht man in möglichst vielen materiellen Gütern und Genüssen. Verbesserung der äußeren Lage, nicht des inneren Lebens ist's, was man erstrebt. An den Fundamenten eines christlichen Familienlebens wird gerüttelt. Das Verhältnis zwischen den Arbeitgebern und Arbeitnehmern wird vergiftet. Mißtrauen wird gesät und Haß gegen die bestehende Ordnung wird geerntet. Die Pietät stirbt dahin. Der religiöse Autoritätsglaube ist aufgegeben, aber den Wortführern wird blindlings Folge geleistet. Eine allgemeine Verhetzung der betreffenden Volksklassen ist im Gange. Und dies alles hat eine Ausdehnung gewonnen, daß es sich nicht mehr um die Verirrung einzelner, wenn auch zahlreicher Kreise, sondern um eine von unten nach oben steigende Erkrankung der Volksseele handelt. Bereits sehen wir, wie davon auch solche Kreise ergriffen, dem Christentum entfremdet, der Frömmigkeit und ihren Übungen entwöhnt, der Leugnung Gottes und der übersinnlichen Welt zugeführt werden, welche bis dahin von solchen Abwegen sich ferngehalten haben. Damit verbindet sich eine Zerbröckelung des Bürgertums, dessen untere Schichten teilweise bereits in das sozialdemokratische Lager überzugehen beginnen und den dortigen Einflüssen preisgegeben werden . . .

Dem steht die evangelische Kirche gegenüber: sie kann und darf nicht ruhig zusehen, daß ganze Volksschichten ihr und dem Evangelium, das sie verkündet, entfremdet, ihre Sitten zersetzt und christentumsfeindliche Strömungen zur Herrschaft gebracht werden.

Andererseits muß sie auch dahin wirken, daß den berechtigten Bedürfnissen der Arbeiter Befriedigung geschafft, der Ausbeutung ihrer Kraft und derjenigen der Ihrigen gewehrt, durch tunlichstes Entgegenkommen der Besitzenden jede Erweiterung des Zwiespalts zwischen ihnen und den Besitzlosen verhindert und die Beseitigung der vorhandenen Kluft wenigstens angestrebt werde.

Auf wen soll unsere Kirche bei diesen schwierigen Aufgaben nächst ihrem himmlischen Haupte ihre Augen richten, wenn nicht auf ihre Diener? Wir verkennen nicht, daß die Geistlichen unserer Landeskirche, jeder nach seinem Vermögen, und zum Teil unter schwierigen Verhältnissen, schon bisher die Pflichten ihres Berufes zu erfüllen bemüht gewesen sind. Allein je ernster die Zeit, desto größer wird auch die Verpflichtung und die Verantwortlichkeit des geistlichen Amts. Wir bedürfen zu ihrer Erfüllung keiner neuen Mittel. Wort Gottes und Sakramente – das erstere, wenn es lauter und rein verkündigt wird, die Zweiten, wenn sie einsetzungsgemäß verwaltet werden, haben von ihrer rettenden , bewahrenden, beseligenden Kraft noch nichts verloren; die Liebe, die sich aufmacht, das Verlorene zu suchen oder dem Verirrten zurecht zu helfen, ist auch heute eifrig und erfolgreich am Werk; die Kunst, Gottes Wort recht zu teilen, allen das Eine und jedem das Seine zu geben, bringt nach wie vor ihre Früchte; die öffentliche Predigt, die katechetischen Unterredungen, die spezielle Seelsorge – lauter Bestandteile der geistlichen Amtstätigkeit – üben noch immer, wenn recht gehandhabt, ihre herzandringende, erweckende und erbauende Kraft. Sollen aber die Entfremdeten wieder lernen, die Kirche zu suchen, so muß zuvörderst die Kirche die Entfremdeten suchen, und zwar in dem heiligen Mitleiden, welches fremde Not, auch fremde Schuld mitfühlt, als ob es die eigene wäre. Darum liegt heutzutage das Schwergewicht auf der speziellen Seelsorge, und es kann nicht genug beklagt werden, daß im Laufe der bisherigen Entwicklung und angesichts der zum Teil übermäßigen Größe der Gemeinden, sowie bei dem Mangel an geistlichen Kräften gerade diese Tätigkeit nicht völlig zu ihrem Rechte gekommen ist. Je umfassender dies in Zukunft geschehen wird, desto leichter wird es sein, den Herzen nahezukommen. Zwei Losungen müssen sich dabei begegnen. Wir suchen nicht das Eure, sondern euch – dies die eine. Alles ist euer, ihr aber seid Christi – dies die andere. Darum hat auch der Geistliche nicht bloß das Interesse der kirchlichen Gemeindeorgane für alle diese Zwecke zu erwecken, sondern auch sonst in der Gemeinde selbst lebendige Hilfskräfte aus beiden Geschlechtern zu suchen . . .

Wo irgend möglich, ist es auch in den Städten wie auf dem Lande zu versuchen, daß der Geistliche in freien Versammlungen, verbunden mit Rede und Gegenrede, den Arbeitern unter die Augen tritt und Vorurteile zerstreut. Fehlt einem Geistlichen die Gabe dazu, so findet sich unter den übrigen Geistlichen einer Diözese wohl einer oder der andere, der für ihn eintreten kann. Nötigenfalls mögen sich auch Geistliche und Nichtgeistliche miteinander verbinden, um unter einhelligem Zusammenwirken in Gottesdiensten, Konferenzen und sonstigen Versammlungen Aufklärung über die einschlagenden Fragen zu verbreiten und die Gewissen zu schärfen . . .

Wir deuten nur an; aber auch aus diesen wenigen Andeutungen ergibt sich schon, welche Fülle von Mitteln und Wegen dem geistlichen Amte zu Gebote steht, um seinerseits mitzuhelfen, daß die Kluft zwischen Besitzlosen und Besitzenden geschlossen, der unheimliche Geist der Verbitterung überwunden, das ungeduldige und gewaltsame Drängen nach unklaren Zielen gezügelt und so den drohenden Gefahren für die gesellschaftliche Ordnung und das gesamte Volksleben vorgebeugt werde . . . Durch ein solches Zusammenwirken geeigneter Kräfte wird es mit Gottes Hilfe gelingen, den Wühlereien und Verhetzungen zu begegnen, welche nur dazu dienen, die Selbstsucht zu steigern, die Leidenschaften zu entflammen, vaterlandslose Gesinnung zu verbreiten und die Arbeiter auf Bahnen zu drängen, welche ihnen selbst zum Unheil ausschlagen müssen.

Wir bitten Gott, daß er auch diese Ratschläge gereichen lasse zur Ehre seines Namens, zur Mehrung seines Reiches und zum Wohle unseres geliebten Vaterlandes.

Quelle: Kirchliches Gesetz- und Verordnungsblatt 1890, Nr. 1899, zitiert aus: G. Brakelmann, Kirche, soziale Frage und Sozialismus. Kirchenleitungen und Synoden über die soziale Frage und Sozialismus 1871–1914, 1977 = Protestantismus und Sozialismus Bd. 3, S. 86ff. – *Literatur:* s.u. Nr. 113.

109. Der Evangelisch-soziale Kongreß

Der Evangelisch-soziale Kongreß (ESK) wird 1890 auf Anregung Stoeckers begründet und versammelt unter seinen Mitgliedern Vertreter aller theologischen und kirchenpolitischen Richtungen. Unter bewußtem Verzicht auf aktives politisches Handeln stellt er bis in den zweiten Weltkrieg hinein das gesellschaftspolitische und sozialethische Diskussionforum des christlich-sozialen Protestantismus dar. Die Spannung zwischen den »Alten« (Stoecker) und den »Jungen« (Naumann) führt 1896 zum Ausscheiden Stoeckers, der ein Jahr darauf die »Freie Kirchlich-soziale Konferenz« gründet.

Die Satzungen

1. Der Evangelisch-soziale Kongreß hat es sich zur Aufgabe gestellt, die sozialen Zustände unseres Volks vorurteilsfrei zu untersuchen, sie an dem Maßstabe der sittlichen und religiösen Forderungen des Evangeliums zu messen, und diese selbst für das heutige Wirtschaftsleben fruchtbarer und wirksamer zu machen als bisher . . .

Das Arbeitsprogramm

Das Arbeitsprogramm des Kongresses und seiner Organe wird für die nächste Zeit auf folgende Punkte festgesetzt:

1. Bezüglich des Kongresses selbst. Es erscheint wünschenswert, daß in Zukunft auf jedem Kongreß womöglich je ein sozialkirchliches, ein sozialethisches und ein sozialpolitisches, namentlich auch sich auf die sozialdemokratische Bewegung beziehendes Referat gehalten wird. Die Themata sollen so früh als möglich vor dem Kongreß festgestellt werden.
2. Bezüglich des Broschürenunternehmens. Die von Professor Baumgarten herausgegebenen Evangelisch-sozialen Zeitfragen sollen womöglich in noch engere Fühlung mit dem Kongreß und seinen Organen gesetzt werden . . .
4. Es wird die Abhaltung öffentlicher Versammlungen mit Vorträgen über evangelisch-soziale Fragen und nachfolgende Diskussion empfohlen. Die Vorträge sollen einen objektiven, wissenschaftlichen Charakter tragen.
5. Es wird die Veranstaltung von Kursen mit Diskussionen über sozialkirchliche, sozialethische, sozialpolitische und sozialdemokratische Themata im evangelisch-sozialen Sinne empfohlen.
6. Es soll der Versuch gemacht werden, eine größere Anzahl gebildeter und reiferer junger Männer zu sammeln, die bereit sind, gruppenweise je einen bestimmten sozialdemokratischen Fachverein regelmäßig zu besuchen, mit dem einzigen Zweck, in gegenseitigem freundlichen Austausch der Meinungen mit den Gliedern dieser Vereine die persönliche Annäherung zwischen den jetzt getrennten Gesellschaftsklassen auf dem Boden der gegenseitigen Achtung und Gleichberech-

tigung anzubahnen. Politische Proselytenmacherei als Ziel wird ausgeschlossen.
7. Die bereits in Bildung begriffene Auskunftsstelle in evangelisch-sozialen Fragen soll besonders sorgfältig ausgebaut werden.

Quelle: P. Göhre, Die evangelisch-soziale Bewegung, 1896, S. 146f.

110. Aus der Enzyklika »Rerum novarum« Papst Leos XIII. (1891)

Die große Sozialenzyklika Leos XIII. (»Über die Arbeiterfrage«) faßt die Erkenntnisse und Postulate zusammen, die in verschiedenen Ländern Europas von katholischen Denkern, Kirchenführern und Politikern entwickelt worden sind. Sie wurde am 15. Mai 1891 veröffentlicht und blieb die Magna Charta katholischer Soziallehre.

Der Geist der Neuerung, welcher seit langem durch die Völker geht, mußte, nachdem er auf dem politischen Gebiete seine verderblichen Wirkungen entfaltet hatte, folgerichtig auch das volkswirtschaftliche Gebiet ergreifen. Viele Umstände begünstigten diese Entwicklung; die Industrie hat durch die Vervollkommnung der technischen Hilfsmittel und eine neue Produktionsweise mächtigen Aufschwung genommen; das gegenseitige Verhältnis der besitzenden Klasse und der Arbeiter hat sich wesentlich umgestaltet; das Kapital ist in den Händen einer geringen Zahl angehäuft, während die große Menge verarmt; es wächst in den Arbeitern das Selbstbewußtsein, ihre Organisation erstarkt; dazu gesellt sich der Niedergang der Sitten. Dieses alles hat den sozialen Konflikt wachgerufen, vor welchem wir stehen . . . Die Arbeiterfrage ist geradezu in den Vordergrund der ganzen Zeitbewegung getreten . . .
Vor allem ist von der einmal gegebenen unveränderlichen Ordnung der Dinge auszugehen, wonach in der bürgerlichen Gesellschaft eine Gleichmachung von hoch und niedrig, von arm und reich schlechthin nicht möglich ist. Es mögen die Sozialisten solche Träume zu verwirklichen suchen, aber man kämpft umsonst gegen die Naturordnung an. Es werden immerdar in der Menschheit die größten und tiefgreifendsten Ungleichheiten bestehen. Ungleich sind Anlagen, Fleiß, Gesundheit und Kräfte, und hiervon ist als Folge unzertrennlich die Ungleichheit in der Lebensstellung, im Besitze. Dieser Zustand ist aber ein sehr zweckmäßiger sowohl für den einzelnen wie für die Gesellschaft. Das gesellschaftliche Dasein erfordert nämlich eine Verschiedenheit von Kräften und eine gewisse Mannigfaltigkeit von Leistungen; und zu diesen verschiedenen Leistungen werden die Menschen hauptsächlich durch jene Ungleichheit in der Lebensstellung angetrieben . . .
So wenig das Kapital ohne die Arbeit, so wenig kann die Arbeit ohne das Kapital bestehen. Eintracht ist überall die unerläßliche Vorbedingung von Schönheit und Ordnung; ein fortgesetzter Kampf dagegen erzeugt Verwilderung und Verwirrung. Zur Beseitigung des Kampfes aber und selbst zur Ausrottung seiner Ursachen besitzt das Christentum wunderbare und vielgestaltige Kräfte. Die Kirche, als Vertreterin und Wahrerin der Religion, hat zunächst in den religiösen Wahrheiten und Gesetzen ein mächtiges Mittel, die Reichen und die Armen zu versöhnen und einander nahezubringen; ihre Lehren und Gebote führen beide Klassen zu ihren Pflichten gegeneinander und namentlich zur Befolgung der Vorschriften der Gerechtigkeit . . . Die Pflichten, die die Besitzenden und Arbeitgeber ange-

hen, sind die nachstehenden: die Arbeiter dürfen nicht wie Sklaven angesehen und behandelt werden; ihre persönliche Würde, welche geadelt ist durch ihre Würde als Christen, werde stets heilig gehalten; Arbeit und Erwerbssorgen erniedrigen sie nicht, vielmehr muß, wer vernünftig und christlich denkt, es ihnen als Ehre anrechnen, daß sie selbständig ihr Leben unter Mühe und Anstrengung erhalten; unehrenvoll dagegen und unwürdig ist es, Menschen bloß zu eigenem Gewinne auszubeuten und sie nur so hoch anzuschlagen, als ihre Arbeitskräfte reichen. Eine weitere Vorschrift schärft ein: Habet auch die gebührende Rücksicht auf das geistige Wohl und die religiösen Bedürfnisse der Besitzlosen; ihr Herren seid verpflichtet, ihnen Zeit zu lassen für ihre gottesdienstlichen Übungen; . . . es ist ungerecht, sie mit mehr Arbeit zu beschweren, als ihre Kräfte tragen können, oder Leistungen von ihnen zu fordern, die mit ihrem Alter oder Geschlecht in Widerspruch stehen . . .
Die Beihilfe, welche von den Staatslenkern erwartet werden muß, besteht zunächst in einer derartigen allgemeinen Einrichtung der Gesetzgebung und Verwaltung, daß daraus von selbst das Wohlergehen der Gemeinschaft wie der einzelnen emporblüht. Hier liegt die Aufgabe einer einsichtigen Regierung . . . Was aber im Staat vor allem Glück und Friede verbürgt, das ist Ordnung, Zucht und Sitte, ein wohlgeordnetes Familienleben, Heilighaltung von Religion und Recht, mäßige Auflage und gleiche Verteilung der Lasten, Betriebsamkeit in Gewerbe und Handel, günstiger Stand des Ackerbaus . . .

Quelle: ASS 23, 1890/91, S. 643ff.; deutsch: Texte zur katholischen Soziallehre, 1976^3, S. 31ff. (31.40.41f.49). – *Literatur:* HKG(J), VI/2, 1973, S. 232ff.; G. Maron, Die römisch-katholische Kirche von 1870–1970 = KIG Bd. 4 N 2, 1972, S. 207.

111. Sozialdemokratie und Christentum

August Bebels (1840–1913) Berliner Rede vom 16. Juli 1891 soll das neue Parteiprogramm vorstellen und begründen, das dann auf dem Parteitag der SPD von Erfurt im Oktober 1891 einstimmig angenommen wird und das die Religion zur Privatsache erklärt. Diese Erklärung der Religion zur Privatsache muß im Zusammenhang der Staats- und Klassenkampfsvorstellungen der damaligen Sozialdemokratie verstanden werden und beinhaltet die Trennung von Staat und Kirche (Vereinsrecht) wie auch die jedenfalls grundsätzliche Freistellung der religiösen Beziehung der einzelnen Parteimitglieder. Wir zitieren zunächst aus der Rede Bebels und sodann die entsprechenden Partien aus dem Erfurter Programm.

Heute lehrt die Geschichtsforschung, daß der Staat eine Einrichtung der Periode des Privateigentums ist, von den Besitzenden gegründet, um sie gegen die Nichtbesitzenden zu schützen, denen er stets als ein unantastbares Heiligtum hingestellt wird. Wo sich aber verschiedene Interessen feindlich gegenüberstehen, bildet sich der Staat; wenn aber die Klassengegensätze aufgehoben werden, wird der Staat überflüssig. Aus diesem Grunde mußte man im neuen Programm die Begriffe »Staat« und »Gesellschaft«, die im alten Programm [gemeint ist: Gothaer Programm von 1875] fortwährend verwechselt sind, scharf trennen. Ebenso mußte das Wesen der bürgerlichen Gesellschaft, die unter sich vielfach gespalten ist, aber dem Sozialismus geschlossen gegenüber steht und auf alle Fälle den heutigen Staat erhalten will, festgestellt werden. Der Staat der heutigen herrschenden

Klasse benutzt natürlich Kirche, Schule und alle Mittel, um das Volk im Glauben zu erhalten, der Klassenstaat, wie er besteht, wäre eine Notwendigkeit, und daher kommt es, daß so viele Proletarier, deren Interessen sie zu uns ziehen müßten, noch in den Reihen der Gegner gegen uns kämpfen. Wir müssen diese Schwierigkeiten zu überwinden suchen; aber wenn man die Entwickelungsgeschichte der Partei seit den 60er Jahren verfolgt, dann kann man am schließlichen Erfolg nicht zweifeln. Dies um so weniger, als die Entwickelung der gesellschaftlichen Zustände uns trefflich vorarbeitet, und man hat deswegen nicht Unrecht, wenn man meint, auch ohne unser Zutun würde die Gesellschaft in den sozialistischen Staat hineinwachsen. Trotzdem sind wir aber genötigt, in Interesse der Arbeiterklasse eine Reihe von Forderungen an den heutigen Staat zu stellen. Für diese Notwendigkeit spricht auch noch der praktische Grund, daß wir die Volksmasse nicht mit bloßen Theoremen gewinnen können, sondern ihr auch zeigen müssen, daß wir die Interessen der Arbeiter auch in der heutigen Gesellschaft wahrnehmen; nur wenn wir dies beweisen, wird man unserer Fahne folgen . . .
Die Forderung der »Abschaffung aller Aufwendungen aus öffentlichen Mitteln zu kirchlichen und religiösen Zwecken« und die fernere, »daß die kirchlichen und religiösen Gemeinschaften als Privatvereinigungen zu betrachten sind«, steht an Stelle der früheren »Erklärung der Religion zur Privatsache«. Es ist dies ebenfalls einer der Fehler des früheren Programms, indem man damals noch der Meinung war, daß, wenn eine Religion eine große Zahl von Anhängern im Lande zählt, die Kirche immerhin durch den Staat unterstützt werden könne. Wir meinen jetzt, es ist jedes Einzelnen volle Privatsache, was er glauben oder anbeten wolle. Wir verlangen den Grundsatz, daß keine Religionsgemeinschaft die öffentlichen Mittel für ihre Zwecke in Anspruch nehmen dürfe. Treten eine Anzahl Menschen zu einer Religionsgemeinschaft zusammen, so verwehrt ihnen dies niemand, weil ja das Versammlungsrecht besteht. Sie können sich auch einen Geistlichen bestellen, haben dann aber keinen Anspruch, daß dieser vom Staat oder Gemeinde besoldet werde, sondern sie müssen ihn selbst bezahlen, wie sie auch ihren Schuhmacher und Schneider bezahlen müssen. Wir verlangen auch vollständige Trennung der Schule von der Kirche und insbesondere »obligatorischen Besuch der öffentlichen Volksschulen«. Jedes Kind, ohne Ausnahme, soll gezwungen sein, die öffentliche Volksschule zu besuchen, und es soll hierin kein Unterschied bestehen zwischen reichen und armen Kindern. Müssen alle gleichmäßig in dieselbe Schule, dann wird die besitzende Klasse schon dafür sorgen, daß die Volksschule auf die Höhe der Zeit gebracht wird, – weil ihre eigenen Kinder hinein müssen. Heute werden aus den öffentlichen Mitteln die höheren Schulen dotiert und die Volksschulen müssen mit den Überbleibseln zufrieden sein. Die Lehrmittel sollen zudem unentgeltlich abgegeben werden, weil auch der Unterricht an allen öffentlichen Lehranstalten umsonst erteilt werden soll. In Paris werden schon heute nicht nur die Lehrmittel geliefert, sondern den ärmeren Kindern wird in den Schulen auch unentgeltlich Mittagessen verabreicht. In einem späteren, vollkommeneren Zustand der Gesellschaft werden überhaupt die gesamten Erziehungskosten von der Gesellschaft getragen werden. Die künftige Gesellschaft wird jedem ihrer Mitglieder Gelegenheit bieten, seine Fähigkeiten zum eignen Besten und zum Besten der Gesellschaft zu wecken und auszubilden . . .
Die herrschende Klasse zeigt überall das Verlangen nach sogenannten Seelenärzten, mit welchem Namen man die Geistlichen belegt, die auf Staats- und Gemeindekosten angestellt und unterhalten werden, und uns alljährlich mit so und so vie-

len Millionen Mark teuer genug zu stehen kommen. Ungleich wichtiger aber, als diese sogenannten Seelenärzte, scheinen uns die Ärzte für Leben und Gesundheit des Körpers, und wir verlangen deshalb: »Unentgeltlichkeit der ärztlichen Hilfeleistung und Heilmittel« . . .

Quelle: Aus der am 16. Juli 1891 gehaltenen Rede, abgedruckt im »Vorwärts« vom 18. Juli 1891, Nr. 165 Beilage, hier zitiert aus: E. Schall, Die Sozialdemokratie in ihren Wahrheiten und Irrtümern und die Stellung der protestantischen Kirche zur sozialen Frage, 1893, S. 139f.145ff.

Aus dem Erfurter Parteiprogramm

Die ökonomische Entwicklung der bürgerlichen Gesellschaft führt mit Naturnotwendigkeit zum Untergang des Kleinbetriebs, dessen Grundlage das Privateigentum des Arbeiters an seinen Produktionsmitteln bildet. Sie trennt den Arbeiter von seinen Produktionsmitteln und verwandelt ihn in einen besitzlosen Proletarier, indeß die Produktionsmittel das Monopol einer verhältnismäßig kleinen Zahl von Kapitalisten und Großgrundbesitzern werden.

Hand in Hand mit dieser Monopolisierung der Produktionsmittel geht die Verdrängung der zersplitterten Kleinbetriebe durch kolossale Großbetriebe, geht die Entwicklung des Werkzeugs zur Maschine, geht ein riesenhaftes Wachstum der Produktivität der menschlichen Arbeit. Aber alle Vorteile dieser Umwandlung werden von den Kapitalisten und Großgrundbesitzern monopolisiert. Für das Proletariat und die versinkenden Mittelschichten – Kleinbürger, Bauern – bedeutet sie wachsende Zunahme der Unsicherkeit ihrer Existenz, des Elends, des Drucks, der Knechtung, der Erniedrigung, der Ausbeutung.

Immer größer wird die Zahl der Proletarier, immer massenhafter die Armee der überschüssigen Arbeiter, immer schroffer der Gegensatz zwischen Ausbeutern und Ausgebeuteten, immer erbitterter der Klassenkampf zwischen Bourgeoisie und Proletariat, der die moderne Gesellschaft in zwei feindliche Heerlager trennt und das gemeinsame Merkmal aller Industrieländer ist.

Der Abgrund zwischen Besitzenden und Besitzlosen wird noch erweitert durch die im Wesen der kapitalistischen Produktionsweise begründeten Krisen, die immer umfangreicher und verheerender werden, die allgemeine Unsicherheit zum Normalzustand der Gesellschaft erheben und den Beweis liefern, daß die Produktionskräfte der heutigen Gesellschaft über den Kopf gewachsen sind, daß das Privateigentum an Produktionsmitteln unvereinbar geworden ist mit deren zweckentsprechender Anwendung und voller Entwicklung.

Das Privateigentum an Produktionsmitteln, welches ehedem das Mittel war, dem Produzenten das Eigentum an seinem Produkt zu sichern, ist heute zum Mittel geworden, Bauern, Handwerker und Kleinhändler zu expropriieren und die Nichtarbeiter – Kapitalisten, Großgrundbesitzer – in den Besitz des Produkts der Arbeiter zu setzen. Nur die Verwandlung des kapitalistischen Privateigentums an Produktionsmitteln – Grund und Boden, Gruben und Bergwerke, Rohstoffe, Werkzeuge, Maschinen, Verkehrsmittel – in gesellschaftliches Eigentum und die Umwandlung der Warenproduktion in sozialistische, für und durch die Gesellschaft betriebene Produktion kann es bewirken, daß der Großbetrieb und die stets wachsende Ertragsfähigkeit der gesellschaftlichen Arbeit für die bisher ausgebeuteten Klassen aus einer Quelle des Elends und der Unterdrückung zu einer Quelle der höchsten Wohlfahrt und allseitiger harmonischer Vervollkommnung werde.

Diese gesellschaftliche Umwandlung bedeutet die Befreiung nicht bloß des Prole-

tariats, sondern des gesamten Menschengeschlechts, das unter den heutigen Zuständen leidet. Aber sie kann nur das Werk der Arbeiterklasse sein, weil alle anderen Klassen, trotz der Interessenstreitigkeiten unter sich, auf dem Boden des Privateigentums an Produktionsmitteln stehen und die Erhaltung der Grundlagen der heutigen Gesellschaft zum gemeinsamen Ziel haben.
Der Kampf der Arbeiterklasse gegen die kapitalistische Ausbeutung ist notwendiger Weise ein politischer Kampf. Die Arbeiterklasse kann ihre ökonomischen Kämpfe nicht führen und ihre ökonomische Organisation nicht entwickeln ohne politische Rechte. Sie kann den Übergang der Produktionsmittel in den Besitz der Gesamtheit nicht bewirken, ohne in den Besitz der politischen Macht gekommen zu sein. Diesen Kampf der Arbeiterklasse zu einem bewußten und einheitlichen zu gestalten und ihm sein naturnotwendiges Ziel zu weisen – das ist die Aufgabe der sozialdemokratischen Partei.

Im folgenden Absatz wird der internationale und gesamtgesellschaftliche Aspekt des sozialistischen Klassenkampfes und das Ziel der Abschaffung der Klassen überhaupt betont. Sodann heißt es:

Ausgehend von diesen Grundsätzen fordert die sozialdemokratische Partei Deutschlands zunächst:

[1. Forderungen zum Wahlrecht.
2. Direkte Gesetzgebung durch das Volk vermittelst des Vorschlags- und Verwerfungsrechts.
3. Erziehung zur allgemeinen Wehrhaftigkeit.
4. Meinungs- und Versammlungsfreiheit.
5. Gleichberechtigung der Frau.]

6. Erklärung der Religion zur Privatsache. Abschaffung aller Aufwendungen aus öffentlichen Mitteln zu kirchlichen und religiösen Zwecken. Die kirchlichen und religiösen Gemeinschaften sind als private Vereinigungen zu betrachten, welche ihre Angelegenheiten vollkommen selbständig ordnen.
7. Weltlichkeit der Schule. Obligatorischer Besuch der öffentlichen Volksschulen. Unentgeltlichkeit des Unterrichts, der Lehrmittel und der Verpflegung in den öffentlichen Volksschulen, sowie in den höheren Bildungsanstalten für diejenigen Schüler und Schülerinnen, die kraft ihrer Fähigkeiten zur weiteren Ausbildung geeignet erachtet werden . . .

Quelle: W. Mommsen, Deutsche Parteiprogramme, 1951, S. 102ff. – *Literatur:* H. Grote, Sozialdemokratie und Religion. Eine Dokumentation für die Jahre 1863–1875, 1968; Th. Strohm, Kirche und demokratischer Sozialismus, 1968, bes. S. 70ff.; R. Sorg, Marxismus und Protestantismus in Deutschland. Eine religionssoziologisch-sozialgeschichtliche Studie zur Marxismus-Rezeption in der evangelischen Kirche 1848–1948, 1974 = Kleine Bibliothek 48; H. Mommsen, Arbeiterbewegung und nationale Frage, 1978; W. Bröker, Politische Motive naturwissenschaftlicher Argumentation gegen Religion und Kirche im 19. Jahrhundert. Dargestellt am »Materialisten« Karl Vogt (1871–1895), 1973 = MBTh 35.

112. Rudolf Sohm

Rudolf Sohms (1841–1917) Verständnis des Kirchenrechts bringt die liberale Spiritualisierung der Kirche zum Ausdruck und steht bis zum Erscheinen von Günther Holsteins bekenntnisbestimmten kirchlichen Genossenschaftsrecht 1928 in weiter Geltung. Das charismatische Liebesrecht und das staatliche Zwangsrecht sind einander ausschließende Gegensätze. Die Wesenskirche ist eine pneumatische Größe – universal, ökumenisch –, sie kann kein Kirchenrecht haben. Die organisierten protestantischen Kirchen empfangen ihr Recht aus der Zwangsgewalt des Staates und sind so Staatskirchen, eine These, die im Kirchenkampf umstritten und endgültig überwunden wird.

Die Idee der Ortsgemeinde, überhaupt die einer engeren Gemeinde im heutigen Sinne des Wortes, ist [im Neuen Testament] für die Organisation der Kirche (der Christenheit) gar nicht vorhanden. Es gibt weder eine Versammlung noch gibt es folgeweise Organe der Ortsgemeinde oder der Hausgemeinde oder sonst einer Gemeinde als solcher. Damit ist jede ortsgemeindemäßige, vereinsmäßige, überhaupt jede örtliche und korporative Art der Verfassung ausgeschlossen. Es gibt nur ökumenische Versammlungen, Organe. *Nur die Ecclesia ist vorhanden*, und folgeweise *nur die Ecclesia ist organisiert.* Was an Verfassung hervortritt, muß das Streben in sich tragen, *Kirchen*verfassung, Verfassung der *Gesamtgemeinde*, der Ecclesia darzustellen. Aber: *Die Ecclesia ist der rechtlichen Organisation unfähig . . .*

Quelle: R. Sohm, Kirchenrecht Bd. 1 (1892) Neudruck 1970², S. 21f.

Das große Rätsel in der Geschichte des Urchristentums ist die Entstehung des monarchischen Episkopats und mit ihm des Katholizismus, das große Rätsel in der Geschichte der Reformation ist die Entstehung des landesherrlichen Kirchenregiments, aus welcher die Verweltlichung der Kirche hervorging. Das eine wie das andere kann *nicht* aus dem Wesen der Kirche Christi erklärt werden; es befindet sich vielmehr zu diesem Wesen in vollkommenen Gegensatz. Das eine wie das andere findet seine Erklärung nur durch die Entstehung des Kirchenrechts, welches hier wie dort das Wesen der Kirche veränderte. Überall hat das Kirchenrecht sich als einen Angriff auf das geistliche Wesen der Kirche erwiesen, mit welchem deshalb die lebendigen geistlichen Kräfte der Kirche in naturnotwendigem Kampfe sich befinden. Das Wesen der Kirche ist geistlich, das Wesen des Rechtes ist weltlich. *Das Wesen des Kirchenrechts steht mit dem Wesen der Kirche im Widerspruch.*

Quelle: ebd., S. 700. – *Literatur:* O. Linton, Das Problem der Urkirche in der neuen Forschung, 1932 (zum Streit Harnack-Sohm); W.A. Hauck, Rudolf Sohm und Leo Tolstoj. Rechtsordnung und Gottesreich, 1950²; D. Stoodt, Wort und Recht. Rudolf Sohm und das theologische Problem des Kirchenrechts, 1962 = FGLP 10,23; A. Bühler, Kirche und Staat bei Rudolf Sohm, 1965 = BSHST 6.

113. Zirkularerlaß des Evangelischen Oberkirchenrats vom 16. Dezember 1895

Das Ansteigen der sozialdemokratischen Stimmen bei den Reichstags- und den preußischen Landtagswahlen führt zum Ende der »neuen Ära« Kaiser Wilhelms II. Da sich die antireligiöse Propaganda der Sozialdemokratie verschärft und es sich herausstellt, daß die Geistlichen zur Rede und Gegenrede nicht gerüstet erscheinen, rät der preußische Evangelische Oberkirchenrat in Korrektur seiner Ansprache von 1890 (s.o. Nr. 108) von einer aktiven Teilnahme der Geistlichen an sozialpolitischen Bestrebungen ab.

Durch die mit den Herren Konsistorialpräsidenten und Generalsuperintendenten gepflogenen Beratungen über die Beteiligung der Geistlichen unserer Landeskirche an sozialpolitischen Agitationen haben wir zu unserer Befriedigung die Überzeugung gewonnen, daß in der Haltung der weitaus überwiegenden Mehrzahl unserer Geistlichen diejenige Besonnenheit nicht zu vermissen ist, deren Bewahrung die Würde des geistlichen Standes erheischt und welche für eine gedeihliche Ausübung des Pfarramtes und den Frieden der Gemeinde erforderlich ist.
Einstimmig ist dabei jedoch zugleich von den Herren Konsistorialpräsidenten und Generalsuperintendenten bezeugt worden, daß auch die Kreise der Geistlichen nicht unberührt geblieben sind von der das öffentliche Interesse beherrschenden sozialpolitischen Reformbewegung auf wirtschaftlichem Gebiete und daß die an einzelnen Stellen vorgekommenen Ausschreitungen einen gewissermaßen symptomatischen Charakter haben. Ebenso einstimmig ist der Befürchtung Ausdruck gegeben, daß in geistlichen Kreisen die Neigung sich mehre, sich auch über die in der Zwecksphäre der Kirche liegenden Aufgaben insbesondere über die ihr befohlene Beteiligung an Werken der christlichen Liebestätigkeit hinaus an sozialen Bestrebungen zu beteiligen, insbesondere auch ihre Tätigkeit unter Hintansetzung ihrer pfarramtlichen Wirksamkeit der Erörterung volkswirtschaftlicher und sozialpolitischer Probleme zuzuwenden. Zugleich ist anerkannt, daß durch solche Tätigkeit die Vertrauensstellung der Geistlichen in ihren Gemeinden gefährdet werden könne; auch ist mehrseitig hervorgehoben, daß durch die hie und da überhandnehmende Neigung namentlich jüngerer Geistlicher zu Reisen, um sich an Versammlungen, Kongressen, Kursen pp. zu beteiligen, nicht allein die Zeit zu gewissenhafter Ausrichtung der seelsorgerlichen und sonstigen Amtspflichten geschmälert, sondern auch die innerliche Sammlung gehindert werde.
Daraus ergibt sich für die kirchenregimentlichen Organe auf allen Stufen die Pflicht, mit denen ihnen zu Gebote stehenden Mitteln den hervortretenden bedenklichen Erscheinungen nachdrücklich entgegenzuwirken.
Es ist uns von besonderer Wichtigkeit, uns mit den sämtlichen an den Beratungen beteiligt gewesenen Herren in dem Urteile zu begegnen, daß die Hauptursache der bedauerlichen Wahrnehmungen zu suchen ist in der jahrelang fortgeführten, schon bei Studierenden und Kandidaten einsetzenden Agitation, welche, begünstigt durch die weite Kreise beherrschende übertriebene Wertschätzung der irdischen Güter, bei manchen Geistlichen dazu geführt hat, ihr Interesse rein wirtschaftlichen, dem pfarramtlichen Berufe fern liegenden Gegenständen zuzuwenden und sich in einem der treuen Berufserfüllung zum Schaden gereichenden Maße am politischen und sozialen Parteileben zu beteiligen.

[Für die Unterrichtung der Kandidaten wie auch der Geistlichen sollen Richtlinien entwickelt werden, »welche für die Haltung der Geistlichkeit gegenüber der sozialen Bewegung maßgebend sein müssen«. Der Erlaß setzt dann fort]:

Wenn endlich in der Konferenz dem Wunsche Ausdruck gegeben ist, es möge eine erneute Kundgebung unsererseits erfolgen, welche den Geistlichen in ihrer Aufmerksamkeit als Richtlinie bezüglich ihrer Stellung zu der unruhigen Bewegung des öffentlichen Lebens dienen könnte, so entnehmen wir daraus den Anlaß, auf

unsern Erlaß an die Geistlichkeit und Gemeindekirchenräte vom 20. Februar 1879 . . . und auf unser Rundschreiben an die Geistlichen vom 17. April 1890 zurückzuverweisen. Wir halten an den dort entwickelten Gesichtspunkten im allgemeinen fest. Nur insofern bedürfen nach den inmittelst gewonnenen Erfahrungen die im Jahre 1890 erteilten Weisungen einer Einschränkung, als wir damals die Hoffnung hegen durften, daß eine unmittelbare Beteiligung der Geistlichen an sozialpolitischen Versammlungen, verbunden mit Rede und Gegenrede, dazu beitragen werde, Vorurteile zu zerstreuen und einer friedlichen Fortentwicklung Raum zu schaffen. Die Erfahrung hat gezeigt, daß dieser Erfolg nur in seltenen Fällen erreicht ist. Die Geistlichen sind häufig nicht imstande gewesen, einer sich tumultuarisch geltend machenden Agitation Herr zu werden und gegenüber der Parteileidenschaft ihre Person, sowie die Würde des geistlichen Amtes vor kompromittierenden Angriffen zu bewahren. Sie haben auch der Versuchung unbesonnener Parteinahme für die Forderungen einer einzelnen Bevölkerungsklasse nicht immer widerstehen können.
Den hervorgetretenen irrigen Anschauungen gegenüber kann nicht nachdrücklich genug betont werden, daß alle Versuche, die evangelische Kirche zum maßgebend mitwirkenden Faktor in den politischen und sozialen Tagesstreitigkeiten zu machen, die Kirche selbst von dem ihr von dem Herrn der Kirche gestellten Ziele: Schaffung der Seelen Seligkeit ablenken müssen.
Die Einwirkung der Kirche auf diese äußerlichen Gebiete kann und darf niemals eine unmittelbare, sondern nur eine mittelbare, innerlich befruchtende sein. Aufgabe der Kirche und der einzelnen Diener derselben ist es, auch eindringliche Verkündigung des göttlichen Worts, durch treue Verwaltung ihrer Gnadenschätze, durch hingebende Seelsorge an den anvertrauten Seelen, alle Angehörigen der Kirche ohne Unterschied des Standes so mit dem Geiste christlicher Liebe und Zucht zu erfüllen, daß die Normen des christlichen Sittengesetzes in Fleisch und Blut des Volkes übergehen und damit die christlichen Tugenden erzeugt werden, welche die Grundlagen unseres Gemeinwesens bilden: Gottesfurcht, Königstreue, Nächstenliebe . . .

Quelle: Kirchliches Gesetz- und Verordnungsblatt 1895, Nr. 10, zit. aus: G. Brakelmann, Kirche, soziale Frage und Sozialismus. Kirchenleitungen und Synoden über die soziale Frage und Sozialismus 1871–1914, 1977, S. 189ff. = Protestantismus und Sozialismus Bd. 3. – *Literatur:* B. Satlow, Kirchenpolitische Korrespondenzen Wilhelms II., in: . . . und fragten nach Jesus, Barnikol-FS, 1964, S. 268ff.; H. Rudolph, Das evangelische Militär-Kirchenwesen in Preußen, 1973 = SThGG 8; K. E. Pollmann, Landesherrliches Kirchenregiment und soziale Frage. Der evangelische Oberkirchenrat der altpreußischen Landeskirche und die sozialpolitische Bewegung der Geistlichen nach 1890, 1973 = VHK 44.

114. Paul Göhre: Sinn und Ziel des Evangelisch-sozialen Kongresses

Paul Göhre ist der erste Generalsekretär des ESK (1891–1894) und wird durch sein Buch »Drei Monate als Fabrikarbeiter« bekannt. Er wird zum Mitarbeiter Naumanns in dessen National-Sozialem Verein, trennt sich aber 1899 von ihm und vertritt zwischen 1903 und 1919 als sozialdemokratischer Reichstagsabgeordneter seinen erzgebirgischen Wahlkreis. Die Ziele des ESK beschreibt er im Jahr 1896 folgendermaßen:

Die Evangelisch-soziale Bewegung hat im Grunde ein einziges Ziel, das schon in ihrem Namen zum Ausdruck kommt. Sie will den sittlichen Gehalt und die religiöse Kraft des evangelischen Christentums ungeschmälert zur Hilfe für die Menschenmassen, die nicht sowohl durch eigne, sondern vorwiegend durch die Schuld unsrer sozialen Verhältnisse eine nur unsichre Existenz, ungesunde Wohnungen, ungenügende Ernährung, zu wenig Arbeit, zu geringen Lohn, zu lange Arbeitszeit, unzureichende Arbeitsstätten haben und dadurch auch an ihrer ganzen geistigen und sittlichen Entwicklung dauernden Schaden leiden. Sie will diese Hilfe bringen, indem sie die wirtschaftlichen Zustände in allmählichem Fortschritt, aber so schnell wie möglich, ebenso gründlich wie besonnen umgestalten hilft zu Gunsten aller Notleidenden, so daß *alle* Gruppen unsers Volks, die wirklich arbeiten, auch vollen Anteil an den Vorteilen unsers wirtschaftlichen Lebens erhalten, jede nach ihrem Beruf und ihrer sozialen Eigenart sowie nach dem jeweiligen Stande der technischen Entwicklung. Es ist ihr Ernst mit der Liebe, die Christus verkündigt hat, und für die er selber starb. Sie will, daß diese Liebe auch für unsre wirtschaftlichen Zustände, die über das Wohl und Wehe von Millionen entscheiden, keine Redensart bleibt, sondern zur Tat wird. Sie versucht, um dies zu erreichen, alle Gebildeten und Besitzenden, die noch wirkliche und tatfrohe Christen sein wollen, für die Wahrheit und das Recht ihrer Bestrebungen zu überzeugen und deren Wissen und Geld, Einfluß und größere soziale Unabhängigkeit in den Dienst ihrer Sache zu stellen. Noch mehr, sie sucht auch die notleidenden Massen selbst, so weit sie noch lebendigen Glauben an Jesus, die wandelnde Liebe, im Leibe haben, für dieses Ziel zu begeistern, die Gewonnenen zu organisieren und zu schulen, daß sie, gefördert und getragen von der Unterstützung jener andern Christengruppe, eins mit ihr in der Liebe und im Leben, sich selbst helfen, sich die öffentliche Meinung untertan machen und schließlich auch den Staat, den christlichen Staat zwingen, ihre Ziele zu verwirklichen. Der unerschütterliche Glaube an den Sieg dieses Christentums der Tat ist die Kraft aller Evangelisch-Sozialen, und ihr Kampfruf das Vierwort: Selbsthilfe, Bruderhilfe, Staatshilfe, Gotteshilfe!

Quelle: P. Göhre, Die Evangelisch-soziale Bewegung, 1896, S. 1f. – *Literatur:* G. Lewek, Kirche und soziale Frage um die Jahrhundertwende, 1963; G. Kretschmar, Der Evangelisch-soziale Kongreß, 1972; M. Schick, Kulturprotestantismus und soziale Frage. Versuch einer Begründung der Sozialethik, vornehmlich in der Zeit von der Gründung des Evangelisch-sozialen Kongresses bis zum Ausbruch des 1. Weltkrieges 1890–1914, 1970 = Tübinger wirtschaftswissenschaftliche Abhandlungen 10.

115. Friedrich Naumann

Friedrich Naumann (1860–1919) prägt auf dem ESK als Sprecher der »Jungen« die christliche Sozialpolitik neu: Nach Aufhebung der Sozialistengesetze (1890) geht er auf die Sozialdemokratie zu, verharrt jedoch grundsätzlich auf dem Boden der Sozialreform. Auch später bleibt sein Ziel die Verbindung zwischen dem Nationalen und Sozialen. Der »junge Naumann« klärt »Unsere Stellung zur Sozialdemokratie« (1893), indem er das Buch des Pastors Eduard Schall, »Die Socialdemokratie in ihren Wahrheiten und Irrtümern . . .« (1893) kritisch bespricht. Daraus folgen zwei Abschnitte zur Frage des Kollektivismus und der Stellung der Kirchenleitungen zur Parteizugehörigkeit.

Schall sagt ganz richtig: *Der Kollektivismus ist die Seele der sozialdemokratischen Partei . . .*

Wenn nun aber Schall weiß, daß der Kollektivismus die Seele der Partei ist, so ist es uns unverständlich, wie er gerade der Seele gegenüber in Unbestimmtheit verharren kann.

Das ist ja sicher, daß keiner von uns die Zukunft wissen kann, und daß es darum vermessen sein würde, genau zu sagen, ob das, was die Sozialdemokratie will, einmal irgendwieweit zur Tatsache werden wird. Daß es nicht ganz durchgeführt wird, dafür sorgt schon die Sprödigkeit der natürlichen Verhältnisse. Wir haben noch nie eine Erdenzeit gehabt, die nicht Reste der Vergangenheit und Ansätze der Zukunft zugleich in sich getragen hätte. Nie war ein System alleinherrschend, und, soweit die Geschichte Lehrmeisterin sein kann, wird es auch nie sein. Aber diese Erkenntnis von der Relativität aller irdischen Ziele hält uns an sich nicht ab, ein großes Ziel mit aller Schwärmerei, mit Geist und Blut zu verfolgen, damit es wenigstens soweit als möglich erreicht wäre. In diesem Sinne ist es auch für jemand, der nicht an den Himmel auf Erden glaubt, möglich, sich dem Kollektivismus in die Arme zu werfen.

Die Frage steht also für uns so: Ist der Kollektivismus, über dessen exakte Durchführbarkeit wir nur Vermutungen äußern können, ein Ziel, das wir um seiner Herrlichkeit willen soweit verfolgen müssen, als irgend möglich? Wenn wir »ja« sagen, sind wir Sozialdemokraten, wenn wir »nein« sagen, können wir der Sozialdemokratie möglicherweise verwandt sein, sind aber etwas anderes . . .

Wir gehen nicht mit. Wir arbeiten für die Beseitigung des Elends und setzen alle unsere Kraft an die Gesundung des Volkskörpers, aber wir wissen, daß es sich eben um einen lebendigen, sehr komplizierten Körper handelt, der nicht beliebig von Grund aus verändert werden kann. Man kann nicht zum Kranken sprechen: Du brauchst ein völlig neues System von Nerven und Blutgefäßen; man kann ihn nicht beliebig neu schaffen nach einem idealen Plane, sondern man muß ihn pflegen und hegen und da und dort nachhelfen, wo die Quellen von Krankheitserscheinungen offenbar werden. Die alten Parteien geben dem Kranken Morphium oder verkleben etliche schlechte Stellen. Wenn er in ihren Händen bleibt, muß er sterben. Die Sozialdemokratie sagt: es ist eine völlige Regeneration nötig; sie macht sich auch ein Bild von dem Zustande nach der Regeneration, aber sie hat kein natürliches Heilverfahren. Eine neue Richtung, wie sie uns vorschwebt, muß mit genauer Diagnose anfangen und dementsprechend ihre einzelnen Mittel wählen . . .

Wir wissen, daß mit diesen Sätzen lange nicht alles gesagt ist, was vom ernst sozialreformerischen Standpunkt aus gefordert werden könnte. Es kommt aber hier auch nicht darauf an, ob unser kleiner Entwurf erschöpfend ist, sondern darauf, daß es ein prinzipieller Unterschied ist, ob jemand Kollektivist ist oder nicht. Wer es nicht ist, der darf getrost verschiedene Methoden zugleich im Sinne haben. Er wird dadurch logisch im Nachteil, aber praktisch im Vorteil sein. Die Sozialdemokratie ist im ersten Teil des Programms kollektivistisch und im zweiten Teil, soweit er wirtschaftlichen Inhalt hat, sozialreformerisch. Jenes mag die Seele sein, dieses der Leib. Uns ist in diesem Falle der Leib lieber als die Seele. Wir verzichten rundweg auf ein geschlossenes wirtschaftliches System und halten diesen Verzicht nicht einmal für einen Mangel. Das Leben ist eben zu groß für eine einzige Zauberformel.

Quelle: F. Naumann, Unsere Stellung zur Sozialdemokratie, 1893, in: F. Naumann, Werke Bd. 5, Th. Schieder (Hg.), 1967, S. 88ff.

Wir unsererseits sagen: Der Hauptirrtum der Sozialdemokratie ist eben, daß sie nur eine einzige Melodie spielt für Stadt und Land, für Industrie, Handel, Handwerk, Kunst: die eine Melodie vom großen Tage der allgemeinen Vergesellschaftung. In diesem Sinne haben wir auf dem vierten Evangelisch-sozialen Kongresse die Sozialdemokratie als innerweltlichen Chiliasmus bezeichnet und sind damit teils auf Widerspruch, teils auf Mißverständnis gestoßen. Was wir damit sagen wollten, ist folgendes:

1. Wie der Chiliast an ein vollkommenes materielles Paradies glaubt, das nicht mühselig erarbeitet wird, sondern als freies Geschenk aus der Höhe niedersteigt, so glaubt der Sozialdemokrat an die Verwirklichung eines Phantasie-Ideals infolge der Vergesellschaftung, die nicht bewußt erarbeitet wird, sondern die im Schoße der heutigen kapitalistischen Weltzeit sich von selbst vorbereitet.
2. Wie der Chiliast die jetzigen Aufgaben seines Lebens zu vernachlässigen geneigt ist, weil er die irdische Welt für Babel hält, so verspricht sich der Sozialdemokrat wenig von dem Wirken in der heutigen Gesellschaft, wartet aber voll sehnsüchtiger Spannung auf den Zusammenbruch dieses jetzigen Erdengefüges.
3. Wie die Chiliasten es als ihre Hauptaufgabe ansehen, eine andächtige Gemeinde zu sammeln, die dem großen Tag mit Verständnis entgegensieht, so sammelt die Sozialdemokratie Leute, die sie über den Prozeß der Entstehung des Paradieses aufklärt. Es ist für den Kenner der sozialdemokratischen Literatur ganz offenbar, daß dieser chiliastisch-kollektivistische Gedanke, diese »Seele« des Systems, nicht mehr in aller Kraft die Partei erfüllt . . .

Dennoch muß es als Eigentümlichkeit der heutigen Sozialdemokratie noch immer angesehen werden, daß sie im eigentlichen Sinne keine Gegenwartspartei ist. Sie will nicht energisch in das heutige Leben eingreifen, sondern will dem Prozeß der Kapitalanhäufung und Proletarisierung der Masse weiter zusehen. Sie sagt: das Kapital ist der Feind, aber wir müssen es wachsen lassen, so wird es von selbst uns dienstbar. Sie ist in der Theorie ganz antikapitalistisch, aber sie tut in der Praxis dem Kapital nicht weh, da es nun einmal ihr Glaubenssatz ist, daß die kapitalistische Gesellschaft sich selbst tötet . . .

Quelle: ebd., S. 91f.

Seit aber die staatliche Autorität den Gedanken der Repression der Sozialdemokratie mit dem Gedanken des freien geistigen Kampfes vertauscht hat, besteht auch für die Leiter einer Staatskirche keine Veranlassung mehr, Repression als ihre Methode anzusehen. Es ist ohne Zweifel, daß die sozialdemokratische Partei manchem Mitglied des Kirchenregiments noch viel unsympathischer ist, als sie etwa uns ist, aber nach derartigen persönlichen Gefühlen darf doch eine Kirchenordnungsfrage nicht entschieden werden. Die Sozialdemokratie ist einmal eine erlaubte Partei, also darf ihr auch ein Geistlicher angehören. Mit der Parteizugehörigkeit ist ja nicht gesagt, daß er alles das zu vertreten hat, was irgendwo und irgendwann einmal ein kirchenfeindlicher oder blutiger Genosse gesagt haben mag. Es liegt, soviel wir sehen, in der Zugehörigkeit zur Partei nichts, was an sich unwürdig macht, den christlichen Glauben zu verkündigen . . .

Quelle: ebd., S. 100. – *Literatur:* Th. Heuß, Friedrich Naumann, der Mann, das Werk, die Zeit = Siebenstern-Taschenbuch 121/123, 1968[3]; A. Lindt, Friedrich Naumann und Max Weber = TEH 174, 1973; D. Düding. Der Nationalsoziale Verein 1896–1903. Der gescheiterte Versuch einer parteipolitischen Synthese von Nationalismus, Sozialismus und Liberalismus = Studien zur Geschichte des 19. Jahrhunderts 6, 1972; M. Stürmer (Hg.), Das kaiserliche Deutschland. Politik und Gesellschaft 1870–1918, 1977.

116. Ernst Haeckels Welträtsel (1899)

Ernst Haeckel (1834–1919), als Zoologe und Biologe ein anerkannter Forscher (bes. biogenetisches Grundgesetz), unternimmt den Versuch, im Rahmen einer evolutionären Naturgeschichte zu einer monistischen Philosophie zu gelangen, die das natürliche und das geistig-religiöse Leben nach einem einheitlichen kausal-mechanistischen Grundschema erklären soll. Haeckels Entwicklungsoptimismus wird sowohl vom sozialistischen Materialismus als auch von bürgerlichen Bildungskreisen in Anspruch genommen, die von Goethe her und lebensphilosophisch die Kulturkrise vor dem ersten Weltkrieg überwinden und zu einer rein natürlichen Weltanschauung hingelangen wollen.

Stellung der Welträtsel. Aus dem ersten Kapitel:

Der ungebildete Kulturmensch ist noch ebenso wie der rohe Naturmensch auf Schritt und Tritt von unzähligen Welträtseln umgeben. Je weiter die Kultur fortschreitet und die Wissenschaft sich entwickelt, desto mehr wird ihre Zahl beschränkt. Die monistische Philosophie wird schließlich nur ein einziges, allumfassendes Welträtsel anerkennen, das »Substanzproblem«. In der berühmten Rede, welche Emil du Bois-Reymond 1880 in der Leibniz-Sitzung der Berliner Akademie der Wissenschaften hielt, unterscheidet er »sieben Welträtsel«; er führt dieselben in nachstehender Reihenfolge auf: I. das Wesen von Materie und Kraft, II. der Ursprung der Bewegung, III. die erste Entstehung des Lebens, IV. die (anscheinend absichtsvoll) zweckmäßige Einrichtung der Natur, V. das Entstehen der einfachen Sinnesempfindung und des Bewußtseins, VI. das vernünftige Denken und der Ursprung der damit eng verbundenen Sprache, VII. die Frage nach der Willensfreiheit. Von diesen sieben Welträtseln erklärt der Rhetor der Berliner Akademie drei für ganz transzendent und unlösbar (das erste, zweite und fünfte); drei andere hält er zwar für schwierig, aber für lösbar (das dritte, vierte und sechste); bezüglich des siebenten und letzten »Welträtsels«, welches praktisch das wichtigste ist, nämlich der Willensfreiheit, verhält er sich unentschieden.
Nach meiner Ansicht werden die drei »transzendenten« Rätsel (I,II, V) durch unsere Auffassung der Substanz erledigt (. . .); die drei anderen, schwierigeren, aber lösbaren Probleme (III,IV,VI) sind durch unsere moderne Entwicklungslehre endgültig gelöst; das siebente und letzte Welträtsel, die Willensfreiheit, ist gar kein Objekt kritischer wissenschaftlicher Erklärung, da sie als reines Dogma auf bloßer Täuschung beruht und in Wirklichkeit gar nicht existiert.

Aus der Schlußbetrachtung:

[Es] überragt alle anderen Fortschritte und Entdeckungen des verflossenen »großen Jahrhunderts« das allumfassende Substanzgesetz, das »Grundgesetz von der Erhaltung der Kraft und des Stoffes«. Die Tatsache, daß die Substanz überall einer ewigen Bewegung und Umbildung unterworfen ist, stempelt es zugleich zum universalen Entwickelungsgesetz. Indem dieses höchste Naturgesetz festgestellt und alle anderen ihm untergeordnet wurden, gelangten wir zu der Überzeugung von der universalen Einheit der Natur und der ewigen Geltung der Naturgesetze. Aus dem dunklen Substanz-Problem entwickelte sich das klare Substanz-Gesetz. Der

Monismus des Kosmos, den wir darauf begründen, lehrt uns die ausnahmslose Geltung der »ewigen, ehernen, großen Gesetze« im ganzen Universum. Damit vernichtet er aber zugleich die drei großen Zentraldogmen der bisherigen dualistischen Philosophie, den persönlichen Gott, die Unsterblichkeit der Seele und die Freiheit des Willens . . .

Die alte Weltanschauung des Idealdualismus mit ihren mystischen und anthropistischen Dogmen versinkt in Trümmer; aber über diesem gewaltigen Trümmerfelde steigt hehr und herrlich die neue Sonne unseres Realmonismus auf . . .

Quelle: E. Haeckel, Die Welträtsel. Gemeinverständliche Studien über monistische Philosophie, 1899, hier zitiert aus der Kröner-Ausgabe 1921, S. 10f.239f.; E. Haeckel, Gemeinverständliche Werke Bd. 3, Hans Schmidt (Hg.), 1924. – *Literatur:* G. Heberer (Hg.), Der gerechtfertigte Haeckel, 1968; J. Walther, Im Banne Ernst Haeckels, 1953.

117. Christoph Blumhardt

Die Botschaft der Blumhardts, Vater (Johann Christoph) und Sohn (Christoph 1842–1919) ist das »Jesus ist Sieger«, die real und leibhaft erfahrene Mächtigkeit des Herrn. Bad Boll als das Seelsorgezentrum der Blumhardts wird inmitten des Maschinenzeitalters und der »idealistischen« Theologie der Zeit zum Ausgangspunkt einer religiösen und dann auch politischen Reich-Gottes-Botschaft, besonders bei Christoph Blumhardt, der sich 1899 der Sozialdemokratie anschließt. In seinem »Antwortschreiben an seine Freunde« vom November 1899 begründet er diesen Entschluß. Er wird prägend für den religiösen Sozialismus, auch für Karl Barth.

Christoph Blumhardt, Antwortschreiben an seine Freunde (1899)

In den Vordergrund stelle ich meine Stellung zu Christus und zu seinem Geist. Es ist jedermann bekannt, der mich persönlich kennengelernt hat, daß ich von diesem alles habe, was ich bezeuge und lebe. Meine engeren Freunde aber wissen auch längst, daß ich eben mit meinem Bekenntnis zu Christus allein in nur »vertrauliche« Kreise gedrängt worden bin. Denn meine Freiheit in Christus wurde weder von kirchlichen noch sonst geschlossenen christlichen Kreisen verstanden. Ich war immer von Mißverständnissen umgeben, und auch nicht meine praktische Tätigkeit und meine Erfolge unter Armen und Kranken konnten diese Mißverständnisse und die Zurückhaltung jener Kreise überwinden.

Heute hat mich Gott aus dem »vertraulichen« Kreise herausgeführt und ohne mein Suchen in die Öffentlichkeit gebracht. Ich mußte der arbeitenden, heute nach Millionen zählenden Klasse die Hand reichen, und unter diesen Millionen *der* Partei, welche diese Massen haben, bilden und zur Geltung bringen will. Ich reichte die Hand als der, der ich bin, als Nachfolger Christi, und bin als solcher mit so ganzer Liebe aufgenommen worden, daß ich sofort erkennen mußte: hier wird Gott nicht geleugnet, jedenfalls nicht mehr als in allen anderen Ständen und Klassen, welche sich in der heutigen Gesellschaft finden. Es leugnen heute Theologen, Philosophen, Naturforscher, Ärzte, Humanisten mit dem Verstande Gott, und dennoch werden sie von Staat und Kirche angenommen, um dessen willen, was sie praktisch mithelfen zum Fortschritt der Menschheit. Sollen wir edle Menschen, deren Verstand keinen Ausdruck für Gott findet, deswegen für gottlos halten? Ich wenigstens nicht . . .

Treten wir nun in den Anschauungskreis der gebildeten Sozialdemokraten ein, so tritt uns sofort die Tatsache entgegen, daß hier von Kirche und offiziellem Christentum nichts Hohes und Bildendes, nichts dem Fortschritt der Menschen von heute Dienendes mehr erwartet wird; die Anschauung ist allgemein, daß auch nichts erwartet werden kann, weil das sogenannte gläubige und orthodoxe Christentum in feste Dogmen gebunden ist, welche die freie Entwicklung des Menschen hindern und das tägliche Leben in Widerspruch bringen mit dem kirchlichen Leben: Man muß eben Gott *und* dem Mammon dienen. Auch die andere Ursache, weswegen nichts erwartet werden *kann*, ist in das Gesamtbewußtsein der Vertreter des heutigen Sozialismus übergegangen, nämlich die Abhängigkeit der Kirchen vom Staat, infolge deren freie Meinung und freie Tat für das Volk sofort für die Anstellung gefährlich wird. So verhält sich die Sozialdemokratie streng negativ zur Kirche, aber doch nicht wie andere Menschen, die man Fanatiker des Unglaubens nennen kann, sondern mit der Einschränkung, welche in dem Grundsatz liegt: Religion ist Privatsache. Es wird nicht gekämpft gegen ein gottesfürchtiges Herz oder gegen eine religiöse Überzeugung. Aber dagegen wird mit aller Energie gekämpft, daß die Kirche mit äußeren Machtmitteln, oder eine fromme Richtung durch geistliche Drohung sich die Herrschaft über die Herzen aneignet, und Religion nach ihrer Auffassung in Glaubensregeln und gottesdienstlichen Handlungen aufzwängt. So bleibt jeder Sozialdemokrat frei, Gott zu dienen im Geist und in der Wahrheit, frei auch in Ausübung kirchlicher Handlungen; nur soll er damit niemand bedrücken und niemand verachten . . . Diese freie Geistesrichtung gegenüber den historischen Gebilden der verschiedenen Kirchen und Sekten teile ich längst mit den Vertretern der sozialistischen Bewegung . . .

Aber freilich hier stoße ich auf den größten Widerspruch. Allgemein fast sagt man mir, Christus habe nur geistig trösten, helfen und ins Jenseits überführen wollen. Das leugne ich aber aufs allerentschiedenste, ja ich sehe in dieser Anschauung die Ursache, daß das Christentum in entscheidenden Momenten dem geistigen und materiellen Fortschritt hindernd in den Weg getreten ist, so daß nur auf mehr oder weniger revolutionärem Wege trotz des Christentums der Anschauung Bahn gebrochen werden mußte, daß des Menschen Aufgabe hauptsächlich auch darin liege, das Erdenleben göttlich zu gestalten, und zwar so, daß alle Geschlechter auf Erden gesegnet genannt werden können. Das predige ich schon so lange, als ich praktisch tätig zu sein in der Lage war, und die Hoffnung auf eine »neue Zeit« war das Einzige, was mir Kraft und Ausdauer gegeben hat in oft schweren Zeiten . . .

Freilich beruhigt Jesus bezüglich des Jenseits; er will jede Furcht vor dem Tode nehmen, aber dann heißt es: Seid Mitarbeiter Gottes, daß das Ziel erreicht wird: »Friede auf Erden«. Wenn ich unzähligen Menschen wohltun konnte, so geschah es auf Grund dieser meiner Anschauung von Christus und meines festen Glaubens, daß sein Leben heute noch kraftvoll genug wirkt und schafft, um in seinem Namen Panier aufzuwerfen für das Ideal einer neuen Menschheit mit gebildeten Herzen und Sinnen, wie es die israelitischen Propheten und die Apostel vor Augen hatten. Diese meine zielbewußte Arbeit auf eine neue Zeit und Welt hat mir von jeher Freunde und Widersacher zugezogen; denn in dieser Arbeit mußte ich die Freiheit des Menschen in ausgedehntestem Maße in Anspruch nehmen. Es schwand mir die Notwendigkeit eines kirchlichen Bekenntnisses für diese Nachfolger Christi vollständig dahin. Ob ein solcher Mensch, der auf dieses Ziel bedacht ist, katholisch oder protestantisch geboren war, dieser oder jener kirchlichen Obrigkeit noch angehörte, war für mich Nebensache. Genug, wenn jemand leben-

dig wurde für Recht und Wahrheit, für Liebe und Nachsicht für alle Menschen, und mithalf, Aberglauben und Herrschsucht, Standes- und Geburtsstolz zu bekämpfen, und besonders der Verdammungssucht auf Grund einer religiösen Anschauung absagte . . .
Das sollte sich plötzlich ändern. Ich gab, innerlich gedrungen, auf einer Versammlung der Arbeiter den Bestrebungen der Sozialdemokratie recht. Das ist nun der größte Anstoß, den ich gegeben habe. Ich sehe mich aber von sehr vielen verstanden, und wer mich kannte, muß es verstehen, daß ich als der, der ich bin, auch öffentlich mich auf die Seite der ringenden und kämpfenden Proletarier stelle, die bei aller schweren Arbeit ums tägliche Brot Idealismus genug in sich tragen, um ein höchstes Ziel der Menschheit nicht nur zu glauben, sondern mit Energie darauf hinzuarbeiten . . .
Aber man sagt, die Sozialdemokratie will blutige Revolution, will ungerechten Umsturz aller bestehenden Verhältnisse, will allgemeine Unordnung. Nun, da sage ich einfach: Das ist nicht wahr. Es liegt in vielen Menschen ein Grauen vor jeder Revolution, weil die französische Revolution und die nachfolgenden Bewegungen revolutionärer Art blutig verlaufen sind. Aber die Reformation des sechzehnten Jahrhunderts ist noch blutiger verlaufen; warum hassen wir dann nicht die Reformation? Sie hat bis auf einen gewissen Grad *religiöse* Freiheit angebahnt. Warum hassen wir aber die Revolution des achtzehnten Jahrhunderts? Weil sie dem Volke *politische* Freiheit anbahnen half? Mir gehört die letztere notwendig zur ersteren. Das vergossene Blut infolge der Reformation schmerzt mich ebenso wie das vergossene Blut der Revolution, aber ich muß beides in Kauf nehmen und den Fortschritt ansehen: die Freiheit der Menschen . . . Ja, die ganze Weltgeschichte ist eine lange, bange revolutionäre Strömung voll Blut.
Die Prinzipien der Sozialdemokratie aber wollen diesen Revolutionen ein Ende machen. Eben nicht blutig, sondern unblutig soll man den jeweiligen Zeitfortschritt sich entfalten lassen. Blut hat immer derjenige vergossen, der der in den Verhältnissen der Völker liegenden Vorwärtsbewegung ein gewaltsames Halt gebieten wollte. Vorwärts müssen wir, die soziale Frage fordert irgendeine Lösung; Lösung kann aber nur erreicht werden auf dem Wege zu neuer Ordnung in den Eigentumsverhältnissen. Also in gewissem Sinne leben wir auch heute, wie unsere Vorfahren in früheren Zeiten, in revolutionären Bewegungen. Das Verdienst der Sozialdemokratie ist es, daß sie die Veränderungen auf unblutigem Wege herankommen lassen will. Wohl hängt ihr noch der Mantel der französischen Revolution um, sie ist ein Kind der Zeit, in der sie geboren wurde, aber ihr Geist zielt auf Entwicklung und muß darauf hinzielen schon um der ganzen Geschichtsauffassung willen, welche in ihr Geltung hat. Mit einer solchen Gesinnung kann ein Anhänger Christi ganz wohl gehen . . .

Quelle: A. Pfeiffer, Religiöse Sozialisten = Dokumente der Weltrevolution 6, 1976, S. 97ff. – *Literatur:* E. Jäckh, Blumhardt Vater und Sohn und ihre Botschaft, 1925^2; L. Ragaz, Der Kampf um das Reich Gottes in Blumhardt, Vater und Sohn – und weiter, 1925^2; E. Thurneysen, Christoph Blumhardt, 1926; G. Sauter, Die Theologie des Reiches Gottes beim älteren und jüngeren Blumhardt, 1962 = SDGSTh 14; J. Harder (Hg.), Christoph Blumhardt, Ansprachen, Predigten, Reden, Briefe 1865–1917, 3 Bde., 1978.

118. Adolf von Harnack

Adolf von Harnacks (1851–1931) Vorlesungen im Wintersemester 1899/1900 über das »Wesen des Christentums« gelten lange Zeit bis ins Ausland hinein als Bekenntnis und Ausdruck der historisch-kritischen und liberalen Theologie Deutschlands. Seine Thesen, in das Evangelium gehöre nur der Vater, nicht Christus selbst hinein und ferner, die Religion bezieht sich auf das Verhältnis Gottes zum unendlichen Wert der Einzelseele, komprimieren das bürgerliche Individualchristentum der wilhelminischen Ära.

Unmittelbar und deutlich läßt sich für unser heutiges Vorstellen und Empfinden die Predigt Christi in dem Kreise der Gedanken erfassen, der durch *Gott den Vater* und durch die Verkündigung vom unendlichen Wert der Menschenseele bezeichnet ist. Hier kommen die Elemente zum Ausdruck, die ich als die *ruhenden* und die Ruhe gebenden in der Verkündigung Jesu bezeichnen möchte, und die zusammengehalten sind durch den Gedanken der Gotteskindschaft. Ich nenne sie die *ruhenden* im Unterschied von den impulsiven und zündenden Elementen, obgleich gerade ihnen eine besonders mächtige Kraft innewohnt. Indem man aber die ganze Verkündigung Jesu auf diese beiden Stücke zurückführen kann – Gott als der Vater, und die menschliche Seele so geadelt, daß sie sich mit ihm zusammenzuschließen vermag und zusammenschließt –, zeigt es sich, daß das Evangelium überhaupt keine positive Religion ist wie die anderen, daß es nichts Statutarisches und Partikularistisches hat, *daß es also die Religion selbst ist.* Es ist erhaben über allen Gegensätzen und Spannungen von Diesseits und Jenseits, Vernunft und Ekstase, Arbeit und Weltflucht, Jüdischem und Griechischem. In allen kann es regieren, und in keinem irdischen Element ist es eingeschlossen oder notwendig mit ihm behaftet . . .

Quelle: A. v. Harnack, Das Wesen des Christentums (vierte Vorlesung), zit. nach: Siebenstern-Taschenbuch 27, 1964, S. 49.

Das Evangelium ist in den Merkmalen, die wir in den früheren Vorlesungen angegeben haben, erschöpft, und nichts Fremdes soll sich eindrängen: Gott und die Seele, die Seele und ihr Gott. Jesus hat darüber keinen Zweifel gelassen, daß Gott im Gesetz und den Propheten gefunden werden kann und gefunden worden ist. »Es ist dir gesagt, Mensch, was dir gut ist und was dein Gott von dir fordert, nämlich Gottes Wort halten und Liebe üben und demütig sein vor deinem Gott.« Der Zöllner im Tempel, das Weib am Gotteskasten, der verlorene Sohn sind seine Paradigmen; sie alle wissen nichts von einer »Christologie«, und doch hat der Zöllner die Demut gewonnen, der die Gerechtsprechung folgt. Wer daran dreht und deutelt, der verwundet die Schlichtheit und Größe der Predigt Jesu an einer ihrer wichtigsten Stellen. Es ist eine verzweifelte Annahme zu behaupten, im Sinne Jesu sei seine ganze Predigt nur etwas Vorläufiges gewesen, alles in ihr müsse nach seinem Tode und seiner Auferstehung anders verstanden, ja einiges gleichsam als ungültig beseitigt werden. Nein – diese Verkündigung ist einfacher als die Kirchen es wahr haben wollten, einfacher, aber darum auch universaler und ernster. Man kann ihr nicht mit der Ausflucht entrinnen: Ich vermag mich in die »Christologie« nicht zu finden; darum ist diese Predigt nicht für mich. Jesus hat den Menschen die großen Fragen nahegebracht, Gottes Gnade und Barmherzigkeit verheißen und eine Entscheidung verlangt: Gott oder Mammon, ewiges oder irdisches Leben, Seele oder Leib, Demut oder Selbstgerechtigkeit, Liebe oder Selbstsucht, Wahrheit oder Lüge. In dem Ring dieser Fragen ist alles beschlossen; der einzelne soll die frohe Botschaft von der Barmherzigkeit und der Kindschaft hören und sich entscheiden, ob er auf die Seite Gottes und der Ewigkeit tritt oder auf die Seite der Welt und der Zeit. Es ist keine Paradoxie und wiederum auch nicht »Rationalismus«, sondern der einfache Ausdruck des Tatbestandes, wie er in den Evangelien vorliegt: *Nicht der Sohn, sondern allein der Vater gehört in das Evangelium, wie es Jesus verkündigt hat, hinein.*

Quelle: ebd., (achte Vorlesung) S. 91f.

Das Evangelium ist keine theoretische Lehre, keine Weltweisheit; Lehre ist es nur insofern, als es die Wirklichkeit Gottes des Vaters lehrt. Es ist eine frohe Botschaft, die uns des ewigen Lebens versichert und uns sagt, was die Dinge und die Kräfte *wert* sind, mit denen wir es zu tun haben. Indem es vom ewigen Leben handelt, gibt es die Anweisung für die rechte Lebensführung. Welchen Wert die menschliche Seele, die Demut, die Barmherzigkeit, die Reinheit, das Kreuz haben, das sagt es, und welchen Unwert die weltlichen Güter und die ängstliche Sorge um den Bestand des irdischen Lebens. Und es gibt die Zusage, daß trotz alles Kampfes Friede, Gewißheit und innere Unzerstörbarkeit die rechte Lebensführung krönen werden. Was kann unter solchen Bedingungen »Bekennen« anders heißen, als den Willen Gottes tun in der Gewißheit, daß er der Vater und der Vergelter ist? Von keinem anderen »Bekenntnis« hat Jesus jemals gesprochen . . . Wie weit entfernt man sich also von seinen Gedanken und von seiner Anweisung, wenn man ein »christologisches« Bekenntnis dem Evangelium voranstellt und lehrt, erst müsse man über Christus richtig denken, dann erst könne man an das Evangelium herantreten! Das ist eine Verkehrung. Über Christus vermag man nur dann und in dem Maße »richtig« zu denken und zu lehren, als man nach seinem Evangelium zu leben begonnen hat . . .
Erleben – nur die selbst *erlebte* Religion soll bekannt werden; jedes andere Bekenntnis ist im Sinne Jesu heuchlerisch und verderblich.

Quelle: ebd., (achte Vorlesung) S. 94f. – *Literatur:* A. v. Zahn-Harnack, Adolf von Harnack, 1952^2; J. Rathje, Die Welt des freien Protestantismus, 1952; J. Herz (Hg.), Adolf von Harnack und der Evangelisch-soziale Kongreß, 1930; E. Fascher, Adolf von Harnack. Größe und Grenze, 1962; G. Voigt, Gespräch mit Harnack. Zur kritischen Auseinandersetzung mit dem »Wesen des Christentums«, 1954; W. Nigg, Geschichte des religiösen Liberalismus, 1937.

119. Die religionsgeschichtliche Schule: Ernst Troeltsch

Ernst Troeltsch (1865–1923), der »Systematiker« der religionsgeschichtlichen Schule, bezeichnet 1902 in seinem Buch »Die Absolutheit des Christentums« das Christentum als die vorläufig höchste Entwicklungsstufe auf der Skala der Religionen und in diesem Sinne als absolute Religion. Das andere Thema seines Denkens, die »Kultursynthese«, begründet er sowohl von der Analyse der religiösen Vernunftanlage (religiöses Apriori) als auch von einer europazentrischen Geschichte übergreifend-objektiver Wertbeziehungen her. Dies letztere kommt in seinem posthum veröffentlichten Vortrag »Die Stellung des Christentums unter den Weltreligionen« zum Ausdruck.

Die Absolutheit des Christentums (1902)
Das Christentum ist in der Tat unter den großen Religionen die stärkste und gesammeltste Offenbarung der personalistischen Religiosität. Ja noch mehr. Es nimmt eine durchaus einzigartige Stellung ein, indem es allein den überall empfundenen Bruch der höheren und der niederen Welt radikal vollzogen hat, die dingliche, tatsächlich gegebene und mitgebrachte Wirklichkeit durch eine aus Tat und innerer Notwendigkeit stammende höhere Welt überbaut, verwandelt und schließlich aufhebt und zu diesem Werk befähigt durch die erlösende Verbindung der in Welt und Schuld verstrickten Seelen mit der entgegenkommenden ergreifenden Liebe Gottes. Es ist der einzige vollkommene Bruch mit den Grenzen und Bedingungen der Naturreligion und die Darbietung der höheren Welt als unendlich wertvollen, alles andere erst bedingenden und gestaltenden persönlichen Lebens. Es verneint die Welt, aber nur sofern der oberflächliche natürliche Sinn an ihr haftet und als das Böse in ihr mächtig geworden ist. Es bejaht die Welt, sofern sie von Gott ist und von dem Frommen als aus Gott stammend und zu Gott führend empfunden wird. Und Verneinung und Bejahung zusammen bringen die wahre höhere Welt hervor in einer Kraft und Selbständigkeit, wie sie nirgends sonst erlebt wird.
Zwischen der Erlösung durch Denken zum Übersein oder Nichtsein und der Erlösung durch gläubiges Vertrauen zum Anteil an der Personhaftigkeit Gottes, an dem Grund aller Lebendigkeit und aller gültigen Werte: zwischen beiden steht die Entscheidung. Es ist eine Entscheidung der religiösen Selbstbesinnung, nicht der wissenschaftlichen Beweisführung. Die größere Lebenstiefe und die höhere Zielsetzung findet sich auf der Seite der personalistischen Religion.
So schwere Probleme eine solche Religion der Natur der Sache nach für eine erfahrungsmäßige Betrachtung des Weltbestandes darbieten mag und so sehr die Entscheidung eine rein religiöse Überzeugungssache ist, so fehlt es aber doch nicht an allgemeineren Gründen, die diese Entscheidung der reinen Willkürlichkeit entnehmen. Die religionsgeschichtliche Betrachtung zeigt jedenfalls, daß das Christentum mit alledem nicht bloß eine prinzipiell einzigartige Stellung einnimmt, sondern daß sie darin zugleich die einzelnen Ansätze und Hindeutungen auf ein gemeinsames Ziel zusammenfaßt, die wir empfinden, wenn wir überhaupt die Religionen nachfühlend auf die in ihnen sich offenbarenden Kräfte prüfen und von innerer Überzeugungsnotwendigkeit getrieben von höheren und tieferen Stufen sprechen. Wie auf die bisherigen Betrachtungen das eben über den Maßstab Ausgeführte zutrifft, so greift nunmehr das ein, was oben über die Idee einer religionsgeschichtlichen Entwicklung gesagt worden ist. In allen großen Religionen finden wir erfahrungsgemäß verwandte Grundgedanken, Kräfte und Triebe, und gerade die Richtungen, in denen ihre innere Arbeit am intensivsten strebt und in denen wir die religiöse Kraft am tiefsten wirken fühlen, stellen sie etwas Gemeinsames dar, das überall gesucht wird, stellenweise mächtig zum Ausdruck kommt und dann doch wieder gebunden bleibt an die überall schwer überschreitbaren Grenzen. Es sind überall vier Gedankengruppen, in deren Anschauung sich das höhere religiöse Leben bewegt: Gott, die Welt, die Seele und das in deren Beziehung sich verwirklichende höhere, überweltliche Leben, die Überwelt; und zwar sind das spezifisch religiöse Gedanken, die wohl eine gewisse Beweglichkeit und Höhe der allgemeinen Kultur voraussetzen, die sich aber mit den Begriffen der wissenschaftlichen Reflexion nur gelegentlich berühren. An jedem dieser Gedanken und an ihrem gegenseitigen Verhältnis läßt sich nun deutlich zeigen, daß die

hier erstrebten Ziele im Christentum zu voller Selbständigkeit und Kraft gelangt sind. Der Gottesbegriff enthält überall Tendenzen auf Vereinheitlichung, Vergeistigung, Versittlichung und Entgegensetzung gegen die Welt und die Seele. Die beiden letzten wiederum bilden sich aus zu scharfem Gegensatz voneinander und vom Gottesgedanken. In dieser wachsenden Entgegensetzung aber liegt zugleich die Empfindung eines die Gegensätze jenseits der Sinnenerfahrung überwindenden höheren Lebens, die Teilnahme an der Erlösung. Diese an verschiedenen Stellen hervortretenden und dabei jedesmal als die stärksten religiösen Kräfte sich bekundenden Tendenzen bleiben außerhalb des Christentums überall gebunden und gehemmt durch die ursprüngliche Veranschaulichung Gottes im Natursein und Naturwirken und durch die Betrachtung des Menschen als eines bloß seienden und nicht erst in eigener Hingabe und Tat werdenden. Die Gesetzesreligionen verkünden den göttlichen Geisteswillen, aber sie lassen den natürlichen Menschen selbst die Welt überwinden. Die nicht-christlichen Erlösungsreligionen verzehren die Welt und den Menschen in Gottes Substanz, aber verlieren damit auch jeden Gehalt und positiven Sinn im Wesen Gottes. Nur das Christentum hat diesen Rest der naturreligiösen Empfindung überwunden und eine lebendige Gottheit geoffenbart, die Tat und Wille im Gegensatz zu allem bloß Seienden, die die Seele entzweit mit dem bloß Seienden und in dieser Entzweiung mit sich vereinigt, um sie geborgen und getröstet wie von Schuld und Trotz gereinigt in der Welt wirken zu lassen zum Aufbau eines Reiches rein persönlicher Werte oder des Reiches Gottes. So muß das Christentum nicht bloß als der Höhepunkt, sondern auch als der Konvergenzpunkt aller erkennbaren Entwicklungsrichtungen der Religion gelten und darf daher im Vergleich zu den übrigen als die zentrale Zusammenfassung und als die Eröffnung eines prinzipiell neuen Lebens bezeichnet werden. Daß das nicht gleichbedeutend ist mit der Realisation des allgemeinen, durch Abstraktion hergestellten Begriffes der Religion, braucht nicht wiederholt zu werden. Es ist gerade in seiner Besonderheit und in seinem charakteristischen Zügen, von denen aus das Ziel der Religion hier erst entscheidende neue Bestimmtheiten erfährt, der Höhepunkt. Aber ebenso darf nicht vergessen werden, daß diese Offenbarung des höchsten, einfachen und stärksten religiösen Lebens eine geschichtliche Tatsache ist auch mit allen individuellen und temporären Schranken geschichtlicher Erscheinungen, und daß es diese Schranken in jeder auf Erden möglichen Gestalt behalten muß. Eben deshalb ist auch mit keiner strengen Sicherheit zu beweisen, daß es der letzte Höhepunkt bleiben müsse und daß jede Überbietung ausgeschlossen sei. So sehr man in ihm die tiefsten Forderungen des menschlichen Wesens erfüllt finden mag, es sind doch Forderungen, die es in der Hauptsache erst selbst zur Empfindung gebracht hat, und es ist an sich nicht auszuschließen, daß eine höhere Offenbarung noch tiefere Postulate aufdecken möchte. So wenig bisher tatsächlich von einer Überbietung die Rede sein kann, und so vielmehr alle höchste religiöse Kraft nur aus ihm zu gewinnen ist, so ist doch auch hieraus ein zwingender Beweis nicht abzuleiten. Hier hören die Beweise auf und gibt es nur mehr den seiner selbst gewissen Glauben, der sich darauf berufen mag, daß schlechterdings nichts uns eine neue höhere Religion wahrscheinlich machen kann, und daß, wie das Christentum allen vorangehenden gegenüber eine prinzipiell neue Stufe war, so alle Erweiterung und Vertiefung des Lebens bisher nur auf seinem Boden sich vollzogen hat. Der Glaube darf es daher als die Hebung des religiösen Niveaus betrachten, auf der sich das innere Leben der Menschheit weiter bewegen soll. Aber als eine absolute, wandellose fertige Wahrheit können und dürfen wir es nicht betrachten, und dafür dürfen wir uns außer auf die Forderungen geschichtlichen Denkens auch auf es selbst berufen. Denn sein eigenster zentraler Grundgedanke ist, daß es zwar die Teilnahme eröffnet am göttlichen Leben und die Gewißheit und Kraft dazu schenkt, daß aber die absolute Wahrheit erst die Zukunft bringen wird im Gerichte Gottes und im Stillstand der irdischen Weltzeit. Für seine eigene Betrachtung liegt das Absolute jenseits der Geschichte und ist es selbst eine noch mannigfach verhüllte Wahrheit.

Quelle: E. Troeltsch, Die Absolutheit des Christentums und die Religionsgeschichte, 1902, zitiert nach: Siebenstern-Taschenbuch 138, 1969, S. 88ff.

Gedanken zur Kultursynthese

Die Idee der Individualität des Europäertums und des mit ihm eng verbundenen Christentums tritt nun viel stärker in den Vordergrund, und die doch immer etwas rationalistische Idee der Geltung und der Höchstgeltung tritt stark zurück. Entscheidend sind die Tatsachen und der Gang des Schicksals. Die Tatsachen haben nun einmal Griechentum, Römertum und Nordeuropäer aufs engste mit dem Christentum zusammengeschweißt. Alle Gefühle und alles Denken sind mit christlichen Motiven und Voraussetzungen durchtränkt, wie umgekehrt all unser Christentum mit antiken und modernen Elementen des Europäertums unlösbar verbunden ist. Das Christentum ist aus einer jüdischen Sekte die Religion des gesamten Europäertums geworden. Es steht und fällt mit diesem, wie umgekehrt dieses völlig entorientalisiert, hellenisiert und europäisiert ist. Die europäische Idee der Persönlichkeit, ihres ewigen göttlichen Rechtes, des Fortschrittes zu einem höheren Reich des Geistes und Gottes, die ungeheure Energie der Ausbreitung und der Verbindung von Geistlichem und Weltlichem, unsere Sozialordnung, unsere Wissenschaft, unsere Kunst; all das steht bewußt und unbewußt, gern und ungern auf dem Boden dieses völlig entorientalisierten Christentums. Die Geltung des Christentums besteht vor allem darin, daß wir nur durch es geworden sind, was wir sind, und nur in ihm die religiösen Kräfte behalten, die wir brauchen. Ohne es verfallen wir in selbstmörderisches Titanentum oder in entnervende Spielerei und in gemeine Roheit. Dabei behelfen wir uns mit den Widersprüchen zwischen seiner hohen Spiritualität und den praktischen Lebensbedürfnissen so gut oder schlecht als es geht, in immer neuen Anläufen, in immer neuen Zuwendungen und Abwendungen. Diese Spannung gehört mit zu unserem Wesen und weckt immer neue heroische Strebungen neben den furchtbarsten Lügen und Freveln. So sind wir, so werden wir bleiben, so lange wir sind. Wir können die Religion nicht entbehren, aber die einzige, die wir vertragen können, ist das Christentum, weil es mit uns gewachsen ist und ein Teil unserer selbst ist.
Nun kann es selbstverständlich in diesen Dingen nicht bei Brutalität der bloßen Tatsachen bleiben. Das Christentum könnte nicht die Religion einer so hochentwickelten Menschheitsgruppe sein, wenn es nicht eine gewaltige innere Kraft und Wahrheit hätte, wenn es nicht wirklich etwas von göttlichem Leben in sich enthielte. Davon gibt es bei dieser wie bei jeder anderen Theorie im Grunde die immer gleiche Evidenz einer tiefen inneren Erfahrung. Aus dieser Erfahrung ist zweifellos seine Geltung zu begründen, aber doch nur seine Geltung für uns. Es ist das uns zugewandte Antlitz Gottes, die Art, wie wir in unserer Lage Gottes Offenbarung empfinden und fühlen, für uns verpflichtend und uns erlösend, für uns absolut, da wir etwas anderes nicht haben und in dem, was wir haben, die göttliche

Stimme vernehmen. Aber es ist dadurch nicht ausgeschlossen, daß andere Menschheitsgruppen im Zusammenhang völlig anderer kultureller Verhältnisse den Zusammenhang mit dem göttlichen Leben auf eine individuell ganz andere Weise empfinden und eine ebenso mit ihnen gewachsene Religion haben, von der sie sich nicht lösen können, solange sie sind, was sie sind. Sie mögen mit voller Ehrlichkeit ihre eigene Absolutheit empfinden und ihr den von ihrer Religiosität aus geforderten Ausdruck geben. Natürlich wird man etwas Derartiges nur bei Völkern hoher und selbständiger und geistiger Kultur annehmen, deren ganzes Geistesleben innerlich mit ihrer Religion in langer Arbeit verbunden worden ist, nicht bei religiös gespaltenen und schwachen Völkern oder bei dem Monotonen und doch immer wechselnden Heidentum bloßen Geisterglaubens. Diese Gebiete werden ja auch langsam von den großen Religionen erobert, die ein echtes Absolutheitsgefühl haben. Unter den großen und geistigen Religionen aber bleiben die vom Schicksal geformten geistigen Grundhaltungen entscheidend. Will man sie einer Wertvergleichung unterziehen, so kann man nicht die Religionen für sich, sondern stets nur die ganzen Kultursysteme selbst vergleichen, zu denen die Religionen jedesmal als ihr unablösbares Ingrediens gehören. Wer also will hier wagen, wirklich entscheidende Wertvergleichungen zu machen? Das könnte nur Gott selbst, der diese Verschiedenheiten aus sich entlassen hat. Die verschiedenen Menschheitsgruppen können nur jede auf ihrem Gebiete nach möglichster Reinheit und Tiefe von ihren eigenen Maßstäben aus streben und die geistig und kulturell schwächeren überwältigen, bei denen dann aber doch die auf sie übertragene Religion der Stärkeren von neuem sich individualisieren wird.

Quelle: E. Troeltsch, Die Stellung des Christentums unter den Weltreligionen, in: Der Historismus und seine Überwindung, 5 Vorträge, 1924, Neudruck 1966, S. 76ff. – *Literatur:* W. Köhler, Ernst Troeltsch, 1941; W. Bodenstein, Neige des Historismus. Ernst Troeltschs Entwicklungsgang, 1959; A. I. Escribano, Die Gewinnung theologischer Normen aus der Geschichte der Religion bei Ernst Troeltsch, 1961 = MThS.S 21; E. Lessing. Die Geschichtsphilosophie Ernst Troeltschs, 1965 = ThF 39; H. Bosse, Marx-Weber-Troeltsch. Religionssoziologie und marxistische Ideologiekritik, 1971[2] = GT.SW 2.

120. Der religiöse Sozialismus: Hermann Kutter

Der religiöse Sozialismus entsteht in der Schweiz im Zusammenhang der Schriften Hermann Kutters »Sie müssen« (1903) und Leonhard Ragaz' »Das Evangelium und der soziale Kampf der Gegenwart« (1906). Die frühen religiösen Sozialisten bejahen den Sozialismus und die Sozialdemokratie aus religiösen Gründen. Hermann Kutter sieht darin die göttliche Kraft und Prophetie, die zum Bau des Reiches Gottes hinführt. Hermann Kutter (1869–1931) entfaltet diese Sicht von Christus, dem Wort, her, woran später Karl Barth ein Stück weit anknüpft. Kutter lehnt den Weg Naumanns, der Christlich-sozialen und den der Konservativen gerade aus theologischen Gründen ab.

In Jesus ist der lebendige Gott offenbar geworden. Das haben die Christlich-Sozialen nicht in seiner entscheidenden Bedeutung verstanden. Wenn Gott gilt, wenn Gottes Reich kommt – wie kann man da noch von Sünde, Not, Leid als von unabänderlichen Mächten reden, die höchstens »gelindert« zu werden vermögen? Wie kann man noch sinnen über soziale Rätsel? Wie kann man alle möglichen praktischen Fragen wichtig nehmen? Und vor allem: wie kann man da noch das Evangelium, das uns diese Geltung Gottes verkündet, zum bloßen Gespann am sozialen

Wagen machen? – *Das Kommen des lebendigen Gottes ist der christlich-sozialen Partei unbekannt.* Hierin liegt, um es kurz zu sagen, ihre ganze Schwachheit . . . Wir haben es schon gesagt: beide Parteien [die Christlich-sozialen und die Konservativen in Deutschland] vertreten eine Wahrheit; aber beiden fehlt das Eine, worauf es ankommt: *die Erkenntnis des lebendigen Gottes in der sozialen Frage.*
Die einen sagen: das Reich Gottes ist jetzt noch unmöglich auf Erden. Wenn Jesus wieder kommt, wird er den Satan stürzen und eine neue Welt aus der alten schmelzen. Die andern: wir dürfen nicht auf die Unmöglichkeit schauen. Gottes Reich ist stets im Kommen. Wir müssen das Mögliche angreifen und uns um das andere nicht kümmern.
Jene wollen eine radikale Erneuerung. Aber sie verschieben sie auf das Ende der Welt. Diese hoffen auf eine allmähliche Erneuerung der Zustände und ersparen sich die Aussicht auf die Zukunft. Jene haben eine apokalyptische Theorie; deswegen sind sie in der Gegenwart verlegen, halbherzig, matt und lahm. Diese wollen von einer Apokalyptik nichts wissen, um in der Gegenwart freie Bahn für ihr Schaffen zu haben.
Beide verhalten sich ablehnend gegen die Sozialdemokratie. Jenen ist sie gottlos; diesen hauptsächlich unpraktisch. Aber beide sind durch ihre Vorurteile gehalten, Gottes Hand in ihr zu erkennen.
In Wahrheit waltet Gott weder in den Konservativen noch in den Christlich-Sozialen, sondern in den Sozialdemokraten.
Die Sozialdemokraten haben es allein verstanden, daß eine neue Welt kommt, kommen muß. Sie sind tätig wie die Christlich-Sozialen und spekulativ wie die Konservativen. Sie begnügen sich nicht mit bloßen Verbesserungen, sie erschauen eine große Zukunft, aber sie wollen auch nichts von bloßen Theorien wissen. Sie vereinigen in sich, was beiden christlichen Parteien charakteristisch ist: Glauben und Leben, Weissagung und praktische Tat. Sie reden vom »Unmöglichen« und schaffen zugleich fürs Mögliche. Sie träumen von einer allgemeinen Weltverbrüderung und sorgen für die momentanen Interessen der Armen. Sie sind Schwärmer und Irre im Urteil der Menschen, und wirken, was kein Vernünftiger zustande gebracht. Sie werden verspottet und verhöhnt um ihrer »Phantasien« willen und gefürchtet um ihrer Taten willen. Sie sind unwiderstehlich. Sie sind allein lebendig, kräftig und gesund. Sie haben den lebendigen Gott.
Sie haben ihn nicht in frommen Formeln und Zeremonien. Sie beten nicht zu ihm. Sie leugnen ihn. Aber sie haben ihn in der Tat. Und Jesus bekennt sich nicht zu denen, die »Herr, Herr sagen«, sondern zu denen, die den »Willen Gottes tun«.
Und sie tun ihn. Sie stehen dem Mammon entgegen und predigen eine neue Welt, die Welt der Liebe für alle Menschen. Sie kennen keine »Unmöglichkeiten«, stoßen sich nicht an den Schranken, die Menschen aufgerichtet haben, nicht an gesellschaftlichen Hemmungen aller Art. Sie lassen sich von nichts abhalten. Denn sie wissen, daß das Alte fallen muß. »Sie glauben alles, hoffen alles, dulden alles.« Das ist ihr göttliches Gepräge.

Quelle: H. Kutter, Sie Müssen: Ein offenes Wort an die christliche Gesellschaft, 8. Tsd. 1910, S. 66ff.

Recht und Moral müssen einer höheren Ordnung der Dinge weichen. – So rufen die Sozialdemokraten, und man rechnet es ihnen als den gröbsten Verstoß gegen die heiligsten Güter an.

Ein einziger Blick in die Bibel belehrt indessen, daß sie damit nur ausgesprochen, was Gott von Anfang an verheißen hatte.
Man nennt sie von hoher Warte herab »vaterlandslose Gesellen«, wenn sie einer allgemeinen Verbrüderung der Menschen das Wort reden und dem chauvinistischen Patriotismus unserer Kapitalisten entgegentreten.
Aber wer hat besser als sie das Wort des Herrn verstanden: »So wahr ich lebe, die ganze Welt soll meiner Herrlichkeit voll werden«?
Groß, wahr, notwendig ist, im Lichte des lebendigen Gottes betrachtet, was sie erstreben, erkämpfen.
Ja, es ist so: Gottes Verheißungen erfüllen sich in den Sozialdemokraten: Sie müssen!

Quelle: ebd., S. 202. – *Literatur:* E. Thurneysen, Hermann Kutter, ZdZ 1923, S. 3–13; W. Nigg, Hermann Kutters Vermächtnis, 1941; G. Breer, Die Verkündigung des Reiches Gottes bei Hermann Kutter, Diss. theol. Münster 1963; H. Kutter jun., Hermann Kutters Lebenswerk, 1965.

121. Der religiöse Sozialismus: Leonhard Ragaz

Leonhard Ragaz (1868–1945) hat nach dem Voraufgang Kutters durch seine Schrift »Das Evangelium und der soziale Kampf der Gegenwart« (1906) den Schweizer religiösen Sozialismus mit ins Leben gerufen. Er betont das Reich Gottes als ein von Menschen in Christi Nachfolge durchzusetzendes demokratisch-genossenschaftliches Gemeinwesen und tritt der Schweizer Sozialdemokratie bei (1913 bis 1935) in der Erwartung, die Gräben zwischen dem Proletariat und dem Christentum überwinden zu können. Hermann Kutter und die dialektische Theologie um Karl Barth haben sich später von Ragaz getrennt. Wir zitieren aus einer Predigt über das Reich Gottes aus seinem Predigtband von 1909.

Jesus hat keine neue Religion gestiftet. Darum hat er auch nicht das Christentum gestiftet, wenn man darunter das versteht, was wir soeben geschildert haben: eine Reihe von Sätzen über Gott, Jesus Christus, die Welt, die Seele, das Jenseits und dazu eine Reihe von Vorschriften über die Lebensführung und eine Reihe von religiösen Bräuchen und Einrichtung. Was davon unter uns vorhanden ist, ich wiederhole es, stammt zum Teil schon aus der Zeit vor Jesus, zum Teil ist es später ausgebildet worden. Was man so gewöhnlich Christentum nennt, ist weit davon entfernt, sich auf Jesus berufen zu dürfen. Vieles davon mag ganz schön und gut sein, vieles steht im Gegensatz zu seinem Wollen. Christentum und Evangelium Jesu sind zwei verschiedene Dinge . . .
Was hat er denn gewollt? Wir können es in großer Kürze und Schlichtheit sagen: die Gottesherrschaft auf Erden. Darüber lassen uns die Evangelien nicht einen Augenblick in Zweifel. Jesus ist aufgetreten mit der Losung: »Die Zeit ist erfüllet; das Reich Gottes ist nahe herbeigekommen; tut Buße und glaubet an das Evangelium.« Im Mittelpunkt des Unservaters steht die Bitte: »Dein Reich komme.« Die Gleichnisse wollen ausnahmslos die Art, den Wert, das Kommen des Gottesreiches veranschaulichen; die Bergpredigt entfaltet seine Magna Charta, seine Grundordnung. Jesus hat das Reich Gottes verkündigt und offenbart. Das ist so klar und einfach wie die Sonne. Das Reich Gottes hat er gewollt.
Aber dennoch fragen wir wieder: was bedeutet es für Jesus, das Reich Gottes? Wir haben die Antwort schon angedeutet; es bedeutet: Gottesherrschaft. Gott soll zur Herrschaft kommen über den Menschen, über die Erde; sie sollen Gottes wer-

den, seinem Gesetz und Willen gehorchen, seine Ehre verherrlichen, in seiner Liebe selig sein. Also nicht eine neue Lehre von Gott wollte Jesus bringen, sondern dem Gott, den Israel kannte, die Erde gewinnen. Gott ist heilig und gütig – die Erde soll der Abglanz seiner Heiligkeit und Güte werden.

Daraus erkennen wir sofort, daß es sich, wenn wir vom Reiche Gottes reden, um diese Erde handelt. Auf dieser Erde soll sein Schauplatz sein, hier soll es kommen. Damit ist ein weltgeschichtlicher Irrtum beseitigt, der bis auf diesen Tag auf der Sache Jesu lastet. Man hat schon bald, schon in den ersten Jahrhunderten der christlichen Geschichte, angefangen, den Schauplatz des Gottesreiches von der Erde weg in den Himmel zu verlegen. Statt daß der Himmel zur Erde kommen sollte und die Erde mit seinem Glanz erfüllen, sollte die Erde in den Himmel kommen. In fernen Himmeln lag Gottes Reich. Dort war die Vollendung. Hier auf Erden aber war Satans Reich, die Herrschaft der Sünde und des Elendes. Hier konnte es sich nur darum handeln, Seelen aus dem Fluch der Erbsünde herauszureißen und sie für den Himmel vorzubereiten; das besorgte die Kirche oder, bei den Protestanten, der Glaube an Jesu sühnendes Leiden. Im übrigen blieb die Welt unverbesserlich, ihre Ordnungen galten im wesentlichen als unabänderlich. – Diese ganze Entwicklung wird auch ein geschichtliches Recht gehabt haben, wir können das heute nicht untersuchen, aber eine verhängnisvolle Wirkung hat sie doch gehabt: sie hat die Kraft des Stoßes, der von Jesus herkam, gelähmt, sie hat die Welteroberungslust des Christentums gehemmt und es an den Gedanken gewöhnt, daß man hienieden vor den Weltgewalten kapitulieren müsse und erst im Himmel Raum sei für eine vollendete Erfüllung von Gottes Forderung und Verheißung. Das ganze Evangelium wurde zu einer Anweisung, in den Himmel zu kommen, unser ganzes religiöses Leben an der Himmelshoffnung oder Höllenfurcht orientiert, damit die Sittlichkeit verunreinigt und die Religion dem Egoismus ausgeliefert.

Dem gegenüber gilt es, die wiederentdeckte, in keinem Zeitalter ganz vergessene, uns aber in besonders großartiger Weise neu geschenkte Wahrheit auf den Leuchter zu stellen für alle Welt, Gläubige und Ungläubige: Jesus will das Gottesreich für diese Welt. Er fordert und verheißt eine Umgestaltung der Erde. Gottes Wille soll auf Erden geschehen wie im Himmel. Er lehrt uns nicht beten: »Nimm uns in dein Reich«, sondern »Dein Reich komme zu uns«. Allerdings ist das nun wieder nicht so gemeint, daß Gottes Walten auf diese Erde beschränkt sei. Dazu ist sie zu klein. Gottes Reich ist so groß, wie Gott selbst; es ist so groß wie Ewigkeit und Unendlichkeit. Es reicht über diese ganze sichtbare Ordnung der Dinge, diese ganze, dem Tode verfallene Welt, die vor unseren Augen liegt, hinaus. Diese Erde und unser Leben auf ihr ist nur ein Anfang, eine Station auf unserem Wege. Aber was einst sein wird, was über diese Erde hinausgeht, das ist nicht unsere Sache. Darauf dürfen wir hoffen, davon vielleicht träumen, wenn auch nicht zuviel, aber arbeiten sollen wir für diese Erde; hier lehrt uns Jesus Gottes Schaffen verstehen und mit ihm schaffen. Diese Erde, diese Welt und wir selbst vor allem sollten Gott gehören.

Das Reich Gottes ist für die Welt; gewiß – aber nicht von der Welt. Im Gegenteil, es heißt Gottes Reich, weil es in Gegensatz zur Welt tritt, wenigstens zur Welt, wie sie jetzt ist. In der Welt herrscht das Weltreich. Das Prinzip des Weltreiches ist Kampf, Selbstsucht, Machttrieb. Hier walten die grausamen Gesetze und Triebe der Natur; hier erdrückt, erwürgt der Stärkere den Schwächeren; Unrecht und Jammer schreien überall zum Himmel aus Natur und Menschenwelt. Dieses

Weltreich hat von Zeit zu Zeit Gestalt angenommen in politischen Weltreichen: dem Assyrerreich, Babylonierreich, Perserreich, Griechenreich und dem gewaltigsten von allen, dem Römerreich. Hier rang sich zwar die Natur empor zur Kultur, aber auch diese Weltreiche ruhten auf Blut, Gewalt und Unrecht. Diesem gesamten Weltreich tritt entgegen das Gottesreich. Es will die Weltgewalten niederwerfen oder in Zucht nehmen durch Gewalten von oben her, die Gewalt ersetzen durch die Gerechtigkeit und den Krieg durch gegenseitige Hilfe; es eröffnet einen Ausblick auf eine vollkommen andersartige Welt, eine höhere Ordnung der Dinge. Eine Ahnung davon lebte in allen Völkern; in den Propheten Israels war sie zur Gewißheit geworden. Umbrandet vom Kampfe blutiger, entsetzlich harter Großmächte, zwischen denen Israel ohnmächtig stand, sahen sie ein Reich aufsteigen, in dem der Löwe neben dem Lamme liegt, und der Säugling spielt am Loche der Otter, wo die Schwerter zu Pflugscharen geworden sind, und die Spieße zu Winzermessern, ohne Bild gesprochen: eine Welt ohne Krieg und ohne Gewalt, wo Gerechtigkeit und Güte herrscht, eine Welt, in der Gottes Recht gilt, Gott König ist, und der Mensch frei und froh. Was die Propheten begonnen, alle Völker geahnt, das ist in Jesus erfüllt. Dem ganzen Weltreich gegenüber mit seinem Trotz, seiner Macht und Pracht, seinem Elend, richtet er strahlend und siegreich die Gottesreichshoffnung auf; gegen alle Finsternisse, alle Greuel dieses Weltwesens protestieren wir, ihnen allen sagen wir, daß sie nicht das letzte Wort sind, wenn wir beten: »Dein Reich komme.« . . .

Umkehren muß jeder einzelne von uns. Wenn Gott in uns herrschen soll, dann darf nicht das Böse herrschen. Wenn wir Gott dienen, können wir nicht dem Mammon dienen, denn sie sind Feinde; wenn wir uns zu Gott halten, dann können wir uns nicht durch die Sorge knechten lassen, denn Gott ist die Allmacht der für uns sorgenden Güte; wenn wir auf Gott trauen, dann darf auch die Schuld uns nicht zur Verzweiflung treiben, denn die Liebe des Vaters ist stärker als unsere Schuld . . .

Aber auch die Gemeinschaft der Menschen muß umkehren, wenn Gott herrscht. Solange die Weltordnungen herrschen, gelten für das Zusammenleben der Menschen Egoismus, Krieg, sei's blutiger, sei's unblutiger, Macht und Gewalt. Gott aber ist die Einheit der Menschen. Vor ihm und in ihm sind sie ungetrennt ein Ganzes. Da gehören sie durchaus zusammen. Vor der Natur sind wir Rivalen, Feinde und Genossen höchstens aus kluger Berechnung; vor Gott sind wir Brüder. Alles ist uns gemeinsam. Wir sind Genossen des Leides und der Freude, denn beide strömen aus dem tieferen Quell, der alles Leben nährt; wir sind Genossen des Besitzes, sei's des geistigen, sei's des materiellen, denn was ich habe, habe ich nicht von mir selbst, es ist Gottes Gabe und Lehen und gehört den Brüdern so gut wie mir, wehe mir, wenn ich dies vergäße. Wir sind Genossen auch der Schuld, denn bei der engen Verflechtung alles Lebens habe ich immer Anteil an der Schuld des ganzen Geschlechtes . . . Der religiöse Individualismus, der nur selbst um jeden Preis selig werden möchte, ohne mit der gleichen oder größeren Inbrunst das Los der Brüder auf der Seele zu tragen, ist das Gegenteil von Jesu Sinn. Gottes Herrschaft ist ein Reich. Ein Glied hängt mit dem anderen zusammen, eins kann nur mit dem anderen vorwärts kommen. Es herrscht in diesem Reich eine Solidarität, die wir noch lange nicht völlig begriffen haben. Da können die Unterschiede von Rasse, Nation und Religion nicht mehr trennend wirken, sowenig als in einer Familie die körperlichen und geistigen Verschiedenheiten der Angehörigen, vielmehr müssen sie belebend und erquickend wirken. Da kann im Handel und Wandel, im Verkehr der einzelnen untereinander wie in dem der Völker, in Arbeit und geselligem Leben, nicht mehr Selbstsucht, Krieg, Konkurrenz, Macht- und Ehrtrieb die innerste Triebkraft sein, sondern der Starke wird dem Schwachen dienen und der am größten sein, wer am meisten dient; die Menschen werden zusammenstehen, statt gegeneinander, sie werden auch in ihrer Gemeinschaft rein und frei. Und damit kommt die große Freude von selbst. Dem heiligen Gott entspricht ein Volk der Reinheit und Gerechtigkeit, dem Gott der Liebe ein Reich der Liebe. Das ist die Predigt Jesu vom Reiche Gottes . . .

Quelle: L. Ragaz, Dein Reich komme. Predigten, 1909, S. 49ff. – *Literatur:* H. U. Jäger, Ethik und Eschatologie bei Leonhard Ragaz, 1971 = Veröffentlichungen des Instituts für Sozialethik an der Universität Zürich 5; A. Lindt, Leonhard Ragaz. Eine Studie zur Geschichte und Theologie des religiösen Sozialismus, 1957; M. Mattmüller, Leonhard Ragaz und der religiöse Sozialismus. Eine Biographie, Bd. 1: 1957, Bd. 2: 1968 = BBGW 67.110; Chr. Ragaz u.a. (Hg.), Leonhard Ragaz in seinen Briefen Bd. 1, 1966.

122. Trennung von Kirche und Staat in Frankreich (1905)

Nach jahrelangen heftigen Auseinandersetzungen kam es durch das Gesetz vom 9. Dezember 1905 zur Aufhebung des napoleonischen Konkordats und zur Trennung von Kirche und Staat.

Art. 1: Die Republik sichert die Gewissensfreiheit zu. Sie garantiert die freie Kultausübung, . . .
Art. 2: Die Republik anerkennt, finanziert oder subventioniert keine Kultgemeinschaft (aucun culte). Dementsprechend werden alle Ausgaben zugunsten der Kultausübung aus den Budgets des Staates, der Departements und der Gemeinden gestrichen. Ausnahmen für spezielle Dienste in staatlichen Einrichtungen (wie Schulen, Gefängnisse, Spitäler) bleiben möglich.

Quelle: Z. Giacometti (Hg.), Quellen zur Geschichte der Trennung von Staat und Kirche, 1926, Neudruck 1974, S. 272. – *Literatur:* HGK(J) VI/2, 1973, S. 100–112.527–538; A. v. Campenhausen, Staat und Kirche in Frankreich, 1962.

123. Papst Pius X.: der »Anti-Modernisten-Eid« (1910)

Der Sammelbegriff »Modernismus« bezeichnet – im diskriminierenden Sinn – die vielfältigen Versuche, katholische Tradition und neuzeitliches Denken miteinander in Einklang zu bringen, wie sie um die Jahrhundertwende im Katholizismus verschiedener Länder vertreten wurden. Die römische Kurie unter Pius X. reagierte darauf mit lehramtlichen Verurteilungen (Dekret »Lamentabili sane exitu«, 3. Juli 1907, Enzyklika »Pascendi dominici gregis«, 8. September 1907) und harten Disziplinarmaßnahmen. Schließlich befahl der Papst durch das Motuproprio »Sacrorum antistitum« allen in Seelsorge und Lehrfach tätigen Klerikern die Ablegung eines Eides, der die Verwerfung der »modernistischen Irrtümer« zum Inhalt hatte. Dieser »Antimodernisteneid« wurde erst 1967 abgeschafft.

Ich umfasse und nehme an alles und jedes einzelne, was vom irrtumslosen Lehramt der Kirche bestimmt, aufgestellt und erklärt ist, besonders die Hauptstücke ihrer Lehre, die unmittelbar den Irrtümern der Gegenwart entgegen sind.

1. Ich bekenne, daß Gott, der Ursprung und das Ende aller Dinge, mit dem natürlichen Licht der Vernunft durch das, was geschaffen ist, d.h. durch die sichtbaren Werke der Schöpfung, als Ursache mittels der Wirkung, mit Sicherheit erkannt und auch bewiesen werden kann.

2. Ich anerkenne die äußeren Beweismittel der Offenbarung, d.h. die Werke Gottes, in erster Linie die Wunder und Prophezeiungen, als ganz sichere Zeichen des göttlichen Ursprungs der christlichen Religion. Ich halte fest, daß sie dem Geist aller Zeiten und Menschen, auch der Gegenwart, aufs beste angepaßt sind.

3. Fest glaube ich, daß die Kirche, die Hüterin und Lehrerin des geoffenbarten Wortes, durch den wahren und geschichtlichen Christus selbst, während seines Lebens unter uns, unmittelbar und direkt eingesetzt, und daß sie auf Petrus, den Fürsten der apostolischen Hierarchie, und auf seine steten Nachfolger gebaut wurde.

4. Ohne Rückhalt nehme ich die Glaubenslehre an, die von den Aposteln durch die rechtgläubigen Väter stets in demselben Sinn und in derselben Bedeutung bis auf uns gekommen ist. Deshalb verwerfe ich ganz und gar die irrgläubige Erfindung einer Entwicklung der Glaubenssätze, die von einem Sinn zu einem andern übergingen, der abweiche von dem Sinn, den die Kirche einst gemeint habe. Ebenso verwerfe ich jeden Irrtum, der das göttliche, der Braut Christi übergebene Vermächtnis, das von ihr treu bewahrt werden soll, durch eine Erfindung philosophischen Denkens oder durch eine Schöpfung des menschlichen Bewußtseins ersetzen will, das durch menschliches Bemühen langsam ausgebildet wurde und sich in Zukunft in unbegrenztem Fortschritt vollenden soll.

5. Als ganz sicher halte ich fest und bekenne aufrichtig, daß der Glaube nicht ein blindes religiöses Gefühl ist, das aus dem Dunkel des Unterbewußtseins im Drang des Herzens und aus der Neigung des sittlich geformten Willens entspringt, sondern daß er eine wahre Zustimmung des Verstandes zu der von außen durch Hören empfangenen Wahrheit ist, durch die wir auf die Autorität Gottes des Allwahrhaftigen hin für wahr halten, was uns vom persönlichen Gott, unserem Schöpfer und Herrn gesagt, bezeugt und geoffenbart worden ist.

In schuldiger Ehrfurcht unterwerfe ich mich und mit ganzem Herzen schließe ich mich an allen Verurteilungen, Erklärungen, Vorschriften, wie sie im Rundschreiben »Pascendi« und im Entscheid »Lamentabili« enthalten sind, besonders insoweit sie sich auf die sogenannte Dogmengeschichte beziehen. Auch verwerfe ich den Irrtum derer, die behaupten, der von der Kirche vorgelegte Glaube könne der Geschichte widerstreiten und die katholischen Glaubenssätze könnten in dem Sinn, in dem sie jetzt verstanden werden, mit den Ursprüngen der christlichen Religion, wie sie wirklich waren, nicht in Einklang gebracht werden.

Ich verurteile und verwerfe auch die Auffassung derer, die sagen, ein gebildeter Christ führe ein Doppeldasein, das Dasein des Gläubigen und das Dasein des Geschichtsforschers, als ob es dem Geschichtsforscher erlaubt wäre, festzustellen, was der Glaubenswahrheit des Gläubigen widerspricht, oder Voraussetzungen aufzustellen, aus denen sich ergibt, daß die Glaubenssätze falsch oder zweifelhaft sind, wenn man sie nur nicht direkt leugnet.

Ich verwerfe ebenso eine Weise, die Heilige Schrift zu beurteilen und zu erklären, die die Überlieferung der Kirche, die Entsprechung zum Glauben und die Normen des Apostolischen Stuhls außer acht läßt, die sich den Erfindungen der Rationalisten anschließt und die Textkritik ebenso unerlaubt wie unvorsichtig als einzige oberste Regel anerkennt.

Auch die Auffassung derer verwerfe ich, die daran festhalten, ein Lehrer der theologischen Geschichtswissenschaften oder ein Schriftsteller auf diesem Gebiet müsse zuerst jede vorgefaßte Meinung vom übernatürlichen Ursprung der katholischen Überlieferung oder von einer Verheißung der göttlichen Hilfe zur steten Bewahrung einer jeden geoffenbarten Wahrheit ablehnen. Die Schriften der einzelnen Väter müßten nach rein wissenschaftlichen Grundsätzen erklärt werden unter Ausschluß jeder kirchlichen Autorität und mit derselben Freiheit des Urteils, mit der man jedes außerkirchliche Denkmal der Geschichte erforscht.
Endlich bekenne ich ganz allgemein: Ich habe nichts zu schaffen mit dem Irrtum, der die Modernisten glauben läßt, die heilige Überlieferung enthalte nichts Göttliches, oder, was noch viel schlimmer ist, der sie zu einer pantheistischen Deutung der Überlieferung führt, so daß nichts mehr übrigbleibt als die nackte, einfache Tatsache, die in einer Linie steht mit den gewöhnlichen Geschehnissen der Geschichte, die Tatsache nämlich, daß Menschen durch ihre eigenen Bemühungen, durch ihre Sorgfalt und Einsicht die von Christus und seinen Aposteln begonnene Schule in den nachfolgenden Zeitabschnitten fortsetzten. So halte ich denn fest und bis zum letzten Hauch meines Lebens werde ich festhalten den Glauben der Väter an die sichere Gnadengabe der Wahrheit, die in der Nachfolge des bischöflichen Amtes seit den Aposteln ist, war und immer sein wird, so daß nicht das Glaubensgegenstand ist, was entsprechend der Kultur eines jeden Zeitabschnittes besser und passender scheinen könnte, sondern daß niemals in verschiedener Weise geglaubt, nie anders verstanden wird die absolute, unabänderliche Wahrheit, die seit Anfang von den Aposteln gepredigt wurde.
Ich gelobe, daß ich das alles getreu, unversehrt und rein beobachten und unverletzt bewahren, daß ich in der Lehre oder in jeder Art von Wort und Schrift nie davon abweichen werde. So gelobe ich, schwöre ich, so helfe mir Gott und dieses heilige Evangelium Gottes.

Quellen: DS[33], S. 3537ff., dt. Übers. aus: J. Neuner/H. Roos, Der Glaube der Kirche in den Urkunden der Lehrverkündigung, 1965[7], S. 64–74. – *Literatur:* HKG(J), VI/2, 1973, S. 435–500; E. Weinzierl (Hg.), Der Modernismus. Beiträge zu seiner Erforschung, 1974; G. Schwaiger (Hg.), Aufbruch ins 20. Jahrhundert. Zum Streit um Reformkatholizismus und Modernismus, 1976.

124. Botschaft der Weltmissionskonferenz in Edinburgh (1910)

Im Sommer 1910 traten Vertreter von Missionsgesellschaften verschiedenster konfessioneller und nationaler Prägung zu einer großen internationalen Konferenz in Edinburgh zusammen. Diese Konferenz führte nicht nur zur Gründung des Internationalen Missionsrates, sondern wirkte bei vielen Teilnehmern als Initialzündung für die ganze ökumenische Bewegung des 20. Jahrhunderts.

An die Mitglieder der Kirche in christlichen Ländern!
Wir Mitglieder der Weltmissionskonferenz in Edinburgh wünschen euch eine Botschaft zu senden, die uns sehr am Herzen liegt. Während der letzten zehn Tage sind wir mit eifrigem und anhaltendem Studium der Lage des Christentums in nichtchristlichen Ländern beschäftigt gewesen . . . Unser Überblick hat uns einen Eindruck von dem bedeutungsvollen Charakter der gegenwärtigen Stunde gegeben. Wir haben aus vielen Gebieten gehört von dem Erwachen großer Nationen,

von der Öffnung lange verschlossener Türen und von Bewegungen, welche alle auf einmal der Kirche eine neue Welt vor Augen stellen, die für Christus gewonnen werden soll. Die nächsten zehn Jahre werden aller Wahrscheinlichkeit nach einen Wendepunkt in der Menschheitsgeschichte darstellen und können von entscheidenderer Bedeutung als viele Jahrhunderte gewöhnlichen Zeitlaufs sein in der Bestimmung der geistlichen Entwicklung des Menschengeschlechts. Wenn diese Jahre ungenützt verstreichen, kann eine Verwüstung angerichtet werden, welche Jahrhunderte nicht wieder gutzumachen vermögen. Wenn sie dagegen richtig verwandt werden, können sie zu den glorreichsten Jahren der Geschichte des Christentums gehören.

... Wir haben alles getan, was in unserer Macht steht, im Interesse der Sparsamkeit und der Wirksamkeit, und in diesem Bemühen haben wir eine größere Einigkeit in gemeinsamer Aktion erreicht, als dies seit Jahrhunderten in der christlichen Kirche der Fall gewesen ist. Aber es ist uns in steigendem Maße klar geworden, daß wir etwas viel Größeres brauchen, als durch irgendwelche Sparsamkeit oder Reorganisation vorhandener Kräfte erreicht werden kann. Wir brauchen letztlich ein tieferes Gefühl der Verantwortung gegen den allmächtigen Gott dafür, daß er uns das Vertrauen bewiesen hat, uns die Evangelisation der Welt aufzutragen. Dieser Auftrag ... ist allen und jedem innerhalb der christlichen Familie erteilt, und er liegt ebenso jedem Mitglied der Kirche ob wie die Grundtugenden des christlichen Lebens: Glaube, Hoffnung und Liebe ... Gerade wie eine große nationale Gefahr ein neues Maß von Vaterlandsliebe und Dienst von jedem Bürger fordert, so fordert die gegenwärtige Weltlage und die Missionsaufgabe von jedem Christen und von jeder Gemeinde eine Steigerung im Missionseifer und Missionsdienst und die Erhöhung unseres geistlichen Ideals ... Es ist eine unausweichliche Forderung des Geistes, daß das nationale Leben und der nationale Einfluß als ein Ganzes christianisiert werde: so daß die Gesamtwirkung, einschließlich Handel und Politik, des Westens auf den Osten und der stärkeren Rassen auf die schwächeren die Missionsbotschaft bekräftigt und nicht abschwächt. Die Vorsehung Gottes hat uns in eine neue Welt geführt voll guter Gelegenheiten, voller Gefahren und Pflichten ... Aber wenn, wie wir glauben, der Weg der Pflicht der Weg der Offenbarung ist, so ist sicherlich in diesem unerbittlichen Ruf der Pflicht eine verborgene Gewißheit eingeschlagen, daß Gott größer, liebevoller, näher und hilfsbereiter ist, als irgendein Mensch sich hat träumen lassen. So sind wir denn gewißlich berufen, neue Entdeckungen von Gottes Gnade und Macht für uns selber, für die Kirche und für die Welt zu machen und in der Kraft dieses festeren und kühneren Glaubens an Gott dem neuen Zeitalter und der neuen Aufgabe mit neuer Hingebung entgegenzugehen.

Quelle: K. Böhme (Hg.), Texte zur Geschichte der ökumenischen Bewegung, 1948, S. 7ff. – *Literatur:* R. Rouse/St. Neill, Geschichte der ökumenischen Bewegung 1517–1948, Bd. I, 1957, S. 486ff.

125. Die Jugendbewegung

Aus verschiedenen Gruppen des von Karl Fischer 1901 gegründeten Berliner Wandervogels entsteht 1913 die Freideutsche Jugend. Im bewußten Gegensatz zu den bürgerlichen Gedenkfeiern der Schlacht von Leipzig 1813 feiert sie ihre Gründung mit dem Treffen auf dem Hohen Meißner am 12./13. Oktober 1913, an dem auch Männer wie Max Weber, Paul Natorp u.a. teilnehmen. In der Meißner-Formel gibt sie sich den Ausdruck ihrer Gesinnung: Kritik an der als morsch empfundenen bürgerlich-städtischen Lebenswelt der Erwachsenen, Bejahung einer natürlichen, ungekünstelten Selbstbestimmung, die die Stände und Schichtungen aus einem neuen Geist heraus überwinden will.

Die Freideutsche Jugend will aus eigner Bestimmung, vor eigner Verantwortung, mit innerer Wahrhaftigkeit ihr Leben gestalten. Für diese Freiheit tritt sie unter allen Umständen geschlossen ein. Zur gegenseitigen Verständigung werden Freideutsche Jugendtage abgehalten. Alle gemeinsamen Veranstaltungen der Freideutschen Jugend sind alkohol- und nikotinfrei.

Quelle: A. Messer, Die freideutsche Jugendbewegung, 1924[5], hier zitiert aus: 1920[3], S. 17. – *Literatur:* Freideutsche Jugend. Zur Jahrhundertfeier auf dem hohen Meißner, 1913; L. Cordier, Evangelische Jugendkunde, 2 Bde., 1925/26; W. Jentsch, Handbuch der Jugendseelsorge. Geschichte, Theologie, Praxis, 3 Bde., 1963–1973, bes. Bd. 1; W. Kindt (Hg.), Die deutsche Jugendbewegung 1920 bis 1933. Die bündische Zeit, 1974 = DJB 3; U. Smidt, Dokumente evangelischer Jugendbünde. Wandlungen zwischen zwei Weltkriegen, 1975.

126. Lenins Briefe an Maxim Gorki (1913)

Lenins (1870–1924) Briefe an den Dichter Maxim Gorki dokumentieren die radikale Absage des historischen Materialismus an die Religion. Besonders der zweite Brief verdeutlicht, daß von Lenins Auffassung des Klassenkampfes aus jede Beziehung zum Christlich-sozialen abgewiesen und als politisch und philosophisch unannehmbar dekretiert wird.

Aus dem ersten Brief Mitte November 1913

Lieber Alexej Maximowitsch! Was stellen Sie bloß an? Einfach entsetzlich, in der Tat!

Gestern las ich in der »Retsch« Ihre Antwort auf das »Geheul« wegen Dostojewski, und ich wollte mich schon freuen, aber heute trifft die Zeitung der Liquidatoren ein, *und dort ist ein Absatz Ihres Artikels abgedruckt,* der in der »Retsch« fehlte. Dieser Absatz lautet:

»Die 'Gottsucherei' aber muß *eine Zeitlang*« (nur eine Zeitlang?) »aufgeschoben werden – das ist eine zwecklose Beschäftigung: es hat keinen Zweck zu suchen, wo man nichts hingelegt hat. Wer nicht säet, wird auch nicht ernten. Ihr habt keinen Gott, ihr habt ihn *noch*« (noch!) »nicht geschaffen. Götter sucht man nicht – *man erschafft sie,* das Leben wird nicht ausgedacht, sondern geschaffen.«

Daraus ergibt sich, daß Sie nur »auf eine Zeitlang« gegen »Gottsucherei« sind! Daraus ergibt sich, daß Sie *nur* deshalb gegen die Gottsucherei sind, um sie durch die Gottbildnerei zu ersetzen!!

Nun, ist es denn nicht entsetzlich, daß sich bei Ihnen so etwas *ergibt*?

Gottsucherei unterscheidet sich von Gottbildnerei oder von Gottmacherei oder Gottschöpfung usf. keineswegs mehr, als ein gelber Teufel sich von einem blauen unterscheidet. Von Gottsucherei zu sprechen, nicht um sich gegen *jegliche* Teufel und Götter, gegen jede geistige Leichenschändung auszusprechen (jeder Herrgott ist Leichenschändung, mag es auch der säuberlichste, idealste, nicht gesuchte, sondern erschaffene Herrgott sein, das ist einerlei), sondern um einem blauen Teufel den Vorrang von einem gelben zu geben, das ist hundertmal schlimmer als überhaupt nicht zu sprechen.

In den freiesten Ländern, in solchen Ländern, wo ein Appell »an die Demokratie, an das Volk, an die Öffentlichkeit und an die Wissenschaft« *ganz* unangebracht wäre – in solchen Ländern (Amerika, die Schweiz usw.) ist man besonders eifrig bemüht, das Volk und die Arbeiter gerade mit der Idee eines säuberlichen, vergeistigten, erst zu erschaffenden Herrgotts stumpfsinnig zu machen. Gerade deshalb, weil jede religiöse Idee, jede Idee von jedem Herrgott, selbst jedes Kokettieren mit einem Herrgott eine unsagbare Abscheulichkeit ist, die von der *demokratischen* Bourgeoisie mit besonderer Duldsamkeit (oft sogar wohlwollend) aufgenommen wird, – gerade deshalb ist sie die gefährlichste Abscheulichkeit, die widerlichste »Seuche«. Millionen von Sünden, Gemeinheiten, Gewalttaten und Verseuchungen *physischer* Art werden von der großen Menge viel leichter erkannt und sind daher viel weniger gefährlich als die *raffinierte,* vergeistigte, in die prächtigsten »ideologischen« Gewänder gekleidete Idee von einem lieben Gott. Ein katholischer Pfaffe, der Mädchen schändet (wovon ich soeben zufällig in einer deutschen Zeitung las), ist gerade für die »Demokratie« *weit weniger* gefährlich als ein Pfaffe ohne Priesterrock, ein Pfaffe ohne grobschlächtige Religion, als ein sich auf bestimmte Ideen stützender und demokratischer Pfaffe, der die Schöpfung und Erschaffung eines lieben Gottes predigt . . .
Ist aber die Gottbildnerei nicht die *übelste* Sorte von Selbstbespeiung?? Jeder Mensch, der sich mit der Erschaffung eines *Gottes* beschäftigt oder eine solche Erschaffung auch nur zuläßt, *bespeit sich selbst* auf die übelste Art, denn er beschäftigt sich statt mit »Taten« *eben* mit Selbstbetrachtung und Selbstbespiegelung, wobei ein solcher Mensch gerade die schmutzigsten, stupidesten, knechtischsten Züge und Züglein seines »Ich« »betrachtet«, die durch die Gottbildnerei vergöttlicht werden sollen.
Vom gesellschaftlichen und nicht vom persönlichen Standpunkt aus ist *jedwede* Gottbildnerei eben die *liebevolle Selbstbetrachtung* des stumpfsinnigen Spießbürgertums, des brüchigen Spießbürgertums, der träumerischen »Selbstbespeiung« der Philister und Kleinbürger, die »verzweifelt und müde« sind (wie Sie das sehr richtig von der *Seele* zu sagen geruhten – nur hätten Sie nicht »russische«, sondern »*Spießer*seele« sagen sollen, denn ob jüdische, italienische, englische – *das ist alles Jacke wie Hose,* überall ist das schäbige Spießertum gleich widerlich, das »demokratische Spießertum« aber, das sich mit geistiger Leichenschändung beschäftigt, ist doppelt widerlich) . . .

Quelle: W. I. Lenin, Werke, 4. Ausgabe, Bd. 35, S. 89–91 (russ.); dt. Übers. aus: W. I. Lenin, Über die Religion, o.J., S. 47–51.

Aus dem zweiten Brief Dezember 1913

In der Frage nach Gott, dem Göttlichen und allem, was damit zusammenhängt, ergibt sich bei Ihnen ein Widerspruch . . .
Sie »ärgern sich«, Sie »können nicht begreifen, wie sich der Ausdruck ›auf eine Zeitlang‹ hineinstehlen konnte« – so schreiben Sie, und gleichzeitig verteidigen Sie die Idee von Gott und der Gottbildnerei.
»Gott ist der Komplex jener von Sippe, Nation, Menschheit entwickelten Ideen, die die sozialen Gefühle wecken und organisieren, zu dem Zweck, die Persönlichkeit mit der Gesellschaft zu verbinden, den animalischen Individualismus zu zügeln.«

Diese Theorie hängt unverkennbar mit der Theorie oder den Theorien von Bogdanow und Lunartscharski zusammen.
Und sie ist unverkennbar falsch und unverkennbar reaktionär. Nach dem Muster der christlichen Sozialisten (der schlimmsten Abart des »Sozialismus« und seiner schlimmsten Entstellung) wenden Sie eine Methode an, die (ungeachtet Ihrer besten Absichten) den Hokuspokus des Pfaffentums wiederholt: aus der Gottidee wird herausgenommen, was sie *historisch und aus der Lebenspraxis heraus* zum Inhalt hat (Gespensterglauben, Vorurteile, Glorifizierung der Unwissenheit und Unterwürfigkeit einerseits, der Fronherrschaft und Monarchie anderseits), wobei als Inhalt der Gottidee statt der historischen und aus der Lebenspraxis bezogenen Realität eine süßliche Spießerphrase ausgegeben wird (Gott – »die die sozialen Gefühle weckenden und organisierenden Ideen«).
Sie wollen damit etwas »Gutes und Schönes« sagen, auf »die Wahrheit als Gerechtigkeit« hinweisen und dergleichen mehr. Aber dieser Ihr gutgemeinter Wunsch bleibt Ihre persönliche Angelegenheit, ein subjektiver »frommer Wunsch«. Da Sie ihn nun niedergeschrieben haben, ist er in die *Masse* gedrungen, und seine *Bedeutung* wird nicht durch Ihren gutgemeinten Wunsch, sondern durch das *Verhältnis der sozialen Kräfte,* durch das objektive Verhältnis der Klassen bestimmt. Kraft dieses Verhältnisses *ergibt sich* (gegen Ihren Willen und unabhängig von Ihrem Bewußtsein), daß Sie die Idee der Klerikalen, der Purischkewitsch, Nikolaus II. und der Herren Struve mit einem Farb- und Zuckerguß versehen haben, denn *tatsächlich* hilft die Gottidee *ihnen,* das Volk in Sklaverei zu halten . . .
Es trifft nicht zu, daß Gott ein Komplex von Ideen ist, die die sozialen Gefühle wecken und organisieren. Das ist Bogdanowscher *Idealismus,* der den materiellen Ursprung der Ideen vertuschen will. Gott ist (historisch wie im Alltagsleben) vor allem ein Komplex von Ideen, die von der dumpfen, sowohl durch die äußere Natur als auch durch die Klassenunterdrückung bewirkte Niedergedrücktheit des Menschen erzeugt wurden – von Ideen, die diese Niedergedrücktheit *zu einer bleibenden Erscheinung machen,* die den Klassenkampf *einschläfern.* Es gab in der Geschichte eine Zeit, als trotz dieses Ursprunges und dieser tatsächlichen Bedeutung der Gottidee der Kampf der Demokratie und des Proletariats in Gestalt des Kampfes *einer religiösen* Idee gegen eine andere vor sich ging.
Aber auch diese Zeit ist längst vorüber.
Jetzt ist sowohl in Europa als auch in Rußland *jedwede,* selbst die verfeinertste, die wohlgemeinteste Verteidigung oder Rechtfertigung der Gottidee eine Rechtfertigung der Reaktion.
Ihre ganze Definition ist durch und durch reaktionär und bürgerlich. Gott = ein Komplex von Ideen, die »die sozialen Gefühle wecken und organisieren zu dem Zweck, die Persönlichkeit mit der Gesellschaft zu verbinden, den animalischen Individualismus zu zügeln«.
Warum ist das reaktionär? Weil es die Idee der Pfaffen und der Verfechter der Fronherrschaft von der »Zügelung« des Animalischen übertüncht. In Wirklichkeit hat nicht die Gottidee den »animalischen Individualismus« gezügelt; ihn hat sowohl die Urhorde als auch die Urkommune gezügelt. Die Gottidee hat die »sozialen Gefühle« *immer* eingeschläfert und abgestumpft, da sie an die Stelle des Lebendigen Leichenhaftes setzte und *stets* die Idee der Sklaverei (der schlimmsten, der ausweglosen Sklaverei) war. Nie hat die Gottidee »die Persönlichkeit mit der Gesellschaft verbunden«, sondern stets die unterdrückten *Klassen* durch den Glauben an die *Göttlichkeit* der Unterdrücker *gefesselt.*

Bürgerlich ist Ihre Definition (und unwissenschaftlich, unhistorisch), weil sie mit summarischen, allgemeinen, »robinsonhaften« Begriffen schlechthin und nicht mit bestimmten *Klassen* einer bestimmten geschichtlichen Epoche operiert . . . Daß der philosophische Idealismus »immer nur die Interessen der Persönlichkeit im Auge hat«, das stimmt nicht. Hat Descartes die Interessen der Persönlichkeit mehr im Auge gehabt als Gassendi? Oder Fichte und Hegel mehr als Feuerbach? Daß »die Gottbildnerei ein Prozeß der Weiterentwicklung und Ansammlung sozialer Momente im Individuum und in der Gesellschaft« sei – das ist geradezu entsetzlich! Wenn in Rußland Freiheit herrschte, die ganze Bourgeoisie würde Sie ja für solche Sachen, für diese Soziologie und Theologie von rein bürgerlichem Typus und Charakter, auf den Schild erheben . . .

Quelle: W. I. Lenin, Werke, 4. Ausgabe, Bd. 35, S. 92–94 (russ.); dt. Übers. aus: W. I. Lenin, Über die Religion, o.J., S. 52–55. – *Literatur:* B. Wielenga, Lenins Weg zur Revolution. Eine Konfrontation mit Sergej Bulgakow und Petr. Struve im Interesse einer theologischen Besinnung, 1971; L. Fischer, Das Leben Lenins, 1964; I. Fetscher, Karl Marx und der Marxismus. Von der Philosophie des Proletariats zur proletarischen Weltanschauung, 1967.

127. Christoph Blumhardt: Predigt nach Kriegsausbruch, August 1914

Christoph Blumhardt (1842–1919) hatte zunächst am Kampf der sozialistischen Arbeiterbewegung teilgenommen (s.o. Nr. 117), um sich dann allein der Sache des Reiches Gottes zu widmen. Seine Kritik an der deutschen Weltreichspolitik und an dem unchristlichen Geist der europäischen Völker ließen ihn den Ausbruch des Weltkrieges als Gericht Gottes verstehen.

Es ist der Herr!

Es hilft keine Weisheit und kein Verstand und kein Rat wider den Herrn. Spr. 21,30

Im Geschick der Menschen liegt etwas Unabänderliches, etwas das man nicht ändern kann und gegen das man nicht kämpfen kann. Jede Lebensgeschichte eines Menschen mit den Vorkommnissen darin ist wie voraus bestimmt, wie mitgeboren, und das kommt, und wir können nichts dagegen machen. Dazu gehört dann auch allerlei Unglück, und dieses Unabänderliche, das ist der Herr. In dieses Unabänderliche müssen wir uns schicken, wenigstens tun wir gut daran, denn mit Murren und Klagen kommen wir gar nicht weiter, – es geschieht doch, wir können es nicht ändern. Das ist der Herr.

Es ist natürlich ein Unterschied: das Schöpferische Gottes ist ja in jedem Menschen wie in jeder Kreatur; wenn sich aber das Schöpferische Gottes auf unsre einzelnen Lebensschicksale beziehen soll, daß danach unser Lebensplan geschaffen wird, so ist das etwas Besonderes, kann etwas Besonderes sein bei Menschen, die, wie es in der Bibel steht, zum Volk Gottes gehören. Da wird es immer exakter, immer dringender, da heißt es immer in unsern Herzen: »Ich muß! Jetzt kommt es so, jetzt muß ich.« Und am besten ist es, zu sagen: »Ich will! Ich will es auf mich nehmen, – es ist der Herr!«

So können viele Leute auch von dem Übel, das sie in ihrem Leben ertragen müssen und ertragen haben, sagen: »Es ist der Herr!« Und es liegt ein großer Trost darin, auch wenn wir uns oft müssen Vorwürfe machen, – denn das hört natürlich nicht auf. In das Schöpferische Gottes können wir eine Art Hindernis hineintragen oder können es befördern, und dann geht es schneller und leichter vorüber. Je mehr wir uns wehren, desto mehr Sünde tun wir, und je mehr wir es uns gefallen lassen, desto mehr kann der liebe Gott vorwärts eilen durch all unser Geschick hindurch, durch Gutes und Böses, durch alles, was wir erleben!

So ist es nun auch mit den Völkern. Jede Nation ist auch eine einzelne Persönlichkeit, eine Individualität, – da ist auch das Geschick der Völker geordnet; es kommt, wie es der Herr gemacht hat. Das Schöpferische Gottes ist in den Völkern und sie müssen das erleben, was er schöpferisch in die Völker gelegt hat. So stehen wir auch heute in einer Zeit, in welcher wir sagen können: »Es ist der Herr.« Und jeder Soldat kann sagen, wenn er ins Feld zieht: »Es ist der Herr.« Wir leben in einer Zeit, in welcher es der liebe Gott so geschickt hat. Es ist schon lange bestimmt und schon lange vorbereitet: Es muß über unser Europa eine Trübsal kommen. Ich habe es oft müssen denken in der letzten Zeit, denn eins war ja immer bedrückend: wir fühlten uns wie in eine Fäulnis hineinkommen, – lauter Feste und Lachen und Tanzen und lauter Vereinigungen auf zeitliche Sachen, lauter Parteihader. Jetzt heißt es auf einmal: »Halt! Merket auf: Es ist der Herr, der kommt!« Und es hat es auch niemand gemacht. Ich finde es läppisch, wenn man heute bloß auf Rußland die Schuld schiebt. Es ist besser man sagt: »Es ist der Herr.« Es ist kein Volk besonders schuldig, und wir können nur sagen: »Herr, du bist es! Mache es gnädig! Mache es gnädig mit den Einzelnen, mache es gnädig mit den Völkern allen! Mache es so, daß ein Vorteil dabei herauskommt!« Denn das dürfen wir ja denken: wenn schöpferisch unser Geschick sich vollzieht, so ist das Ende immer gut. Im Volk Israel war es auch so schöpferisch bestimmt; das mußte durch die größten Trübsale gehen, – am Ende mußte es gut sein. Die Gerichte Gottes – wie wir es nun auch nennen können – sind nie bloß zum Schaden, wenn es auch äußerlich in unserm Leben oft Hemmnisse gibt; aber innerlich kann es vorwärts schreiten. Und dazu müssen auch die Geschicke dienen, denen wir unterworfen sind nach Gottes Rat.

So wollen wir also mutig und getrost sein. Wir leben in einer Zeit, da wir – Gott sei Dank! – wieder einmal sagen dürfen: Wir erleben etwas, und das ist der Herr. Wir wollen recht biblisch denken wie die Israeliten, wie ein Prophet in Israel, wenn das Unglück kam: »Es ist der Herr.« Und dabei dürfen wir wohl denken: Es ist oft auch verschuldet, lange vorher, – man kann sagen: Jahrzehntelang, vielleicht vor unsrer Geburt. Während die Friedenszeiten gewesen sind, hat es sich schon ausgeboren, und man hat schon zittern müssen, und daß etwas kommt, haben alle gespürt. Und gegen dieses: »der Herr« kann niemand etwas machen, – keine Weisheit, kein Verstand, kein Rat! Das will uns oft sauer werden. Was hat man nicht alles Anstrengungen gemacht! Man hat das Zittern in der Luft schon gespürt; dann sind Friedensbewegungen aufgekommen: »Nein, wir wollen keinen Krieg! um keinen Preis!« haben die Leute gesagt. Die große Friedensgesellschaft ist auch gut gewesen, aber genützt hat sie nichts, – kein Verstand und kein Rat! Es kommt, – es ist der Herr! Und so müssen wir es uns jetzt gefallen lassen mit rechtem Glauben, mit rechter Geduld und mit rechter Ausdauer. Denn wer weiß, wie es noch kommen kann, – es kann sehr schwer werden. Mag aber kommen was will – wir sagen: »Es ist der Herr!« und töricht sind die Menschen, die sagen: »Wie kann Gott so etwas tun?« – als ob im Geschick der Menschen Gott jemals das Übel ganz ausgeschlossen hätte, als ob Gottes Plan immer der wäre, daß wir ja recht ungerupft, recht bequem und recht satt durch dieses Leben gehen. Das ist dem Menschen gar nicht gesund, – er soll nur etwas durchmachen. Wir sollen Kämpfer sein, und Kämpfer werden wir, wenn wir das uns gefallen lassen, was in unser Leben hineinfällt.

Aber wir wollen nicht bloß bei dem großen Weltgeschichtlichen stehen bleiben, sondern wir wollen an uns selbst gehen. Geschick und Schicksal einzelner Menschen – nimm es alles von Gott, auch deine Schwachheit, auch wenn du körperlich leiden mußt und vielleicht auch geistig, wenn du schwache Nerven hast, wenn du Angst hast und einen Kampf hast schwerer als andre Menschen. Wenn es dir oft fast nicht gelingen will, Geduld zu haben, so sei doch getrost im Innersten deines Herzens; ganz tief drin sollst du immer sagen: »Ich bin Gottes, mein Geschick ist Gottes, und wenn ich zittre, so zittre ich im Namen Gottes und habe Angst im Namen Gottes; und wenn ich krank werde, so bin ich krank im Namen des Herrn, der es so bestimmt hat in meinem Leben.« Wehe uns, wenn wir murren! wehe uns, wenn wir klagen! wehe uns, wenn wir alles übelnehmen! Und das Geschwätz, das ich heute so vielfach hören muß: »Wie kann Gott so etwas tun?« – o ihr Narren! – Gott ist heilig, und das einzige hohe Gebet, das wir heute sagen müssen, ist: »Geheiligt werde dein Name! – auch im Völkerschicksal, in unsrer Geschichte! – geheiligt werde dein Name!«

Dabei bleiben wir und besinnen uns nicht lange, und so kommen wir zur Hilfe in unsrer Zeit. Unsre Zeit ist eine von Gott bewegte, vielleicht mehr als manche andre Zeit. Aber auch andre Zeiten sind hohe Zeiten gewesen, gewaltige Zeiten. Die Napoleonszeiten waren auch gewaltige Zeiten. Wer klug war, hat gesagt: »Er ist der Herr!« Wer nicht klug war, hat geschimpft, – da war Napoleon immer der Teufel. Aber die Gotteskinder sagen: »Es ist der Herr, der in unser Geschick das hinein gelegt hat, was kommt.«

So wollen wir also getrost sein und wollen auch darauf halten, daß ein Schutz mit dem geht, der als ein Soldat hinauszieht. Stirbt einer – gut! es soll auch da heißen: »Es ist der Herr, es ist Gottes Willen.« Und lebt einer, so soll er demütig sein und sagen: »Es ist der Herr, der mich wieder heimgebracht hat in mein Leben hinein, das ich auf Erden noch weiter führen soll.« So steht es mit uns und wir können froh und dankbar sein, wenn auch wieder Zeiten kommen, in denen es ein wenig ernst hergeht, und wir dürfen nicht zagen und bitter werden, – es wird gewiß zum Allerbesten ausfallen.

Quelle: Ch. Blumhardt, Eine Auswahl aus seinen Predigten, Andachten und Schriften, 4. Bd., R. Lejeune (Hg.), 1932, S. 358–361.

128. Die protestantische Predigt im ersten Weltkrieg

In der protestantischen Kriegsliteratur tritt die enge Beziehung von Geschichte und Offenbarung, von Religion und Patriotismus in Erscheinung, die die Theologie des 19. Jahrhunderts weithin bestimmt hat. Aber nach den enthusiastischen Anfängen des Krieges treten auf die Dauer religiöse Erschöpfung, Leidenserfahrungen, Durchhalteparolen wie Kriegsmüdigkeit an den Tag. Der liberale »Gott der Liebe« wird vielen unglaubwürdig. Das Gericht Gottes, sein Zorn, seine Verborgenheit in diesem Wüten werden bedacht. Der oftmals zitierte Hurra-Patriotismus der Kriegspredigten ist von politischen und theologischen Positionen abhängig und zeigt die Spannung zwischen Wahrheitsringen und Parteilichkeit. Wir zitieren eine abgewogene Predigtanleitung von *Friedrich Niebergall* (1866–1932) aus einer Kriegsagende als Äußerung eines Liberalen.

Die Kriegspredigt als eine Kasualpredigt verlangt, daß der Krieg, diese Erscheinung des gegenwärtigen Weltverlaufs, mit dem christlichen Denken und Leben in Verbindung gebracht werde. Dabei soll einmal alles, was an Licht und Kraft im Glauben liegt, aufgeboten werden, um die Tatsache des Krieges zu bewältigen; dann aber soll auch der Krieg fruchtbar gemacht werden, um das religiöse und sittliche Leben der Gläubigen zu fördern. Dazu ist es nicht nötig, daß immer der Krieg, dieses aus der Erfahrung stammende Glied der anzubahnenden Verbindung, behandelt oder auch nur erwähnt werde; man kann auch für den Krieg predigen, indem man nicht über den Krieg predigt, zumal wenn der Krieg sich länger hinzieht, als die erste Spannung der Aufmerksamkeit anhält. Dann kann man aber, da in der Predigt die Verkündigung von Gott die Hauptsache ist, diese Verkündigung so gestalten, daß sie eben auf jenes Ziel, die Bewältigung des Krieges, hinzielt; es bleibt dann den Hörern überlassen, selbst die Beziehung auf den Krieg herzustellen, was für viele eine erfrischende Abwechslung und heilsame Anregung zur eignen Arbeit bedeutet. Dabei kann es sich natürlich nur um die großen Hauptwahrheiten unsres Glaubens handeln: Vertrauen auf Gott, Schärfung des Gewissens, Gemeinschaft unter einander und vor allem das immer mehr sich vertiefende Einzelgebet zu Gott . . .
Es ist falsch, immer von dem Krieg auszugehn. Man muß vielmehr ausgehen von dem *Vaterland,* für das er geführt wird. Es rächt sich die Vernachlässigung der Sozialethik durch unsre Theologen, wenn sie mit dem sittlichen Gut des Vaterlandes und des Staates so wenig anzufangen wissen. Zwischen dem Einzelnen und der Menschheit, zwischen dem Einzelteil und dem Reiche Gottes steht das sittliche Gut des Vaterlandes, teils Arbeitsgebiet für den tätigen Glauben, teils Halt und Glück für den auf das Höchste gerichteten Sinn; es ist ein Gut, das weder Welt noch Himmel, sondern ein Mittelding ist: niedriger als das Reich Gottes, aber höher als ein Haufe von Menschen und von Dingen. Nicht nur ein Mittelding ist es zwischen Welt und Reich Gottes, sondern auch der Weg von dem einen zum andern. – Setzt so der Glaube der Reformation das Vaterland in das rechte Licht, so sind damit die zur Rechten und die zur Linken abgewiesen, die entweder nur das Seelenheil und das Reich Gottes oder das ohne jede Rücksicht auf höhere sittliche Güter und Ideale zu fördernde All-Deutschland kennen. Zugleich fällt aber damit auch auf den *Krieg* das rechte Licht. Er ist zunächst ganz einfach *Pflicht;* denn Güter müssen verteidigt werden, und der Krieg ist eine Bedrohung eines Gutes, für das wir vor Gott verantwortlich sind. Dann ist der Krieg auch ein *Gericht:* er macht offenbar, wie weit einem Volk sein Vaterland ein sittliches Gut bedeutet. Grade die enge Verbindung zwischen dem Gut der Gemeinschaft, zumal dem der Volksgemeinschaft, und dem Guten, eine Verbindung, die sich geschichtlich und systematisch sehr genau erkennen läßt, bringt im Gerichtsfeuer des Krieges an den Tag, ob ein Volk seine Grundmauern mit Stoppeln oder mit festen Steinen gebaut hat. So vollzieht sich in dem Kriege, der alle Tiefen bloßlegt, das Weltgericht der Weltgeschichte in zusammengefaßter Gestalt. Er ist ein Dies irae für jedes Volk, das nicht dem Weltgesetz von der erhaltenden Macht der innern Wahrheit, des Idealismus und der Gemeinschaft gehorcht hat. Der Krieg läßt sein Schwert durch die Seele des Volkes dringen, daß vieler Herzen Gedanken offenbar werden; neben all dem Heroismus, den er erweckt, darf man auch die Flut von Bestialität nicht vergessen, die alle optimistische Kulturseligkeit Lügen straft und den schlimmsten Annahmen von der Verderbtheit der menschlichen Natur Recht gibt. Endlich ist der Krieg, abgesehen von dieser ethischen Bedeutung, einfach eine *Heimsuchung,*

und zwar eine furchtbare Massenheimsuchung, die alle qualvollen Rätsel der Welt zusammenfaßt und unermüdlich bohrende Fragen aufwirft . . .
Zunächst kommt es natürlich darauf an, für das *Ziel* des Krieges, die Erhaltung und Stärkung jenes sittlichen Gutes, des Vaterlandes, alles herauszuholen, was im christlichen Leben dafür an Mitteln enthalten ist. Dazu gehört vor allem der Glaube in dem eng umgrenzten Sinn, daß die Hingabe an ein Gut, das über unserm Eigenwohl steht, und das Vertrauen auf den Willen, der dies wie alle wahren Güter in seiner Hand hält, ebenso unsre Hand stark macht, wie sie durch niedrigen Sinn oder Verzagtheit geschwächt wird. Hat die erste Zeit des Krieges reichlich Begeisterung entbunden, so muß jetzt der zähe, nachhaltige, treue Glaube bei leichtgesinnten und schwermütigen Leuten herangezogen werden. Die Macht des Gebets ist aller Übertreibung und allem Unglauben gegenüber immer wieder dahin zu bestimmen, daß es sich auf die Erlangung von Kräften der Geduld, der Hingebung und des Vertrauens richten soll; wie wir es überhaupt in allen ähnlichen Fällen den Propheten ablernen sollen, immer religiöse und sittliche Kräfte zwischen dem Gott der Hilfe und dem Wohl unsres Landes einzuschieben, statt irgend einen Wunderzauber von dem allmächtigen Gott zu erwarten. Dieselben sagen uns auch, wie wichtig die Gemeinschaft zwischen den Volksgenossen, wie wichtig besonders die Überbrückung sozialer Klüfte für die Erhaltung des Ganzen ist; daß solche soziale Betätigung nicht bloß Angsterzeugnis sein darf, wie Befreiung der Sklaven in Jerusalem, Jeremia 34, versteht sich von selbst. Alle Beweggründe für das Opfer jeder Art müssen immer wieder ins Feld geführt werden; Abrahams Opferbereitschaft zur Hingabe des einzigen Sohnes, den er lieb hatte, Jesu Todesgang, des Apostels Hingebung für sein Volk, – das sind alles Bilder, die uns nicht zu heilig sein dürfen, um sie jetzt in dieser großen Not wirksam zu machen . . .
Zunächst das neue Licht, das auf *Gott* fällt, wenn der Krieg als ein Stück der nun einmal gegebenen Wirklichkeit auch zu einer Offenbarung Gottes wird, der nicht nur in Urkunden, sondern im Weltgeschehen spricht. Von ihm aus fällt ein Licht auf die furchtbare Seite an Gott, die unser im Gegensatz zum Juden- und Heidentum weich gewordener Gottesbegriff so gern übersieht. Gott, der im Sturm und Wetter Welten zerbricht, um neue aufzubauen, Gott, der schweigend zusehen kann, wie der Schnitter Tod nicht mehr mit der Sense, sondern mit der Mähmaschine Menschenmassen niedermäht, Gott, der unendliche Güter und Werte zerstampfen läßt, ohne Einhalt zu gebieten – es ist der furchtbare, gewaltige Gott, der sich in seiner ganzen alttestamentlichen Herrlichkeit und Erhabenheit offenbart. Dann ist es der große erhabene Gott, der sich hoch über den Götzen erhebt, den die Menschen aus ihm gemacht haben: über den bequemen Privat- und Hausgott, über den Landes- und Rassengott, auch über den Rachegott, der in unsern Diensten steht . . .
Dabei müssen wir darauf rechnen, daß sich die Ureindrücke, die aller Religion zugrunde liegen, selbständig und mächtig unter den Fittichen des Krieges geregt haben, wie sie sicher immer unter ihnen erwacht sind. Der erste dieser Ureindrücke ist der der Unsicherheit. Alle Sicherungen unseres rational eingerichteten Lebens brechen, das chronische Gefühl der Unsicherheit wird akut, das Unbewußte wird klarer. Die Kugeln gehen einen ganz unberechenbaren Weg, der Krieg kann sich ganz anders wenden. Man kann sicher sein, in diesen Monaten werden Höllen von Ungewißheit ausgestanden. Viele helfen sich fatalistisch, manche frivol, manche stumpfen sich gewaltsam ab. Andere freilich sind, wie nach glaubhaften Zeugnis-

sen vieler Soldaten, die im Schützengraben neben dem Gewehr das Gebetbuch haben, für die Aufhebung jener Unsicherheit durch entschlossenes Vertrauen auf einen mächtigen Willen als einzige Lösung jener furchtbaren Spannung dankbar. Daß der Gott, auf den man sich stützt, einerlei wie es kommt, hinter dem furchtbaren Gott steht, wird diesen wie jenen unter unsern Hörern willkommen sein . . .
Die letzte Urempfindung ist die von der *Minderwertigkeit des ganzen Weltwesens* überhaupt, die das furchtbare Leid und das alles umstürzende Spiel des Krieges in jedem tiefern Gemüt entstehen lassen. Nicht immer geht das von selbst die Bahn zu einem hoffnungsfrohen Blick auf eine andre Welt; aber ihn anzubieten, dazu ist es sicher jetzt in dieser Zeit des allgemeinen Kurssturzes der Werte die beste Zeit. So heben sich aus all unsrer religiösen Überlieferung die großen, gewaltigen Grundgedanken heraus, die zum Teil selbst in kriegerischen Zeiten entstanden sind: *Vertrauen auf den großen Gott, Sinn für das Ganze und für das Hohe, Blick auf das Ewige . . .*

Quelle: K. Arper, A. Zilleßen (Hg.), Agende für Kriegszeiten, 1914 = PThHB.S. 3, S. 127ff. – *Literatur:* W. Pressel, Die Kriegspredigt 1914–1918 in der evangelischen Kirche Deutschlands = APTh 5, 1967; G. Brakelmann, Der deutsche Protestantismus im Epochenjahr 1917 = Politik und Kirche 1, 1974; M. Greschat, Der deutsche Protestantismus im Revolutionsjahr 1918/19 = Politik und Kirche 2, 1974; K. Hammer, Deutsche Kriegstheologie 1870–1918, dtv 4151, 1974; H. Misalla, »Gott mit uns« – Die deutsche katholische Kriegspredigt 1914–1918, 1968; J. Kocka, Klassengesellschaft im Krieg. Deutsche Sozialgeschichte 1914–1918, 1973.

129. Aufruf der Kirchenkonferenz der Neutralen, Uppsala 1917

Auf Initiative des Erzbischofs von Uppsala und Primas der schwedischen Kirche Nathan Söderblom trafen sich im Dezember 1917 Vertreter der protestantischen Kirchen der neutralen Länder Dänemark, Norwegen, Holland, Schweiz und Schweden. Sowohl die in Uppsala beschlossene Vorbereitung einer auch die Kirchen der Kriegsländer einschließenden weiteren Tagung wie die gemeinsame sozialethische Programmerklärung machen deutlich, wie hier die ersten Schritte auf dem Weg der werdenden ökumenischen Bewegung getan wurden.

Wenn unser christliches Glaubensbekenntnis von einer heiligen allgemeinen Kirche redet, so erinnert es uns an die tiefere Einheit, die alle Christen trotz nationaler und konfessioneller Verschiedenheit in Christus und dem Werke seines Geistes besitzen. Ohne Undank oder Untreue gegen die besonderen Gaben christlicher Erfahrung oder Anschauung, welche jede Gemeinschaft von dem Gott der Geschichte erhalten hat, muß diese Einheit, die am tiefsten in Christi Kreuz zu finden ist, besser als bisher im Leben und in der Verkündigung verwirklicht werden.
Die große Aufgabe der christlichen Gemeinde, das Salz der Erde und das Licht der Welt zu sein, kann und muß die evangelische Kirche nur auf geistliche Weise durch ihre Verkündigung und ihr Leben lösen. Die Kirche soll das wache Gewissen des Volkes und der Völker sein. Zusammen mit den Christen in allen kriegführenden Ländern fühlen wir tief den Gegensatz zwischen dem Krieg und dem Geiste Christi und wollen aufgrund dessen einige Hauptpunkte inbezug auf das Verhalten der Christen im Gemeinschaftsleben hervorheben.

1. Die Kirche, die leider nicht selten mehr das Scheidende als das Vereinigende betont hat, muß das Ideal der christlichen Bruderschaft zur Geltung bringen, das Gewissen gegenüber der Selbstsucht wecken und schärfen und mit ganzer Kraft an der Arbeit teilnehmen, Kriegsursachen zu beseitigen, mögen diese sozialer, ökonomischer oder politischer Natur sein.
2. Die Christen müssen ihre Mitverantwortung an der allgemeinen Meinung fühlen und im öffentlichen, nationalen und internationalen Leben der Wahrheit und der Liebe dienen und sich bemühen, die Voraussetzungen für das Recht anderer, zu denken, zu reden und zu handeln, zu verstehen.
3. Die Kirche soll die Völker zu einem immer höheren Grade der Selbstbestimmung erziehen.
4. Die Kirche muß für Einvernehmen zwischen den Völkern und für die Entscheidung von internationalen Zwistigkeiten durch Vermittlung und Schiedsgericht arbeiten.

Nach der Anschauung des Christentums sind das Bewußtsein von Recht und Unrecht und die daraus hervorgewachsenen Gesetze und Staatsordnungen Gottes Gaben an den Menschen. Das Evangelium setzt für seine Wirksamkeit wenigstens eine elementare Staatsordnung voraus. Jede sich vorfindende Rechtsform ist unvollkommen und bedarf der Vervollkommnung nach dem Maße der Entwicklung des sittlichen Bewußtseins.

Die Kirche hat aufgrund dessen im Namen Christi die Heiligkeit des Rechts hochzuhalten und seine weitere Entwicklung zu fördern. Sie muß das zunächst mit aller Kraft innerhalb des eigenen Landes tun, aber es ist auch eine unabweisliche Pflicht, nach Vermögen die Arbeit an dem internationalen Ausbau des Rechtes zu unterstützen. Sie muß daher jede Verherrlichung von Gewalt und Macht auf Kosten des Rechtes bekämpfen und betonen, daß auch die Handlungen der Völker und Staaten ethischen Grundsätzen unterworfen sind, ebenso wie die des einzelnen Menschen, und daß ihr Zusammenleben auf den Grundsätzen der Wahrheit, der Gerechtigkeit und der Liebe gegründet sein muß. Was die Kirche hierin gefehlt hat, muß sie demütig anerkennen und mit aller Kraft gut machen. Der Wert der Rechtsformen sowohl innerhalb eines Volkes wie zwischen den Völkern ist insofern begrenzt, als sie stets, um wirksam zu sein, von innerer heiliger Überzeugung getragen sein müssen. Eine solche Sinnesart christlicher Bruderliebe, Selbstzucht und gegenseitiger Gerechtigkeit hervorzubringen und zu pflegen, ist die vornehmste Pflicht der Kirche auf diesem Gebiete.

Quelle: »Die Eiche«, 1919, S. 181ff., wieder abgedruckt in: F. Siegmund-Schultze (Hg.), Nathan Söderblom, Briefe und Botschaften, 1966, S. 140–142. – *Literatur:* R. Rouse/St. Neill, Geschichte der ökumenischen Bewegungen 1517–1948, Bd. II, 1958, S. 133ff.

130. Kirche und Staat nach der Oktoberrevolution in Rußland 1917

Die Oktoberrevolution 1917 bringt in Rußland die Bolschewiki an die Macht, die durch eine Reihe von Erlassen im Dezember 1917 und im Januar 1918 die bestehenden Beziehungen zwischen der orthodoxen Kirche und dem Staat lösen (Konfiskation des kirchlichen Grundbesitzes, Trennung von Kirche und Staat, Zivilehe, Einstellung der Staatszuschüsse). Die *Verordnung des Rates der Volkskommissare vom 23. Januar 1918* erklärt darüber hinaus das Eigentum der Kirche zu Volkseigentum und gesteht der Kirche und den Gemeinden ein beschränktes Nutzungsrecht zu. Sie wird die Rechtsgrundlage für die Religions- und Verfolgungspolitik bis zum »Gesetz betreffend die Religion« vom 8. April 1929.

a) Über die Trennung der Kirche vom Staat und der Schule von der Kirche. Dekret des Rates der Volkskommissare vom 23. Januar 1918

1. Die Kirche wird vom Staat getrennt.
2. In den Grenzen der Republik ist es verboten, irgendwelche örtlichen Gesetze oder Bestimmungen zu erlassen, die die Gewissensfreiheit beschränken und begrenzen oder irgendwelche Vorrechte oder Privilegien aufgrund der konfessionellen Zugehörigkeit der Bürger festsetzen.
3. Jeder Bürger kann eine beliebige Religion bekennen oder gar keine Religion bekennen. Alle Rechtsverluste, die mit dem Bekenntnis irgend eines Glaubens oder mit dem Nichtbekennen eines Glaubens zusammenhängen, werden aufgehoben. Anmerkung: Aus allen amtlichen Akten wird jeglicher Hinweis auf die religiöse Zugehörigkeit und Nichtzugehörigkeit der Bürger entfernt.
4. Handlungen staatlicher und anderer gesellschaftlicher Einrichtungen des öffentlichen Rechtes werden nicht mit religiösen Riten und Zeremonien verbunden.
5. Die freie Ausübung religiöser Riten wird in dem Maße sichergestellt, in dem sie die öffentliche Ordnung nicht stören und nicht Eingriffe in die Rechte der Bürger der Sowjetrepublik zur Folge haben.
Die örtlichen Behörden haben das Recht, alle notwendigen Maßnahmen zu ergreifen, um die öffentliche Ordnung und Sicherheit zu gewährleisten.
6. Niemand darf sich unter Berufung auf seine religiösen Anschauungen der Erfüllung seiner bürgerlichen Pflichten entziehen. Ausnahmen von dieser Bestimmung können im einzelnen Falle durch Entscheidung des Volksgerichts mit der Maßgabe zugelassen werden, daß anstelle der einen bürgerlichen Pflicht eine andere auferlegt wird.
7. Religiöser Schwur oder Eid wird abgeschafft. In notwendigen Fällen wird nur ein feierliches Versprechen abgegeben.
8. Zivilstandsregister werden ausschließlich von zivilen Behörden geführt: durch die Abteilungen für Eheschließungen und Geburten.
9. Die Schule wird von der Kirche getrennt.
In allen staatlichen und öffentlichen, aber ebenso auch in privaten Lehranstalten, in denen allgemeinbildende Fächer unterrichtet werden, wird der Unterricht in religiösen Glaubenslehren nicht zugelassen. Die Bürger können auf private Weise Religion lehren und lernen.
10. Alle kirchlichen und religiösen Gesellschaften werden den allgemeinen Bestimmungen über private Gesellschaften und Verbände unterworfen und genießen keinerlei Vorrechte und Zuwendungen, weder vom Staat noch von örtlichen autonomen und sich selbst verwaltenden Einrichtungen.
11. Zwangsbetreibung von Steuern und Veranlagung zugunsten kirchlicher und religiöser Gesellschaften sowie Zwangsmaßnahmen und Bestrafungen von seiten dieser Gesellschaften gegenüber ihren Mitgliedern werden nicht zugelassen.
12. Keine kirchlichen und religiösen Gesellschaften haben das Recht, Eigentum zu besitzen. Sie haben nicht die Rechte einer juristischen Person.
13. Das gesamte Vermögen der in Rußland bestehenden kirchlichen und religiösen Gesellschaften wird zum Volkseigentum erklärt. Gebäude und Gegenstände, die speziell für gottesdienstliche Zwecke vorgesehen sind, werden nach besonde-

ren Bestimmungen der örtlichen oder zentralen staatlichen Behörden zur kostenlosen Benutzung den entsprechenden religiösen Gesellschaften übergeben.
Der Vorsitzende des Rates der Volkskommissare:
V. Ul'jánov (Lénin)
(weitere Unterschriften)

b) Religionspolitisches Programm der Bolschewiki (1919)

Das Parteiprogramm der Russischen Kommunistischen Partei (Bolschewiki), angenommen auf dem VIII. Parteikongreß im März 1919, formuliert in Punkt 13 Ziele und Methoden der bolschewistischen Religionspolitik.

Die Russische Kommunistische Partei begnügt sich in Bezug auf die Religion nicht mit der schon dekretierten Trennung der Kirche vom Staat und der Schule von der Kirche, d.h. mit den Maßnahmen, die die bürgerliche Demokratie in ihren Programmen herausstellt, aber nirgends in der Welt zu Ende führt, weil das Kapital durch mannigfache Bindungen mit der religiösen Propaganda verbunden ist. Die Russische Kommunistische Partei läßt sich von der Überzeugung leiten, daß nur die Verwirklichung der Planmäßigkeit und Bewußtheit in der ganzen gesellschaftlich-wirtschaftlichen Betätigung der Massen das volle Absterben der religiösen Vorurteile zur Folge haben wird. Die Partei strebt danach, die Verbindung zwischen den ausbeuterischen Klassen und der Organisation der religiösen Propaganda völlig zu zerstören. Sie wirkt bei der Befreiung der arbeitenden Massen von religiösen Vorurteilen mit und organisiert eine breite wissenschaftlich-aufklärende und antireligiöse Propaganda. Dabei ist es notwendig, sorgfältig zu verhüten, daß die Gefühle der Gläubigen gekränkt werden, was nur zur Festigung des religiösen Fanatismus führt.

Quelle: R. Stupperich (Hg.), Kirche und Staat in der Sowjetunion. Gesetze und Verordnungen = SFOK 1, 1962, S. 5f.12. – *Literatur:* R. Stupperich, Die Auseinandersetzung zwischen Staat und Kirche im Revolutionsjahr 1917, in: Die Russischen Revolutionen von 1917, 1969, S.30ff. = Schriften der Arbeitsgemeinschaft für Osteuropa-Forschung der Universität Münster; J. S. Curtiss, Die Kirche in der Sowjetunion (1917–1956), 1957; K. Hutten, Christen hinter dem Eisernen Vorhang, 2 Bde, 1962/63; L. Struve, Die Christen in der UdSSR, 1965, S. 25ff.; R. Kohn (Hg.), Die Russische Revolution in Augenzeugenberichten = dtv 1289, 1977; G. Barberini/M. Stöhr/E. Weingärtner (Hg.), Kirchen im Sozialismus. Kirche und Staat in den osteuropäischen sozialistischen Republiken, 1977.

131. Konservative Stimmen aus der evangelischen Kirche zum verlorenen Krieg und zur Revolution 1918

Durch die Niederlage im 1. Weltkrieg und den Sturz der Monarchie wurde die protestantische Staatskirche in der Wurzel getroffen. Der Wille zur Selbstbesinnung und die Aufforderung zur Buße fehlten nicht. Die beschworenen Kräfte des Evangeliums jedoch, von denen man allein eine gesunde politische Zukunft erwarten zu können glaubte, bezogen sich mehr auf eine Wiederherstellung des alten Reiches als auf eine gesunde Entwicklung der jungen Republik.

a) Aufruf des Berliner Evangelischen Oberkirchenrates November 1918

Wir haben den Weltkrieg verloren. Unerhört grausamste Waffenstillstandsbedingungen der übermütigen Feinde haben wir annehmen müssen. Kaiser und Reich, wie es in einer Geschichte ohnegleichen uns teuer und wert geworden war, ist dahin. Es ist uns nichts von Bitterkeit und Demütigung erspart worden. Unsere Herzen sind wie erstarrt und zerrissen in namenloser Trauer, in bängsten Sorgen. Armut, Elend, Hunger und Verachtung droht unser und unserer Kinder Los in der Welt zu werden. In dieser furchtbarsten Zeit deutscher Geschichte wenden wir uns an alle Glieder unserer evangelischen Gemeinden mit der Bitte: Laßt uns im ungeheuren Ernst der Stunde die Schwere der Verantwortung, die Größe der Aufgabe erfassen.

Wo ist Rettung und Hilfe in dem furchtbaren Leid, das über uns zusammenschlägt, wo nehmen wir Kraft und Mut her, das unsagbare Elend zu ertragen? Deutschland ist nicht verloren, und das Evangelium ist nicht gebunden. Das Reich Jesu Christi trägt die erhaltenden und rettenden Kräfte für das Leben unseres Volkes in sich, und seine Bürger sind verpflichtet und bereit, im irdischen Vaterland zu dienen und jetzt da mitzuarbeiten, wo es gilt, die bestehende Ordnung zu stützen, neuen Aufgaben gerecht zu werden. So will unsere evangelische Kirche als Volkskirche mitten im Leben der Jetztzeit stehen, auch wenn äußere Stützen hinfallen sollten. Sie ist und bleibt eine Macht, der unser Volk zuversichtlich vertrauen kann; denn sie steht auf ewigem Grunde. Darum, evangelische Christen, die innere Zwietracht hat uns verderbt, so schließt die Reihen. Sammelt euch in den Kirchen und im ganzen Leben als ein Volk des Herrn mit freudigem Zeugnis des ewigen Worts, als eine Schar von Betern, die nicht abläßt Tag und Nacht und der Erhörung ihres Gebets gewiß ist, als ein Heer von Streitern, als eine Gemeinschaft, die unermüdlich in der Nachfolge Jesu wirkt, in der Liebe, die sanftmütig und demütig dient und das Leben einsetzt. In diesen Tagen, in denen die Welt ein Chaos ist, muß unser deutsches Volk eine Christengemeinde sehen, die nicht flieht, sondern glaubt, die nicht klagt, sondern aufrecht steht, die nicht verzweifelt, sondern hofft.

Wir halten Landes-Buß- und Bettag. Wir wollen uns beugen unter die eigene Schuld und unter unseres Volkes Schuld an dem über uns verhängten Leid, damit Gott uns erhöhen kann. Nur den Demütigen gibt er Gnade. Wir wollen aber auch im Glauben neu den Herrn ergreifen, der allein den wahren Frieden und die rechte Freiheit bringt und den Seinigen verheißt, daß kein Haar von ihrem Haupte fallen kann ohne den Vater.

Am Totensonntag werden Ungezählte in bittrem Weh, daß ihre Toten nun umsonst gefallen sein könnten, sich in den Kirchen sammeln. Wir wollen ihnen den vollen Trost des ewigen Lebens bringen und ihnen den Glauben stärken, daß die heiligen Opfer mitwirken zur Auferstehung unseres Volkes.

Wir gehen der sonst so lichten und nun so dunklen Advents- und Weihnachtszeit entgegen. Viele in unserem Volk werden in der großen Gefahr sein, alle Hoffnungen fürs Vaterland zu begraben. Hoffnungslosigkeit ist der Tod. Wir wollen den Trost ergreifen, daß der Herr, der durch Tod zum Leben gegangen ist, immer im Kommen ist. Sein Weg ist auch in dunklen Wassern dieser Zeit. Jede Epoche der Weltgeschichte soll auch eine Epoche in der Geschichte seines Reiches sein. Er lebt und herrscht, er wird siegen. Er läßt seine Sache nicht im Stich! Das Reich muß uns doch bleiben!

Quelle: M. Greschat, Der deutsche Protestantismus im Revolutionsjahr 1918–19, Politik und Kirche 2, 1974, S. 26f.

b) Antwort auf Versailles. Ansprache der Generalsuperintendenten der altpreußischen Provinzen

In der Stunde tiefster Demütigung unseres Volkes wenden wir uns an die evangelischen Gemeinden unserer Landeskirche mit einer dreifachen Bitte!
Die erste: Das Deutsche Reich und seine Herrlichkeit ist zerbrochen, eine Zeit des Druckes und der Ohnmacht steht uns bevor. Aber unerschüttert bleibt das Reich unseres Gottes. Sein Fuß ist auch in den großen Wassern. Darum laßt uns festhalten an dem Glauben, der die Welt überwindet, an dem lebendigen Gott und dem, den er gesandt hat, Jesus Christus!
Und wenn wir wehrlos uns den grausamen und unerhörten Bedingungen unserer Gegner unterwerfen müssen – unmöglich ist es, das letzte und einzige, was uns bleibt, preiszugeben, unsere Ehre und unser Gewissen.
Jeder Gedanke an die Auslieferung unseres Kaisers, der fast dreißig Jahre seinem Volke den Frieden erhalten hat, nebst seinen Feldherren und Staatsmännern, die ihn nach bestem Wissen beraten haben, ist eine Qual, die kein deutsches Herz ertragen kann; wir empfinden sie als tiefe Schmach, die uns mit Treubruch und Ehrlosigkeit belasten will.
Das Verlangen, uns als die einzig Schuldigen am Kriege zu bekennen, legt uns eine Lüge in den Mund, die schamlos unser Gewissen verletzt. Als evangelische Christen erheben wir vor Gott und Menschen feierlich heiligen Protest gegen den Versuch, unserer Nation dieses Brandmal aufzudrücken. Wie man auch urteilen mag, über einzelne Handlungen der Regierung unseres Kaisers: fest steht die Reinheit seines Wollens, die Makellosigkeit seines Wandels, der Ernst seines persönlichen Christentums und seines darin tief begründeten Verantwortlichkeitsgefühls. Mit äußeren Mitteln vermögen wir ihn nicht zu schützen, aber hier unsere Bitte: im Einklang mit Millionen deutscher Männer und Frauen rufen wir unsere Gemeinden auf, in dieser Not den Kaiser und seine schwerkranke in den Werken christlicher Barmherzigkeit vorbildlich bewährte Gemahlin nebst unseren deutschen Führern und Helden mit dem Wall unserer Fürbitten zu umgeben. Die Menschen haben uns verlassen, aber der Schrei unserer Klage vor Gott vermag sich als eine Großmacht zu erweisen, die stärker ist als die Bosheit der Welt.
Die dritte Bitte. Laßt uns nicht müde werden, solange Gott uns das Leben schenkt, furchtlos unsere Pflicht zu tun, die Not zu lindern, die Hoffnung zu stärken und Liebe zu üben. Unseres Glaubens Herzstück ist unser Herr Jesus Christus, der uns erlöst hat. Laßt uns in seiner Nachfolge als seine Jünger uns bewähren in seiner Kraft auch das Vaterland bauen. In diesem Gelübde bleiben wir auch mit den in Gefahr der Abtrennung stehenden Teilen unserer evangelischen Landeskirche für immer verbunden.
Über alle Hoffnungslosigkeit erhebt sich das Dennoch des Glaubens. Wir haben einen starken Gott, einen lebendigen Heiland, ein unbewegliches Reich, dem der Sieg gehört. Rüsten wir uns mit Waffen des Glaubens und des Gebets, daß wir mit zu den Siegern gehören!

Quelle: KJ 1919, S. 349f. – *Literatur:* G. Mehnert, Evangelische Kirche und Politik 1917–1919. Die politischen Strömungen im deutschen Protestantismus von der Julikrise 1917 bis zum Herbst 1919, Beiträge zur Geschichte des Parlamentarismus und der politischen Parteien 16, 1959, S.93–115; K. Scholder, Die Kirchen und das Dritte Reich Bd. I, Vorgeschichte und Zeit der Illusionen 1918–1934, 1977, S. 3–25.

132. Die Volkskirchenbewegung (1918)

Als positive Antwort auf die Revolution von 1918 entstand die Volkskirchenbewegung, der sich auch der Herausgeber der sozial-liberalen Zeitschrift »Christliche Welt«, Martin Rade, anschloß. Über seine Vorschläge wurde niemals beschlossen; sie sollten eine Diskussion unter fortschrittlichen Kreisen über eine Neugestaltung der evangelischen Kirche in Deutschland auslösen. Auch eine religiös-soziale Gruppe, die später als Schlüchterner bzw. Neuwerk-Kreis bekannt wurde, erließ einen Aufruf.

a) Martin Rade: Vorschläge für die Volkskirchenräte, 1918

1. Grundlinien

Wir vertreten für die Zukunft des deutschen Protestantismus folgende Gedanken und Forderungen:

1. Die evangelische Kirche ist unabhängig von jeder Staatsform. Ihr Verhältnis zu dem gegebenen Staat kann nur das des gegenseitigen Dienens sein.
2. »Trennung von Kirche und Staat« – ja. Aber wir fordern eine anständig bemessene Übergangsfrist und für uns Kirchenchristen das Mitbestimmungsrecht bei Neuordnung der Verhältnisse: eine deutsche Kirchenversammlung!
3. Die evangelische Kirche gründet sich auf die religiöse Gleichberechtigung aller ihrer Glieder (allgemeines Priestertum auch der Laien).
4. Sie ist herausgeboren aus der Geschichte unsers Volks und pflanzt sich fort durch Erziehung von Geschlecht zu Geschlecht.
5. Indem sie von jetzt an ihre Geschicke selbst in die Hand nimmt, schafft sie sich ihre Organe (Presbyterien, Synoden, Behörden, Pfarrer) durch freie Wahl.
6. Die konfessionellen und territorialen Verschiedenheiten wird sie auch in ihrer neuen Verfassung mit Ehrfurcht und Rücksicht behandeln. Aber diese Verfassung soll für das ganze deutsche Vaterland ihre einheitliche Form finden.
7. Wir brauchen als dauernde Grundlage unsers Verfassungslebens eine einheitliche Reichssynode, die hervorgeht aus allgemeiner direkter und geheimer Wahl durch eingeschriebene Gemeindeglieder (Männer wie Frauen, mit vollendetem 20. Lebensjahr).
8. Die Gemeindekörper, innerhalb deren sich diese Wahlen vollziehen sollen, sind die bis heute bestehenden Gemeinden, gleichviel ob landeskirchlicher oder sonderkirchlicher Herkunft, im Deutschen Reich.

Wir sehen unsre besondre Aufgabe und Gabe darin, Menschen und Kreise für die Mitarbeit an dem kirchlichen Neubau zu gewinnen, die sich bisher dem christlichen Kirchen- und Gemeindeleben ferngehalten haben. 20.11.18

2. Richtlinien

1. Nichts Künstliches! Nicht um jeden Preis etwas machen wollen.
2. Ehrfurcht vor dem bisherigen Bestande der Kirche, aber kein Respekt vor ihren Mängeln und keine Schonung ihrer Versäumnisse und Sünden.
3. Für die Hinüberführung des Alten in die neue Zeit sorgt schon die vis inertiae (das Trägheitsprinzip) und eigenes Interesse. Es muß Kirchenchristen geben, die das Neue, das kommen soll, schauen, bereiten, schaffen und pflegen.
4. Unsre Besonderheit soll sein, daß wir die dem bisherigen Kirchenleben Fernerstehen⟨den⟩ unter dem Ernst der Krisis packen, sammeln, zur Mit-Arbeit gewinnen. Schranken und Hindernisse dafür müssen gefallen sein; oder noch fallen.
5. Wir werden nicht noch einmal tun, was Andre auch und besser tun. Wir wer-

den jeder Organisation, die Gleiches erstrebt, gern uns anschließen, ja uns in sie auflösen.

6. Wir werden treulich darauf aussein, mit allen Mächten und Bewegungen, die für die Zukunft der Kirche eintreten, Fühlung zu halten.

7. Keinesfalls verzichten wir auf die »Kirche«. Religion ohne Kirche ist Geist ohne Leib. Was aber die »Kirche« sei, darüber werden wir nicht müde werden, uns mit denen zu verständigen, die Religion haben.

8. Wir erstreben vor allem auch Gemeinschaft mit den Frei- und Sonderkirchlichen, um mit ihrer Hilfe eine Volkskirche zu bekommen, wie wir sie noch gar nicht gehabt haben.

9. Wir werden auch mit unsern Katholiken gern Hand in Hand gehen. Nur eben ihren Kirchenbegriff, so groß und einfach er ist – viel einfacher als der unsre – können wir nicht annehmen.

10. Wer zuwarten will, der warte. Auch wir sind den Weg der Geduld gewiesen. Aber wir können nicht jene Geduld über uns herrschen lassen, die da immer wieder gerichtet wird durch das Zu spät. 26.11.18

3. Ziellinien

1. Wir wollen eine »Freie Evangelische Volkskirche«, d.h. eine Kirche, die dem ganzen deutschen Volke dient, aber dem Staate gegenüber ihr Eigenleben führt in größtmöglicher Unabhängigkeit von Staatsgesetz und Staatsregierung.

2. Daß Rechte fallen und abgelöst werden können, wissen wir. Aber wir wollen, daß die Freie Evangelische Volkskirche die Rechtsnachfolgerin der bisherigen Landeskirchen werde.

3. Welcher Art die Einheit der Freien Evangelischen Volkskirche sein wird, muß sich aus den Verhandlungen aller Berufenen ergeben. Innerhalb ihrer Verfassung soll jedenfalls für konfessionelle, geschichtliche und völkische Mannigfaltigkeit weitester Spielraum sein.

4. Der Staat (das Staatsvolk als Ganzes) soll Verständnis beweisen für die Bedeutung und Art der Religion. Er wird dazu gezwungen durch die Parteien. Zu diesem Zweck sollen die kirchlich und religiös lebendigen Staatsbürger in den Parteien sich geltend machen.

5. Die demokratische Partei und die sozialdemokratische haben das besonders nötig. Ohne Verzug sollen die Volkskirchen-Räte (und andre Instanzen) mit aller Energie darauf hinwirken, daß Männer und Frauen durch die Parteien in die Nationalversammlung kommen, die den Anspruch des Kirchenvolks bei der Neugestaltung unsres Staatswesens rechtschaffen vertreten.

6. Religionsunterricht soll in der Schule aller Stufen verbleiben. In dem Sinn, daß Religion, insbesondere die christliche, in ihrer Kulturbedeutung auf gleicher Linie mit den andern Kulturgütern der Menschheit vollberechtigter Lehrgegenstand ist.

7. Das gilt von der Kinderschule bis zur Universität. Hier sollen die theologischen Fakultäten bleiben, als Glied eines mehr wie bisher gegliederten Lehrkörpers, Anstalten für Religions- und Christentums-Wissenschaft, das geschichtliche und philosophische Verständnis des Gegenstandes mit aller Gelehrsamkeit hütend und immer neu fördernd.

8. Die kirchliche, praktische Ausbildung ihrer Diener ist Sache der Kirche oder der Kirchen selbst. 9.12.18

Quelle: Christliche Welt 1918, Nr. 52, Sp.500f.

b) Aufruf der Werkleute Gottes (später Neuwerkkreis) 1918

Deutschland erneuert sich. Der alte grausame jesuslose Machtstaat bricht zusammen. *Christus siegt, Christus siegt,* denn es glüht die Erkenntnis auf, daß nur Gleichheit der Menschen vor Gott, Brüderlichkeit aller Volksgenossen und unbedingte Friedenspolitik gegen Macht – und Geld – und Kriegspolitik zu stehen hat. Kirche, wach auf, die neue Zeit donnert an die Tore, Christus donnert an die Tore! Jesusleute, steht auf, die Lampen nehmt, dem Bräutigam entgegen, der in der tiefen Nacht des Kriegsgrauens und des weißen Machtterrors endlich kommt, auf, ihm entgegen!

Ihr Jesusjünger alle in Stadt und Land, freie Arbeiter, Soldaten, Bauern, Lehrer, Professoren, lutherische Volksgeistliche, Propheten, Dichter, Frauen und Mädchen, die ihr ja einmal vom Zauber Jesu und seiner Bergpredigt, vom Sturme des Gottesgeistes erfaßt wurdet, was soll die neue Volkskirche als Erstes tun? Dies soll sie tun: laut ins Land rufen, daß es Jedermann hört: Wir Jesusmenschen begrüßen die neue Zeit. Wir wollen mit Euch, ihr Volksgenossen, ihr neuen Volksregierungen und Volksräte, zusammen arbeiten, schaffen, wirken, am Werke stehn. Ihr seid der Staat, gut, dann seid ihr die Ausgestaltung der Sittlichkeit. Wir Leute der Volkskirche geben euch vertiefte Sittlichkeit, Ethik statt äußerer Legalität, die Jesussittlichkeit der Bergpredigt als Grundlage, die religiöse Forderung einer herzlichen Gemeinschaft freier Persönlichkeiten, wir schaffen auch Friedensliebe, Bruderwillen, Sanftmut, Reinheit. Der Staat kann niemals religionslos sein, die Geschichte beweist es. Die Religion durchheiligt, durchgütet, durchbrüdert den Kulturstaat. Das echte Christentum verabscheut Macht- und Klassenstaat. Wir grüßen die russischen Brüder um Tolstoi, die Schweizer um Ragaz, in jedem Volk die edlen Jesusmärtyrer, die in Gefängnissen schmachten mußten, da sie den Krieg verabscheuten und Jesus nachfolgten. Unser Ruf, den wir mit dem euren mischen, in dem wir alle gleich vor Gott stehen, lautet: Wir warten eines neuen Himmels und einer neuen Erde, in denen Gerechtigkeit wohnt. Aber wer auf das Schwert sät, der muß vom Schwert das Verderben ernten.

Die Unterzeichneten gründen hiermit einen freien Volkskirchenrat, dessen ernste und liebende Stimme um Gehör bittet. Der freie Rat versammelt Laien und Geistliche, Männer und Frauen. Auf, tretet ihm bei durch Namensunterschrift und Mitarbeit, daß wir eine neue starke Volkskirche bekommen. Denn wenn wir jetzt nicht siegen, wir Freien und Frommen, wir echten Jesusleute gegen die Machtanbeter der alten Zeit, dann schwemmt das freie Volk schon morgen die alte Kirche hinweg und erniedrigt sie zu einer Sekte. Wir wollen aber eine aufrechte Freie Volkskirche, von der geistigen Mehrheit des strebenden Volkes getragen.

Jesusmenschen überall, jetzt ist die Stunde, da Christus euch aufruft: »Erlöst mich aus den Ketten der alten eingerosteten, trotz vielen Fleißes unvolkstümlichen Pastoren- und Behördenkirche, vertausendfältigt meine Kraft in einer Freien Volkskirche! Schafft eine Kirche des allgemeinen Priestertums, wie sie Luther schaute, aber nicht schuf. Ermöglicht in der Kirche das Wirken der Propheten und Geistesträger. Freie Bahn jedem Frommen in Lehre und Predigt! Freie Bahn dem Propheten!«

Der Freie Volkskirchenrat fordert sofort von der alten Kirche Folgendes: Freiheitliches Wahlsystem auf Volksherrschaftsgrundlage in allen kirchlichen Behörden und Kirchengemeinderäten, deren sofortige Neuwahl und Stellenvermehrung. Hinzuwahl von Sachverständigen und freien Beratern in weitestem Umfange. Frauenwahlrecht! Weg mit den alten Macht- und Verwaltungsbehörden, die nichts mit Jesus zu tun haben, dafür liebende und fördernde Kirchenpflegeausschüsse; statt Verwaltungssuperintendenten mit jesuswidriger Oberherrschaft dienende freigewählte liebende Kirchenpfleger und Brüderräte. Weiteste Mitarbeit und Teilnahme für die politischen Gemeindeverwaltungen. Abschaffung des Patronates. Vernünftige Neuordnung aller Pfarrbezirke. Zerschlagung großer, Zusammenlegung kleiner Bezirke. Weg mit dem Pfründenwesen. Erneuerung des Theologiestudiums: mehr praktische Erziehung zu tätiger Frömmigkeit, etwa in »Settlements«, Volkshochschulen oder Innerer Mission. Zulassung von Laiengeistlichen und Frauengeistlichen. Nutzbarmachung der ungeheuren, verborgenliegenden religiösen Tatkraft des weiblichen Geschlechts für die freie Verkündigung. Aufhebung des Pfarrerhoheitsrechtes auf die Ortskirche. Freigabe der Kirchen für gehobene Volksversammlungen geistiger Art. Gebt die Kirchen zur geistigen Benutzung dem freien Volke zurück! Schafft die Kirchen zu Volksstätten für Vorträge volkshochschulischer Art um. Sozialisierung der Amtshandlungen, Wegschaffung des Klassenwesens. Freiheitliche Neuordnung der Schule, Erneuerung des Religionsunterrichtes auf schöpferischer Grundlage, Katechismusneuschaffung. Bibelneuübertragung auf Grundlage des Lutherwerkes und der Wissenschaft. Perikopenzwang weg. Neuordnung und Freigestaltung des Gottesdienstes, Aufhebung des Agendenzwanges. Freigabe der Sakramente, insonderheit des Heiligen Abendmahles an die Laien. Einzelkelchgestattung. Die Kirche sei das Gewissen des Kulturstaates und gehe in allen modernen Lebensfragen, sie religiös gründend, voran. Einsetzung besonderer Sonntage. Ziel: Friedenssonntag, Tiersonntag, Enthaltsamkeitssonntag, Beamtensonntag usw. Einstellung von freien Fachrednern, die in jeder Kirche Freiheit zu sprechen haben. Einheitliche großzügige Durchführung bestimmter Kulturziele mit neuzeitlicher Werbekunst, mit Einstellung von Kaufleuten und Künstlern. Der Rückständigkeit in Blättchen und Erbauungskleinschriften die Fehde. Überall Ausgestaltung des reinen Jesussozialismus. Voran in Volkshochschulen, hinein in großzügige neuzeitliche Volksmission! Das Volk des Protestantismus und der Reformation will eine moderne, reformierte, nicht stecken gebliebene Kirche. Der Protestantismus erweist seine Lebenskraft in der neuen Volkskirche, die die Stunde drohend fordert, in deren Adern der neuerwachte Jesus sein Liebesfeuer gießt. Die neue Volkskirche sei so wirklich die freie Volksgemeinschaft aller Bekenner des Vaters, aller Jesusmenschen, aller Träger des heiligen Geistes.

Arbeiter, Soldaten, Bauern, Geistliche, Gelehrte, Kaufleute, Männer und Frauen, erkennt die Stunde der Geschichte: die Reformation geht heute weiter. laßt nicht das gute Werk an Gleichgültigkeit ersticken, verbreitet diesen Aufruf überall in euren Zeitungen, tretet mit Freuden für uns ein, gründet überall freie Volkskirchenräte. Ihr Kirchenmißtrauischen, Kirchenbeleidigten aber, schafft jetzt, daß euch die Kirche wieder dient, lieb wird, bereichert. Helft uns. Wenn ihr uns nicht helft, verwirft das neue Volk die alte Kirche, die dann in eine Sekte erniedrigt wird. Laßt euch die ungeheure Energiequelle einer Volkskirche nicht rauben! In uns wirkt Jesus.

Quelle: Christliche Welt 1918, Nr. 50/51, Sp.488f. – *Literatur:* J. Rathje, Die Welt des Freien Protestantismus. Ein Beitrag zur deutsch-evangelischen Geistesgeschichte. Dargestellt am Leben und Werk von Martin Rade, 1952, S. 250–275; G. Mehnert, a.o. [Nr. 131] a.O., S. 115–128; R. Breipohl, Religiöser Sozialismus und bürgerliches Geschichtsbewußtsein zur Zeit der Weimarer Republik = SDGSTh 32, 1971, S. 59–64.

133. Max Weber: Gesinnungsethik und Verantwortungsethik (1919)

Nach dem Zusammenbruch des Bismarckreiches 1918 wurde die ohne Augenmaß einseitig auf Macht vertrauende wilhelminische Politik besonders von Max Weber (1864–1920) kritisch beleuchtet. Durch seinen Vortrag »Der Nationalstaat und die Volkswirtschaftspolitik« (Gesammelte politische Schriften, S. 1–25) war er für eine deutsche Weltmachtpolitik eingetreten (Einfluß auf F. Naumann!). Der vor dem freistudentischen Bund in München 1919 gehaltene Vortrag »Politik als Beruf« konfrontiert die »Gesinnungsethik« der Bergpredigt Jesu mit den Realitäten einer auf Macht beruhenden Politik.

Wie steht es denn aber mit der wirklichen Beziehung zwischen *Ethik und Politik?* Haben sie, wie man gelegentlich gesagt hat, gar nichts miteinander zu tun? Oder ist es umgekehrt richtig, daß »dieselbe« Ethik für das politische Handeln wie für jedes andere gelte? Man hat zuweilen geglaubt, zwischen diesen beiden Behauptungen bestehe eine ausschließliche Alternative; entweder die eine oder die andere sei richtig. Aber ist es denn wahr: daß für erotische und geschäftliche, familiäre und amtliche Beziehungen, für die Beziehungen zu Ehefrau, Gemüsefrau, Sohn, Konkurrenten, Freund, Angeklagten die inhaltlich *gleichen* Gebote von irgendeiner Ethik der Welt aufgestellt werden könnten? Sollte es wirklich für die ethischen Anforderungen an die Politik so gleichgültig sein, daß diese mit einem sehr spezifischen Mittel: Macht, hinter der *Gewaltsamkeit* steht, arbeiten? Sehen wir nicht, daß die bolschewistischen und spartakistischen Ideologen, eben weil sie dieses Mittel der Politik anwenden, genau die *gleichen* Resultate herbeiführen wie irgendein militaristischer Diktator? Wodurch als eben durch die Person der Gewalthaber und ihren Dilettantismus unterscheidet sich die Herrschaft der Arbeiter- und Soldatenräte von der eines beliebigen Machthabers des alten Regimes? Wodurch die Polemik der meisten Vertreter der vermeintlich neuen Ethik selbst gegen die von ihnen kritisierten Gegner von der irgendwelcher anderer Demagogen? Durch die edle Absicht!, wird gesagt werden. Gut. Aber das Mittel ist es, wovon hier die Rede ist, und den Adel ihrer letzten Absichten nehmen die befehdeten Gegner mit voller subjektiver Ehrlichkeit ganz ebenso für sich in Anspruch. »Wer zum Schwert greift, wird durch das Schwert umkommen«, und Kampf ist überall Kampf. Also: – die Ethik der *Bergpredigt?* Mit der Bergpredigt – gemeint ist: die absolute Ethik des Evangeliums – ist es eine ernstere Sache, als die glauben, die diese Gebote heute gern zitieren. Mit ihr ist nicht zu spaßen. Von ihr gilt, was man von der Kausalität in der Wissenschaft gesagt hat: sie ist kein Fiaker, den man beliebig halten lassen kann, um nach Befinden ein- und auszusteigen. Sondern: ganz *oder* gar nicht, *das* gerade ist ihr Sinn, wenn etwas anderes als Trivialitäten herauskommen soll. Also z.B. der reiche Jüngling: »Er aber ging traurig davon, denn er hatte viele Güter.« Das evangelische Gebot ist unbedingt und eindeutig: gib her, was du hast – *alles*, schlechthin. Der Politiker wird sagen: eine sozial sinnlose Zumutung, solange es nicht für *alle* durchgesetzt wird. Also: Besteuerung, Wegsteuerung, Konfiskation, – mit einem Wort: Zwang und Ordnung gegen *alle*. Das ethische Gebot aber fragt danach *gar nicht*, das ist sein Wesen. Oder: »Halte den anderen Backen hin!« Unbedingt, ohne zu fragen, wieso es dem anderen zukommt, zu schlagen. Eine Ethik der Würdelosigkeit – außer: für einen Heiligen. Das ist es: man muß ein Heiliger sein *in allem*, zum mindesten dem Wollen nach, muß leben wie JESUS, die Apostel, der heilige FRANZ und seinesgleichen, *dann* ist diese Ethik sinnvoll und Ausdruck einer Würde. *Sonst nicht.* Denn wenn es in Konsequenz der akosmistischen Liebesethik heißt: »dem Übel nicht widerstehen mit Gewalt«, – so gilt für den Politiker umgekehrt der Satz: du *sollst* dem Übel gewaltsam widerstehen, sonst – bist du für seine Überhandnahme *verantwortlich* . . . [S. 537ff.]

. . . Wir müssen uns klarmachen, daß alles ethisch orientierte Handeln unter *zwei* voneinander grundverschiedenen, unaustragbar gegensätzlichen Maximen stehen kann: es kann »gesinnungsethisch« oder »verantwortungsethisch« orientiert sein. Nicht daß Gesinnungsethik mit Verantwortungslosigkeit und Verantwortungsethik mit Gesinnungslosigkeit identisch wäre. Davon ist natürlich keine Rede. Aber es ist ein abgrundtiefer Gegensatz, ob man unter der gesinnungsethischen Maxime handelt – religiös geredet: »Der Christ tut recht und stellt den Erfolg Gott anheim« –, *oder* unter der verantwortungsethischen: daß man für die (voraussehbaren) *Folgen* seines Handelns aufzukommen hat . . . Wenn die Folgen einer aus reiner Gesinnung fließenden Handlung üble sind, so gilt ihm nicht der Handelnde, sondern die Welt dafür verantwortlich, die Dummheit der anderen Menschen oder – der Wille des Gottes, der sie so schuf. Der Verantwortungsethiker dagegen rechnet mit eben jenen durchschnittlichen Defekten der Menschen, – er hat, wie FICHTE richtig gesagt hat, gar kein Recht, ihre Güte und Vollkommenheit vorauszusetzen, er fühlt sich nicht in der Lage, die Folgen eigenen Tuns, soweit er sie voraussehen konnte, auf andere abzuwälzen. Er wird sagen: diese Folgen werden meinem Tun zugerechnet. »Verantwortlich« fühlt sich der Gesinnungsethiker nur dafür, daß die Flamme der reinen Gesinnung, die Flamme z.B. des Protestes gegen die Ungerechtigkeit der sozialen Ordnung, nicht erlischt. Sie stets neu anzufachen, ist der Zweck seiner, vom möglichen Erfolg her beurteilt, ganz irrationalen Taten, die nur exemplarischen Wert haben können und sollen.

Aber auch damit ist das Problem noch nicht zu Ende. Keine Ethik der Welt kommt um die Tatsache herum, daß die Erreichung »guter« Zwecke in zahlreichen Fällen daran gebunden ist, daß man sittlich bedenkliche oder mindestens gefährliche Mittel und die Möglichkeit oder auch die Wahrscheinlichkeit übler Nebenerfolge mit in den Kauf nimmt, und keine Ethik der Welt kann ergeben: wann und in welchem Umfang der ethisch gute Zweck die ethisch gefährlichen Mittel und Nebenerfolge »heiligt« . . .

Hier, an diesem Problem der Heiligung der Mittel durch den Zweck, scheint nun auch die Gesinnungsethik überhaupt scheitern zu müssen. Und in der Tat hat sie logischerweise nur die Möglichkeit: *jedes* Handeln, welches sittlich gefährliche Mittel anwendet, zu *verwerfen.* Logischerweise. In der Welt der Realitäten machen wir freilich stets erneut die Erfahrung, daß der Gesinnungsethiker plötzlich umschlägt in den chiliastischen Propheten, daß z.B. diejenigen, die soeben »Liebe gegen Gewalt« gepredigt haben, im nächsten Augenblick zur Gewalt aufrufen, – zur *letzten* Gewalt, die dann den Zustand der Vernichtung *aller* Gewaltsamkeit bringen würde, – wie unsere Militärs den Soldaten bei jeder Offensive sagten: es sei die letzte, sie werde den Sieg und dann den Frieden bringen. Der Gesinnungsethiker erträgt die ethische Irrationalität der Welt nicht. Er ist kosmisch-ethischer »Rationalist«. Sie erinnern sich, jeder von Ihnen, der DOSTOJEWSKIJ kennt, der Szene mit dem Großinquisitor, wo das Problem treffend auseinandergelegt ist. Es ist nicht möglich, Gesinnungsethik und Verantwortungsethik unter einen Hut zu bringen oder ethisch zu dekretieren: welcher Zweck *welches* Mittel heiligen solle, wenn man diesem Prinzip überhaupt irgendwelche Konzessionen macht . . . [S. 539ff.]

Wahrlich: Politik wird zwar mit dem Kopf, aber ganz gewiß nicht nur mit dem Kopf gemacht. Darin haben die Gesinnungsethiker durchaus recht. Ob man aber als Gesinnungsethiker oder als Verantwortungsethiker handeln soll, und wann das eine und das andere, darüber kann man niemandem Vorschriften machen. Nur eins kann man sagen: wenn jetzt in diesen Zeiten einer, wie Sie glauben, *nicht* »sterilen« Aufgeregtheit – aber Aufgeregtheit ist eben doch und durchaus nicht immer echte Leidenschaft –, wenn da *plötzlich* die Gesinnungspolitiker massenhaft in das Kraut schießen mit der Parole: »Die Welt ist dumm und gemein, nicht ich; die Verantwortung für die Folgen trifft nicht mich, sondern die andern, in deren Dienst ich arbeite, und deren Dummheit oder Gemeinheit ich ausrotten werde«, so sage ich offen: daß ich zunächst einmal nach dem Maße des *inneren Schwergewichts* frage, das hinter dieser Gesinnungsethik steht, und den Eindruck habe: daß ich es in neun von zehn Fällen mit Windbeuteln zu tun habe, die nicht real fühlen, was sie auf sich nehmen, sondern sich an romantischen Sensationen berauschen. Das interessiert mich menschlich nicht sehr und erschüttert mich ganz und gar nicht. Während es unermeßlich erschütternd ist, wenn ein *reifer* Mensch – einerlei ob alt oder jung an Jahren –, der diese Verantwortung für die Folgen real und mit voller Seele empfindet und verantwortungsethisch handelt, an irgendeinem Punkt sagt: »Ich kann nicht anders, hier stehe ich.« Das ist etwas, was menschlich echt ist und ergreift. Denn diese Lage muß freilich für *jeden* von uns, der nicht innerlich tot ist, irgendwann eintreten *können*. Insofern sind Gesinnungsethik und Verantwortungsethik nicht absolute Gegensätze, sondern Ergänzungen, die zusammen erst den echten Menschen ausmachen, den, der den »Beruf zur Politik« haben *kann*. [S. 546f.]

Quelle: Gesammelte politische Schriften, J. Winckelmann (Hg.), 1958^{2}. – *Literatur:* K. Jaspers, Max Weber. Deutsches Wesen im politischen Denken, Forschen und Philosophieren, 1932 (1946 mit dem Untertitel: Politiker, Forscher, Philosoph).

134. Die Stellung der Kirche nach der Weimarer Verfassung (1919)

Die Revolution von 1918 beendete die Verbindung von Thron und Altar. Die Verfassung des Deutschen Reiches vom August 1919 beseitigte das Staatskirchentum und bestimmte in Anknüpfung an die Frankfurter Reichsverfassung von 1849 (s. Bd. IV/1 Nr. 88) die Stellung der Kirche in der neu gebildeten Republik. Artikel 136–139 und 141 wurden unverändert in das Grundgesetz für die Bundesrepublik Deutschland von 1949 übernommen.

Art. 10. Das Reich kann im Wege der Gesetzgebung Grundsätze aufstellen für:
1. die Rechte und Pflichten der Religionsgesellschaften;

Art. 124. Alle Deutschen haben das Recht, zu Zwecken, die den Strafgesetzen nicht zuwiderlaufen, Vereine oder Gesellschaften zu bilden. Dies Recht kann nicht durch Vorbeugungsmaßregeln beschränkt werden. Für religiöse Vereine und Gesellschaften gelten dieselben Bestimmungen.

Der Erwerb der Rechtsfähigkeit steht jedem Verein gemäß den Vorschriften des bürgerlichen Rechts frei. Er darf einem Vereine nicht aus dem Grunde versagt werden, daß er einen politischen, sozialpolitischen oder religiösen Zweck verfolgt.

Dritter Abschnitt: Religion und Religionsgesellschaften

Art. 135. Alle Bewohner des Reichs genießen volle Glaubens- und Gewissensfreiheit. Die ungestörte Religionsübung wird durch die Verfassung gewährleistet und steht unter staatlichem Schutz. Die allgemeinen Staatsgesetze bleiben hiervon unberührt.

Art. 136. Die bürgerlichen und staatsbürgerlichen Rechte und Pflichten werden durch die Ausübung der Religionsfreiheit weder bedingt noch beschränkt.

Der Genuß bürgerlicher und staatsbürgerlicher Rechte sowie die Zulassung zu öffentlichen Ämtern sind unabhängig von dem religiösen Bekenntnis.

Niemand ist verpflichtet, seine religiöse Überzeugung zu offenbaren. Die Behörden haben nur soweit das Recht, nach der Zugehörigkeit zu einer Religionsgesellschaft zu fragen, als davon Rechte und Pflichten abhängen oder eine gesetzlich angeordnete statistische Erhebung dies erfordert.

Niemand darf zu einer kirchlichen Handlung oder Feierlichkeit oder zur Teilnahme an religiösen Übungen oder zur Benutzung einer religiösen Eidesform gezwungen werden.

Art. 137. Es besteht keine Staatskirche.

Die Freiheit der Vereinigung zu Religionsgesellschaften wird gewährleistet. Der Zusammenschluß von Religionsgesellschaften innerhalb des Reichsgebiets unterliegt keinen Beschränkungen.

Jede Religionsgesellschaft ordnet und verwaltet ihre Angelegenheiten selbständig innerhalb der Schranken des für alle geltenden Gesetzes. Sie verleiht ihre Ämter ohne Mitwirkung des Staates oder der bürgerlichen Gemeinde.

Religionsgesellschaften erwerben die Rechtsfähigkeit nach den allgemeinen Vorschriften des bürgerlichen Rechts.

Die Religionsgesellschaften bleiben Körperschaften des öffentlichen Rechtes, soweit sie solche bisher waren. Anderen Religionsgesellschaften sind auf ihren Antrag gleiche Rechte zu gewähren, wenn sie durch ihre Verfassung und die Zahl ihrer Mitglieder die Gewähr der Dauer bieten. Schließen sich mehrere derartige öffentlich-rechtliche Religionsgesellschaften zu einem Verbande zusammen, so ist auch dieser Verband eine öffentlich-rechtliche Körperschaft.

Die Religionsgesellschaften, welche Körperschaften des öffentlichen Rechtes sind, sind berechtigt, auf Grund der bürgerlichen Steuerlisten nach Maßgabe der landesrechtlichen Bestimmungen Steuern zu erheben.

Den Religionsgesellschaften werden die Vereinigungen gleichgestellt, die sich die gemeinschaftliche Pflege einer Weltanschauung zur Aufgabe machen.

Soweit die Durchführung dieser Bestimmungen eine weitere Regelung erfordert, liegt diese der Landesgesetzgebung ob.

Art. 138. Die auf Gesetz, Vertrag oder besonderen Rechtstiteln beruhenden Staatsleistungen an die Religionsgesellschaften werden durch die Landesgesetzgebung abgelöst. Die Grundsätze hierfür stellt das Reich auf.

Das Eigentum und andere Rechte der Religionsgesellschaften und religiösen Vereine an ihren für Kultus-, Unterrichts- und Wohltätigkeitszwecke bestimmten Anstalten, Stiftungen und sonstigen Vermögen werden gewährleistet.

Art. 139. Der Sonntag und die staatlich anerkannten Feiertage bleiben als Tage der Arbeitsruhe und der seelischen Erhebung gesetzlich geschützt.

Art. 140. Den Angehörigen der Wehrmacht ist die nötige freie Zeit zur Erfüllung ihrer religiösen Pflichten zu gewähren.

Art. 141. Soweit das Bedürfnis nach Gottesdienst und Seelsorge im Heer, in

Krankenhäusern, Strafanstalten oder sonstigen öffentlichen Anstalten besteht, sind die Religionsgesellschaften zur Vornahme religiöser Handlungen zuzulassen, wobei jeder Zwang fernzuhalten ist.

Art. 144. Das gesamte Schulwesen steht unter der Aufsicht des Staates; er kann die Gemeinden daran beteiligen. Die Schulaufsicht wird durch hauptamtlich tätige, fachmännisch vorgebildete Beamte ausgeübt.

Art. 146. Das öffentliche Schulwesen ist organisch auszugestalten. Auf einer für alle gemeinsamen Grundschule baut sich das mittlere und höhere Schulwesen auf. Für diesen Aufbau ist die Mannigfaltigkeit der Lebensberufe, für die Aufnahme eines Kindes in eine bestimmte Schule sind seine Anlage und Neigung, nicht die wirtschaftliche und gesellschaftliche Stellung oder das Religionsbekenntnis seiner Eltern maßgebend.

Innerhalb der Gemeinden sind indes auf Antrag von Erziehungsberechtigten Volksschulen ihres Bekenntnisses oder ihrer Weltanschauung einzurichten, soweit hierdurch ein geordneter Schulbetrieb, auch im Sinne des Abs. 1, nicht beeinträchtigt wird. Der Wille der Erziehungsberechtigten ist möglichst zu berücksichtigen. Das Nähere bestimmt die Landesgesetzgebung nach den Grundsätzen eines Reichsgesetzes.

Art. 149. Der Religionsunterricht ist ordentliches Lehrfach der Schulen mit Ausnahme der bekenntnisfreien (weltlichen) Schulen. Seine Erteilung wird im Rahmen der Schulgesetzgebung geregelt. Der Religionsunterricht wird in Übereinstimmung mit den Grundsätzen der betreffenden Religionsgesellschaft unbeschadet des Aufsichtsrechts des Staates erteilt.

Die Erteilung religiösen Unterrichts und die Vornahme kirchlicher Verrichtungen bleibt der Willenserklärung der Lehrer, die Teilnahme an religiösen Unterrichtsfächern und an kirchlichen Feiern und Handlungen der Willenserklärung desjenigen überlassen, der über die religiöse Erziehung des Kindes zu bestimmen hat.

Die theologischen Fakultäten an den Hochschulen bleiben erhalten.

Art. 173. Bis zum Erlaß eines Reichsgesetzes gemäß Artikel 138 bleiben die bisherigen auf Gesetz, Vertrag oder besonderen Rechtstiteln beruhenden Staatsleistungen an die Religionsgesellschaften bestehen.

Art. 174. Bis zum Erlasse des im Artikel 146 Abs. 2 vorgesehenen Reichsgesetzes bleibt es bei der bestehenden Rechtslage. Das Gesetz hat Gebiete des Reichs, in denen eine nach Bekenntnissen nicht getrennte Schule gesetzlich besteht, besonders zu berücksichtigen.

Art. 177. Wo in den bestehenden Gesetzen die Eidesleistung unter Benutzung einer religiösen Eidesform vorgesehen ist, kann die Eidesleistung rechtswirksam auch in der Weise erfolgen, daß der Schwörende unter Weglassung der religiösen Eidesform erklärt: »ich schwöre«. Im übrigen bleibt der in den Gesetzen vorgesehene Inhalt des Eides unberührt.

Quelle: H. Liermann, Kirchen und Staat I, Veröffentlichungen des Instituts für Staatslehre und Politik e.V. Mainz, Bd. 5, 1954, S. 11–14.

135. Die Anfänge der dialektischen Theologie. Karl Barth

Gegen den besonders durch Schleiermacher, später durch A. Ritschl, A. Harnack und E. Troeltsch repräsentierten »Kulturprotestantismus« (Synthese von abendländischer Kultur und christlicher Wahrheit) wendet sich die Dialektische Theologie. Neben K. Barth waren E. Brunner, E. Thurneysen und F. Gogarten die Hauptvertreter. Die »sittliche« Autonomie des Menschen wurde in einer kopernikanischen Wende bekämpft durch die Unterwerfung des Menschen unter den radikalen Anspruch des sich in der Bibel offenbarenden Gottes, welcher als der »ganz Andere« von aller durch den Menschen geschaffenen und gelebten Religion in aller Schärfe abgehoben wurde.

a) Der Römerbrief (1919)

Von der Bergpredigtethik des Religiösen Sozialismus herkommend, wurde Barth durch seine Predigttätigkeit in der Bauern- und Arbeitergemeinde Safenwil und durch die Begegnung mit Christoph Blumhardt zur »Sache der Theologie«[1] geführt. Das paulinisch-reformatorische Thema von der Gerechtigkeit Gottes und der Ungerechtigkeit des Menschen, der durch die Treue Gottes gerettet wird, wurde bestimmend.

Die Sache
‹Kap.› 1,16–17
Denn ich schäme mich des Evangeliums nicht. Ist es doch die Kraft Gottes zur Errettung für jeden, der glaubt, für den Juden zuerst und auch für den Griechen. Denn die Gerechtigkeit Gottes offenbart sich in ihm: aus (seiner) Treue dem Glauben (der Menschen), wie geschrieben steht: Der aus Treue[2] gerecht Gemachte wird leben!

Eine Sache, die in der Welthauptstadt schüchtern *verschwiegen* werden müßte, ist das Evangelium jedenfalls *nicht*. Die Leser brauchen sich damit inmitten der Konkurrenz der Religionen und Philosophien nicht befangen und verlegen zu fühlen, Paulus wird es auch nicht tun. Es erträgt und es schlägt diese Konkurrenz. Es ist nicht *eine* Wahrheit, sondern *die* Wahrheit. Wer sie erkennt, soll sich keinen Augenblick Sorge machen um ihren Sieg, sondern er soll vor allem stolz darauf sein, daß er sie erkennen darf. Er braucht sie nicht zu vertreten und zu tragen, wie die andern, die menschlichen Geistesbewegungen und Religionsunternehmungen vertreten und getragen sein wollen, sondern sie vertritt und trägt *ihn*. Berufene des Christus (1,6), die sich mit Gott genieren, die sich ängsten um den Gang ihrer Sache – eine Unmöglichkeit! Gott müßte sich *unser* schämen, wenn er nicht Gott wäre, aber nicht umgekehrt. Gott geht, nicht wir gehen.

Es ist *Kraft* ausgegangen von Gott in der Auferstehung des Christus von den Toten. Das ist's was hinter uns steht, ganz abgesehen vor allem was wir sind, denken und treiben. Keine Theorie wird hier aufgerichtet, keine abstrakte Moral gepredigt, kein neuer Kultus empfohlen. Alles derartige, was auch unter uns auftauchen mag, ist menschliches Beiwerk, gefährlicher religiöser Rest, bedauerliches Mißverständnis, nicht die Sache selbst. Würde es sich nur *darum* handeln, dann müßten wir uns allerdings bald »schämen«, dann ständen wir nicht konkurrenzlos da, dann müßten wir der Welt erliegen, sobald *ihre* Kräfte gegen uns ins Spiel träten. Denn in der Welt sind auch Kräfte (8,38) und die sind stärker als unsre Ideen. Aber wir haben nicht Ideen hinter uns, sondern die Kraft aller Kräfte, die darum auch die Idee aller Ideen ist: die Kraft Gottes. Unsre Sache ist unsre im Christus realisierte Erkenntnis Gottes, in der uns Gott nicht gegenständlich, sondern unmittelbar und schöpferisch nahetritt, in der wir nicht nur schauen, sondern geschaut *werden*, nicht nur verstehen, sondern verstanden *sind*, nicht nur begreifen, sondern *ergriffen* sind. Unser Gottesgedanke ist der lebendige Arm Gottes, unter den die Natur, die Geschichte, die Menschheit, wir selbst (wir selbst als im Besitz der »Erstlinge des Geistes«, 8,23, *zuerst!*) wieder gestellt sind. Der *Ursprung*, der immer behauptete, gewußte, vermißte und unter Schmerzen gesuchte, hat seinen Mund wieder aufgetan. Das göttliche Wort, »Es werde!«, ist wieder erschollen, gehört, in Erfüllung gegangen. Also nichts Neues, sondern das Älteste: nichts Besonderes, sondern das Allgemeinste; nichts Geschichtliches, sondern die Voraussetzung aller Geschichte. Das, was immer verhüllt war in den unverstandenen Naturerscheinungen (1,20) und verschlossen in den nicht gehörten Prophetenworten (16,25–26), aber jetzt erst offenbart, so daß es nun wieder wie im Anfang in den Augen und Ohren der Menschen ist und damit in der Welt, deren Haupt und Zentrum der Mensch ist. Und insofern nicht das alte Bekannte, sondern ein Neues, nicht das Allgemeine, sondern das Besonderste, keine bloße Voraussetzung, sondern selber Geschichte: die Eröffnung eines neuen Äons, die Erschaffung einer Welt, in der Gott wieder Gewalt hat. Diese Kraft Gottes steht hinter uns. Sie ist das Evangelium, das wir verkündigen. Sie ist unsre Sache.

Das jetzt anhebende Werk der Kraft Gottes ist eine *Errettung*. Denn mit der ganzen gegenwärtigen Welt befindet sich der Mensch in einer Gefangenschaft. Eine Abkehr des Menschen von Gott (1,18 5,12) hat ihn seinem Ursprung entfremdet, Gott zu seinem Feind gemacht; die einst in Gott gebundenen und spielenden natürlichen und geschichtlichen Weltkräfte herrenlos gemacht, ihn und alle Kreatur unter das Gericht der eigenen Verworfenheit (1,24) und des Todes (5,12) gebracht. Den Knoten dieser hoffnungslos verwirrten Lage, die durch keine Sittlichkeit zu überwinden und durch keine Religiosität zu beschönigen war, hat Gott nun zerhauen durch die reale Tat der Eröffnung einer messianischen, göttlich-irdischen Geschichte. Im Christus ist die Menschheit Gott wieder zugekehrt und damit der Grund gelegt worden zur Wiederbringung alles dessen, was verloren ist. Wir stehen schon in den Anfängen dieses Geschehens und eine weite Perspektive eröffnet sich auf einen Zustand in der Freiheit Gottes (5,2, 8,18). Nicht mehr unter dem Gericht, sondern unter der Gnade, nicht mehr in der Sünde, sondern in der Gerechtigkeit, nicht mehr im Tode, sondern im Leben, das ist der Weg der Errettung, den die Kraft Gottes jetzt mit uns und einst mit der ganzen Welt gehen will und wird.

Jetzt mit uns! Es handelt sich darum, an die Kraft Gottes zu *glauben*. Das »Centrum Paulinum«! (Bengel). Die kommende Welt kommt nicht mechanisch, sondern organisch. Und das schöpferische Organ, das dazu in Wirksamkeit treten muß, ist eine Vorausnahme des Zieles, das erreicht werden soll: die freie Vereinigung des Menschen mit Gott, wie sie im Christus vollzogen war und wie sie in den vom Christus Berufenen möglich unhd wirklich wird. Wenn der Mensch *Ja* sagt zu dem göttlichen *Ja*, das im Christus zu ihm gesprochen hat, wenn er Gebrauch macht von den neuen Augen und Ohren, die ihm durch die Kraft Gottes geschenkt sind, wenn die Treue Gottes, der von der Welt und vom Menschen nicht lassen kann, einer neuerwachten Gegentreue begegnet, das ist »Glaube«. Da hebt die Errettung an. Da setzt sich die im Christus begründete Weltenwende fort. Das ist das Gebot und die Einladung, die jetzt mit dem Evangelium allen Völkern verkündigt wird, damit sie ihr gehorchen sollen (1,5). Wohlzuverstehen, daß die Wärme der Empfindung, die Wucht der Entscheidung und Überzeugung, die Tüchtigkeit der persönlichen Gesinnung *keine* wichtigen Merkmale des Glaubensvorgangs sind.

Es handelt sich wesentlich um das, was auf der geistigen, nicht um das, was auf der seelischen Seite des Menschen vorgeht.

Die Glaubenden bilden das neue internationale *Gottesvolk*, das sich jetzt um die Auferstehungskraft schart als um seine Sache. Jedermann kann und soll dabei sein. Der Glaube ist die Weltfrage geworden. Als die Erben der Verheißung und der verschlossenen Prophetenworte hatten die Juden einen Vorsprung. In ihrer Mitte ist der Messias geboren; sie zuerst haben seine Botschaft gehört (10,14–15). Dann aber brach sie heraus zu den Heiden. Die Frage, »Kirchlich« oder »weltlich«, ist keine Frage mehr. Die kommende Welt kennt diese Schranken nicht. Nur eins entscheidet jetzt: ob die wieder offenbar gewordene Kraft Gottes nun Glauben oder Unglauben findet.

So beruht das Bewußtsein und die Zuversicht, mit der der Christ sich zu seiner Sache stellt, selbst auf der schöpferischen, erlösenden, die Welt umfassenden Kraft Gottes. Kraft *Gottes*, ist sie, darüber soll es keine Zweideutigkeit geben – keine von den Weltkräften, die nichts Neues schaffen, sondern uns letzten Endes immer im Kreise herumführen. Denn das was uns den Christus hat zur Kraft werden lassen, das ist keine menschliche Größe, weder im Bösen noch im Guten, sondern die in ihm wieder enthüllte *Gerechtigkeit Gottes*. Gott handelt in Übereinstimmung mit sich selber, wenn er der Welt in diesem Einen die Retterhand reicht. Denn es ist in diesem Einen auf der Erde wieder erschienen das ursprüngliche, unmittelbare, normale Verhältnis des Menschen zu Gott, das Verhältnis, das Gott selbst recht ist, das seinem Sinne entspricht. In ihm kann sich Gott wie er ist wieder zum Menschen bekennen und im Bilde des Menschen sich selber wiedererkennen. Diese Gerechtigkeit Gottes, die im Christus war, ist das Geheimnis der Kraft seiner Auferstehung, sie auch die Voraussetzung der Errettung der Welt vom Verderben, die durch diese Kraft begonnen hat. Denn allein die wiedergewonnene Unmittelbarkeit des Menschen zu Gott im Gehorsam des Christus vermochte des Grabes Türe zu sprengen, sie allein macht die Errettung real, zu einer entscheidend neuen Bewegung, schützt sie vor dem Rücklauf aller menschlichen Bewegungen in neue Sünde und neuen Tod. Es ist also die Liebe, mit der sich jetzt Gott der Welt wieder zuwendet, keine Sentimentalität, durch die er in Widerspruch mit sich selbst und mit dem Tatbestand der menschlichen Verfassung geraten würde, sondern (indem er dem menschlichen Wesen im Christus seine »gerechte« Verfassung wiedergibt) vielmehr die Verkündigung und Aufrichtung seiner eigenen innersten Wahrheit auf Erden. Gott erträgt die Ungerechtigkeit unter den Menschen nicht mehr; er will, daß seine Gerechtigkeit wieder gelte. Darum und in diesem Sinn spricht er im Christus das erlösende Wort, durch das der Mensch aus der Fremde wieder in die Heimat gerufen wird. Es ist also auch menschlicherseits kein eigenmächtig tumultuarisches Ansichreißen des Göttlichen, durch das wir der Heiligkeit Gottes zu nahe träten, wenn wir der Auferstehungskraft des Christus Glauben schenken und uns der kommenden Errettung freuen, sondern es ist *Erkenntnis Gottes* im strengsten Sinn, was uns dazu führt; es ist (im Gegensatz zu aller menschlichen Willkür, aber auch zu aller menschlichen Moralität und Religiosität) »Erkenntnis der *Klarheit* Gottes in dem Angesichte Jesu Christi« (II. Kor. 4,6), Beugung vor dem innersten Wesen Gottes, Gehorsam, wie der Christus gehorsam war. Und darum, weil es sich nicht um irgend etwas, sondern um die Gerechtigkeit Gottes handelt, täuschen wir uns nicht in der Zuversicht, daß Gott selbst unsre Sache führt.

Es ist aber eine *Offenbarung*, durch die Gott dies lösende Wort spricht und der wir diese Erkenntnis verdanken. Es versteht sich nicht von selbst, daß das Verhältnis des »Zorns«, der »Frevelhaftigkeit und Ungerechtigkeit« (1,18) zwischen ihm und uns aufgehoben, der tragisch unfruchtbare Ernst der Moral und der Religion zerbrochen, die Kraft Gottes zur Errettung in der Welt wirksam wird. Es ist ein Wunder, daß der sündige und todgeweihte Mensch, so wie er ist, im Christus das Urteil hören darf, daß er Gott recht ist, und daß er durch dieses Urteil (das im Munde des Gottes der Wahrheit ein Schöpfungswort ist), wenn er es hören will, gerecht und lebendig gemacht wird. Wir stehen also gerade in Bezug auf das innerste Wesen der Kraft Gottes vor einer tatsächlichen Wende der Zeiten, vor der Enthüllung eines Mysteriums, »das durch Weltalter hindurch verschwiegen war« (16,26). Denn auch die Propheten konnten nur wie vor verschlossenen Türen die Gerechtigkeit, aus der das Leben kommt, bezeugen und ihre Enthüllung weissagen. Nun aber erschließt sie sich selbst, indem das Urteil und die Erkenntnis, durch die der Mensch wieder in das ursprüngliche und positive Verhältnis zu Gott versetzt wird, in dem geschichtlichen Ereignis der Erscheinung des Christus zur Aussprache kommt. So ist uns gerade der *Inhalt* des Evangeliums eine *Entdeckung*, nicht eine allgemeine Wahrheit, und von Gott aus betrachtet: der Gegenstand einer *Tat*, nicht einer ruhenden Eigenschaft, so sicher menschlicherseits die Möglichkeit dieser Entdeckung und göttlicherseits die Bereitschaft zu dieser Tat immer vorhanden war. Die *Wirklichkeit* der Gerechtigkeit Gottes im Christus ist das Neue im Evangelium.

Und das nun eben in der freien Vereinigung mit Gott, in der die *Treue* Gottes beim Menschen *Glauben* findet, oder in der Gott dem Menschen wieder glaubt und einer Treue begegnet. Vom Himmel her kommt dieses Neue und auf der Erde schlägt es Wurzel. Gottes Handeln in einer Gehorsamstat des Menschen, ein Anerkennen und Annehmen, ein Ergriffenwerden und Begreifen – das ist das gläubige Verhalten gegenüber der Offenbarung. Was, »durch Weltalter hindurch verschwiegen«, nur in Gott und nicht im Menschen war, das bricht nun durch von Gott zum Menschen, geschieht am Menschen als freieste Gottestat und entspringt doch in ihm als die Entdeckung seines eigensten Wesens. So schafft sich Gott selber das Organ seiner Kraft auf Erden. Er, der Getreue, ist im Glauben der Gläubigen wieder in ein dynamisches schöpferisches Verhältnis zu seiner Welt eingetreten.

So erfüllt sich in unsrer Sache die prophetische Weissagung: »Der aus Treue gerecht Gemachte *wird leben*«. Man könnte auch sagen: »Der durch den Glauben gerecht Gewordene«; es ist dasselbe; denn es handelt sich um ein Machen Gottes und um ein Werden des Menschen in Einem. Gottes Gerechtigkeit ist nun wieder aufgerichtet auf Erden durch das lösende Wort, das im Christus gesprochen und durch die Erkenntnis, die in den Christen zustande gekommen ist. Und wie unter dem herrschenden göttlichen »Zorn« und im Gebiet der menschlichen »Frevelhaftigkeit und Ungerechtigkeit« der Tod die höchste Gewalt haben mußte auf Erden, so ist durch jene Aufrichtung der göttlichen Gerechtigkeit die Keimzelle des Lebens wieder in die Geschichte und in die Natur gegeben. Nun wächst in die menschliche Weltgeschichte hinein die göttliche. Man hat die neue Schöpfung angefangen, in der der Tod nicht mehr sein wird.

Quelle: K. Barth, Der Römerbrief, 1919, S. 6–11.

b) Der Christ in der Gesellschaft (1919)

Auf der Religiös-sozialen Konferenz in Tambach (September 1919) sprach K. Barth nach der Absage der Schweizer religiösen Sozialisten H. Kutter und L. Ragaz über »Der Christ in der Gesellschaft«. Er konfrontierte politisch und sozial engagierte deutsche Theologen mit der Theologie des Wortes Gottes als einer Theologie der Krise, die von der »These« der Bejahung der Welt als Gottes Schöpfung zur »Antithese« ihrer radikalen Infragestellung durch die neue Schöpfung in Christus führte. Mit diesem Vortrag begann die Wende vieler Theologen, welche das konservative Kirchentum in Deutschland zu überwinden suchten, vom religiösen Sozialismus zur dialektischen Theologie.

Christus ist das unbedingt Neue von oben, der Weg, die Wahrheit und das Leben Gottes unter den Menschen, der Menschensohn, in welchem sich die Menschheit ihrer Unmittelbarkeit zu Gott bewußt wird. Aber Distanz wahren! Keine noch so feine psychische Dinglichkeit der Form dieses Bewußtseins darf die wahre Transzendenz dieses Inhalts ersetzen oder verschleiern. Allzu klein ist der Schritt vom Jahwe-Erlebnis zum Baal-Erlebnis. [TB 17,1, S. 11]

Der lebendige Gott ist es, der uns, indem er uns begegnet, nötigt, auch an unser Leben zu glauben. Mag denn diese Belebung unseres Lebens, an die wir durch Gott selbst genötigt, glauben müssen, letzten Endes schlechthin jenseitig in der Aufhebung der Kreatürlichkeit bestehen, in der wir uns jetzt und hier dem Leben Gottes gegenüber befinden. Gerade das meinen wir ja auch im tiefsten Grund. »Wir warten auf unseres Leibes Erlösung« (Röm 8,23). Es muß sich ja doch auch diese Aufhebung auf unser ganzes diesseitiges Leben beziehen, und das Licht, das durch die wachsende Erkenntnis Gottes in unsere Seele kommt, wird es je länger desto weniger zugeben, daß wir uns auch nur an einem Punkt mit dem endgültigen Todescharakter unseres diesseitigen Daseins abfinden können. [ebd., S. 13]

»Durch ihn und zu ihm geschaffen.« Die nächste Aussicht, die sich gerade von da aus eröffnet, ist überraschend genug; wir dürfen uns aber nicht vor ihr verschließen, auch wenn sie vielleicht nicht ganz zu unsern augenblicklichen Stimmungen passen sollte. Die Lage zwischen Gott und Welt ist durch die Auferstehung in so grundsätzlicher umfassender Weise bewegt, und die Stellung, die wir in Christus dem Leben gegenüber einnehmen, ist so radikal überlegen, daß wir uns, wenn wir nun der Bedeutung und Kraft des Reiches Gottes im einzelnen nachgehen wollen, nicht etwa verleiten lassen dürfen, unsern Blick auf diejenigen Vorgänge und Erscheinungen zu beschränken, die wir im engeren und einzelnen Sinn als gesellschaftskritische, revolutionäre zu bezeichnen gewohnt sind. Der Protest gegen das jeweilig Seiende und Bestehende ist freilich ein integrierendes Moment im Reiche Gottes, und es waren dunkle, dumpfe, gottlose Zeiten, wo dieses Moment des Protestes unterdrückt und verhüllt werden konnte. Aber es ist auch dumpf und gottlos, Christus immer nur als den aus einer unbegreiflichen Versenkung auftauchenden Erlöser oder vielmehr Richter der gegenwärtigen, im Argen liegenden Welt zu denken. Das Reich Gottes fängt nicht erst mit unsern Protestbewegungen an. Es ist eine Revolution, die vor allen Revolutionen ist, wie sie vor allem Bestehenden ist. [ebd., S. 19]

Gott will als Schöpfer erkannt und verehrt sein und auch in dem, was schlechthin ist und geschieht, »schlechthin« diesmal nicht nur als schlichthin, sondern wirklich auch als schlechthin zu verstehen: in aller Schlechtigkeit, Entartung und Verwirrung, die diesem Seienden und Geschehenden augenblicklich anhaftet. Reich Gottes ist auch das regnum naturae mit dem ganzen Schleier, der über dieser Herrlichkeit Gottes jetzt liegt – dem Schleier zum Trotz werden wir freilich sofort hinzufügen. In diesem Sinn kommen wir um den bekannten und oft verurteilten He-

gelschen Satz von der Vernünftigkeit alles Seienden nicht herum. Es ist in allen gesellschaftlichen Verhältnissen, in denen wir uns vorfinden mögen auch in ihrem schlechthinnigen Sosein und Gewordensein, ein Letztes, das wir erkennen, eine ursprüngliche Gnade, die wir als solche bejahen, eine Schöpfungsordnung, in die wir uns finden müssen, so gut wie wir uns in die Schöpfungsordnungen der uns umgebenden Natur zu finden haben. [ebd., S. 20f.]
Wir dürfen über der Oppositionsstellung zum Leben, die wir in Christus einnehmen müssen, gerade den Sinn Christi nicht verlieren für die Bedeutung dessen, was im Alltag um uns her geschieht, geschehen muß und in seiner Weise vollkommen geschieht. Sondern gerade bei unserer Oppositionsstellung können und müssen wir das viel mißbrauchte: Verdirb es nicht, es liegt ein Segen drin!, die dankbare, lächelnde, verstehende Geduld gegenüber der Welt, den Menschen und uns selbst durchaus mitnehmen, besser sogar als die andern, die von dieser Oppositionsstellung nichts wissen. [ebd., S. 22]
Wir bejahen das Leben. Auch das regnum naturae, die große Vorläufigkeit, in deren Rahmen sich alles Denken, Reden und Handeln jetzt abspielt, kann ja immer regnum Dei sein oder werden, wenn nur wir im Reiche Gottes sind und Gottes Reich in uns. Das ist nicht Weltweisheit. Das ist Wahrheit in Christus. Das ist gründliche und grundlegende biblische Lebenserkenntnis. [ebd., S. 27]

c) Biblische Fragen, Einsichten und Ausblicke (1920)

In dem vor der Aarauer Studenten-Konferenz April 1920 gehaltenen Vortrag zeichnen sich die Grundlinien von Barths späterem Werk schon ab: Theologie der Offenbarung, christologische Dynamik, Souveränität des Wortes Gottes gegenüber allem Menschenwerk. Auf der Konferenz war auch A. Harnack anwesend, der über die Theologie des jungen Schweizers zutiefst bestürzt war, aber erst 1923 seine »Fünfzehn Fragen an die Verächter der wissenschaftlichen Theologie unter den Theologen« stellte (K. Barth, Theologische Fragen und Antworten. Gesammelte Vorträge Bd. 3, 1957, S. 7–9; der sich daran anschließende Briefwechsel zwischen Harnack und Barth, S. 9–31).

Was uns die Bibel an Erkenntnis zur Deutung des Weltgeschehens zu bieten hat, fragen wir. Diese Frage kehrt sich aber sofort um, richtet sich an uns selbst und lautet dann, ob und inwiefern wir denn in der Lage sind, uns die in der Bibel gebotene Erkenntnis zu eigen zu machen.
Auf unsere Frage muß ja ohne Besinnen die Antwort gegeben werden: Erkenntnis Gottes bietet uns die Bibel, also keine besondere, nicht diese oder jene Erkenntnis, sondern den Anfang und das Ende, den Ursprung und die Grenze, die schöpferische Einheit und die letzte Problematik aller Erkenntnis. Was fragen wir lange?« Im Anfang schuf Gott Himmel und Erde« und »Amen, ja komm Herr Jesu!« Das ist die Deutung des Weltgeschehens, die sich aus der in der Bibel gebotenen Erkenntnis ergibt. Uns selbst und unser Tagewerk und unsere geschichtliche Stunde in Gott dem Schöpfer und Erlöser zu begreifen, das ist die Aufgabe, an deren Bearbeitung sich diese Deutung bewähren muß. [TB 17,1 S. 49f.]
Was bietet die Bibel? Sie hat schon geboten, unsre ganze Erkenntnis lebt von der Erkenntnis Gottes. Wir sind nicht draußen, sondern drinnen. Erkenntnis Gottes ist nicht eine Möglichkeit, mit der wir es zur Deutung des Weltgeschehens versuchen oder allenfalls auch nicht versuchen können, sondern die Voraussetzung, von der wir belehrt oder halbbelehrt oder unbelehrt immer schon herkommen bei all unsern Deutungsversuchen. [ebd., S. 50]
Es ist offenbar, daß die Frage nach Gott eine letzte Unvermeidlichkeit ist, daß schon unser Fragen voller Antwort ist, daß wir bedrängt und gefangen genommen

sind von einem vorausgesetzten anfänglichen Ja. Wir würden nicht verneinen, wenn uns nicht die Realität des Ja so stark beunruhigte. Wir können die ursprüngliche Einheit und Gründung der Seele in Gott nicht ganz vergessen. Wir könnten nicht Grenzen der Humanität aufrichten und bewachen, wenn wir uns nicht gleichzeitig des Begrenzenden erinnern würden. Wir würden nicht suchen, wenn wir nicht schon gefunden hätten. Wie sollte also Erkenntnis Gottes nicht Raum haben in uns? [ebd., S. 51]

Es ist die Frage der Erwählung, mit der die Bibel antwortet auf unsere Frage, was sie uns zu bieten habe. Was man Religion und Kultur nennt, das mögen irgendwie jedermanns Dinge sein, das Einfältige und Universale aber, der Glaube, der in der Bibel geboten ist, ist nicht jedermanns Ding: er liegt nicht zu jeder Zeit und in jeder Hinsicht in jedermanns Möglichkeit. Einfalt ist eben nichts so Einfaches. Universalität, Allheit, ist nicht Allgemeinheit. Das erste Gegebene ist nie eine Gegebenheit. Die letzte Voraussetzung ist nie ein gesetztes Ding unter Dingen. Das Selbstverständliche ist nie selbstverständlich. Wir werden durch die Erkenntnis, die die Bibel uns bietet und gebietet, auf eine schmale Felsenkante hinausgedrängt, in eine Schwebelage hart zwischen Ja und Nein, zwischen Leben und Tod, zwischen Himmel und Erde. »Schaffet, daß ihr selig werdet, mit Furcht und Zittern. Denn Gott ist's, der in euch wirket, das Wollen und das Vollbringen, nach seinem Wohlgefallen.« Die Entscheidungen in dieser Frage der Erwählung sind das eigentliche Lebendige, das Geheimnis der Geschichte und unseres Daseins. Augustin und die Reformatoren haben sie drastisch, aber allzu kurzschlüssig auf die psychologische Einheit des Individuums bezogen und so zu einmal für allemal aufgestellten Naturgesetzen über dessen Seligkeit oder Verdammnis gestempelt. In Wirklichkeit beziehen sie sich gerade auf die Freiheit des Individuums und fallen darum nicht ein für allemal, sondern immer wieder. Ja nebeneinander stehen die entgegengesetzten Entscheidungen gleichzeitig im gleichen Individuum. Kein noch so entschiedenes Ja, das nicht die Möglichkeit des Nein in sich trüge, kein noch so entschiedenes Nein ohne die Möglichkeit, ins Ja umzuschlagen. Kein Erwähltsein, aus dem nicht Verworfensein, kein Verworfensein, aus dem nicht Erwähltsein werden könnte. Ewig ist allein Gottes Erwählen, zeitlich alle psychischen und geschichtlichen Bestimmungen, die sich daraus ergeben. Das ist's, was uns die Bibel vor allem zu bieten hat: die Einsicht, daß Erkenntnis Gottes das ewige Problem unsres persönlichen Daseins ist, der Ursprung, von dem wir leben und doch nicht leben, von dem wir getrennt sind und doch nicht getrennt. [ebd., S. 53f.]

Ein Neues, Unvergleichliches, Unerreichbares, ein nicht nur Himmlisches, sondern Überhimmlisches: Gott hat die Aufmerksamkeit dieser Menschen auf sich gezogen. Gott verlangt ihr volles Gehör, ihren ganzen Gehorsam. Denn er will sich selbst treu sein; er will heilig sein und bleiben. Er will nicht an sich gerissen, in Betrieb und Gebrauch gesetzt sein, er will nicht dienen. Er will herrschen. Er will selbst an sich reißen, beschlagnahmen, betreiben, gebrauchen. Er will keine anderen Bedürfnisse befriedigen als seine eigenen. Er will nicht Jenseits sein neben einem Diesseits, er will alles Diesseits verschlingen ins Jenseits. Er will nicht Etwas sein neben Anderen, sondern das ganz Andere, der Inbegriff aller bloß relativen Anderheit. Er will nicht Religionsgeschichte begründen, sondern der Herr unsres Lebens, der ewige Herr der Welt sein. Darum handelt es sich in der Bibel . . . Die biblische Linie ist ja nicht identisch mit dem Bibelbuch. Sie liegt in der Bibel selbst ungeschützt mitten in der allgemeinen Religionsgeschichte, und kaum ein

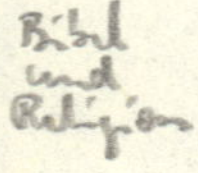

Punkt, wo sie nicht von andern, fremdartigen Linien geschnitten würde. Jene Ränder in der Bibel, wo die biblischen Menschen nicht nur andern Menschen, sondern religiösen Menschen sehr ähnlich sehen, sind besonders im alten Testament oft verwirrend breit und fehlen auch im neuen Testament durchaus nicht. Die Fülle der Variationen läßt streckenweise das Thema fast vergessen. Die Meinung, es sei auch die Bibel nur ein Teil des allgemeinen religiösen Chaos, ist also begreiflich. Aber nicht unvermeidlich! Nicht unvermeidlich wenigstens in einer Zeit, der die Relativität des Christentums, sofern es Erlebnis, Metaphysik und Geschichte ist, so handgreiflich, so unverkennbar vor Augen gestellt, der die Frage nach einem Neuen, nach dem ganz Andern, nach der Realität Gottes so auf der Zunge liegt, wie unsrer Zeit. [ebd., S. 63f.]

Mag es sich mit dem historischen Jesus verhalten, wie es will, Jesus der Christus, des lebendigen Gottes Sohn, gehört weder der Historie noch der Psychologie an; denn was historisch und psychisch ist, das ist eben als solches auch verweslich. Die Auferstehung Christi oder, was dasselbe sagt: seine Wiederkunft, sie ist kein geschichtliches Ereignis; die Historiker mögen sich beruhigen, wenn sie es nicht vorziehen, sich höchstlich dadurch beunruhigen zu lassen, daß es sich gerade hier um das Ereignis handelt, das allein uns veranlassen kann, von einem wirklichen Geschehen in der Geschichte zu reden. Der unverstandene Logos kann es ertragen, unterdessen im Schandenwinkel des Mythos zu stehen. Besser das, als daß er durch ihre historisierende Verständlichkeit seines Ewigkeitscharakters entkleidet wird. Anbruch der neuen Weltzeit, Herrschaft dessen, der da war und ist und kommt – das ist Ostern. [ebd., S. 73]

Quellen: J. Moltmann (Hg.), Anfänge der dialektischen Theologie = TB 17,1, 1962. – *Literatur:* G. Merz, Die Begegnung Karl Barths mit der deutschen Theologie = KuD 2, 1956, S. 157–175; E. Jüngel, Gottes Sein ist im Werden. Verantwortliches Reden vom Sein Gottes bei Karl Barth, 1965, 1976³; W. Dantine-K. Lüthi, Theologie zwischen Gestern und Morgen. Interpretationen und Anfragen zum Werk Karl Barths, 1968; E. Busch, Karl Barths Lebenslauf, 1975; H. Dembowski, Karl Barth – Rudolf Bultmann – Dietrich Bonhoeffer, Eine Einführung in ihr Lebenswerk und ihre Bedeutung für die gegenwärtige Theologie, 1976.

1. Vgl. dazu Barths Hinweis auf die »Sache« der Theologie in den Wirren des beginnenden Kirchenkampfes Sommer 1933, in: Theologische Existenz heute! (s. Nr. 154.)
2. Die Übersetzung von πίστις nicht mit »Glaube« des Menschen, sondern mit »Treue« Gottes rief die heftige Kritik des Exegeten A. Jülicher hervor: Ein moderner Paulusausleger = TB 17,1, 1962, S. 87–98.

136. Friedrich Gogarten

Gogarten (1887–1967), 1913 im kirchlichen Dienst, 1931 Professor in Breslau, 1935 in Göttingen, wurde auf der Tambacher Konferenz (s. Nr. 135) von K. Barth als Bundesgenosse im Kampf gegen den Kulturprotestantismus begrüßt und gehört mit zu den Begründern der »Dialektischen Theologie«.

a) Zwischen den Zeiten (1920)

Gogartens Aufruf »Zwischen den Zeiten« (ChW 1920, TB 17,2, 1963, S. 95–101) war eine Kampfansage gegen die nur historisch orientierte theologische Wissenschaft, weil sie die Not der Zeit nur als Gefährdung ihrer fachlichen Arbeit erlebe. Weitere Beiträge Gogartens, besonders seine Auseinandersetzung mit E. Troeltsch (ebd. S. 101–218).

Das ist das Schicksal unserer Generation, daß wir zwischen den Zeiten stehen. Wir gehörten nie zu der Zeit, die heute zu Ende geht. Ob wir je zu der Zeit gehören werden, die kommen wird? Und wenn wir von uns aus zu ihr gehören könnten, ob sie so bald kommen wird? So stehen wir mitten dazwischen. In einem leeren Raum. Wir gehören nicht zu den Einen, nicht zu den Andern. Nicht zu denen, die vor uns gehen und die uns zu ihren Nachfolgern machen und uns ihre Gedanken und Überzeugungen als Erbe lassen möchten. Wir können ihnen nicht folgen. Wir konnten es nie. Wo wir es taten, taten wir es nur, um zu sehen, wie sie es machten [angesprochen sind die theologischen Hochschullehrer]. Aber nie um ein Vorbild, ein Beispiel für unser eigenes Tun zu haben. Wir sind gescholten worden darum, als Individualisten, als Nörgler, als Eigenbrödler. Wir haben darunter gelitten. Aber wir konnten nicht anders. Eure Gedanken waren uns fremd, immer fremd. Wenn wir sie dachten und gebrauchten, war es uns, als wenn uns eine Leere von innen her würgte. Wo wir Euch hörten, hörten wir den besten, treusten Willen, aber es klang unseren Ohren hohl, hohl. Weil wir sonst nichts hörten als den besten Willen. Aber das war doch Eure Absicht und unsere Sehnsucht, mehr zu sagen und mehr zu hören. Ihr sprachet doch von Göttlichem und nicht nur von Menschlichem. Ihr wolltet es.

Ihr wißt nicht, wie uns das gequält hat, daß wir nicht mehr hören konnten. Denn wir konnten uns selbst nicht finden (wir suchten ja bei Euch; ja, wir suchten) und Ihr ließet uns leer. Nie hat uns darum die quälende Frage verlassen, ob wir, die wir mit dem Wort einmal Alles geben sollten, überhaupt einmal etwas zu geben hätten. Wir bekamen ja nichts. Viel Lehrreiches, viel Interessantes, ja, aber nichts, was dieses Wortes wert gewesen wäre . . .

Ist es ein Wunder, daß wir bis in die Fingerspitzen hinein mißtrauisch geworden sind gegen alles, was irgendwie Menschenwerk ist? Ja, uns selbst ist es ein Wunder. Denn wenn das Mißtrauen gegen das Menschliche auch noch das ist, was unser Gefühl am meisten bestimmt, so ist dieses Mißtrauen, das vor nichts zurückscheut, doch nur möglich, weil ein Keim von Wissen des Anderen, des Nicht-Menschlichen in uns sein muß. Noch können wir Gott nicht denken. Aber wir erkennen immer deutlicher, was Er nicht ist, was Er nicht sein kann. Man kann uns nicht mehr täuschen, und wir können uns selbst nicht mehr täuschen und Menschliches für Göttliches nehmen. Es ist uns viel damit genommen, aber nichts, dem wir nachtrauern könnten. Denn das flimmernde Durcheinander von Göttlichem und Menschlichem in allen unseren Gedanken, Worten und Werken war uns zu lange eine quälende Not. Und bliebe uns nichts als diese nur-menschliche Welt, schon das wäre uns eine Erlösung nach jenem elenden Versteckspielen, bei dem man nie wußte, was im gegebenen Augenblick nicht da sein durfte, das Menschliche oder das Göttliche.

Darum ist ein Jubel in uns über das Spenglersche Buch[1]. Es beweist, mag es im Einzelnen stimmen oder nicht, daß die Stunde da ist, wo diese feine, kluge Kultur aus eigener Klugheit den Wurm in sich entdeckt und wo das Vertrauen auf die Entwicklung und die Kultur den Todesstoß bekommt. Und das Spenglersche Buch ist nicht das einzige Zeichen. Wer lesen kann, liest es aus jedem zweiten Buch und Aufsatz und wenn auch nur aus dem »Warum«, das als das Treibende hinter ihnen stand. Muß denn jetzt nicht das große Besinnen anfangen? Oder gibt es Theologen (was ist aus diesem Namen geworden!), die kommen und diese Kultur beschwätzen, daß es doch nicht ganz so schlimm sei und daß alles schon wieder ganz gut werde? . . .

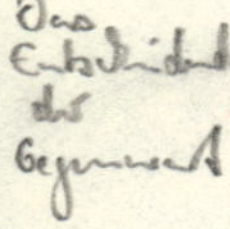

Der Raum wurde frei für das Fragen nach Gott. Endlich. Die Zeiten fielen auseinander und nun steht die Zeit still. Einen Augenblick? Eine Ewigkeit? Müssen wir nun nicht Gottes Wort hören können? Müssen wir nun nicht seine Hand bei Seinem Werk sehen können?

Darum können wir nicht, dürfen wir noch nicht von der einen Zeit zur anderen gehen. So sehr es uns auch zieht. Erst muß hier die Entscheidung gefallen sein. Vorher können wir nichts mit ganzem Herzen tun. Solange stehen wir zwischen den Zeiten. Das ist eine furchtbare menschliche Not. Denn da zerbricht alles Menschliche und wird zu Schanden, alles was war und alles was sein wird. Aber darum können wir, begreifen wir nur die Not bis zum Letzten, nach Gott fragen. Dann verstrickt sich nicht die Frage im Menschlichen und bringt falsche Antwort aus ihm, falsche, weil es eine menschliche und keine göttliche Antwort ist, und mögen wir mit dem besten Willen gefragt haben. Es gilt kein guter Wille, auch nicht der beste, in göttlichen Dingen. Wir wissen nun, wie weit die Frage reichen muß; unser Mißtrauen gegen das Menschliche führte uns den Kreis, bis zu dem es reicht (heute muß man hinzufügen: daß die ganze geheimwissenschaftliche Jenseitigkeit des Menschlichen mit in diesen Kreis gehört) und wird ihn uns immer wieder führen.

Aber bringt uns dies weiter?

Nein, in der geschichtlichen Entwicklung, in der Heilung der menschlichen Wirrsal nicht einen Schritt. Wir sind in einem anderen Kreis und suchen nach etwas Anderem als nach Fortschritt, und es bewegt uns kein kulturinteressierter Opportunismus mehr.

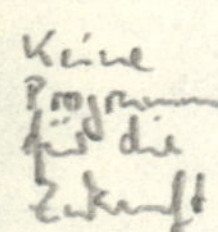

Wir haben deshalb auch gar keine Vorschläge, wie man es besser machen könnte. Die Praktiker werden ja alle danach fragen. Unser einziger praktischer Vorschlag, den wir machen können, ist der (und der ist nicht praktisch, weil ihn Keiner allein mit gutem Willen durchführen kann): mit Entsetzen einzusehen, daß in der Lage, in der wir tatsächlich alle sind, auch wenn es bis heute nur Wenige erkannten, gute Vorschläge nicht mehr helfen können.

Versteht man noch nicht, daß unsere Stunde (aber sie läuft nicht mit den anderen, den gewöhnlichen) wahrscheinlich die Stunde der Buße ist? – Oder kann man mit ein und demselben Atem Buße tun und sein Programm für das Kommende entwickeln?

Hüten wir uns in dieser Stunde vor nichts so sehr, wie davor, zu überlegen, was wir nun tun sollen. Wir stehen in ihr nicht vor unserer Weisheit, sondern wir stehen vor Gott. Diese Stunde ist nicht unsere Stunde.

Wir haben jetzt keine Zeit. *Wir* stehen zwischen den Zeiten.

Quelle: Anfänge der dialektischen Theologie, J. Moltmann (Hg.) = TB 17,2, 1963, S. 95.98f.100f.

b) **Politische Ethik** (1932)

In der Abwendung vom Persönlichkeitsideal des deutschen Idealismus kommt Gogarten zu einer gemeinschaftsbezogenen Ich-Du-Ethik, die er 1933 mit völkischem Gedankengut auffüllte, was zum Bruch mit K. Barth führte (die Dokumente der Trennung, TB 17,2, 1963, S. 313–331).

Man versteht die eigentlichen, unmittelbaren Beziehungen nicht, wenn man an dem Verständnis des Menschen festhält, das der unter uns üblichen Auffassung der Ethik zugrunde liegt. Das Verständnis des Menschen entscheidet sich daran, wie sein Person-sein verstanden wird. Person-sein, das heißt um sich selbst wissen, und zwar verantwortlich um sich selbst wissen, das heißt so, daß ich als ich selbst zu verantworten habe, wie ich bin und was ich tue. Nach der unter uns üblichen Auffassung ist der Mensch dieser Selbst, um den er als Person seiend weiß, aus sich selbst und vor sich selbst. Denn er wird dieser Selbst, er wird Person, indem er die kausalen Bindungen des natürlichen Lebens überwindet und so seine Selbständigkeit erringt. Er ist nicht Person, insofern er Natur ist. Denn da ist er gebunden und bestimmt von etwas anderem her, was auch seinerseits nicht Person, sondern Natur ist. Er kann da nicht verantwortlich um sich selbst wissen; denn er ist da noch nicht er selbst. Nur insofern er sich von diesen Bindungen frei, insofern er sich ihnen gegenüber selbständig macht, ist er Person und weiß er verantwortlich um sich selbst. Das entspricht der Auffassung vom Ethischen, . . . nach der das Ethische aus dem Verhältnis des Menschen zur Natur zu verstehen ist. Zweifellos ist mit dieser Selbständigkeit gegenüber der Natur und dem aus der natürlichen, kausalen Abhängigkeit sich lösenden Bei-sich-sein oder Zu-sich-kommen des menschlichen Lebens Wichtiges und Unaufgebbares für das menschliche Leben ausgesagt. Es könnte sonst wohl auch nicht die große Rolle in der geistigen Geschichte der Menschheit, in Philosophie und Ethik, spielen, die es bis auf den heutigen Tag spielt. Die Bedeutung der Unabhängigkeit des Menschen gegenüber der Natur ist so wichtig, daß man sagen kann, es sei nicht möglich, den »Du sollst«-Sinn einer ethischen Forderung zu vernehmen, ohne daß diese Unabhängigkeit gewollt wird . . .

Wenn ich in der Selbständigkeit gegenüber der Natur verantwortlich um mich selbst weiß, so ist niemand anders da, dem ich verantwortlich sein könnte, als ich: ich wäre dann mir dafür »verantwortlich«, daß ich mein Selbst gegenüber den natürlichen Bindungen behaupte. Im Verhältnis zu einem anderen Menschen Person sein und also ihm gegenüber verantwortlich um sich selbst wissen, kann aber nicht wohl etwas anderes heißen, als sich selbst dem Andern verantwortlich wissen. Hier bin ich nicht mir verantwortlich für mein Selbst. Sondern hier bin ich dem Andern verantwortlich für mich selbst. Das ist beide Male ein völlig anderer Begriff des Selbst. Es sind schon sprachlich zwei verschiedene Worte: jenes Selbst ist Neutrum, ist sächlichen Geschlechts; das andere ist männlich oder weiblich. Für jenes Selbst, das in der Selbständigkeit gegenüber der Natur gemeint ist, bin ich mir »verantwortlich«. Das heißt: ich verfüge darüber; es gehört mir; es ist mein Selbst. Für das Selbst, richtiger muß ich sagen: für den Selbst, der ich einem anderen Menschen gegenüber bin, bin ich diesem Menschen gegenüber verantwortlich: als dieser selbst bin ich ihm verantwortlich. Das heißt aber, als dieser selbst bin ich meiner Verfügung entnommen; ich gehöre nicht mir, sondern ich gehöre dem, dem ich verantwortlich bin; als dieser selbst bin ich dem Anderen hörig, und bin ihm dafür verantwortlich, in welcher Weise ich ihm hörig bin.

Auch dieser Begriff der Verantwortlichkeit ist ein anderer als der, den wir für gewöhnlich gebrauchen. Dieser hat seinen Platz im Verhältnis des Menschen zur Natur. Hier ist der Mensch für sich, er soll für sich sein, er soll sich von dem Gegenüber, das ihn bindet, freimachen; er soll aus sich, aus freier Selbstbestimmung heraus der sein, der er ist und was er ist. Spricht man hier von Verantwortung, so kann sie nicht dem Gegenüber gelten, sondern nur dem, der verantwortlich ist: er ist sich verantwortlich. Aber das scheint mir ein durchaus uneigentliches, übertragenes Reden von Verantwortung zu sein. Übertragen nämlich aus einem Verhältnis, in dem es Verantwortung gibt, auf ein anderes, in dem es so etwas nicht gibt, gar nicht geben kann. Denn Verantwortung fordert ein Verhältnis von zweien: einem, der verantwortlich ist, und einem anderen, dem er verantwortlich ist. Fallen die zwei zusammen, so hört Verantwortung auf zu sein, was sie ist. Was Verantwortung in ihrem eigentlichen, nicht übertragenen Sinn ist, versteht man nur, wenn man sich klarmacht, daß sie ihren Platz nicht im Verhältnis des Menschen zur Natur hat, sondern im Verhältnis der Menschen zueinander. Von daher muß sie denn auch verstanden werden. Wird sie anders verstanden, dann verhindert gerade sie das Verständnis echter Gemeinschaft zwischen den Menschen. Denn man versteht dann das eigentliche Sein des Menschen als ein Für-sich-sein; man meint dann den tiefsten Sinn des menschlichen Seins in seiner Selbstbehauptung gegenüber der Natur suchen zu müssen. Und man wird sich vergebens bemühen, von da aus menschliche Gemeinschaft zu begründen. Jede von dort aus versuchte Begründung wird aber nur zu ihrer Zerstörung beitragen.

Quelle: F. Gogarten, Politische Ethik, 1932, S. 16–19. – *Literatur:* M. Theunissen, »Ich-Du-Verhältnis«, RGG^3 III, 553–556; H. Fischer, Christlicher Glaube und Geschichte. Voraussetzungen und Folgen der Theologie Friedrich Gogartens, 1967; Th. Strohm, Theologie im Schatten politischer Romantik. Eine wissenschafts-soziologische Anfrage an die Theologie Friedrich Gogartens, 1970.

1. O. Spengler, Der Untergang des Abendlandes, I: 1918; II: 1922.

137. Karl Holl: Lutherrenaissance (1921)

Mit K. Holls (1866–1926) Luther-Aufsätzen 1921 begann die sogenannte Luther-Renaissance, welche zusammen mit der dialektischen Theologie (s.o. Nr. 135) eine neue Epoche der Theologiegeschichte eröffnete. Während Holl den theozentrischen Gesichtspunkt stark hervorhebt, ist die Theologie Karl Barths christozentrisch bestimmt.

a) **»Was verstand Luther unter Religion?«** (1917)

Ist Gott das schlechthin Erste und Überragende, so kann echte Religion nur dadurch entstehen, daß er sich dem Menschen fühlbar macht, mit seiner Schwere auf ihn drückt, ja ihn erdrückt. Es ist die Empfindung der »*Majestät*« Gottes, des »Heiligen«, wie man heute dafür sagt, die dann auf den Menschen wirkt. Immer bedeutet diese Empfindung soviel wie, daß eine *höhere Wirklichkeit* vor dem Menschen auftaucht, die ihn aus seinem gewohnten Weltbild und aus der gewohnten Selbstverständlichkeit seines eigenen Daseins herausreißt. Das Heilige drängt sich dem Menschen auf als etwas, das sich über das Gemeine erhebt und ihn zu sich selbst emporziehen möchte, und das ihm doch sofort Grenzen setzt, wo er ihm ungescheut zu nahe kommen wollte. Bei Luther ist die Vorstellung dem Christentum entsprechend schon durch den Schöpfergedanken vertieft, noch mehr dadurch, daß hier das Heilige eng, ja ausschließlich mit dem Gewissen in Beziehung gesetzt ist. Darnach trifft der Mensch das Heilige nicht nur wie auf den niederen Stufen an in einer wie zufälligen Begegnung, inmitten einer Welt, die unabhängig von diesem Höheren bestünde. Das Heilige ist ein persönlicher, ehrfurchtgebietender Wille. Der Mensch ist dem Gott, der ihm so erscheint, von vornherein verpflichtet und immerfort an ihn gebunden. Denn er verdankt ihm das Dasein und alle Güter des Lebens. Aber daß dieser selbe Gott ihm nun als *der Heilige* entgegentritt, enthält die Ahnung einer höheren *Ordnung*, die *Gott über das bloß Geschaffene hinaus* gründen will, der gegenüber die »Welt« das »Vergängliche«, das nur auf Zeit Berechnete darstellt. [S. 57f.]

Die Furcht Gottes ist also der erste Schritt zur Religion. Der erste Schritt zu ihr, noch nicht sie selbst. Die *wirkliche* Religion fängt für Luther erst da an, wo der Mensch in Einheit mit Gott steht. So lange die Furcht allein das Beherrschende ist, bleibt aller Gottesdienst nur Heuchelei, ja Verspottung Gottes. Denn das Herz ist dabei ferne von Gott. Der Mensch haßt notwendig seinen Ängstiger und Richter, so sehr es ihn wiederum darnach verlangen mag, Gott für sich zu haben.
Jedoch ist es möglich, von der Furcht vor Gott zum Bewußtsein der Gemeinschaft mit ihm zu gelangen, ohne daß der Ernst jener Grundempfindung verloren geht? . . . Luther konnte, wenn es die Auseinandersetzung mit dieser Frage galt, seinerseits nur dazu auffordern, jenem unmittelbaren Eindruck, der in dem Erschrecken vor Gott lag, *stillzuhalten* und sich ihn nach seinem Sinn und seinen tieferen Gründen zu *verdeutlichen.* [S. 60]
Was Luther in solcher äußersten Bedrängnis noch aufrecht erhielt, war etwas überraschend Einfaches. Es war *das erste Gebot.* An dessen Anfangsworte, an das: »Ich bin der Herr, dein Gott«, hat er sich immer in seiner Todesnot geklammert. Nirgends wird so klar, wie an dieser Stelle, daß das Gefühl eines Sollens die Grundlage seiner ganzen Frömmigkeit bildete und daß die Pflicht gegen Gott ihm als die erste unter allen Pflichten erschien. Ein *Gebot* ergreift er als das Letzte, gerade das Gebot, das ihn *richtet* – denn im ersten Gebot faßt sich die ganze Verpflichtung gegen Gott zusammen, *die* Verpflichtung, der er nicht genügt hat: alle seine Sünde war ja als Ichsucht zuletzt *Unglaube* und *Undank!* –, und er ergreift es, um es zunächst aufrichtig zusamt dem daraus sich ergebenden Gericht zu *bejahen.* Streng verbietet er es sich und andern, daß irgend etwas sich daneben einmischt, was die Reinheit der sittlichen Auseinandersetzung trüben könnte: etwa der Wunsch, nur die Angst wieder loszuwerden, oder die Hoffnung, daß die Anfechtung wohl von selbst nachlassen werde, oder eine Regung des Hasses gegen den unbarmherzigen Gott, die in einer bequemen Verzweiflung endigt. Es gilt vielmehr *dem zürnenden Gott ernsthaft standzuhalten;* nicht in einem gewissen Trotz, sondern so, daß man das den Menschen verwerfende Urteil Gottes – *und damit auch Gott selbst* – unentwegt als gerecht anerkennt.
Aber je ernsthafter Luther sich dazu entschließt, desto deutlicher vernimmt er aus demselben Gebot heraus das Wort, das ihn aufrichtet. In dem Augenblick, wo Luther im Gefühl seiner Unwürdigkeit verzweifeln und vor Gott versinken möchte, tritt ihm *die* Seite des ihn richtenden Gebots scharf ins Bewußtsein, daß es als ein Befehl Gottes allezeit über ihm *bestehen bleibt.* Man muß ihm *immer* gehorchen. Immer, das will sagen: auch jetzt, wo dies als ganz unmöglich erscheint. Ja eben jetzt. Denn wenn ein Gebot schwer wird, dann ist gerade die richtige Zeit, es zu erfüllen. Wollte er sich ihm jetzt entziehen, so würde er seine Sünde durch eine neue, noch größere vermehren. – Jedoch, in solcher Lage dem ersten Gebot gehorchen und, so wie es fordert, »Gott für seinen Gott zu haben«, heißt auch, wie Luther nun empfindet, daran glauben, daß Gott trotz des Gerichts *seinerseits* die Gemeinschaft mit dem Menschen *festhält;* heißt erkennen, daß Gott den Schuldigen im Gericht zwar zerbrechen, aber doch vor sich leben lassen will. Das schließt folgerichtig die Hoffnung der *Vergebung* ein. Denn man kann nicht vor Gott leben, ohne Vergebung der Sünde zu haben. So sieht Luther durch die Finsternis und den Sturm des göttlichen Zorns in den Liebeswillen Gottes hinein. Er vernimmt, wie er es wundervoll ausdrückt, »unter und über dem Nein das tiefe heimliche Ja«, das Gott zu ihm spricht.

An dieser Beschreibung des *Rechtfertigungsvorgangs* – denn was Luther hier schildert, ist tatsächlich nichts anderes als die »Rechtfertigung« – ist vor allem bezeichnend, wie streng Luther den Gedanken *ausschließt,* als ob hier nur der *natürliche Lebenswille* des Menschen sich aufbäumte, der es nicht glauben will, nicht glauben kann, daß er vernichtet werden soll und *darum* einem Gott, der ihn rettet, sich in die Arme wirft. So Gott ergreifen hieße nach Luther das Bewußtsein der Rechtfertigung auf Sand bauen. Nicht aus seinem eigenen unbesiegbaren Lebensdrang, sondern aus einem während des Ringens ihm entgegentretenden *Gotteswillen* holt er die Gewißheit, daß er trotz seiner Sünde vor Gott dasein darf. [S. 73ff.]

b) »Der Neubau der Sittlichkeit« (1919)

Am leidenschaftlichsten hat Luther sich aber gegen den Gedanken gewendet, das Evangelium selbst *unmittelbar* in eine Gesellschaftsordnung umzusetzen und demzufolge aus der christlichen Freiheit die Forderung der bürgerlichen und gesellschaftlichen Freiheit und Gleichheit herzuleiten. Diese scheinbar einfachste Lösung galt Luther als zu grob, zu äußerlich, ja als ein Mißbrauch. Er fand hier gerade den Sinn verzerrt, den er bei der Auffassung der Religion wie der Sittlichkeit wieder neu entdeckt hatte. Wenn aus dem Evangelium, d.h. aus dem im Glauben gewonnenen Gottesverhältnis *unmittelbar* Folgerungen politischer Art gezogen werden durften, dann waren Religion und Sittlichkeit nicht mehr ein Selbstzweck, nicht mehr ein Dienst aus *freier Hingabe,* sondern bereits im Begriff, *Mittel für etwas anderes,* für eine irdische Glückseligkeit, zu werden. Sollten Religion und Sittlichkeit auf der Höhe bleiben, auf die er sie wiederum geführt hatte, dann mußte auch der Satz aufrechterhalten werden, daß sie unter allen, selbst unter den drückendsten äußeren Verhältnissen bestehen können. Den Grundsatz, auf den er sich *in Wirklichkeit* stellte, hat Luther mit aller wünschenswerten Deutlichkeit ausgesprochen. Wenn er die Frage zu beantworten hatte, was ein »seliger« und was ein »sündiger« Stand sei – denn in dieser Form hat Luther immer gefragt, nicht nur bei den Kriegsleuten im Titel seiner bekannten Schrift, sondern ebenso bei der Obrigkeit und bei den übrigen Berufen –, dann entschied sie sich ihm darnach, ob das betreffende Amt *»nützlich war der christlichen Gemeinde«* oder, wie er noch klarer sagen kann, ob es ein Beruf war, *der aus dem Gesetz der Liebe herquillet.* Der Maßstab, den er für den Aufbau der richtigen Gesellschaftsordnung anlegt, ist also jener Gedanke einer *unsichtbaren Gemeinde,* des Reiches Gottes, den Luther in seiner Frühzeit schon erfaßt hatte und aus dem er zu gleicher Zeit auch für die Neugestaltung der Kirche die praktischen Folgerungen zog. Das war für ihn *der* Gemeinschaftsgedanke; derjenige, an dem sich, weil er Gottes letzte Absicht darstellte, alle anderen Formen des Gemeinschaftslebens in ihrem Recht erweisen mußten. War er für den Neubau der Kirche nach seinem *religiösen* Inhalt hin wichtig, so kam er für die Frage der Gesellschaftsordnung mit seiner der Welt zugewandten Seite, d.h. als innerlichste *Liebesgemeinschaft* in Betracht. Hielt man sich aber gegenwärtig, daß diese Liebesgemeinschaft mit der *unsichtbaren* Kirche zusammenfiel, dann war offenkundig, daß sie nicht, wie bei den Täufern, als ein *Gesetz* der »Welt« aufgedrungen werden konnte. Sie war eine Gemeinschaft der Herzen, die das frei bejahte Verhältnis zu Gott zu ihrer Voraussetzung hatte. Ebenso offenkundig war freilich, daß auch dieses unsichtbare Reich der Liebe *in der Welt* nicht bestehen konnte, *ohne daß gewisse äußere Bedingungen erfüllt waren.* Denn daß auch die Glieder dieses Reichs Menschen waren, die leben mußten, Nahrung und Kleidung haben mußten und womöglich des ungestörten Daseins sich erfreuen sollten, *diese* »lex naturae« hat Luther allerdings immer anerkannt. Nur war mit ihr für die Frage, die ihn beschäftigte, noch herzlich wenig gesagt. Es kam darauf an, ob die *Formen* die *die Menschen* für die Befriedigung dieser »lex naturae« im Lauf der Geschichte *geschaffen hatten*, mit jener Liebesgemeinschaft *verträglich* waren oder nicht. Ja Luther stellt noch eine höhere Forderung. Er ist nicht damit zufrieden, daß sie bloß verträglich seien, sondern er verlangt für sie den Nachweis, daß sie »aus dem Gesetz der Liebe herquellen«. Erst dann also, wenn sie sich aus dem Gedanken der Liebesgemeinschaft *ableiten* ließen, wenn gezeigt werden konnte, daß sie selbst etwas zu ihr *beitragen*, hält Luther die Frage für erledigt. [S. 250f.]

Quelle: K. Holl, Gesammelte Aufsätze zur Kirchengeschichte I. Luther, 1921, 1948[7]. – *Literatur:* W. Bodenstein, Die Theologie Karl Holls im Spiegel des antiken und reformatorischen Christentums, 1968.

138. Sendschreiben des Ökumenischen Patriarchats in Konstantinopel »an die Kirchen Christi allenthalben« (1920)

Im Januar 1920 erließ das Ökumenische Patriarchat in Konstantinopel ein »Sendschreiben an die Kirchen Christi allenthalben«. Damit waren die Orthodoxen von Anfang an in der ökumenischen Bewegung aktiv beteiligt.

Die Kirche von Konstantinopel ist der Meinung, daß die gegenseitige Annäherung und ein Bund der verschiedenen christlichen Kirchen (koinonia ton ekklesion) durch die zwischen ihnen bestehenden dogmatischen Unterschiede nicht verhindert wird, und daß ein solches Zusammenrücken höchst erwünscht, notwendig und in vieler Beziehung nützlich ist, für das recht verstandene Wohl jeder Teilkirche, wie des gesamten Leibes Christi und zur Vorbereitung und Erleichterung einer – mit Gottes Hilfe – dereinstigen vollständigen und gesegneten Einigung. Sie hält die gegenwärtige Zeit für sehr geeignet, diese wichtige Frage aufzuwerfen und gemeinsam zu untersuchen. Wenn es auch geschehen kann, daß aus alten Vorurteilen, Gewohnheiten und Ansprüchen sich die gleichen Schwierigkeiten ergeben, die so oft das Einigungswerk vereitelt haben, so werden u.E. für die bloßen, zunächst in Frage kommenden Kontakte und Annäherungen, die Erschwerungen insgesamt weniger ernst sein: Wenn guter Wille und Neigung vorhanden sind, so können und dürfen sie keine unüberwindlichen Hindernisse abgeben.
Wir glauben daher, daß dies Werk durchführbar und mehr als je zeitgemäß ist, nachdem der Völkerbund (koinonia ton ethnon) unter einem guten Vorzeichen begründet wurde. Wir schicken uns voller Hoffnung an, unsere Gedanken und Meinungen in Kürze darzulegen, wie wir diese Annäherung und diesen Kontakt sehen und für möglich halten. Wir ersehen und erbitten das Urteil und die Meinung darüber von den übrigen Brüdern im Osten, wie von den verehrungswürdigen christlichen Kirchen im Westen und allenthalben . . .
Schließlich dürfen die Kirchen, die mit dem Heiligen Namen Christi geschmückt sind, nicht in größerem Maße sein neues großes Liebesgebot vergessen und vernachlässigen und jammervoll zurückbleiben hinter den politischen Mächten, die in der Tat den Geist des Evangeliums und die Lehre Christi sorgfältig anwendeten

und unter günstigen Vorzeichen bereits den Völkerbund gegründet haben zur Verteidigung des Rechts und zur Pflege der Liebe und des Einvernehmens unter den Völkern.

Quelle: H. L. Althaus (Hg.), Ökumenische Dokumente, 1962, S. 139–142. – *Literatur:* R. Rouse/St. Neill, Geschichte der ökumenischen Bewegung 1517–1948, Bd. II, 1958, S. 317ff.; R. Slenczka, Ostkirche und Ökumene, 1962, S. 279ff.

139. Aufruf der Lambeth-Konferenz »an alle Christen« (1920)

In der Regel alle zehn Jahre tritt im Lambeth-Palace, dem Londoner Sitz des Erzbischofs von Canterbury die Konferenz der Bischöfe aller Kirchen, die der weltweiten anglikanischen Gemeinschaft angehören, zusammen. 1920 erließ die Lambeth-Konferenz eine Botschaft »to all christian people«, die ein Bekenntnis und einen Appell zur Einheit der Kirche Christi in aller Welt darstellte.

Wir erkennen alle, die an unseren Herrn Jesus Christus glauben und auf den Namen der Heiligen Dreieinigkeit getauft sind, als solche an, die mit uns zur weltweiten Kirche Christi gehören, die sein Leib ist. Wir glauben, daß der Heilige Geist uns in sehr ernster und besonderer Weise dazu berufen hat, uns in Buße und Gebet mit allen zu verbinden, die die Spaltungen der Christenheit beklagen, und wir sind erfüllt von der Schau und der Hoffnung auf eine sichtbare Einheit der ganzen Kirche.

1. Wir glauben, daß Gott Gemeinschaft will. Durch Gottes eigenes Werk wurde diese Gemeinschaft in und durch Jesus Christus geschaffen, und sie hat ihr Leben in seinem Geist. Wir glauben, daß Gott vorhat, diese Gemeinschaft zu verwirklichen (to manifest) – jedenfalls in dieser Welt – in einem äußeren, sichtbaren und zusammengeschlossenen Gemeinwesen (society), das einen Glauben und eigene anerkannte Amtsträger hat, das sich der gottgegebenen Gnadenmittel bedient und alle seine Glieder zum weltweiten Dienst des Reiches Gottes aufruft. Dies verstehen wir unter »Katholische Kirche«.

2. Diese zusammengeschlossene Gemeinschaft ist in der Welt von heute nicht sichtbar. Auf der einen Seite gibt es andere alte bischöfliche Kirchen (communions) in Ost und West, mit denen uns viele Bande gemeinsamen Glaubens und gemeinsamer Überlieferung verbinden. Andrerseits gibt es die großen nicht bischöflichen Kirchen, in denen reiche Elemente von Wahrheit, Freiheit und Leben ihren Ausdruck finden, die sonst vielleicht verdunkelt oder vernachlässigt worden wären . . .

3. Die Ursachen der Spaltung liegen tief in der Vergangenheit und sind keineswegs einfach, oder gänzlich zu verurteilen . . . Wir gestehen, daß dieser Zustand zerbrochener Gemeinschaft dem Willen Gottes widerspricht, und möchten offen unseren Anteil an der Schuld bekennen, daß so der Leib Christi gelähmt und das Wirken seines Geistes behindert wird.

4. Die Zeiten rufen uns zu einer neuen Schau und zu neuen Maßnahmen auf . . . Wir glauben, die Zeit ist für alle getrennten Christengruppen gekommen, einmütig zu vergessen, was hinter ihnen liegt, und sich nach dem Ziel einer wiedervereinigten Katholischen Kirche auszustrecken . . .

Als Zukunftsbild sehen wir eine Kirche vor uns, die echt katholisch und aller

Wahrheit treu ist und in ihre Gemeinschaft alle hineinnimmt, »die sich als Christen bekennen und sich so nennen« – eine Kirche, in deren sichtbarer Einheit alle die Schätze des Glaubens und der Kirchenverfassung, die die Vergangenheit der Gegenwart als Erbe vermacht hat, gemeinsamer Besitz sind und dem ganzen Leibe Christi dienstbar gemacht werden. Innerhalb dieser Einheit würden jetzt voneinander getrennte christliche Gemeinschaften vieles behalten, was seit langem ihre Art, Gottesdienst zu halten und zu dienen, gekennzeichnet hat. Gerade durch eine reiche Vielfalt des Lebens und der Frömmigkeitsausübung wird sich die Einheit der ganzen Gemeinschaft erfüllen.

5. Dies bedeutet ein Wagnis des guten Willens und noch mehr des Glaubens; denn was gefordert ist, ist nichts Geringeres als eine Neuentdeckung der schöpferischen Kraft Gottes. Wir sind überzeugt, daß Gott jetzt alle Glieder seiner Kirche zu diesem Wagnis ruft.

6. Wir glauben, daß die sichtbare Einheit der Kirche die aufrichtige Annahme des Folgenden notwendig macht: die Heilige Schrift als den Bericht von Gottes Offenbarung an den Menschen, als Regel und letztlicher Maßstab des Glaubens; und das gemeinhin als Nicänum bezeichnete Glaubensbekenntnis, als die ausreichende Darlegung des christlichen Glaubens; und entweder dieses oder das Apostolikum als Taufbekenntnis; die von Gott eingesetzten Sakramente der Taufe und des Heiligen Abendmahls, die für alle Ausdruck des gemeinsamen Lebens der ganzen Gemeinschaft in und mit Christus sind; ein geistliches Amt, dem jeder Teil der Kirche zuerkennt, daß es nicht nur die innere Berufung des Geistes, sondern auch den Auftrag Christi und die Autorität der Gesamtheit hat.

7. . . . Wir geben zu bedenken, daß Erwägungen, die sich aus der Geschichte wie aus der gegenwärtigen Erfahrung ergeben, den Anspruch rechtfertigen, den wir zugunsten des Bischofsamtes erheben. Ja, wir möchten betonen, daß es jetzt und zweifellos auch in der Zukunft das beste Mittel zur Erhaltung der Einheit und Kontinuität der Kirche ist . . .

Quellen: G. Bell, Documents on Christian Unity, 1955, S. 1ff.; deutsch: H. U. Althaus (Hg.), Ökumenische Dokumente, 1962, S. 210–214. – *Literatur:* R. Rouse/St. Neill, Geschichte der ökumenischen Bewegung 1517–1948, Bd. II, 1958, S. 54ff.

140. Ernst Troeltsch: Deutscher Geist und Westeuropa (1922)

Nach der deutschen Niederlage im ersten Weltkrieg begann ein selbstkritisches Fragen nach den geistigen und ethischen Ursachen der weltpolitischen Isolierung Deutschlands als Ursache für den Zusammenbruch. E. Troeltsch (1865–1923) stellte in seinem Vortrag »Naturrecht und Humanität in der Weltpolitik« (1922) die Forderung auf, die »deutsche Tradition« aus ihrer extremen Vereinseitigung zu befreien und sie in eine neue Berührung mit den großen Weltbewegungen Westeuropas zu bringen.

Eine ewige, Moral und Recht gemeinsam begründende rationale und gottgesetzte Ordnung dort, eine immer neue und lebendige, individuelle Verkörperung des historisch-produktiven Geistes hier: das ist der letzte Unterschied. Wer an das ewige göttliche Naturrecht, die Gleichartigkeit der Menschen, die Einheitsbestimmung der Menschheit glaubt und darin das Wesen der Humanität sieht, der empfindet die deutsche Lehre als seltsame Mischung von Mystik und Brutalität. Wer umgekehrt eine ewig lebendige, individuelle Bildungen aus immer neuem Recht begründende Fülle der Individualitäten in der Geschichte sieht, dem erscheint die westeuropäische Ideenwelt als kahler Rationalismus und egalitärer Atomismus, als Seichtigkeit und Pharisäismus zugleich. [S. 7]

Die deutsche Romantik hatte an ihrem Individualitätsbegriff ein neues positives, ethisches und historisches Prinzip. Entscheidend ist dabei der mystisch-metaphysische Sinn dieser Individualitätsidee als jeweils besonderer Konkretion des göttlichen Geistes in Einzelpersonen und überpersönlichen Gemeinschaftsorganisationen. Nicht materielle und soziale gleichartige Atome und universale Naturgesetze, sondern jeweils verschieden-eigenartige Persönlichkeiten und individualisierende plastische Kräfte liegen der Wirklichkeit zugrunde. Das ergibt eine ganz andere Humanitätsidee: nicht die überall gleiche Vernunftwürde und die Erfüllung des allgemeinen Gesetzes, sondern die ganz persönliche und eigenartige Vollauswirkung des Geistes nach allen Seiten, in der Einzelperson zuvörderst und dann auch in der Gemeinschaft. Es ergibt aber auch eine andere Gemeinschaftsidee: Nicht Vertrag oder zweckrationale Konstruktion schaffen von den Individuen her den Staat und die Gesellschaft, sondern die von grundlegenden Individuen ausstrahlenden überpersönlichen geistigen Kräfte, der Volksgeist oder die religiös-ästhetische Idee. Damit entsteht aber auch eine ganz andere Menschheitsidee: nicht die endliche Vereinigung der grundsätzlich gleichen Menschen in einer rational organisierten Gesamtmenschheit, sondern die Fülle kämpfender und im Kampf ihre höchsten geistigen Kräfte entfaltender Nationalgeister, der Spiegel Gottes in den weit über Nutzen und Wohlfahrt erhabenen individuellen Volksgeistern. Alles das zusammen erzeugt dann an Stelle der Fortschrittsidee die Entwicklungsidee: nicht gleichartige, nur immer höher steigende, bis zur Menschheitseinheit strebende Mehrung von Vernunft, Wohlfahrt, Freiheit und zweckmäßiger Organisation, sondern ein Stufenbau qualitativ verschiedener Kulturen, wo jeweils das führende Volk dem folgenden die Fackel übergibt und wo erst alle zusammen in gegenseitiger Ergänzung die Totalität des Lebens darstellen. Hinter alledem steht dann zuletzt eine individualistisch-pluralistisch-pantheistische Metaphysik, die in scharfem Gegensatz steht zu dem monistischen, Moral und Wohlfahrt vereinerleienden, alles auf ein einziges Gesetz zurückführenden Pantheismus der Stoa und ebenso zu dem christlichen Theismus oder auch naturalistischen Deismus. Das ist zuletzt die tiefste Differenz, die vielleicht schon bis auf den Meister Eckhart und Leibniz zurückgeht. [S. 14ff.]

Aber bei alledem bedarf doch die dabei vorausgesetzte und nur individuell gestaltete Idee der grundsätzlichen persönlichen Mündigkeit, Verantwortung und Autonomie der Persönlichkeit einer sehr viel stärkeren Hervorhebung, als das namentlich in den weiteren Umbildungen und politischen Verwertungen dieses Ethos bei uns geschehen ist. In der Idee der Menschenrechte, die nicht vom Staat verliehen werden, sondern ihm und aller Gesellschaft selbst als ideale Voraussetzungen dienen, liegt ein Kern von Wahrheit und von Forderungen des europäischen Ethos, der nicht vernachlässigt werden darf, sondern in jene Ideen eingearbeitet werden muß. Und ebenso steht es mit der Idee der Gemeinschaften oder individuellen Lebenseinheiten, die für unsere Gesellschafts- und Staatsidee so wichtig geworden ist. Sie darf sich nicht auf Tradition, Gewohnheit und Selbstliebe versteifen, darf nicht die übrigen Staaten, Völker und Gemeinschaften und ein geordnetes Verhältnis zu ihnen aus den Augen verlieren. Der Horizont des Weltbürgertums und der Menschheitsgemeinschaft muß alles das umschließen als moralische Forderung und Voraussetzung, von der man weiß, welche Hemmungen ihr in der Wirklichkeit entgegenstehen, die man aber als Ideal nicht aufgibt. In all den Ideen von Völkerbund, Menschheitsorganisation, Einschränkung der Zerstörungskräfte und Egoismen steckt ein unverlierbarer moralischer Kern, den man nicht grundsätzlich preisgeben darf, wenn man ihre Schwierigkeiten und ihren Mißbrauch noch so furchtbar vor Augen hat. [S. 24f.]

Aber auf der anderen Seite wäre es auch ein Irrtum, zu glauben, daß die sozialistische Doktrin und Geschichtswissenschaft sich auf dem geforderten Wege befinde. Allerdings ist die deutsche marxistisch-sozialistische Theorie eine Verbindung der von der romantischen Philosophie gestalteten individualisierenden Geschichtstheorie mit dem demokratisch-humanitären Weltbürgertum. Aus dem ersten Element kommt alles, was der Sozialismus an realistischer Anschauung von Geschichte und Entwicklung, geistigen Tendenzen und sozialen Machtbildungen hat, aus dem zweiten alles, was er als Weltrevolution, Welterlösung, Humanität und Menschheitsorganisation verkündet. Allein abgesehen davon, daß das erste Element durch den öden ökonomischen Materialismus und den ihm zugeordneten Atheismus völlig ausgedörrt ist, ist die Zusammenlötung so äußerlich und gewaltsam, daß beide Elemente fortwährend auseinanderbrechen. Eine völlig ideenlose, deterministisch-dialektische Entwicklung auf der einen Seite und ein gänzlich geschichtsloser humanitär-egalitärer Revolutions-Enthusiasmus auf der andern Seite: das sind die Trümmer, in die die sozialistische Theorie sich auflöst. [S. 26]

Quelle: E. Troeltsch, Deutscher Geist und Westeuropa. Gesammelte kulturphilosophische Aufsätze und Reden, H. Baron (Hg.), 1925. – *Literatur:* W. Köhler, Ernst Troeltsch, 1941; W. F. Kasch, Die Sozialphilosophie von Ernst Troeltsch, 1963; W. Groll, Ernst Troeltsch und Karl Barth – Kontinuität im Widerspruch, 1976.

141. Albert Schweitzer: Die Ehrfurcht vor dem Leben

A. Schweitzer (1875–1965), ursprünglich elsässischer evangelischer Theologe an der Universität Straßburg, gründete als Arzt in Äquatorialafrika das Tropenspital Lambarene. Seine Kulturphilosophie ist bestimmt durch die »Ehrfurcht vor dem Leben«.

Bei Descartes geht das Philosophieren von dem Satze aus: »Ich denke, also bin ich.« Mit diesem armseligen, willkürlich gewählten Anfang kommt es unrettbar in die Bahn des Abstrakten. Es findet den Zugang zur Ethik nicht und bleibt in toter Welt- und Lebensanschauung gefangen. Wahre Philosophie muß von der unmittelbarsten und umfassendsten Tatsache des Bewußtseins ausgehen. Diese lautet: »Ich bin Leben, das leben will, inmitten von Leben, das leben will.« Dies ist nicht ein ausgeklügelter Satz. Tag für Tag, Stunde für Stunde wandle ich in ihm. In jedem Augenblick der Besinnung steht er neu vor mir. Wie aus nie verdorrender Wurzel schlägt fort und fort lebendige, auf alle Tatsachen des Seins eingehende Welt- und Lebensanschauung aus ihm aus. Mystik ethischen Einswerdens mit dem Sein wächst aus ihm hervor.

Wie in meinem Willen zum Leben Sehnsucht ist nach dem Weiterleben und nach der geheimnisvollen Gehobenheit des Willens zum Leben, die man Lust nennt, und Angst vor der Vernichtung und der geheimnisvollen Beeinträchtigung des Willens zum Leben, die man Schmerz nennt: also auch in dem Willen zum Leben um mich herum, ob er sich mir gegenüber äußern kann oder ob er stumm bleibt.

Ethik besteht also darin, daß ich die Nötigung erlebe, allem Willen zum Leben die gleiche Ehrfurcht vor dem Leben entgegenzubringen wie dem eigenen. Damit ist das denknotwendige Grundprinzip des Sittlichen gegeben. Gut ist, Leben erhalten und Leben fördern; böse ist, Leben vernichten und Leben hemmen.

Tatsächlich läßt sich alles, was in der gewöhnlichen ethischen Bewertung des Verhaltens der Menschen zueinander als gut gilt, zurückführen auf materielle und geistige Erhaltung oder Förderung von Menschenleben und auf das Bestreben, es auf seinen höchsten Wert zu bringen. Umgekehrt ist alles, was in dem Verhalten der Menschen zueinander als böse gilt, seinem letzten Wesen nach materielles oder geistiges Vernichten oder Hemmen von Menschenleben und Versäumnis in dem Bestreben, es auf seinen höchsten Wert zu bringen. Weit auseinanderliegende, untereinander scheinbar gar nicht zusammenhängende Einzelbestimmungen von Gut und Böse fügen sich wie zusammengehörige Stücke ineinander, sobald sie in dieser allgemeinsten Bestimmung von Gut und Böse erfaßt und vertieft werden.

Das denknotwendige Grundprinzip des Sittlichen bedeutet aber nicht nur Ordnung und Vertiefung der geltenden Anschauungen von Gut und Böse, sondern auch ihre Erweiterung. Wahrhaft ethisch ist der Mensch nur, wenn er der Nötigung gehorcht, allem Leben, dem er beistehen kann, zu helfen, und sich scheut, irgend etwas Lebendigem Schaden zu tun. Er fragt nicht, inwiefern dieses oder jenes Leben als wertvoll Anteilnahme verdient, und auch nicht, ob und inwieweit es noch empfindungsfähig ist. Das Leben als solches ist ihm heilig . . .

Ethik ist ins Grenzenlose erweiterte Verantwortung gegen alles, was lebt . . .

Das Denken muß danach streben, das Wesen des Ethischen an sich zum Ausdruck zu bringen. Dabei kommt es dazu, Ethik als Hingebung an Leben zu bestimmen, die durch Ehrfurcht vor dem Leben motiviert ist. Mag das Wort Ehrfurcht vor dem Leben als sehr allgemein etwas unlebendig klingen, so ist doch das, was damit bezeichnet wird, etwas, das den Menschen, in dessen Gedanken es einmal aufgetreten ist, nicht mehr losläßt. Mitleid, Liebe und überhaupt alles wertvoll Enthusiastische sind in ihm gegeben. Mit rastloser Lebendigkeit arbeitet die Ehrfurcht vor dem Leben an der Gesinnung, in die sie hineingekommen ist, und wirft sie in die Unruhe einer niemals und nirgends aufhörenden Verantwortlichkeit hinein. Wie die sich durch die Wasser wühlende Schraube das Schiff, so treibt die Ehrfurcht vor dem Leben den Menschen an.

Aus innerer Nötigung entstehend, ist die Ethik der Ehrfurcht vor dem Leben nicht davon abhängig, inwieweit und inwiewenig sie sich zu einer befriedigenden Lebensanschauung auszudenken vermag. Sie braucht nicht auf die Frage Antwort zu geben, was das auf Erhaltung, Förderung und Steigerung von Leben gehende Wirken ethischer Menschen im Gesamtverlaufe des Weltgeschehens bedeuten kann. Sie läßt sich nicht irremachen durch die Erwägung, daß die von ihr geübte Erhaltung und Vollendung von Leben neben der gewaltigen, in jedem Augenblick durch Naturgewalten erfolgenden Vernichtung von Leben fast nicht in Betracht kommt. Wirken wollend, darf sie doch alle Probleme des Erfolges ihres Wirkens dahingestellt sein lassen. Bedeutungsvoll für die Welt ist die Tatsache an sich, daß in dem ethisch gewordenen Menschen ein von Ehrfurcht vor dem Leben und Hingebung an Leben erfüllter Wille zum Leben in der Welt auftritt.

Quelle: A. Schweitzer, Kultur und Ethik, 1923, Gesammelte Werke Bd. 2, S. 377ff. – *Literatur:* W. Picht, Albert Schweitzer, 1960; Albert Schweitzer. Sein Denken und sein Weg, H. W. Bähr (Hg.), 1962.

142. Botschaft der Stockholmer Weltkonferenz für Praktisches Christentum (1925)

Vom 19.–30. August 1925 fand in Stockholm die durch Söderbloms unermüdlichen Einsatz möglich gewordene erste große Weltkonferenz »for life and work« statt, an der Vertreter der meisten nicht-römisch-katholischen Kirchen teilnahmen. Die am Schluß verabschiedete Botschaft faßt die Arbeit der Konferenz kurz zusammen.

... Durch Arbeit und Gebet christlicher Männer und Frauen ist unsere Konferenz seit fünf Jahren vorbereitet worden. Sie hat sich als der bisher umfassendste Ausdruck der Gemeinschaft und Zusammenarbeit der Kirchen über die Grenzen von Nation und Konfession hinaus erwiesen. Die Sünden und Sorgen, Kämpfe und Verluste der christlichen Kirchen in und nach dem Kriege haben sie zu der beschämenden Erkenntnis geführt, daß gegenüber einer in sich uneinigen Christenheit die Welt die Übermacht hat. Unter Beiseitelegung aller Fragen des Bekenntnisstandes und der Kirchenverfassung hat die Konferenz sich das Ziel gesetzt, sich in gemeinsamer praktischer Arbeit zu betätigen. Die Konferenz ist bei alledem, so weithin sichtbar sie auch in die Erscheinung trat, ein erster Anfang.

Wir bekennen vor Gott und der Welt die Sünden und Versäumnisse, deren sich die Kirche durch Mangel an Liebe und mitfühlendem Verständnis schuldig gemacht hat. Menschen, die mit Ernst nach Wahrheit und Gerechtigkeit trachteten, haben sich von Christus ferngehalten, weil seine Nachfolger ihn vor der Menschheit so unvollkommen vertreten haben. Der Ruf der gegenwärtigen Stunde an die Kirche muß deshalb ein Bußruf sein und doch auch ein Ruf zu einem freudigen Neuanfang aus der unerschöpflichen Kraftquelle Jesus Christus.

... Die Konferenz hat unsere Hingabe an den Herzog unserer Seligkeit vertieft und geläutert. Auf seinen Ruf hin: »Folge mir nach!« haben wir unter seinem Kreuz die Pflicht erkannt, sein Evangelium auf allen Gebieten des menschlichen Lebens zu der entscheidenden Macht zu machen – im industriellen, sozialen, politischen und internationalen Leben.

So haben wir auf dem Gebiete des Wirtschaftslebens uns dazu bekannt, daß die Seele der höchste Wert ist, der den Rechten des Besitzes oder dem Mechanismus der Industrie nicht untergeordnet werden darf, und daß die Seele als ihr Grundrecht das Recht auf ihre Rettung beanspruchen kann. Wir kämpfen deshalb für eine freie und vollkommene Entwicklung der menschlichen Persönlichkeit ...

Wir haben die für die internationalen Beziehungen maßgebenden christlichen Gedanken durchberaten, die von völkischer Selbstvergötterung ebenso weit entfernt sind wie von einem matten Kosmopolitismus, dem jedes beliebige Land gleich viel bedeutet. Wir haben die Verpflichtung des Einzelgewissens dem Staat gegenüber betrachtet. Wir haben den universalen Charakter der Kirchen und ihre Pflicht, die Bruderliebe zu predigen und auszuüben, anerkannt. Wir haben das Rassenproblem, die Frage nach Recht und Schiedsgerichtsbarkeit sowie nach der Herstellung einer internationalen Ordnung untersucht, die friedliche Methoden zur Entfer-

nung der Kriegsursachen enthalten könnte, Fragen, welche uns in der Tragik unserer Tage so tief berühren . . .
Wir richten diesen Aufruf in erster Linie an alle Christen. Jedermann soll, seinem eigenen Gewissen folgend und seine Überzeugung ins praktische Leben umsetzend, seine volle Verantwortung für das Tun des Willens Gottes auf Erden und für die Arbeit an Gottes Reich einsetzen . . .
Wir richten unser Auge auf die jungen Menschen in allen Ländern. Wir haben mit herzlicher Freude von dem Streben und Ringen der Jugendbewegung vieler Völker um eine bessere Gestaltung des Gemeinschaftslebens gehört. Den Eifer und die frische Kraft der Jugend möchten wir völlig einstellen in den Dienst des Reiches Gottes . . .
Wir richten diese Botschaft im Namen des Menschensohnes, des Zimmermanns von Nazareth, auch an die Arbeiter der Welt . . . Wir teilen ihr Streben nach einer sozialen Ordnung, in der durch Gerechtigkeit und Brüderlichkeit die Möglichkeit für eine Entwicklung jedes einzelnen und des ganzen Menschengeschlechts gesichert ist.
Unsere Konferenz ist nur ein Anfang, aber wir können nicht auseinandergehen, ohne irgendwelche Vorkehrungen für die Fortführung des so glücklich begonnenen Werkes zu treffen . . .
Je näher wir dem gekreuzigten Christus kommen, umso näher kommen wir einander, wie verschieden auch die Farben sein mögen, in denen unser Glaube das Licht widerstrahlen läßt.

Quellen: A. Deißmann (Hg.), Die Stockholmer Weltkirchenkonferenz. Amtlicher deutscher Bericht, 1926, S. 685ff. – *Literatur:* R. Rouse/St. Neill, Geschichte der ökumenischen Bewegung 1517–1948, Bd. II, 1958, S. 181ff.

143. Weltkonferenz für Glauben und Kirchenverfassung, Lausanne 1927

Mit der Lausanner Weltkirchenkonferenz 1927 konstituierte sich auch die andere, in Ansatz und Zielsetzung von »Life and work« deutlich unterschiedene ökumenische Bewegung der zwanziger Jahre: die Bewegung »for faith and order«. Ihre Anfänge gehen zurück auf die Impulse der Edinburgher Weltmissionskonferenz 1910 und die Initiativen der amerikanischen Protestant Episcopal Church.

Als Vertreter vieler christlicher Gemeinschaften in der ganzen Welt, einig in dem gemeinsamen Bekenntnis des Glaubens an Jesus Christus, den Sohn Gottes, unsern Herrn und Heiland, und in der Gewißheit, daß der Geist Gottes mit uns ist, sind wir hier versammelt, um das, was uns gemeinsam ist und was uns trennt, zu bedenken . . .
Unsere Konferenz ist einberufen worden, um über Fragen des Glaubens und der Kirchenverfassung zu beraten. Sie lehnt es mit Entschiedenheit ab, die Bedingungen der künftigen Wiedervereinigung festzusetzen. Ihr Ziel besteht vielmehr darin, festzustellen, wie weit innerhalb der Konferenz Übereinstimmung in grundlegenden Fragen herrscht und welche schwerwiegenden Punkte der Meinungsverschiedenheit noch verbleiben. Die Konferenz möchte ebenfalls gewisse Richtlinien geben, aus denen in Zukunft eine tiefere Übereinstimmung erwachsen könnte.

Der Ruf zur Einheit

Gott will die Einheit. Unsere Anwesenheit auf dieser Konferenz legt Zeugnis dafür ab, daß wir unsern Willen unter seinen Willen beugen wollen. Wie immer wir die Anfänge der Entzweiung beurteilen mögen, wir beklagen, daß sie weiterdauern und anerkennen es als unsre Pflicht, fortan in Buße und Glauben dafür zu wirken, daß die zerstörten Mauern der Christenheit wieder aufgebaut werden.

Gottes Geist ist in unsrer Mitte gewesen. Er war es, der uns hier zusammengerufen hat. Daß er unter uns war, wurde in unseren Gottesdiensten, unseren Beratungen und in unserer Gemeinschaft offenbar. Er hat uns geholfen, uns gegenseitig zu entdecken. Er hat unsern Horizont erweitert, unser Verständnis vertieft und unsre Hoffnung vermehrt. Wir haben ein Wagnis unternommen und Gott hat unser Wagnis gerechtfertigt. Wir können niemals wieder dieselben sein, die wir bisher waren. Unsere Dankbarkeit muß sich darin zeigen, daß wir unablässig darum bemüht sind, die Einsichten, die uns hier geschenkt worden sind, mit unseren Heimatkirchen, zu denen wir gehören, zu teilen.

Mehr als die Hälfte der Welt wartet noch auf das Evangelium. Im eigenen Lande und draußen wenden sich ungezählte Menschen von der Kirche ab, weil sie als Gemeinschaft keine Kraft besitzt. Was wir geneigt sind, als Luxus anzusehen, betrachten unsere Missionen als Notwendigkeit. So lehnen sich die Kirchen auf dem Missionsfeld bereits in Ungeduld auf gegen die Zerspaltung der Kirche des Westens und unternehmen selbständig das kühne Wagnis der Einigung. Wir Glieder der auf dieser Konferenz vertretenen Kirchen können nicht dulden, daß unsere geistlichen Kinder uns zuvorkommen. Mit ihnen müssen wir uns zu dem Werk rüsten, dessen erste Anfänge Gott so reich gesegnet hat, und zusammen arbeiten, bis unser gemeinsames Ziel erreicht ist.

Manche von uns, die Pioniere dieser Arbeit, sind über dem Streben nach Einheit alt geworden. Auf die Jugend richten wir unseren Blick: möge sie die Fackel hochhalten! Viel zu lange haben wir Männer sie allein getragen: den Frauen muß hinfort ihr Teil an der Verantwortung zugewiesen werden. So wird die gesamte Kirche erreichen, was keine Teilkirche jemals zu vollbringen hoffen kann. Wir sind durch Gottes unmißverständlichen Ruf zusammengeführt worden. Durch seine Führung im Glauben gestärkt, schreiten wir in eben diesem Glauben vorwärts.

Quelle: L. Vischer (Hg.), Die Einheit der Kirche. Material der ökumenischen Bewegung, 1965, S. 29ff. – *Literatur:* R. Rouse/St. Neill, Geschichte der ökumenischen Bewegung 1517–1948, Bd. II, 1958, S. 1ff.; R. Frieling, Die Bewegung für Glauben und Kirchenverfassung 1910–1937, 1970; K. Ch. Epting, Ein Gespräch beginnt, 1972.

144. Rudolf Bultmann: Jesus (1926)

Bultmann (1884–1976), seit 1921 Professor für Neues Testament an der Universität Marburg, veröffentlichte 1921 »Die Geschichte der synoptischen Tradition«. Sein populär geschriebenes Jesusbuch (= Die Unsterblichen. Die geistigen Heroen der Menschheit in ihrem Leben und Wirken Bd. 1) kann den Übergang von der älteren liberalen Theologie (Leben-Jesu-Forschung) zur neueren kritischen Theologie (neben R. Bultmann, M. Dibelius, K. L. Schmidt u.a.) deutlich machen. In ihr wird auf die Sicherstellung der biblischen Heilsgeschichte mit dem Zentrum des Christusgeschehens verzichtet und dem Kerygma der Urgemeinde ein den Menschen verpflichtender Wahrheitsanspruch zugeschrieben.

Denn freilich bin ich der Meinung, daß wir vom Leben und von der Persönlichkeit Jesu so gut wie nichts mehr wissen können, da die christlichen Quellen sich dafür nicht interessiert haben, außerdem sehr fragmentarisch und von der Legende überwuchert sind, und da andere Quellen über Jesus nicht existieren. Was seit etwa anderthalb Jahrhunderten über das Leben Jesu, seine Persönlichkeit, seine innere Entwicklung und dergleichen geschrieben ist, ist – soweit es nicht kritische Untersuchungen sind – phantastisch und romanhaft . . . Bedenkt man, wie sehr die Urteile darüber auseinandergehen, ob Jesus sich für den Messias gehalten hat oder nicht, und wenn, in welchem Sinne er es getan hat, seit wann usw., und bedenkt man weiter, daß es doch wahrhaftig keine Kleinigkeit wäre, sich für den Messias zu halten, daß vielmehr der, der sich dafür hielt, in seinem ganzen Wesen entscheidend dadurch bestimmt gewesen sein muß, so muß man doch gestehen: wenn über diesen Punkt Dunkel herrscht, so bedeutet das eben, daß wir so gut wie nichts über seine Persönlichkeit wissen. Ich persönlich bin der Meinung, daß Jesus sich nicht für den Messias gehalten hat, bilde mir aber nicht ein, um deswillen ein deutlicheres Bild von seiner Persönlichkeit zu haben. [S. 11f.]

Im übrigen ist über die folgende Darstellung nur wenig zu sagen. Ihr Gegenstand ist also nicht das Leben oder die Persönlichkeit Jesu, sondern nur seine »Lehre«, seine Verkündigung. So wenig wir vom Leben und der Persönlichkeit wissen – von seiner Verkündigung wissen wir so viel, daß wir uns ein zusammenhängendes Bild machen können. Indessen ist auch hier bei dem Charakter unserer Quellen äußerste Vorsicht geboten. Was uns die *Quellen* bieten, ist ja zunächst die Verkündigung der Gemeinde, die sie freilich zum größten Teil auf Jesus zurückführt. Das beweist aber natürlich nicht, daß alle Worte, die sie ihm in den Mund legt, wirklich von ihm gesprochen worden sind. Bei vielen Worten läßt sich der Nachweis führen, daß sie vielmehr erst in der Gemeinde entstanden sind, bei anderen, daß sie von der Gemeinde bearbeitet sind. [S. 14]

Zwar ist der Zweifel, ob Jesus wirklich existiert hat, unbegründet und keines Wortes der Widerlegung wert. Daß er als Urheber hinter der geschichtlichen Bewegung steht, deren erstes greifbares Stadium die älteste palästinensische Gemeinde darstellt, ist völlig deutlich. Aber wie weit die Gemeinde das Bild von ihm und seiner Verkündigung objektiv treu bewahrt hat, ist eine andere Frage. Für denjenigen, dessen Interesse die Persönlichkeit Jesu ist, ist diese Sachlage bedrückend oder vernichtend; für unseren Zweck ist sie nicht von wesentlicher Bedeutung. Denn der Komplex von Gedanken, der in jener ältesten Schicht der Überlieferung vorliegt, ist der Gegenstand unserer Darstellung. Er begegnet uns zunächst als ein Traditionsstück, das aus der Vergangenheit zu uns gelangt ist, und in seiner Befragung suchen wir die Begegnung mit der Geschichte. Als der Träger dieser Gedanken wird uns von der Überlieferung Jesus genannt; nach überwiegender Wahrscheinlichkeit war er es wirklich. Sollte es anders gewesen sein, so ändert sich damit das, was in dieser Überlieferung gesagt ist, in keiner Weise. So sehe ich auch keinen Anlaß, der folgenden Darstellung nicht den Titel der Verkündigung Jesu zu geben und von Jesus als dem Verkünder zu reden. Wer dieses »Jesus« für sich immer in Anführungsstriche setzen und nur als abkürzende Bezeichnung für das geschichtliche Phänomen gelten lassen will, um das wir uns bemühen, dem ist es unbenommen. [S. 15f.]

Vorher vor der eigentlichen Darstellung muß noch einmal betont werden, daß die *eschatologische Botschaft Jesu*, die Verkündigung vom Kommen der Gottesherrschaft und der Ruf zur Buße, nur verstanden werden kann, wenn man sich besinnt, *welche Auffassung vom Menschen ihr letztlich zugrunde liegt;* und daß sie nur Sinn gewinnen kann für den, der bereit ist, die ihm geläufige Menschen-, d.h. Selbstauffassung, in Frage zu stellen und zu messen an der ihm hier entgegentretenden Deutung der menschlichen Existenz. Es versteht sich dann von selbst, daß man den Blick nicht auf die zeitgeschichtliche Mythologie richten darf, in der das, was eigentlich in Jesu Verkündigung gemeint ist, seinen äußeren Ausdruck findet. Diese Mythologie gleitet schließlich ab von der großen Grundanschauung, die sie verhüllt, von Jesu Auffassung vom Menschen als in die Entscheidung gestellt durch Gottes zukünftiges Handeln. [S. 50]

Quelle: R. Bultmann, Jesus, 1926, 1951². – *Literatur:* H. Dembowski, Karl Barth, Rudolf Bultmann, Dietrich Bonhoeffer. Eine Einführung in ihr Lebenswerk und ihre Bedeutung für die gegenwärtige Theologie, 1976.

145. Otto Dibelius und Karl Barth über den Standort der evangelischen Kirche in der Weimarer Republik

Mit seinem Buch »Das Jahrhundert der Kirche« (1926) wurde Otto Dibelius, kurmärkischer Generalsuperintendent in der Kirche der Altpreußischen Union, zum Sprecher des seit 1918 wieder erholten kirchlichen Selbstbewußtseins. Die Kirche, die sich auf ihre wahren Aufgaben besinnt, hat die Verheißung, eine neue Epoche für die Christenheit, aber auch für das völkische und soziale Leben heraufzuführen. Ein unerbittlicher Kritiker dieses von Kirchenleitungen beschworenen Optimismus wurde Karl Barth, der die offiziöse kirchliche Selbstzufriedenheit angesichts der wirklichen Situation als Skandal ansah.

I. Otto Dibelius: »Das Jahrhundert der Kirche« (1926)[1]

Artikel VII »Von der Kirche« der Augsburgischen Konfession (1530) als selbstverständlich voraussetzend, fragt Dibelius nach der Kirche als »soziologisches Problem«, nach der empirischen Kirche, wie sie sich besonders im Deutschen Reich gemäß der Deutschen Tradition darstellt. Mit dem außergewöhnlichen Echo seines Buches setzt er sich im »Nachspiel. Eine Aussprache mit den Freunden und Kritikern des ›Jahrhunderts der Kirche‹« (1928) auseinander.

a) Die Kirche als Lebensform

Der Kirche eignet etwas Festes, Sicheres, Unbewegliches. Was sie ist und was sie will, daß läßt sie sich nicht von einzelnen Menschen und von den Zufälligkeiten des Tages vorschreiben. Die Sekte, der Verein, jede losere Gemeinschaft läßt sich bestimmen durch Wesen und Meinung einzelner Persönlichkeiten, durch Zeitereignisse, durch geistige Bewegungen aller Art. Eine Kirche ist, was sie ist. Eine Kirche, die sich Verhältnissen anpaßt, die mit der jeweiligen Kultur bewußt Kompromisse eingeht, die in der Republik eine andere ist als in der Monarchie, im Sonnenschein des Friedens eine andere als in den Stürmen der Revolution – sie hat aufgehört, eine Kirche zu sein. Eine Kirche paßt sich nicht den Menschen an, sondern wartet darauf, daß die Menschen sich ihr anpassen. Darum hat sie einen autoritativen Zug, der den übrigen Gemeinschaften nicht in dieser Weise eigen ist. Diese ihre Autorität gründet jede Kirche auf göttliche Offenbarung. Offenbart aber kann nur diejenige Seite der Gottheit sein, die sich dem Verständnis des Menschen erschließt. Eine religiöse Gemeinschaft, die von dieser Seite des Gottesbegriffs, die wir die rationale nennen, grundsätzlich absieht, die das schlechthin Unbegreifliche, das Unfaßbare und Unnennbare in schweigenden Schauern verehren will, kann nie eine Kirche sein. Erfaßt, erschaut, begriffen und erlebt aber wird die Gottheit in Lehre und Kultus. Deshalb ist die Grundlage jeder Kirche ein Bekenntnis und eine gemeinsame Form der Anbetung. Und eben hier, in Bekenntnis und Kultus, wird das autoritative Moment der Kirche sich auswirken. [S. 89f.]

b) Das bischöfliche Amt

Das bischöfliche Amt ist das Amt der Kirche, das ganz in sich selbst ruht, das grundsätzlich keinem Einfluß von außen her unterworfen sein soll, das kraft seiner religiösen Autorität die Güter und Gaben, die der Kirche vertraut sind, rein und unverletzt zu erhalten hat. Der Bischof hat keine höhere Weihe als der Pfarrer. Seine Berufung kommt nicht weniger als die des Pfarrers durch Menschen zustande. Auch von ihm muß gelten, was nach Luthers großem Wort vom Pfarrer gilt: »Wir sind allesamt Priester, soviel wir Christen sind; die aber, die wir Priester heißen, sind Diener, aus uns erwählt, die in unserem Namen alles tun, und ihr Priestertum ist ihr Dienst.«

Aber der Dienst des Bischofs ist ein anderer als der Dienst des Pfarrers. Weil sein Dienst der Kirche in ihrer Gesamtheit gilt, tritt die Bezugnahme auf die Einzelnen und damit auch die Abhängigkeit, in die die Nähe des Einzelnen oft genug notwendig führt, bei ihm zurück . . . Des Bischofs Dienst gilt der Kirche. Dem Haupt der Kirche, auch wenn es kein »geistliches« Haupt ist, mag er untergeordnet sein, niemals aber einer außerkirchlichen Gewalt. Wo es dazu einmal gekommen ist in der Geschichte des Christentums, da hat das eine ihrer selbst bewußte Kirche immer als etwas Untragbares empfunden . . . Das bischöfliche Amt ist ein ökumenisches Amt. Wer, wie der Pfarrer, inmitten der Einzelgemeinde steht, blickt zunächst in die Gemeinde hinein, und, schaut er um sich, so schaut er in den Gesamtorganismus seiner eigenen Kirche. Wenn der Bischof nach innen blickt, so sieht er den Organismus seiner Kirche. Wendet er den Blick nach außen, so sieht er die andern Kirchen, die mit der seinen eines Glaubens sind. Das gibt seinem Amte eine Weite, wie sie kein anderes Amt in der Kirche haben kann . . . [S. 93ff.]

c) Die Stunde der Kirche

Die einheitliche, christlich bestimmte Kultur des Abendlandes ist in der Auflösung begriffen. Überall scheiden sich die Geister. Eine diesseitig eingestellte Geistesrichtung, der der Mensch das Maß aller Dinge ist, die die Triebe der menschlichen Natur grundsätzlich bejaht, erhebt im vollen Bewußtsein ihrer selbst das Haupt, schüttelt die Vormundschaft christlicher Gesittung von sich ab. Ihr Feind ist die Kirche als die Hüterin dieser christlichen Gesittung. Ihr gilt der Kampf.

Der Kampf ist nicht erst seit heute und gestern da. In der Aufklärung hat er sich angekündigt. Mit dem Aufkommen des industriellen Zeitalters hat er begonnen. Das Neue und Unerhörte ist, daß er heute eine staatliche Macht hinter sich hat, die ihre ganzen geistigen und materiellen Kräfte in diesen Angriffskrieg hineinwirft. Diese Macht ist Rußland. Und damit hat der Kampf die ganze Welt ergriffen. Die Signale des Bolschewismus werden in Ostasien und Südafrika ebenso vernommen wie in Deutschland und in England. Die Welt ist ja so klein geworden! Völker und Erdteile sind einander so nahe gerückt! Nun geht die Scheidungslinie nicht mehr zwischen einem christlichen Abendland und einer asiatisch-afrikanischen Heidenwelt hindurch. Sie geht quer durch die ganze Welt. In jedem Volke Christen-

tum und Heidentum. In jedem Volke der Kampf um die Existenz des christlichen Glaubens und der christlichen Gesittung . . . [S. 190]
Die christlichen Kirchen stehen am Anfang einer neuen Epoche. Sie sammeln ihre Kraft. Sie wagen sich an neue Aufgaben. Sie werden vorwärts getrieben von neuen Verantwortungen. Die geistige Lage der Welt fordert ihre Arbeit. In die Stimmen des Hasses mischen sich nie gehörte Rufe der Sehnsucht nach der Kirche. Man mag zur Kirche stehen, wie man will – die Tatsache, daß wir einem Jahrhundert der Kirche entgegengehen, ist außer Zweifel. Wer das begriffen hat, wird ermessen, was es bedeutet, wenn in dieser Stunde – in dieser Stunde! – dem evangelischen Deutschland eine evangelische Kirche in des Wortes voller Bedeutung geschenkt wird. Wahrlich, es handelt sich um mehr als um Verfassungsänderungen und um neue Organisationsformen! Das evangelische Deutschland wird hineingerissen in eine Bewegung, die durch die ganze Welt geht. Kräfte, die in dem ganzen abendländischen Kulturkreis sich auswirken, tragen die neugewordene Kirche empor. Ausblicke eröffnen sich, Hoffnungen, Verantwortungen von ungeheurer Größe! Wo ist die Jugend, die diese Stunde begreift, die den Ruf Gottes hört, die ihr Leben den großen Aufgaben der neuen Kirche weiht? Wo ist das Geschlecht, das der neuen Kirche, die so emporgetragen wird, den heiligen, den evangelischen Inhalt gibt? [S. 192f.]

d) Volk, Staat und Kirche

Wie stellt sich eine evangelische Kirche zum Staat? Zunächst ist klar, daß eine evangelische Kirche dasjenige freudig bejaht, das die Grundlage jedes gesunden und einheitlichen Staatswesens ist. Das ist das Volkstum. Die evangelische Kirche will Gott anerkennen, wie und wo er sich offenbart. Niemand aber kann an der Tatsache vorbeigehen, daß nach Gottes Schöpferwillen alles gesunde Menschenleben, sobald es in das Stadium der Kultur eingetreten ist, auf dem Volkstum beruht. Der Mensch, der sich von seinem Volkstum löst, verliert die innere Sicherheit, die Harmonie seines Lebens. Internationalität, die das eigene Volksleben überspringt, ist immer sittlich haltlos, äußerlich, oberflächlich. In ein Volk wird der Mensch hineingeboren. Der Volksgemeinschaft verdankt er, was er ist und hat. Der Volksgemeinschaft ist er verpflichtet durch das Gebot der Nächstenliebe. Denn der Bruder im eigenen Volke ist uns immer der Nächste. Das Ideal der evangelischen Kirche kann nicht eine internationale Gesellschaft christlicher Art sein, sondern eine Menschheit, die sich aus Nationen aufbaut, in der jedes Volkstum den christlichen Glauben auf seine Art erfaßt und in seiner Art ausprägt . . . Das ist evangelischer Menschheitsgedanke! Es ist, auf das Ewige bezogen, der Gedanke des Gottesreiches . . .
Wo aber das Volkstum bejaht wird, wird auch der Staat bejaht, der sich zwar mit dem Volkstum nicht deckt, der ihm aber den Rückhalt gibt, den das Volkstum zum Leben braucht. Ohne staatliche Ordnung geht jedes Volkstum zugrunde. Und ein Volk, das aus irgendwelchen Gründen keinen eigenen Staat bildet, strebt doch instinktiv nach irgendeiner Form eigener, freier staatlicher Organisation. Auch das erkennen wir an als den Schöpferwillen Gottes. Ohne straffe staatliche Ordnung würde in einer überbevölkerten Kulturwelt das Leben sich sofort in ein Chaos auflösen . . . [S. 232f.]
Einen omnipotenten Staat kann die Kirche nicht anerkennen. Der Staat ist die Zusammenfassung der Lebenskräfte einer Nation, die sich nicht aus der staatlichen Organisation, sondern aus anderen Wurzeln heraus gestalten. Unter diesen Le-

benskräften ist die entscheidende die Religion als die Trägerin alles sittlichen Lebens. Das Leben der Religion aber schließt sich zusammen in der Kirche, die unabhängig vom Staat ihre Kräfte entfalten muß . . . [S. 236]
Die Kirche muß im Leben der Nation als eine Macht der sozialen der nationalen Versöhnung stehen! Gewiß: die Aufgabe der Kirche ist Kampf! In eine Welt der Sünde ist sie hineingestellt, damit sie ihr das Urteil Gottes verkündige, das strafende, das richtende und eben dadurch befreiende, damit sie die Kraft des lebendigen Gottes wirksam erweise. Und die Kraft Gottes wird mit dem einen Wort: Liebe nicht umschrieben. Aber die Kardinalsünde menschlichen Gemeinschaftslebens ist doch die Selbstsucht, in der Bruder wider Bruder, Klasse gegen Klasse, Volk wider Volk steht. Frieden zu bringen durch Erlösung von der Selbstsucht – das ist die heiligste Mission christlichen Glaubens in der Schicksalsgemeinschaft der Menschen! [S. 241f.]

II. Karl Barth: »Quousque tandem . . .?« (1930)[2]

Durch unsere Kirchenzeitungen und Gemeindeblätter ging vor einigen Wochen – gewiß durch eine jener verheerenden »evangelischen Presse-Zentralen« veranlaßt – folgender Passus, mit dem Universitäts-Professor Dr. Schneider einen Aufsatz über die kirchliche Zeitlage im neuesten Band seines kirchlichen Jahrbuchs[3] eingeleitet haben soll:
»Die evangelische Kirche hat die ungeheure Bedrohung ihres Daseins lebenskräftig überwunden«, so schreibt mit vollem Recht Präses D. Wolff in dem Sammelwerk: »Zehn Jahre deutscher Geschichte 1918–1928«. Es hat doch in der Tat eine Zeit gegeben, da ihr – wenigstens ihrem äußerem Organismus – buchstäblich die Zerschlagung drohte, eine Zeit, in der der Atheismus sich schon brav und bieder anschickte, ihr die Leichenrede zu halten. Etliche voreilige Schwätzer aus der Schicht der »Intellektuellen« gaben schon die Texte an. Auch Äußerungen mitleidigen Bedauerns wurden laut. Das »Volk« war eigentlich zuerst merkwürdig still, wie gelähmt, all das Erlebte sofort zu fassen. Aber dann merkte man doch, daß es noch ein »Kirchenvolk« gab. Es war eine Zeit, in der anfangs auch etliche der Bannerträger die Kleinmut packen wollte. Es will uns zuweilen vorkommen, als sei man im Begriff, das alles viel zu schnell zu vergessen. Eins hat sich damals gezeigt – und eins hat sich bewährt. Gezeigt hat sich, daß der religiöse Gedanke doch tiefer in der deutschen Volksseele verwurzelt war, als nach außen hin in die Erscheinung trat. Das heilige »Dennoch« hat sich durchgesetzt. Bewährt hat sich das, was wir empirische Kirche nennen, sowohl in seiner Dauerkraft als auch in seiner Elastizität. Die Kirchenführung des letzten Jahrzehnts war ein Meisterstück – das kommt immer mehr auch den Krittlern zum Bewußtsein. Spätere werden das noch deutlicher sehen als die Gegenwart. Aber die Tatsache, daß die Kirche dageblieben ist – allen Gewalten zum Trotz erhalten –, daß sie neue Freiheit und neue Kraft gewonnen hat, daß sie bei der »Umwertung aller Werte« ihren Wert behauptet, ja gesteigert hat, soll und darf uns nicht blind machen gegenüber den Wirbeln der Gegenwart. Wir sind noch lange nicht über den Berg, aber wir sind über den Engpaß heraus und sehen vor uns ein freies Feld.«
Unter Außerachtlassung aller professoralen Umständlichkeit, Rücksicht und Vorsicht möchte ich dazu folgendes sagen: Es ist ein zum Himmel schreiender Skandal, daß die deutsche evangelische Kirche andauernd diese Sprache redet. Die deutsche evangelische Kirche, soweit und sofern sie eben nach außen, verantwortlich

redend, zur Sprache kommt. Es gibt auch eine deutsche evangelische Kirche, die, durch den andauernden Skandal dieser Sprache übertönt, nicht so redet. Aber so, so reden ihre verantwortlichen Vertreter. So, in dieser Sprache, müssen wir anderen, wir, das »Kirchenvolk«, ohne uns dagegen verwahren zu können, uns nach außen vertreten lassen. Vor den Arbeitern, vor den Gebildeten, vor dem Ausland. Aus dieser Gesinnung heraus müssen wir uns anpredigen lassen. Prof. Schneider steht für Dutzende und Dutzende unserer kirchlichen Führer und für Hunderte und Tausende unserer Pastoren. Ich habe nichts gegen ihn und die anderen alle, aber ich habe alles gegen die Sprache, in der er und unzählige seinesgleichen das Land unsicher machen. Und ich bin es leid, dazu zu schweigen. Für indirekte theologische Bedenken haben diese Kreise offenbar keine Zeit, keine Aufnahmefähigkeit und keinen Willen. Es ist in den zehn Jahren, an deren Ende sie, ihres Meisterstücks sich freuend, hemmungslos zu posaunen wagen, daß das heilige »Dennoch« sich durchgesetzt habe – es ist in diesen zehn Jahren oft genug indirekt, theologisch geredet worden. Der Skandal jener Sprache dauert an, nein, er schwillt an, als wäre nichts geschehen. Als ich die angeführte Auslassung bis zu dem Satz vom heiligen Dennoch gelesen hatte, war es mir klar, daß der Augenblick, grob zu werden, gekommen sei.

Und so werde ich grob und sage: wo diese Sprache geredet wird, da ist Catilina, da ist die eigentliche, gefährliche Verschwörung gegen die Substanz der evangelischen Kirche. Gefährlicher als das Gefährlichste, was Katholiken, Juden und Freidenker nach den Schauernachrichten, mit denen ihr je und je euer »Kirchenvolk« außer Atem zu halten sucht, gegen sie im Schilde führen können. Gefährlicher als alles, was etwa der Sowjet-Atheismus gegen das »Christentum« unternehmen und vollbringen kann. Mögen solche Angriffe gegen die Kirche ausrichten, was sie können und dürfen, – eines werden sie nicht können und dürfen: die Substanz der Kirche werden sie nicht einmal anrühren, geschweige denn versehren. Sie kann ihnen zum Trotz nicht nur erhalten, sondern unter ihrem Ansturm verzehnfacht und verhundertfacht werden. Die Substanz der Kirche ist die ihr gegebene Verheißung und der Glaube an diese Verheißung. Wann wäre die Verheißung nicht größer, deutlicher, leuchtender geworden gerade unter wirklicher Anfechtung von außen? Wann hätte der Glaube bessere Gelegenheit gehabt, sich als Glaube zu bewähren und aufzurichten, als unter solcher Anfechtung? »Was können uns Menschen tun?« »Ist Gott für uns, wer mag wider uns sein?« Warum wird nicht das, das denChristen zugerufen von den Führern unserer Kirche, wenn sie wirklich zu sehen meinen, daß die Kirche heute in der Anfechtung stehe? Was sie ihr in Wirklichkeit zurufen, ist die Verleugnung der Verheißung und des Glaubens und bedeutet die Zerstörung der Substanz der Kirche, die nur von innen erfolgen kann. Und die erfolgt hier. Sie rufen uns zu, daß Menschen uns darum nichts tun können, weil wir selbst das Nötige zu ihrer Abwehr zu tun so energisch, so zielbewußt, so erfolgreich im Begriffe stehen. Sie rufen uns zu, daß Gott darum und so für uns ist, daß wir selbst (vertreten durch sie, die Kirchenführer!) unentwegt für uns sind. Sie rufen uns zu, daß das heilige Dennoch sich darin und so durchgesetzt habe, daß der in der deutschen Volksseele verwurzelte religiöse Gedanke sich gezeigt und die empirische Kirche sich bewährt habe. Das Übereinkommen, daß es angebracht sei, heute so zu reden und das zu sagen, nenne ich die eigentliche und gefährliche, die catilinarische Verschwörung gegen die Substanz der Kirche. Wenn das andauernd unwidersprochen unter uns gesagt werden darf, wenn das gehört und geglaubt werden sollte, dann hat die Kirche in ihrem Innersten zu leben aufgehört. Die sowjet-atheistische, oder auch die neue römische Verfolgung, mit der ihr uns gelegentlich graulen machen wollt, mag dann immerhin ausbrechen. Sie wird dann gegenstandslos und ihre allfälligen Märtyrer werden dann sicher keine christlichen Märtyrer sein. Wenn es denen, die heute, im Besitz des Namens, des Apparates, der Ämter, der Stimme der evangelischen Kirche befindlich, diese Kirche nach ihrem Belieben machen – wenn es ihnen endgültig gestattet sein sollte, aus der Kirche *das* zu machen, dann ist es an der Zeit, allem Volk zu sagen, daß die Kirche aus ist und daß es betrogen wird, wenn man von ihm verlangt, hier Kirche zu sehen, zu ehren, zu glauben, zu lieben. Die evangelische Kirche ist heute schon von einer finstern Wolke von Mißtrauen umgeben. Wer nicht blind ist, sieht es. Ihre Führer aber sind blind und sehen es nicht. Freuen sich des Vertrauens, das ihnen ein Häuflein »Kirchenvolk« entgegen zu bringen scheint, indem es sich an Sonn- und Feiertagen immer wieder erwartungsvoll zu ihren Füßen setzt – und sehen nicht, daß es sich auch und gerade bei diesem guten kleinbürgerlichen »Kirchenvolk« um einen Rest von Vertrauen handelt, der auch noch schwinden kann und schwinden wird, wenn die Unerheblichkeit der ganzen kirchlichen Angelegenheit einmal erwiesen sein sollte. Sie *ist* aber erwiesen, wenn die Kirche noch eine Weile ungestraft und ungestört so weiterredet. Für dieses Opium werden sich auch die Kleinbürger, die heute noch den Trost der Pastoren bilden, eines Tages bedanken. Und wenn sie es gleich nicht täten und wenn dieses Treiben ungestraft noch 100 Jahre weiter und weiter gehen würde, so würde es dennoch wahr sein, daß diese Kirche – die Kirche, die legitim durch diese Stimme vertreten sein sollte – von Gott verlassen ist und jeder ein Verräter der Kirche (und nicht nur der Kirche), der sie dahin »geführt« hat.

Warum ist diese Art »Führung« unerträglich? Warum muß man, ganz und gar ohne den Anspruch eines Propheten, die Verantwortung übernehmen, dagegen zu schreien, solange es noch Zeit ist? Warum ists wahr, daß die Kirche, die so redet, die Verheißung und den Glauben verleugnet? Darum, weil sie in solchen Worten und Taten so unzweideutig wie nur möglich sich selber will, sich selber baut, sich selber rühmt und eben darin von den um andere Fahnen und Fähnlein Gescharten nur dadurch sich unterscheidet, daß sie das – gebläht durch den Anspruch, die Sache Gottes zu vertreten – viel ungebrochener, viel pausbackiger, viel hemmungsloser tut als alle anderen. Wenn es ihr um die Sache Gottes ginge, dürfte sie dann mit der Gemächlichkeit, mit der man auf eine überstandene Grippe zurückblickt, reden von der glücklich vergangenen Zeit, da ihr »buchstäblich die Zerschlagung drohte«? Und mit diesem selbstzufriedenen Spott (als ob der große Abfall etwa nur die Schuld der anderen wäre!) von jenen Atheisten, Intellektuellen und Schwätzern, die sich damals so gründlich geirrt haben sollen? Und mit diesem breiten Behagen (als ob das nicht eine elende Phrase wäre) von dem tief in der deutschen Volksseele verwurzelten »religiösen Gedanken«? Und mit dieser ans Lästerliche streifenden Sicherheit von der Durchsetzung des heiligen »Dennoch«? Und mit dieser Eitelkeit von dem nach 10 Jahren vollendet oder doch nahezu vollendet dastehenden »Meisterstück« von »Kirchenführung«? Und mit dieser Hartherzigkeit (als ob es keine Wohnungsnot und keine Arbeitslosigkeit gäbe in Deutschland) davon, daß sie, sie, die Kirche, »aus dem Engpaß heraus« sei? Wem es um *seine* Sache, um sein *Geschäft*, um seine *Partei*, um seinen *Stand* und dergleichen geht, der mag und darf vielleicht so reden. Ein tüchtiger Reklame-Chef eines beinahe und doch noch nicht ganz fallit gegangenen alten Hauses mag und darf vielleicht so reden. Er würde es wahrscheinlich mit mehr Geist und Geschmack tun. Aber nicht *wie*, sondern *daß* die Kirche hier mittut, ist empörend. Wenn sie das tut, wenn sie dazu übergeht und dabei bleibt als eine Marktbude neben anderen (wie es auf der »Pressa« unseligen Andenkens erschreckend drastisch geschehen ist) sich selbst anzupreisen und auszuposaunen, dann hat sie einfach und glatt aufgehört, Kirche zu sein. Die Kirche kann nicht Propaganda treiben – Schmach und Schande, wenn die Universität anfängt, auf diese Wege zu geraten! Die Kirche kann nicht sich selbst wollen, bauen, rühmen, wie alle anderen. Der Stab, auf den sie sich da stützt, wird ihr durch die Hand gehen. Denn bei dem bösen Gewissen, mit dem sie das tut (und sie kann das nur mit bösem Gewissen tun), kann es nicht anders sein, als daß sie das schlechter machen wird als alle anderen und am Ende – wie alle Überläufer zum Feinde – erst recht blamiert, blamiert vor Gott und vor der Welt dastehen wird. Und unterdessen wird, man verlasse sich darauf, das, was die Kirche tun sollte und könnte, die Predigt des Evangeliums versäumt dahinten bleiben: die gänzlich anspruchslose, die nicht welterobernde, nicht sich selbst behauptende, nicht die Jugend und die Arbeiter gewinnen wollende, nicht mit dem »Vorwärts« und mit den Katholiken zankende, die nicht nach dem in der deutschen Volksseele verwurzelten religiösen Gedanken schielende, sondern aufrichtige und lautere Predigt des Evangeliums. Man kann nicht Gott dienen und mit Teufel und Welt solche Rückversicherungen eingehen. Da wird keine Neuentdeckung der »reformatorischen Botschaft«, da wird keine Liturgie- und Gesangbuchreform, da wird kein Lutherfilm und kein violettes »Jahrhundert der Kirche«[4], da wird keine kirchliche Jugendbewegung und Gemeindearbeit, da werden keine ökumenischen Ideologien und Machenschaften auch nur das geringste helfen: eine Kirche, die zugestandenermaßen damit beschäftigt ist, ihren (ihren!) Wert zu behaupten, ja zu steigern, eine Kirche, die das Jubeljahr der Augsburger Konfession damit antritt, zu bejubeln, daß sie (sie!) wieder einmal »aus dem Engpaß heraus« ist, eine solche Kirche kann in keinem Wort ihrer Weihnachts- und Oster- und Sonntagspredigt glaubwürdig sein. Wenn sie »Jesus Christus« sagt, muß und wird man, und wenn sie es tausendmal sagte, ihre eigene Sattheit und Sicherheit hören und sie soll sich nicht wundern, wenn sie mit allem ihrem »Jesus Christus« in den Wind, an der wirklichen Not der wirklichen Menschen vorbeiredet, wie sie am Worte Gottes vorbeigehört, aus aller Mahnung, Tröstung und Lehre der Bibel und der Reformatoren Wasser auf ihre eigenen kleinen Mühlen gemacht hat. Darum, weil sie im Begriff steht, ihren eigenen Brunnen zu verstopfen und zu vergiften durch eine heillose Unsachlichkeit, darum muß man ihr mit letztem Ingrimm widersprechen.

Mit letztem Ingrimm gerade dann widersprechen, wenn man sie lieb hat. Mir graut vor der Flut von Festreden, Festpredigten und Festspielen, die das Jahr 1930 mit tödlicher Sicherheit bringen wird. Sie werden nach menschlichem Ermessen mehr oder weniger alle auf den unerträglichen Ton von Professor Schneider und seinesgleichen gestimmt sein. Oder sie werden doch weit davon entfernt sein, ihm entgegenzutreten, mit jenem Zorn entgegenzutreten, wie es einer wirklichen Feier der Augsburger Konfession allein angemessen wäre. Und wenn diese Flut für einmal verebbt sein wird, wird die Einbildung nach innen und die Lüge nach außen noch ein Stück größer und dicker geworden sein. – Irgend jemand soll der »empirischen Kirche« zuvor in den Rücken gefallen sein. Irgend jemand soll es zuvor ausgesprochen haben, daß wir nicht auf gutem Wege sind, daß es so auf keinen Fall gehen wird. Auf die Gefahr hin allerlei braven Leuten »Unrecht zu tun«! Aber auch die bravsten Leute schweigen da zu dem Greuel einer Sprache, die eine Beleidigung gegen das Christentum ist. Ich wollte, irgend jemand anderes hätte es, die christliche Kirche mehr liebend als die »christliche Liebe«, gesagt, den verantwortlichen Führern unserer Kirche und dem mitverantwortlichen »Kirchenvolk« mit ihnen zu Beginn dieses Jahres ins Gesicht gesagt: Es ist höchste Zeit, auf diesem Wege halt- und kehrtzumachen! Quousque tandem !. . .?

Quellen: Otto Dibelius, Das Jahrhundert der Kirche, 1926[1], 1928[6]; ders., Nachspiel. Eine Aussprache mit den Freunden und Kritikern des »Jahrhunderts der Kirche«, 1928; Karl Barth, Quousque tandem . . .?, in: Der Götze wackelt. Zeitkritische Aufsätze, Reden und Briefe von 1930 bis 1960, Karl Kupisch (Hg.), 1961, S. 27–32. – *Literatur:* Otto Dibelius. Leben und Wirken. Mit Grußworten zum 80. Geburtstag von Theodor Heuß u.a., o.J.; K. Kupisch, Karl Barth in Selbstzeugnissen und Bilddokumenten, 1971; E. Busch, Karl Barths Lebenslauf, 1975.

1. »Für den Historiker der KG nach 1945 bleibt die sehr erwägenswerte Frage, inwieweit die Kirchen in Deutschland bewußt oder unbewußt den Konzeptionen von Dibelius aus dem Jahre 1926 gefolgt sind«, K. Kupisch, Deutschland im 19. und 20. Jahrhundert (KIG Bd. 4, R 2), 1966, S. 113 Anm. 10.
2. Diesem Angriff auf die Selbstzufriedenheit der Kirchenleitungen folgte ein Jahr später der Vortrag in der Berliner Universität über »Die Not der evangelischen Kirche« (Der Götze wackelt, s.o., S. 33–62), den Dibelius mit seiner Schrift »Die Verantwortung der Kirche – eine Antwort an Karl Barth« (1931) beantwortete.
3. KJ 56, 1929, S. 315f.
4. Anspielung auf das Buch von Dibelius.

146. Papst Pius XI.: Enzyklika »Mortalium animos« (1928)

Die entschieden ablehnende Haltung der römischen Kurie gegenüber der werdenden ökumenischen Bewegung fand ihren deutlichsten Ausdruck in der Enzyklika »Mortalium animos«, die Pius XI. am 6. Januar 1928 erließ.

Wohl zu keiner anderen Zeit hat die Herzen der Menschen ein solcher Eifer ergriffen, das Band der brüderlichen Verbundenheit, durch das wir alle aufgrund unseres gleichen Ursprungs und der gleichen Natur miteinander verknüpft und verkettet sind, zu bestärken und zum Wohl der ganzen menschlichen Gesellschaft immer weiter auszudehnen, als wir es in unseren Tagen beobachten können . . .
Allzuleicht werden manche durch die Vorspiegelung einer scheinbar guten Sache getäuscht, wenn es sich darum handelt, die Einheit aller Christen untereinander zu fördern. Ist es nicht billig – so sagt man – . . . daß alle, die den Namen Christi anrufen, von den gegenseitigen Verketzerungen ablassen und endlich einmal durch das Band gegenseitiger Liebe verbunden werden? . . .
So und ähnlich reden in stolzer Sprache jene, die man Panchristen nennt. Man glaube nicht, es handle sich bei ihnen nur um vereinzelte kleine Gruppen. Im Gegenteil: sie sind zu ganzen Scharen angewachsen und haben sich zu weitverbreiteten Gesellschaften zusammengeschlossen, an deren Spitze meist Nichtkatholiken der verschiedensten religiösen Bekenntnisse stehen. Ihr Beginnen fördern sie inzwischen so tatkräftig, daß es weithin die Zustimmung des Volkes gefunden hat. Ja, ihre Arbeit hat sogar viele Katholiken angezogen und begeistert, die sich der Hoffnung hingeben, auf diesem Weg lasse sich eine Einheit herbeiführen, wie sie auch wohl den Wünschen der heiligen Mutter, der Kirche, entspricht . . .
So ermahnt Uns denn Unser apostolisches Pflichtbewußtsein, nicht zuzulassen,

daß verderbliche und falsche Anschauungen in die Kirche des Herrn eindringen . . .
Wie sollte man sich also einen Bund der Christenheit denken, dessen Mitglieder auch auf dem Gebiete der Glaubenswahrheiten ihre eigenen Gedanken und Meinungen beibehalten können, selbst wenn diese sich gegenseitig widersprechen? . . .
Wir können nicht sehen, wie bei solchen Meinungsverschiedenheiten ein Weg zur Einheit der Kirche gefunden werden kann, da diese Einheit nur aus der Einheit des Lehramtes und der Einheit der Glaubensregel und der Einheit des Glaubens in der ganzen Christenheit entstehen kann. Wohl aber wissen Wir, daß auf diese Weise leicht der Weg zu einer Geringschätzung der Religion, nämlich zum Indifferentismus und zum Modernismus geebnet wird. Die beklagenswerten Anhänger des Modernismus lehren ja, die Wahrheit der Glaubenssätze sei nicht absolut, sondern relativ, d.h., sie entspreche den mannigfachen zeitlichen und örtlichen Bedürfnissen und den verschiedenen Neigungen des menschlichen Herzens, da sie nicht in einer unveränderlichen Offenbarung enthalten sei, sondern dem Leben der Menschen angepaßt werde.
Außerdem ist es absolut unstatthaft, auf dem Gebiet der Glaubenswahrheiten den von ihnen eingeführten Unterschied zwischen den sogenannten »grundlegenden« und »nichtgrundlegenden« Glaubenswahrheiten zu machen, als müßten die grundlegenden von allen angenommen werden, während die nichtgrundlegenden der freien Zustimmung der Gläubigen überlassen werden könnten. Die übernatürliche Tugend des Glaubens hat doch die Autorität der göttlichen Offenbarung zum inneren Beweggrund, die eine solche Unterscheidung in keiner Weise zuläßt. Deshalb müssen alle wahren Anhänger Christi beispielsweise dem Dogma von der Unbefleckten Empfängnis der Gottesmutter Maria genau denselben Glauben schenken wie dem Geheimnis der Allerheiligsten Dreifaltigkeit, und sie dürfen die Menschwerdung unseres Herrn nicht anders glauben als das unfehlbare Lehramt des Papstes, und zwar in dem Sinne, wie es auf dem ökumenischen Vatikanischen Konzil festgelegt worden ist. Diese Wahrheiten sind deswegen nicht weniger sicher und nicht weniger zu glauben, weil sie zu verschiedenen Zeiten oder auch erst in neuester Zeit von der Kirche feierlich erklärt und verkündet worden sind; denn sie alle sind von Gott geoffenbart worden . . .
Daraus geht hervor, . . . aus welchen Gründen der Apostolische Stuhl niemals die Teilnahme der Seinigen an den Konferenzen der Nichtkatholiken zugelassen hat. Es gibt nämlich keinen anderen Weg, die Vereinigung aller Christen herbeizuführen, als den, die Rückkehr aller getrennten Brüder zur einen wahren Kirche Christi zu fördern, von der sie sich ja einst unseligerweise getrennt haben . . .
Zum Apostolischen Stuhle also, der in dieser Stadt aufgerichtet ist, welche die Apostelfürsten Petrus und Paulus mit ihrem Blute geweiht haben, zu diesem Sitze, der »die Wurzel und der Mutterschoß der katholischen Kirche« ist, mögen die getrennten Söhne kommen, nicht in der Absicht und Hoffnung, die Kirche des lebendigen Gottes, die Säule und Grundfeste der Wahrheit, werde die Reinheit ihres Glaubens aufgeben und Irrtümer dulden und zulassen, sondern im Gegenteil, um sich ihrem Lehramt und ihrer Führung zu überlassen . . .

Quelle: H. L. Althaus (Hg.), Ökumenische Dokumente, 1962, S. 163f.165.170.171.172.173. – *Literatur:* R. Rouse/St. Neill, Geschichte der ökumenischen Bewegung 1517–1948, Bd. II, 1958, S. 359–384.

147. Stellungnahme der deutschen Bischöfe zum Nationalsozialismus (1932)

In vielen Hirtenbriefen und Kundgebungen haben deutsche Bischöfe vor 1933 ihre Gläubigen vor dem Nationalsozialismus gewarnt und die Zugehörigkeit zur NSDAP als unvereinbar mit der Treue zur katholischen Kirche erklärt. Die Fuldaer Bischofskonferenz vom 17.–19. August 1932 hat diese Stellungnahme zusammenfassend festgehalten.

Votum betr. Stellungnahme der deutschen Bischöfe zur nationalsozialistischen Partei.
Sämtliche Ordinariate haben die Zugehörigkeit zu dieser Partei für unerlaubt erklärt, weil
1. Teile des offiziellen Programms derselben, so wie sie lauten und wie sie ohne Umdeutung verstanden werden müssen, Irrlehren enthalten,
2. weil die Kundgebungen zahlreicher führender Vertreter und Publizisten der Partei glaubensfeindlichen Charakter, namentlich feindliche Stellung zu grundsätzlichen Lehren und Forderungen der katholischen Kirche, enthalten und diese Kundgebungen keine Ablehnung oder Widerspruch seitens der obersten Parteileitung erfahren haben. Es gilt dies auch von der Stellungnahme in Fragen der konfessionellen Schule, der christlichen Ehe u.a.m.
3. Es ist das Gesamturteil des katholischen Klerus und der treu katholischen Vorkämpfer der kirchlichen Interessen im öffentlichen Leben, daß, wenn die Partei die heiß erstrebte Alleinherrschaft in Deutschland erlangt, für die kirchlichen Interessen der Katholiken die dunkelsten Aussichten sich eröffnen.
4. Es ist nicht entschuldbar, wenn weite Kreise der Partei sich anschließen in der Absicht, nur die wirtschaftlichen Interessen und die Ziele des weltlich-politischen Gebietes, wie sie in der Partei vertreten sind, damit unterstützen zu wollen. Denn die Unterstützung der Partei selbst schließt, man mag wollen oder nicht, die Förderung ihrer Gesamtziele ein. Es kommt hinzu, daß die Verheißungen der Partei als unerfüllbar erscheinen.

Quelle: H. Müller (Hg.), Katholische Kirche und Nationalsozialismus. Dokumente 1930–1935, 1965 (dtv 328), S. 62f. – *Literatur:* G. Binder, Irrtum und Widerstand. Die deutschen Katholiken in der Auseinandersetzung mit dem Nationalsozialismus, 1968, S. 71ff.; G. Lewy, Die katholische Kirche und das Dritte Reich, 1965, S. 15ff.; K. Scholder, Die Kirchen und das Dritte Reich Bd. I, 1977, S. 160ff.

148. Paul Tillich: Die Kirche und das Dritte Reich. Zehn Thesen (1932)

Als führender Theoretiker des religiösen Sozialismus wurde Tillich ein scharfer Kritiker des Nationalsozialismus. Mit seinen 10 Thesen antwortete er auf eine Umfrage an Theologen nach ihrem Urteil über die Hitler-Bewegung. Sein Buch »Die sozialistische Entscheidung« (1933) wurde sofort nach der Machtübernahme Hitlers verboten und verfiel als Titel auf der schwarzen Liste der Bücherverbrennung. Im April 1933 von seiner Professur in Frankfurt a.M. suspendiert, emigrierte er in die USA und wurde am 20. Dezember auf Grund der politischen Zuverlässigkeitsklausel des Gesetzes zur Wiederherstellung des Berufsbeamtentums (s.u. Nr. 157) aus dem Staatsdienst entlassen[1].

1. Ein Protestantismus, der sich dem Nationalsozialismus öffnet und den Sozialismus verwirft, ist im Begriff, wieder einmal seinen Auftrag an der Welt zu verraten.
2. Scheinbar gehorsam dem Satz, daß das Reich Gottes nicht von dieser Welt ist, zeigt er sich, wie schon häufig in seiner Geschichte, gehorsam den siegreichen Gewalten und ihrer Dämonie.
3. Sofern er den Nationalismus und die Blut- und Rassenideologie durch eine Lehre von der göttlichen Schöpfungsordnung rechtfertigt, gibt er seine prophetische Grundlage zugunsten eines neuen offenen oder verhüllten Heidentums preis und verrät seinen Auftrag, für den *einen* Gott und die *eine* Menschheit zu zeugen.
4. Sofern er der kapitalistisch-feudalen Herrschaftsform, deren Schutz der Nationalsozialismus tatsächlich dient, die Weihe gottesgewollter Autorität gibt, hilft er den Klassenkampf verewigen und verrät seinen Auftrag, gegen Vergewaltigung und für die Gerechtigkeit als Maßstab jeder Gesellschaftsordnung zu zeugen.
5. Der Protestantismus ist in schwerster Gefahr, diesen für ihn auf weite Sicht verderblichen Weg zu gehen. Ihm fehlt seit seinen Anfängen eine von den weltlichen Mächten und nationalen Trennungen unabhängige tragende Gruppe. Ihm fehlt ein profetisch begründetes, gesellschaftskritisches Prinzip. Ihm fehlt auf lutherischem Boden der Wille, die Wirklichkeit nach dem Bilde des Reiches Gottes zu gestalten. Er ist in Deutschland soziologisch fast nur noch getragen von den Gruppen, die hinter dem Nationalsozialismus stehen, und ist dadurch ideologisch und politisch an sie gebunden.
6. Offizielle Neutralitätserklärungen der kirchlichen Instanzen ändern nichts an der tatsächlichen Haltung weitester evangelischer Kreise, Theologen und Laien. Sie werden vollends wertlos, wenn gleichzeitig kirchliche Maßnahmen gegen sozialistische Pfarrer und Gemeinden getroffen werden und Theologen, die dem heidnischen Nationalsozialismus entgegentreten, bei der Kirche keinerlei Schutz finden.
7. Der Protestantismus hat seinen prophetisch-christlichen Charakter darin zu bewähren, daß er dem Heidentum des Hakenkreuzes das Christentum des Kreuzes entgegenstellt. Er hat zu bezeugen, daß im Kreuz die Nation, die Rasse, das Blut, die Herrschaft in ihrer Heiligkeit gebrochen und unter das Gericht gestellt sind.
8. Der Protestantismus hat seinem Wesen nach nicht die Möglichkeit, sich in einer bestimmten politischen Richtung darzustellen. Er muß die Freiheit von sich selbst darin bewähren, daß Protestanten jeder politischen Partei angehören können, selbst denjenigen, die den Protestantismus in seiner kirchlichen Verwirklichung bekämpfen. Er muß aber jede Partei wie überhaupt jedes menschliche, auch kirchliche Tun unter das Gericht und die Hoffnung der prophetisch-urchristlichen Reichgottesverkündigung stellen.
9. Auf diese Weise kann er dem politischen Wollen der im Nationalsozialismus zusammengeschlossenen Gruppen ein ihrer sozialen Not gemäßes, wahrhaftiges und gerechtes Ziel zeigen und die Bewegung befreien von den volks- und menschheitszerstörenden Dämonien, denen sie heute unterworfen ist.
10. Ein offenes oder verstecktes Bündnis der protestantischen Kirchen mit der nationalsozialistischen Partei zur Unterdrückung des Sozialismus und Bekämpfung des Katholizismus muß nach gegenwärtigem Machtzuwachs der Kirchen zu zukünftiger Auflösung des deutschen Protestantismus führen.

Quelle: Die Kirche und das Dritte Reich. Fragen und Forderungen deutscher Theologen Bd. I, L. Klotz (Hg.), S. 126–128. – *Literatur:* R. Breipohl, Religiöser Sozialismus und bürgerliches Geschichtsbewußtsein zur Zeit der Weimarer Republik = SDGSTh 32, 1971; W. und M. Pauck, Paul Tillich. Sein Leben und Denken Bd. I: Leben, 1978 (amerik. Originalausg., 1976).

1. Die Darstellung von R. Breipohl über die Beziehung Tillichs zum Hitler-Reich ist nach der Biographie von Pauck zu korrigieren.

149. Aus der Regierungserklärung Hitlers vom 23. März 1933

Nachdem die Wahlen vom 5. März 1933 der NSDAP die absolute Mehrheit nicht gebracht hatten (44 %, zusammen mit der »Kampffront Schwarz-Weiß-Rot« 52 %) setzte ein intensives Werben um die christlichen Kirchen ein, deren Leitungen sich nach der Machtübernahme Hitlers (30. Januar 1933) zunächst distanziert verhalten hatten. Erst nach der seine wahren Absichten verschleiernden Regierungserklärung Hitlers vom 23. März 1933, die als »Magna Charta« des NS-Staates für seine Beziehungen zum Christentum angesehen wurde, kam es zu eindeutig positiven Stellungnahmen der Kirchenleitungen. Eine Auswahl von evangelischen Aufrufen, Kundgebungen etc. zu Hitlers Machtergreifung in: W. Niemöller, Die evangelische Kirche im Dritten Reich. Handbuch des Kirchenkampfes, 1956, S. 70–89.

. . . Indem die Regierung entschlossen ist, die politische und moralische Entgiftung unseres öffentlichen Lebens durchzuführen, schafft und sichert sie die Voraussetzungen für eine wirklich tiefe, innere Religiosität. Die Vorteile personalpolitischer Art, die sich aus Kompromissen mit atheistischen Organisationen ergeben mögen, wiegen nicht annähernd die Folgen auf, die in der Zerstörung der allgemeinen religiös-sittlichen Grundwerte sichtbar werden. Die nationale Regierung sieht in den beiden christlichen Konfessionen wichtigste Faktoren der Erhaltung unseres Volkstums. Sie wird die zwischen ihnen und den Ländern abgeschlossenen Verträge respektieren; ihre Rechte sollen nicht angetastet werden. Sie erwartet aber und hofft, daß die Arbeit an der nationalen und sittlichen Erhebung unseres Volkes, die sich die Regierung zur Aufgabe gestellt hat, umgekehrt die gleiche Würdigung erfährt. Sie wird allen anderen Konfessionen in objektiver Gerechtigkeit gegenübertreten. Sie kann aber niemals dulden, daß die Zugehörigkeit zu einer bestimmten Konfession oder einer bestimmten Rasse eine Entbindung von allgemeingesetzlichen Verpflichtungen sein könnte oder gar ein Freibrief für straflose Begehung oder Tolerierung von Verbrechen.

Die nationale Regierung wird in Schule und Erziehung den christlichen Konfessionen den ihnen zukommenden Einfluß einräumen und sicherstellen[1]. Ihre Sorge gilt dem aufrichtigen Zusammenleben zwischen Kirche und Staat.

Der Kampf gegen eine materialistische Weltauffassung und für die Herstellung einer wirklichen Volksgemeinschaft dient ebensosehr den Interessen der deutschen Nation wie denen unseres christlichen Glaubens . . .

Ebenso legt die Reichsregierung, die im Christentum die unerschütterlichen Fundamente des sittlichen und moralischen Lebens unseres Volkes sieht, den größten Wert darauf, die freundschaftlichen Beziehungen zum Heiligen Stuhle weiter zu pflegen und zu vertiefen . . .

Der Bestand der Länder wird nicht beseitigt, die Rechte der Kirchen werden nicht geschmälert, ihre Stellung zum Staate nicht geändert . . .

Quelle: Verhandlungen des Reichstages, VIII. Wahlperiode 1933, Bd. 457, 1934, S. 28f.32; G. Kretschmar (Hg.), Dokumente zur Kirchenpolitik des Dritten Reiches Bd. I, Das Jahr 1933, bearb. von C. Nicolaisen, 1971, S. 23f. – *Literatur:* K. Scholder, Die Kapitulation der evangelischen Kirche vor dem nationalsozialistischen Staat, ZKG 81, 1970, S. 182–206; ders., Die Kirchen und das Dritte Reich Bd. I, 1977, S. 277–321; H. Müller, Katholische Kirche und Nationalsozialismus, Dokumente 1930–1935, 1963 (dtv 328, 1965).

1. Der Satz über Schule und Erziehung fehlt in der Wiedergabe der Erklärung im Völkischen Beobachter, dem Presseorgan der NSDAP (Dokumente G. Kretschmar/C. Nicolaisen, 1971, S. 24).

150. Kundgebung der Fuldaer Bischofskonferenz vom 28. März 1933

Nach den Zusicherungen an die Kirchen in Hitlers Regierungserklärung vom 23. März 1933 widerrief der deutsche Episkopat seine frühere Ablehnung des Nationalsozialismus.

Die Oberhirten der Diözesen Deutschlands haben aus triftigen Gründen, die wiederholt dargelegt worden sind, in ihrer pflichtmäßigen Sorge für Reinerhaltung des katholischen Glaubens und für Schutz der unantastbaren Aufgaben und Rechte der katholischen Kirche in den letzten Jahren gegenüber der nationalsozialistischen Bewegung eine ablehnende Haltung durch Verbote und Warnungen eingenommen, die solange und insoweit in Geltung bleiben sollten, wie diese Gründe fortbestehen. Es ist nunmehr anzuerkennen, daß vom höchsten Vertreter der Reichsregierung, der zugleich autoritärer Führer jener Bewegung ist, öffentlich und feierlich Erklärungen gegeben sind, durch die der Unverletztlichkeit des katholischen Glaubens und den unveränderlichen Aufgaben und Rechten der Kirche Rechnung getragen, sowie die vollinhaltliche Geltung der von den einzelnen deutschen Ländern mit der Kirche abgeschlossenen Staatsverträge durch die Reichsregierung ausdrücklich zugesichert wird. Ohne die in unseren früheren Maßnahmen liegende Verurteilung bestimmter religiös-sittlicher Irrtümer aufzuheben, glaubt daher der Episkopat das Vertrauen hegen zu können, daß die vorbezeichneten allgemeinen Verbote und Warnungen nicht mehr als notwendig betrachtet zu werden brauchen. Für die katholischen Christen, denen die Stimme ihrer Kirche heilig ist, bedarf es auch im gegenwärtigen Zeitpunkte keiner besonderen Mahnung zur Treue gegenüber der rechtmäßigen Obrigkeit und zur gewissenhaften Erfüllung der staatsbürgerlichen Pflichten unter grundsätzlicher Ablehnung allen rechtswidrigen oder umstürzlerischen Verhaltens. In Geltung bleibt die so oft in feierlicher Kundgebung an alle Katholiken ergangene Mahnung, stets wachsam und opferfreudig einzutreten für Frieden und soziale Wohlfahrt des Volkes, für Schutz der christlichen Religion und Sitte, für Freiheit und Rechte der katholischen Kirche und Schutz der konfessionellen Schule und katholischen Jugendorganisationen. In Geltung bleibt ferner die Mahnung an die politischen und ähnlichen Vereine und Organisationen, in Gotteshaus und kirchlichen Funktionen aus Ehrfurcht vor der Heiligkeit derselben zu vermeiden, was als politische oder parteimäßige Demonstration erscheinen und daher Anstoß erregen kann. In Geltung bleibt endlich die so oft und eindringlich ergangene Aufforderung, für Ausbreitung und Wirksamkeit der katholischen Vereine, deren Arbeit so überaus segensreich ist für Kirche, Volk und Vaterland, für christliche Kultur und sozialen Frieden, stets mit weitblickender Umsicht und mit treuer opferwilliger Einigkeit einzutreten.

Quelle: H. Müller (Hg.), Katholische Kirche und Nationalsozialismus. Dokumente 1930–1935, 1965, dtv 328, S. 88f. – *Literatur:* G. Binder, Irrtum und Widerstand. Die deutschen Katholiken in der Auseinandersetzung mit dem Nationalsozialismus, 1968, S. 118ff.; G. Lewy, Die katholische Kirche und das Dritte Reich, 1965, S. 39ff.; K. Scholder, Die Kirchen und das Dritte Reich Bd. I, 1977, S. 300ff.

151. Dietrich Bonhoeffer: Die Kirche vor der Judenfrage

Als einer der Ersten und Entschiedensten nahm der Berliner theol. Privatdozent Bonhoeffer gegen den Antisemitismus des Hitler-Staates Stellung. Während die unbeeinträchtigte kirchliche Mitgliedschaft der Judenchristen 1933 u.a. auch von K. Barth (Theologische Existenz heute, S. 24f.) und der Jungreformatorischen Bewegung [s.u. Nr. 153,7] verteidigt wurde, trat Bonhoeffer für das verfolgte Judentum schlechthin ein und entwarf im Ansatz ein Widerstandsrecht gegen das Unrecht des totalen Staates.

Der Staat, der die christliche Verkündigung gefährdet, verneint sich selbst. Das bedeutet eine dreifache Möglichkeit kirchlichen Handelns dem Staat gegenüber: erstens (wie gesagt) die an den Staat gerichtete Frage nach dem legitim staatlichen Charakter seines Handelns, d.h. die Verantwortlichmachung des Staates. Zweitens der Dienst an den Opfern des Staatshandelns. Die Kirche ist den Opfern jeder Gesellschaftsordnung in unbedingter Weise verpflichtet, auch wenn sie nicht der christlichen Gemeinde zugehören. »Tut Gutes an jedermann.« In beiden Verhaltungsweisen dient die Kirche dem freien Staat in ihrer freien Weise, und in Zeiten der Rechtswandlung darf die Kirche sich diesen beiden Aufgaben keinesfalls entziehen. Die dritte Möglichkeit besteht darin, nicht nur die Opfer unter dem Rad zu verbinden, sondern dem Rad selbst in die Speichen zu fallen . . .
In der Judenfrage werden für die Kirche heute die beiden ersten Möglichkeiten verpflichtende Forderungen der Stunde. Die Notwendigkeit des unmittelbar politischen Handelns der Kirche hingegen ist jeweils von einem »evangelischen Konzil« zu entscheiden und kann mithin nie vorher kasuistisch konstruiert werden[1].
(Die Kirche vor der Judenfrage. Vortrag April 1933)

Die D. C. [Deutschen Christen] sagen:
Wir wollen den Juden-Christen ihr Christentum nicht nehmen, sie sollen nur ihre eigene kirchliche Organisation haben. Es geht doch nur um die Frage der äußeren Gestalt der Kirche.
Wir antworten:
Erstens: ist die Frage nach der Zugehörigkeit zur christlichen Gemeinschaft nie eine Frage der äußeren Organisation, sondern der Substanz der Kirche. Denn Kirche ist die Gemeinde, die vom Wort berufen wird. Die Gliedschaft an der Gemeinde ist nicht eine Organisationsfrage, sondern gehört zum Wesen der Kirche.
Zweitens: ist die grundsätzliche Unterscheidung von Christentum und Kirche bzw. von Christus und Kirche falsch. Es gibt nicht so etwas wie eine Idee der Kirche, eine Erscheinung der Kirche, sondern die empirische Kirche ist die Kirche Christi selbst, und darum bedeutet der zwangsweise Ausschluß aus der empiri-

schen kirchlichen Gemeinschaft den Ausschluß aus der Kirche Christi selbst. Daß dann hier freilich der aus der Kirche ausschließende Teil in Wahrheit der ausgeschlossene ist, ist die besondere Gefahr des deutsch-christlichen Vorhabens. Drittens: bedeutet der organisatorische Ausschluß einen Eingriff in die Gewalt der Sakramente. Hier in unsere Kirche ist der Juden-Christ durch Gottes Willen im Sakrament der Taufe aufgenommen worden. Durch diese Taufe ist er dieser Kirche und diese Kirche ihm unauflöslich verbunden. Schließt nun die Kirche, die den Juden-Christen taufte, ihn wieder aus, so macht sie das Sakrament zu einer Zeremonie, die sie selbst nicht verpflichtet . . .

. . .

Die Entfernung der Juden-Christen aus den Pfarrämtern steht mit dem Wesen des Pfarramts in Widerspruch. Nach Luthers Lehre sind alle Christen durch die Taufe zu Priestern geweiht. Sie sind gleichen Rechts und haben jeder das Recht und die Pflicht der Lehre, und des Hörens des Wortes Gottes. Das Pfarramt wird dem durch die Taufe zum Priester geweihten Christen von der Gemeinde übertragen und erfordert von ihm rechte Lehre, christlichen Wandel und geistliche Gaben. Der Pfarrer übernimmt sein Amt als Auftrag Christi und nur ein Verstoß gegen eines von jenen Erfordernissen kann Grund für die Zurückziehung des Auftrages der Gemeinde sein. Bleibt der Juden-Christ grundsätzlich vom Pfarramt ausgeschlossen, so ist er ein Bruder minderen Rechtes geworden. Beruft man sich aber auf die biblische Weisung: »Das Weib schweige in der Gemeinde«, so ist daraus eben gerade nichts für den Juden-Christen zu schließen, denn entweder man bindet sich gesetzlich an die biblische Weisung, dann ist jedenfalls nichts über das Schweigen der Juden-Christen gesagt; oder man bindet sich nicht gesetzlich, d.h., man gesteht auch der Frau das Reden in der Gemeinde zu, dann aber besteht keine Möglichkeit, den Juden-Christen das Reden grundsätzlich zu untersagen. Zugleich aber ist mit dem Ausschluß der Juden-Christen vom Amt der Sinn des Pfarramts überhaupt zerstört, indem es der Willkür der Gemeinde unterworfen ist. Die Ordination ist aufgehoben, ungültig gemacht; die ordinatio ist dem ungeordneten Willen der Gemeinde preisgegeben.
(Der Arierparagraph in der Kirche. Flugblatt August 1933.)

Quelle: D. Bonhoeffer, Gesammelte Schriften 2. Bd., 1959, S. 48f.64.66. – *Literatur:* K. Meier, Kirche und Judentum. Die Haltung der evangelischen Kirche zur Judenpolitik des Dritten Reiches, 1968 = AGK. E 7; R. Gutteridge, Open thy mouth for the dumb. The German Evangelical Church and the Jews 1879–1950, 1976. E. Bethge, Dietrich Bonhoeffer, 1967 u. ö.

1. Bonhoeffers Forderung, über die Notwendigkeit einer politischen Aktion für die Juden auf einem »evangelischen Konzil« zu entscheiden, wurde auf den vier Reichsbekenntnissynoden von Barmen bis Oeynhausen nicht verwirklicht, während die Synode in Steglitz (1935) zur Judenfrage Stellung nahm (s.u. Nr. 163).

152. Richtlinien der Glaubensbewegung »Deutsche Christen« 1932/1933

Neben der 1929 in Thüringen gebildeten »Kirchenbewegung Deutscher Christen« entstand in Berlin im Juni 1932 die »Glaubensbewegung Deutsche Christen«. Ihre Richtlinien vom 6. Juni 1932 schlossen sich eng an das politische Programm Hitlers an. Mit parteiamtlicher Unterstützung griff die Liste

»Deutsche Christen« in die preußischen Kirchenwahlen November 1932 ein und errang ca. ein Drittel aller Sitze. Die harte Kritik der sich formierenden Bekennenden Kirche an den Richtlinien von 1932 und die Notwendigkeit, im Kampf um die nationale Reichskirche Rücksicht auf die Mentalität des Kirchenvolkes zu nehmen, führte zu den von dem späteren Reichsbischof L. Müller aufgestellten, von dem Tübinger Theologieprofessor K. Fezer redigierten, gemäßigten Richtlinien vom 16. Mai 1933.

a) Die Richtlinien vom 6. Juni 1932

1. Diese Richtlinien wollen allen gläubigen deutschen Menschen Wege und Ziele zeigen, wie sie zu einer Neuordnung der Kirche kommen. Diese Richtlinien wollen weder ein Glaubensbekenntnis sein oder ersetzen, noch an den Bekenntnisgrundlagen der evangelischen Kirche rütteln. Sie sind ein Lebensbekenntnis.

2. Wir kämpfen für einen Zusammenschluß der im »Deutschen Evangelischen Kirchenbund« zusammengefaßten 29 Kirchen zu einer evangelischen Reichskirche und marschieren unter dem Ruf und Ziel: »Nach außen eins und geistgewaltig, um Christus und sein Wort geschart, nach innen reich und vielgestaltig, ein jeder Christ nach Ruf und Art!« (nach Geibel).

3. Die Liste »Deutsche Christen« will keine kirchenpolitische Partei in dem bisher üblichen Sinne sein. Sie wendet sich an alle evangelischen Christen deutscher Art. Die Zeit des Parlamentarismus hat sich überlebt, auch in der Kirche. Kirchenpolitische Parteien haben keinen religiösen Ausweis, das Kirchenvolk zu vertreten, und stehen dem hohen Ziel entgegen, *ein* Kirchenvolk zu werden. Wir wollen eine lebendige Volkskirche, die Ausdruck aller Glaubenskräfte unseres Volkes ist.

4. Wir stehen auf dem Boden des positiven Christentums. Wir bekennen uns zu einem bejahenden artgemäßen Christusglauben, wie er deutschem Luthergeist und heldischer Frömmigkeit entspricht.

5. Wir wollen das wiedererwachte deutsche Lebensgefühl in unserer Kirche zur Geltung bringen und unsere Kirche lebenskräftig machen. In dem Schicksalskampf um die deutsche Freiheit und Zukunft hat die Kirche in ihrer Leitung sich als zu schwach erwiesen. Die Kirche hat bisher nicht zum entschiedenen Kampf gegen den gottfeindlichen Marxismus und das geistfremde Zentrum aufgerufen, sondern mit den politischen Parteien dieser Mächte einen Kirchenvertrag geschlossen. Wir wollen, daß unsere Kirche in dem Entscheidungskampf um Sein oder Nichtsein unseres Volkes an der Spitze kämpft. Sie darf nicht abseits stehen oder gar von den Befreiungskämpfern abrücken.

6. Wir verlangen eine Abänderung des Kirchenvertrages (politische Klausel)[1] und Kampf gegen den religions- und volksfeindlichen Marxismus und seine christlich-sozialen Schleppenträger aller Schattierungen. Wir vermissen bei diesem Kirchenvertrag das trauende Wagnis auf Gott und die Sendung der Kirche. Der Weg ins Reich Gottes geht durch Kampf, Kreuz und Opfer, nicht durch falschen Frieden.

7. Wir sehen in Rasse, Volkstum und Nation uns von Gott geschenkte und anvertraute Lebensordnungen, für deren Erhaltung zu sorgen, uns Gottes Gesetz ist. Daher ist der Rassenmischung entgegenzutreten. Die deutsche Äußere Mission ruft auf Grund ihrer Erfahrung dem deutschen Volke seit langem zu: »Halte deine Rasse rein!« und sagt uns, daß der Christusglaube die Rasse nicht zerstört, sondern vertieft und heiligt.

8. Wir sehen in der recht verstandenen Inneren Mission das lebendige Tatchristentum, das aber nach unserer Auffassung nicht im bloßen Mitleid, sondern im Gehorsam gegen Gottes Willen und im Dank gegen Christi Kreuzestod wur-

zelt. Bloßes Mitleid ist Wohltätigkeit und wird zur Überheblichkeit, gepaart mit schlechtem Gewissen, und verweichlicht ein Volk. Wir wissen etwas von der christlichen Pflicht und Liebe den Hilflosen gegenüber, wir fordern aber auch Schutz des Volkes vor den Untüchtigen und Minderwertigen. Die Innere Mission darf keinesfalls zur Entartung unseres Volkes beitragen. Sie hat sich im übrigen von wirtschaftlichen Abenteuern fernzuhalten und darf nicht zum Krämer werden.

9. In der Judenmission sehen wir eine schwere Gefahr für unser Volkstum. Sie ist das Eingangstor fremden Blutes in unsern Volkskörper. Sie hat neben der Äußeren Mission keine Daseinsberechtigung. Wir lehnen die Judenmission in Deutschland ab, solange die Juden das Staatsbürgerrecht besitzen und damit die Gefahr der Rassenverschleierung und -bastardierung besteht. Die Heilige Schrift weiß auch etwas zu sagen von heiligem Zorn und sich versagender Liebe. Insbesondere ist die Eheschließung zwischen Deutschen und Juden zu verbieten.

10. Wir wollen eine evangelische Kirche, die im Volkstum wurzelt, und lehnen den Geist eines christlichen Weltbürgertums ab. Wir wollen die aus diesem Geist entspringenden verderblichen Erscheinungen wie Pazifismus, Internationale, Freimaurertum usw. durch den Glauben an unsere von Gott befohlene völkische Sendung überwinden. Die Zugehörigkeit eines evangelischen Geistlichen zur Freimaurerloge ist nicht statthaft. Diese zehn Punkte der Liste »Deutsche Christen« rufen zum Sammeln und bilden in großen Linien die Richtung für eine kommende evangelische Reichskirche, die unter Wahrung konfessionellen Friedens die Kräfte unseres reformatorischen Glaubens zum Besten des deutschen Volkes entwickeln wird. 26.5.1932

b) Die Richtlinien vom 16. Mai 1933

Ziel der Bewegung: In der nationalen Erhebung hat in unserm Vaterlande in einzigartiger Weise der Staat den Weg zum deutschen Volke und das deutsche Volk seinerseits wieder den Weg zum Staat gefunden. Es sieht so aus, als wollte das deutsche Volk in der Besinnung auf die tiefsten Quellen seines Lebens und seiner Kraft auch wieder den Weg zur Kirche finden. Die deutschen Kirchen haben darum alles zu tun, daß dies geschehen könne. Denn eine deutsche Kirche neben dem deutschen Volke ist nichts als eine leere Institution. Christliche Kirche im deutschen Volk ist sie nur, wenn sie Kirche für das deutsche Volk ist, wenn sie dem deutschen Volke in selbstlosem Dienst dazu hilft, daß es den von Gott ihm aufgetragenen Beruf erkennen und erfüllen kann. Dies ist nach wiederholten Äußerungen des Reichskanzlers das letzte Ziel auch für die heutige Staatsleitung. Ihr Verhältnis zur Kirche ist darum ein ganz anderes, als es das desjenigen Staates gewesen ist, der in unglaublicher Verblendung die letzten Wahrheiten und tiefsten Kräfte des Lebens als für den Staat nicht in Betracht kommend behandelte. Der neue Staat will die Kirche. Nicht um an ihr ein gefügiges Werkzeug zu haben, sondern weil er weiß, wo eines Volkes Fundamente liegen. Mit den Aufgaben des Staates sind darum die Aufgaben der Kirche ins Ungeheure gewachsen. In der Gestalt, die die deutschen Kirchen heute haben, sind sie zur Erfüllung dieser Aufgabe nicht imstande. Den deutschen Kirchen eine Gestalt zu geben, die sie fähig macht, dem deutschen Volke den Dienst zu tun, der ihnen durch das Evangelium von Jesus Christus gerade für ihr Volk aufgetragen ist, das ist das Ziel der »Deutschen Christen«.

Zur Erreichung dieses Zieles fordern wir:

1. eine neue Kirchenverfassung, die die Organe kirchlichen Lebens nicht nach dem demokratischen Wahlsystem bestellt, sondern nach der Eignung, die sie im Dienst an der Gemeinde bewiesen haben;
2. eine geistliche Spitze, die die maßgebenden Entscheidungen persönlich zu treffen und zu verantworten hat;
3. Vereinigung der ev. Landeskirchen zu einer Deutschen Evangelischen Kirche bei pietätvoller Wahrung geschichtlich begründeter Sonderrechte.

Wir treten ein:
1. für die völlige Wahrung des Bekenntnisstandes der Reformation, verlangen aber eine *Weiterbildung des Bekenntnisses* im Sinne scharfer Abwehr aller modernen Irrlehren, des Mammonismus, Bolschewismus und des unchristlichen Pazifismus;
2. für das Werk der deutschen evangelischen *Heidenmission*, das der Missionsbefehl Christi von der Kirche fordert und das wir als ein heiliges Erbe von den Vätern übernehmen. In der Anerkennung der Verschiedenheit der Völker und Rassen als einer von Gott gewollten Ordnung für diese Welt fordern wir, daß durch die Heidenmission das Volkstum fremder Völker nicht zerstört werde. Wir sehen in der deutschen evangelischen Mission als Kind der deutschen Reformation den berufenen Anwalt für diese Erkenntnis innerhalb der protestantischen Weltmission. Aus diesem Verständnis der Mission sehen wir in ihr »die Bekenntnishandlung der Kirche in geschichtlicher Lapidarschrift« (Martin Kähler);
3. für kirchenordnungsmäßig verankerte Pflichten und Rechte aller Gläubigen im Sinne Wicherns, des Vaters der inneren Mission;
4. für durchgreifende Maßnahmen, die es den arbeitswilligen, fleißigen und strebsamen Volksgenossen ermöglichen, ihren Lebensunterhalt ehrlich zu erwerben und beizeiten einen deutsch-christlichen Haushalt zu gründen, in dem die Freude an dem Aufwachen einer fröhlichen Kinderschar Glück und Segen verbürgt. Auch muß die Kirche den Geist guter kameradschaftlicher Volksgemeinschaft pflegen, weil wir vor Gott nicht nur für uns selbst, sondern auch für unseren Nachbarn die Verantwortung tragen;
5. darum auch für kräftigen Ausbau der *christlichen Liebestätigkeit* innerhalb der Kirche; alle damit zusammenhängenden wirtschaftlichen Unternehmungen müssen unter ausreichender kirchenbehördlicher Aufsicht stehen;
6. für *christliche Schulen* und Erziehung der gesamten Jugend in einem Geist, der die in Volkstum und Heimat uns geschenkten Güter dankbar aufnimmt, treulich pflegt und als heiliges Vermächtnis an das nächste Geschlecht weitergibt;
7. überhaupt für kirchliche deutsche Sitte und Zucht in Stadt und Dorf; für Sonntagsheiligung und Pflege jeglichen in unserer Rasse und unserem Volkstum verankerten, guten frommen deutschen Brauches.

Wir verpflichten uns – und verlangen diese Verpflichtung nicht nur von den beauftragten Organen der Kirche, sondern darüber hinaus von allen ev. Männern und Frauen – zum Dienst in unseren Gemeinden.
Dienen wollen wir: durch unermüdliche Werbung für unsere Gottesdienste;
durch ritterliches Eintreten für die Armen und Hilfsbedürftigen;
durch Verteidigung unseres Glaubens, wo er angegriffen oder in Frage gestellt wird;
durch treues ev. Bekenntnis auch in aller Öffentlichkeit.

Dienen wollen wir: durch unsere Kirche unserem Gott und eben deswegen unserem Vaterland.

Quellen: KJ 1932, S. 68ff.; J. Gauger, Chronik der Kirchenwirren, 1933, S. 79. – *Literatur:* H. Buchheim, Glaubenskrise im Dritten Reich. Drei Kapitel nationalsozialistischer Religionspolitik, 1953; K. Meier, Die Deutschen Christen, 1967[3] (= AGK.E 3); K. Scholder, Die Kirchen und das Dritte Reich Bd. I, 1977, S. 239–274.

1. Nach Artikel 7 des Vertrages der evangelischen Landeskirchen mit dem Freistaat Preußen vom 11. Mai 1931 (KJ 1931, S. 58) konnten hohe kirchliche Ämter mit niemandem besetzt werden, »von dem nicht die zuständige kirchliche Stelle durch Anfrage bei der Preußischen Staatsregierung festgestellt hat, daß Bedenken politischer Art gegen ihn nicht bestehen«.

153. Aufruf der Jungreformatorischen Bewegung zum Neubau der Kirche, 9. Mai 1933

Dem Anspruch der Deutschen Christen, die einzige Erneuerungsbewegung in der Deutschen Evangelischen Kirche zu sein, trat die jungreformatorische Bewegung entgegen, in der sich theologische Impulse der Luther-Renaissance und der dialektischen Theologie mit dem Willen zur Kirchenreform verbanden. Mitte Mai schloß sich Martin Niemöller an, der zum eigentlichen Sprecher der Bewegung wurde und im September 1933 den Pfarrernotbund (s.u. Nr. 158) gründete. Auf den Aufruf zum Zusammenschluß vom 9. Mai waren nach kurzer Zeit ca. 3000 Zustimmungserklärungen erfolgt.

Der uns von Gott geschenkte neue Tag der deutschen Nation ruft unsere evangelische Kirche zu neuer Gestaltung. Wir als Glieder der jungreformatorischen Bewegung stellen uns hinter den Aufruf der bevollmächtigten Kirchenführer D. Kapler, D. Marahrens, D. Hesse und des Vertrauensmannes des Herrn Reichskanzlers, Pfarrer Müller:

1. Wir fordern, daß bei den kommenden Entscheidungen einzig und allein aus dem Wesen der Kirche heraus gehandelt wird.
2. Wir fordern, daß der Neubau der evangelischen Kirche deutscher Nation so schnell wie möglich durchgeführt wird. Leitung und Körperschaften der Kirche sind ausschließlich der neuen Verfassung gemäß zu bilden. Urwahlen lehnen wir als überwundenen demokratischen Irrtum ab.
3. Die Ernennung eines Reichsbischofs hat umgehend, und zwar durch das bestehende Direktorium zu erfolgen.
4. Wir wollen eine mit Vollmacht handelnde geistliche Kirchenleitung. Diese schließt die Mitarbeit der Gemeinde nicht aus, sondern ein. Lebendige Anteilnahme am Gottesdienst und an der Arbeit der Gemeinde bildet den Gesichtspunkt der Auslese für die kirchlichen Körperschaften.
5. Wir wollen eine bessere Ausbildung der zur Verkündigung Berufenen. Die Willkür der Verkündigung muß durch feste Lehrautorität aufgehoben werden.
6. Wir wünschen, daß die Vergreisung in Ämtern und Körperschaften durch stärkere Heranziehung jüngerer Kräfte besonders aus der Frontgeneration, beseitigt wird.
7. Wir bekennen uns zu dem Glauben an den Heiligen Geist und lehnen deshalb grundsätzlich die Ausschließung von Nichtariern aus der Kirche ab; denn sie be-

ruht auf einer Verwechslung von Staat und Kirche. Der Staat hat zu richten, die Kirche hat zu retten.

8. Auf Grund der bestehenden Einzelbekenntnisse hat die Kirche den Menschen von heute die Antwort des Evangeliums nach Rasse, Volk und Staat zu geben. Hieraus wird das neue Bekenntnis erwachsen, das die evangelische Kirche deutscher Nation nötig hat, wenn sie mehr sein will als ein Zweckverband.

9. Wir bekämpfen die Versuche einer erstorbenen liberalistischen Theologie, sich von neuem in die Kirche einzudrängen.

10. Wir fordern vom Staat, daß der Kirche in Presse und Rundfunk der Einfluß gegeben wird, der ihrer Aufgabe für den inneren Aufbau des Volkes entspricht.

11. Wir fordern, daß die evangelische Kirche in freudigem Ja zum neuen deutschen Staat den ihr von Gott gegebenen Auftrag in voller Freiheit von aller politischen Beeinflussung erfüllt und sich zugleich in unlöslichen Dienst an das deutsche Volk bindet.

12. So wichtig uns die Verfassungsreform der Kirche ist, so bekennen wir doch, daß das Leben des Volkes vor Gott seinen Mittelpunkt im Gebet und in der Arbeit der Gemeinde hat.

(Unterschriften u.a. Jacobi, Künneth, Lilje).

Quelle: W. Niemöller, Die Evangelische Kirche im Dritten Reich. Handbuch des Kirchenkampfes, 1956, S. 82f. – *Literatur:* P. Neumann, Die Jungreformatorische Bewegung 1971 = AGK 25

154. Aus Karl Barth: Theologische Existenz heute! (Sommer 1933)

In scharfer Abwehr der Lehre der Deutschen Christen (»ich sage unbedingt und vorbehaltlos nein zum Geist und zum Buchstaben dieser Lehre«), aber auch als scharfe Kritik an der Jungreformatorischen Bewegung (s.o. Nr. 153), die er wegen ihrer Bindung an die Theologie des 19. Jahrhunderts für eine ernsthafte Erneuerung der Kirchen als ungeeignet ansah, schrieb K. Barth seine Schrift: »Theologische Existenz heute!«, die bis zu ihrer Beschlagnahme im Juli 1934 eine Auflage von 37 000 Stück erreichte. In ihr vertrat Barth eine Position, die er in einem Brief vom 21. April 1933 formulierte: Ich werde »mich – nicht dem neuen politischen System – wohl aber dem System einer besonderen sachlichen Bindung der Kirche an dieses System direkt und indirekt bestimmt widersetzen«[1].

Mir ist in einer zuletzt nicht mehr zu überhörenden Weise zugerufen worden, daß manche unter meinen ehemaligen akademischen Zuhörern und auch manche Andere von den an meiner theologischen Arbeit Beteiligten sich längst fragten, ob ich zu den uns allen nun seit Monaten beschäftigenden kirchlichen Sorgen und Problemen nicht auch etwas zu sagen haben möchte. Ich möchte dazu zunächst dies bemerken dürfen: das Entscheidende, was ich heute zu diesen Sorgen und Problemen zu sagen versuche, kann ich darum nicht zum Gegenstand einer besonderen Mitteilung machen, weil es sehr unaktuell und unangreifbar einfach darin besteht, daß ich mich bemühe, hier in Bonn mit meinen Studenten in Vorlesungen und Übungen nach wie vor und als wäre nichts geschehen – vielleicht in leise erhöhtem Ton, aber ohne direkte Bezugnahmen – Theologie und nur Theologie zu treiben. Etwa wie der Horengesang der Benediktiner im nahen Maria Laach auch im dritten Reich zweifellos ohne Unterbruch und Ablenkung ordnungsgemäß weitergegangen ist[2]. Ich halte dafür, das sei auch eine Stellungnahme, jedenfalls eine kirchenpolitische und indirekt sogar eine politische Stellungnahme! Und ich erwarte, daß dieses Wort ohne besondere Worte von einigen der mir anvertrauten Studenten so gut gehört und verstanden werde, als es inmitten der mannigfaltigen Aufregungen unserer Tage möglich sein mag. Ich habe Gründe, mir an diesem Reden und Gehörtwerden innerhalb der Schranken meiner Berufung genügen zu lassen. Sie wurden auch damit nicht überschritten, daß ich mich auf ergangene Einladung an der Ausarbeitung zweier der Öffentlichkeit vorgelegter theologischer Erklärungen meiner reformierten Bekenntnisgenossen beteiligte. Man hat gerade meine Beteiligung an dieser Sache sehr richtig verstanden, man hat diesen Erklärungen m.E. das schönste Lob erteilt, indem man ihnen Mangel an Aktualität, bezw. an Existentialität, d.h. konkreter Bezugnahme auf die Probleme des Tages vorgeworfen hat. Soll ich mich nun dennoch unterwinden, das von mir erwartete *»Wort zur Lage«* zu reden, liebe fernere und liebe nähere theologische Freunde, so kann es inhaltlich wirklich nur in der Frage bestehen: ob es nicht der Kirche und uns Allen besser wäre, wenn wir jetzt gerade nicht »zur Lage« sondern nun erst recht, ein Jeder in den Schranken seiner Berufung *»zur Sache«* reden, bezw. die Voraussetzungen bedenken und bearbeiten würden, deren es bedarf, um Tag für Tag »zur Sache« zu reden, wie es heute – nicht erst heute, aber auch heute! – von uns gefordert ist? Eine kleine Erläuterung dieser Frage kann allein der Sinn dessen sein, was ich, da man es denn hören will, zu den uns bewegenden Dingen zu sagen habe. Das, was jetzt unter keinen Umständen geschehen darf, ist dies, daß wir im Eifer für irgend etwas, was wir für eine gute Sache halten, unsere theologische Existenz verlieren. Unsere theologische Existenz ist unsere Existenz in der Kirche, und zwar als berufene Prediger und Lehrer der Kirche. [S. 3f.]

Ist Gott in Jesus Christus ganz und gar für uns Menschen, so muß auch die Kirche als der Ort, da seine Ehre wohnt, ganz und gar für die Menschen sein und also die deutsche evangelische Kirche für das deutsche evangelische Volk und also auch wir deutsche Theologen wirklich und ehrlich ganz und gar für dieses Volk. Wir müssen es aber sein als die, die wir sind und mit dem, was uns aufgetragen ist. Uns ist aber aufgetragen, in diesem Volk dem Worte Gottes zu dienen. Wir versündigen uns nicht nur an Gott, sondern auch an diesem Volk, wenn wir anderen Idealen und Aufgaben nachgehen, die nun eben uns nicht aufgetragen sind. Es liegt aber auch in der Natur dieses Auftrags, daß er keinem anderen Anliegen, das uns auch bewegen mag, untergeordnet oder nebengeordnet werden kann. Wieder versündigen wir uns nicht nur an Gott, sondern auch an unserem Volk, wenn wir an dieser Rangordnung auch nur im Geringsten rütteln lassen. Und dieser Auftrag will durchgeführt sein, gleichviel ob das Volk selbst es wünscht oder nicht wünscht, versteht oder nicht versteht, gutheißt oder nicht gutheißt. Wir dürfen dabei weder Dank noch Ehre erwarten. Wir dürfen uns nicht wundern, wenn wir von alledem das Gegenteil ernten. Wir müssen es unter Umständen auf uns nehmen, sehr einsam zu werden gerade um der Gemeinsamkeit mit dem Volke willen. Wir würden uns auch darin nicht nur an Gott, sondern auch am Volk versündigen, wenn wir mit dem Volk gehen wollten, statt für das Volk zu stehen. Das Volk, auch und gerade das deutsche Volk von 1933, braucht es, kann das nicht entbehren, daß der uns gewordene Auftrag ausgeführt werde. Ihm ist heute Außerordentliches in Aussicht gestellt: daß es sich selbst finden, einig und frei werden solle auf einem Weg, den seine Führer zu kennen ihm erklärt haben und den mit ihnen zu gehen, es sich entschlossen hat. (. . .) Darum kann die Kirche, kann die Theologie auch im totalen Staat keinen Winterschlaf antreten, kein Moratorium und auch keine

Gleichschaltung sich gefallen lassen. Sie ist die naturgemäße Grenze jedes, auch des totalen Staates. Denn das Volk lebt auch im totalen Staat vom Worte Gottes, dessen Inhalt ist: »Vergebung der Sünden, Auferstehung des Fleisches und ein ewiges Leben«. Diesem Wort haben Kirche und Theologie zu dienen für das Volk. Darum sind sie die Grenze des Staates. Sie sind es zum Heil des Volkes, zu dem Heil, das weder der Staat noch auch die Kirche schaffen können, das zu verkündigen aber die Kirche berufen ist. Sie muß ihrer eigentümlichen Sachlichkeit treu bleiben dürfen und treu bleiben wollen. In der ihm aufgetragenen besonderen Sorge muß der Theologe wach bleiben, ein einsamer Vogel auf dem Dach, auf der Erde also, aber unter dem offenen, weit und unbedingt offenen Himmel. Wenn doch der deutsche evangelische Theologe wach bleiben oder, wenn er geschlafen haben sollte, heute, heute wieder wach werden wollte!

Abgeschlossen: Sonntag, 25. Juni 1933

Quelle: K. Barth, TEH. Alte Folge, Nr. 1 1933, Beiheft Nr. 2 von »Zwischen den Zeiten«. – *Literatur:* E. Busch, Karl Barths Lebenslauf, 1975, S. 235–240; K. Scholder, Die Kirchen und das Dritte Reich Bd. I, 1977, S. 551–559.

1. K. Scholder, a.a.O., S. 552.
2. Gegen ein quietistisches Verständnis dieses Satzes wandte sich später Bonhoeffer: »Nur wer für die Juden schreit, darf auch gregorianisch singen« (E. Bethge, Dietrich Bonhoeffer, 1967, S. 685).

155. Aus der Verfassung der Deutschen Evangelischen Kirche vom 11. Juli 1933

Der Kampf der Deutschen Christen für ihre nationalkirchlichen Ziele veranlaßte den Kirchenausschuß, das oberste Leitungsgremium des Deutschen Evangelischen Kirchenbundes, einen engeren Zusammenschluß der Landeskirchen vorzubereiten. Der Präsident des Ausschusses, Dr. Kapler, der hannoversche lutherische Landesbischof Marahrens und der reformierte Pfarrer Hesse, zu denen später noch der Bevollmächtigte Hitlers für die Angelegenheiten der evangelischen Kirche, der spätere Reichsbischof L. Müller, stieß, veröffentlichten am 27. Mai mit dem »Loccumer Manifest« (KJ 1933–1944, S. 15f.) die Grundzüge einer neuen Verfassung der Deutschen Evangelischen Kirche. Diese wurde nach dem Rücktritt v. Bodelschwinghs als nominierter Reichsbischof durch einen von Müller neu berufenen Ausschuß fertiggestellt und am 11. Juli 1933 von den Vertretern der Landeskirchen einstimmig angenommen. Von der Reichsregierung wurde sie zusammen mit dem mit der katholischen Kirche geschlossenen Konkordat am 14. Juli verabschiedet.

In der Stunde, da Gott unser deutsches Volk eine große geschichtliche Wende erleben läßt, verbinden sich die deutschen evangelischen Kirchen in Fortführung und Vollendung der durch den Deutschen Evangelischen Kirchenbund eingeleiteten Einigung zu einer einigen *Deutschen Evangelischen Kirche.*
Sie vereinigt die aus der Reformation erwachsenen gleichberechtigt nebeneinanderstehenden Bekenntnisse in einem feierlichen Bunde und bezeugt dadurch: »Ein Leib und ein Geist, ein Herr, ein Glaube, eine Taufe, ein Gott und Vater unser aller, der da ist über allen und durch alle und in allen.«
Die Deutsche Evangelische Kirche gibt sich nachstehende Verfassung:

Abschnitt I

Artikel 1

Die unantastbare Grundlage der Deutschen Evangelischen Kirche ist das Evangelium von Jesus Christus, wie es uns in der Heiligen Schrift bezeugt und in den Bekenntnissen der Reformation neu ans Licht getreten ist. Hierdurch werden die Vollmachten, deren die Kirche für ihre Sendung bedarf, bestimmt und begrenzt.

Abschnitt II

Artikel 2

1. Die Deutsche Evangelische Kirche gliedert sich in Kirchen (Landeskirchen).
2. Bekenntnisverwandte Kirchengemeinschaften können angeschlossen werden. Die Art des Anschlusses wird durch Gesetz bestimmt.
3. Die Landeskirchen bleiben in Bekenntnis und Kultus selbständig.
4. Die Deutsche Evangelische Kirche kann den Landeskirchen für ihre Verfassung, soweit diese nicht bekenntnismäßig gebunden ist, durch Gesetz einheitliche Richtlinien geben. Sie hat die Rechtseinheit unter den Landeskirchen auf dem Gebiet der Verwaltung und Rechtspflege zu fördern und zu gewährleisten.
5. Eine Berufung führender Amtsträger der Landeskirchen erfolgt nach Fühlungnahme mit der Deutschen Evangelischen Kirche.
6. Alle kirchlichen Amtsträger sind beim Amtsantritt auf die Verfassung der Deutschen Evangelischen Kirche zu verpflichten.

Abschnitt III

Artikel 3

1. Die Deutsche Evangelische Kirche regelt das deutsche gesamtkirchliche Rechtsleben.
2. Sie ordnet ihr Verhältnis zum Staat.
3. Sie bestimmt ihre Stellung zu fremden Religionsgesellschaften.

Artikel 4

1. Die Deutsche Evangelische Kirche will die in ihr geeinte deutsche evangelische Christenheit für die Erfüllung des göttlichen Auftrages der Kirche rüsten und einsetzen. Sie hat deshalb von der Heiligen Schrift und den reformatorischen Bekenntnissen her sich um eine einheitliche Haltung in der Kirche zu bemühen und der kirchlichen Arbeit Ziel und Richtung zu weisen.
2. Ihre besondere Fürsorge widmet sie dem deutschen Volkstum, vornehmlich der Jugend.
3. Die freie kirchliche Arbeit von gesamtkirchlicher Bedeutung, insbesondere auf dem Gebiet der inneren und äußeren Mission, nimmt sie unter ihre fördernde Obhut.
4. Die Verbundenheit mit den evangelischen Deutschen im Ausland hat sie zu wahren und zu festigen.
5. Sie pflegt die Beziehungen zu den befreundeten Kirchen des Auslandes.

Abschnitt IV

Artikel 5

1. An der Spitze der Kirche steht der lutherische Reichsbischof.
2. Dem Reichsbischof tritt ein Geistliches Ministerium zur Seite.
3. Eine Deutsche Evangelische Nationalsynode wirkt bei der Bestellung der Kirchenleitung und bei der Gesetzgebung mit.

4. Beratende Kammern verbürgen den im deutschen evangelischen Volkstum lebendigen Kräften die freie schöpferische Mitarbeit im Dienst der Kirche.

Artikel 6

1. Der Reichsbischof vertritt die Deutsche Evangelische Kirche. Er ist berufen, die Gemeinsamkeit des kirchlichen Lebens in den Landeskirchen sichtbar zum Ausdruck zu bringen und für die Arbeit der Deutschen Evangelischen Kirche eine einheitliche Führung zu gewährleisten. Er trifft die zur Sicherung der Verfassung erforderlichen Maßnahmen.
2. Der Reichsbischof weist die Mitglieder des Geistlichen Ministeriums in ihr Amt ein. Mit den führenden Amtsträgern der Landeskirchen tritt er zu regelmäßigen Aussprachen und Beratungen zusammen. Er vollzieht die Ernennung und Entlassung der Beamten der Deutschen Evangelischen Kirche.
3. Der Reichsbischof hat das Recht, jede geistliche Amtshandlung vorzunehmen, insonderheit zu predigen, Kundgebungen im Namen der Deutschen Evangelischen Kirche zu erlassen und außerordentliche Buß- und Festgottesdienste anzuordnen. Soweit es sich hierbei um die Wahrung und Pflege eines anderen als seines Bekenntnisses handelt, werden seine Befugnisse durch das hierfür berufene Mitglied des Geistlichen Ministeriums wahrgenommen.
4. Der Reichsbischof erhält einen kirchlichen Sprengel. Für die Erledigung der kirchlichen Verwaltungsgeschäfte hat der Reichsbischof seinen Amtssitz in Berlin.
5. Der Reichsbischof wird der Nationalsynode von den im leitenden Amt stehenden Führern der Landeskirche in Gemeinschaft mit dem Geistlichen Ministerium vorgeschlagen und von der Nationalsynode in das Bischofsamt berufen.
6. Das Nähere bestimmt ein Gesetz.

Artikel 7

1. Das Geistliche Ministerium ist berufen, unter Führung des Reichsbischofs die Deutsche Evangelische Kirche zu leiten und Gesetze zu erlassen.
2. Es besteht aus drei Theologen und einem rechtskundigen Mitglied. Bei der Berufung der Theologen ist das in der Deutschen Evangelischen Kirche lebendige Bekenntnisgepräge zu berücksichtigen. Die Zahl der Mitglieder kann im Bedarfsfall erhöht werden. Die Mitglieder verwalten ihr Amt selbständig. Sie tragen dem Reichsbischof gegenüber die Verantwortung für die Einheit der Kirche.
3. Die besondere Aufgabe der theologischen Mitglieder ist es, das geistliche Band der Landeskirchen zur Deutschen Evangelischen Kirche, die Gemeinschaft unter den Angehörigen gleichen Bekenntnisses und deren Vertrauensverhältnis zu den übrigen Gliedern der Deutschen Evangelischen Kirche zu festigen.
4. Die Mitglieder des Geistlichen Ministeriums werden vom Reichsbischof ernannt. Die theologischen Mitglieder werden durch die im leitenden Amt stehenden Führer der Landeskirchen dem Reichsbischof vorgeschlagen. Das Amt des rechtskundigen Mitgliedes ist mit der Stelle des leitenden rechtskundigen Mitgliedes in der Verwaltung der Evangelischen Kirche der altpreußischen Union verbunden. Die Stelle wird nach Verständigung mit dem Reichsbischof besetzt. Der Inhaber der Stelle muß die Befähigung zum Richteramt oder zum höheren Verwaltungsdienst besitzen.
5. Das rechtskundige Mitglied ist der Stellvertreter des Reichsbischofs in Rechts-

angelegenheiten; es leitet die Deutsche Evangelische Kirchenkanzlei als oberste kirchliche Verwaltungsbehörde.
6. Das Nähere bestimmt ein Gesetz.

Artikel 8
1. Die Deutsche Evangelische Nationalsynode besteht aus sechzig Mitgliedern. Zwei Drittel werden von den deutschen evangelischen Landeskirchen aus den Synoden und Kirchenleitungen entsandt. Ein Drittel beruft die Deutsche Evangelische Kirche aus Persönlichkeiten, die sich im kirchlichen Dienst hervorragend bewährt haben.
2. Die Bestellung der Mitglieder der Nationalsynode wird durch Gesetz geregelt. Das Amt der Mitglieder dauert sechs Jahre. Auf die Eingliederung neuer Kräfte ist bei jeder Umbildung der Nationalsynode besonders Bedacht zu nehmen.
3. Die Nationalsynode wird durch den Reichsbischof mindestens einmal im Jahre berufen. Der Reichsbischof soll im übrigen dem Verlangen der Nationalsynode nach einer Berufung Rechnung tragen. Ort und Zeit der Tagung bestimmt der Reichsbischof. Er eröffnet die Synode durch einen Gottesdienst und führt bei der ersten Tagung die Geschäfte bis zur Regelung des Vorsitzes. Die Synode gibt sich eine Geschäftsordnung.

Artikel 9–12

Quelle: KJ 1933–1944, S. 17ff. – *Literatur:* H. Kater, Die Deutsche Evangelische Kirche in den Jahren 1933 und 1934. Eine rechts- und verfassungsgeschichtliche Untersuchung zu Gründung und Zerfall einer Kirche im nationalsozialistischen Staat, 1970 = AGK 24; K. Scholder, Die Kirchen und das Dritte Reich Bd. I, 1977, S. 355–481.

156. Reichskonkordat (1933)

Am 20. Juli 1933 wurde in Rom durch Kardinalstaatssekretär Pacelli und Vizekanzler von Papen das Konkordat zwischen dem Heiligen Stuhl und dem Deutschen Reich unterzeichnet.

Art. 1 Das Deutsche Reich gewährleistet die Freiheit des Bekenntnisses und der öffentlichen Ausübung der katholischen Religion. Es anerkennt das Recht der katholischen Kirche, innerhalb der Grenzen des für alle geltenden Gesetzes, ihre Angelegenheiten selbständig zu ordnen und zu verwalten und im Rahmen ihrer Zuständigkeit für ihre Mitglieder bindende Gesetze und Anordnungen zu erlassen.
Art. 4 Der Heilige Stuhl genießt in seinem Verkehr und seiner Korrespondenz mit den Bischöfen, dem Klerus und den übrigen Angehörigen der katholischen Kirche in Deutschland volle Freiheit. Dasselbe gilt für die Bischöfe und sonstige Diözesanbehörden für ihren Verkehr mit den Gläubigen in allen Angelegenheiten ihres Hirtenamts . . .
Art. 21 Der katholische Religionsunterricht in den Volksschulen, Berufsschulen, Mittelschulen und höheren Lehranstalten ist ordentliches Lehrfach und wird in Übereinstimmung mit den Grundsätzen der katholischen Kirche erteilt . . .
Art. 23 Die Beibehaltung und Neueinrichtung katholischer Bekenntnisschulen bleibt gewährleistet . . .

Art. 31 Diejenigen katholischen Organisationen und Verbände, die ausschließlich religiösen, rein kulturellen und karitativen Zwecken dienen und als solche der kirchlichen Behörde unterstellt sind, werden in ihren Einrichtungen und in ihrer Tätigkeit geschützt. Diejenigen katholischen Organisationen, die außer religiösen, kulturellen oder karitativen Zwecken auch anderen, darunter auch sozialen oder berufsständischen Aufgaben dienen, sollen, unbeschadet einer etwaigen Einordnung in staatliche Verbände, den Schutz des Art. 31, Absatz 1 genießen, sofern sie Gewähr dafür bieten, ihre Tätigkeit außerhalb jeder politischen Partei zu entfalten. Die Feststellung der Organisationen und Verbände, die unter die Bestimmungen dieses Artikels fallen, bleibt vereinbarlicher Abmachung zwischen der Reichsregierung und dem deutschen Episkopat vorbehalten. Inwieweit das Reich und die Länder sportliche oder andere Jugendorganisationen betreuen, wird Sorge getragen werden, daß deren Mitgliedern die Ausübung ihrer kirchlichen Verpflichtungen an Sonn- und Feiertagen regelmäßig ermöglicht wird und sie zu nichts veranlaßt werden, was mit ihren religiösen und sittlichen Überzeugungen und Pflichten nicht vereinbar wäre.

Art. 32 Auf Grund der in Deutschland bestehenden besonderen Verhältnisse, wie im Hinblick auf die durch die Bestimmungen des vorstehenden Konkordats geschaffenen Sicherungen einer die Rechte und Freiheiten der katholischen Kirche im Reich und seinen Ländern wahrenden Gesetzgebung erläßt der Heilige Stuhl Bestimmungen, die für die Geistlichen und Ordensleute die Mitgliedschaft in politischen Parteien und die Tätigkeit für solche Parteien ausschließen.

Quelle: A. Kupper (Hg.), Staatliche Akten über die Reichskonkordatsverhandlungen 1933, 1969, S. 256–279. – *Literatur:* L. Volk, Das Reichskonkordat vom 20. Juli 1933, 1972; K. Scholder, Die Kirchen und das Dritte Reich Bd. I, 1977, S. 482ff.

157. Auszug aus dem Kirchengesetz betr. die Rechtsverhältnisse der Geistlichen und Kirchenbeamten vom 6. September 1933

Wie in den meisten evangelischen Landeskirchen so hatten die Deutschen Christen auch in der Generalsynode der Kirche der altpreußischen Union (APU) durch die Kirchenwahlen vom 23. Juli die absolute Mehrheit errungen. Die sogenannte »braune Synode« der APU vom 5./6. September wandte mit dem Kirchengesetz betr. die Rechtsverhältnisse der Geistlichen und Kirchenbeamten die politische Zuverlässigkeitsklausel und den Arierparagraphen aus der staatlichen Gesetzgebung (Dokumente G. Kretschmar/C. Nicolaisen, a.o. [Nr. 149] a.O., S. 35) auf die Kirche an. Der Auszug der niedergeschrienen Minorität der Gruppe »Evangelium und Kirche« unter dem späteren Präses der Reichsbekenntnissynode Karl Koch und Martin Niemöller bedeutete den eigentlichen Ausbruch des Kirchenkampfes in der APU.

Die Generalsynode der Evangelischen Kirche der altpreußischen Union hat folgendes Kirchengesetz beschlossen:

§ 1

1. Als Geistlicher oder Beamter der allgemeinen kirchlichen Verwaltung darf nur berufen werden, wer die für seine Laufbahn vorgeschriebene Vorbildung besitzt und rückhaltlos für den nationalen Staat und die Deutsche Evangelische Kirche eintritt.

2. Wer nicht arischer Abstammung oder mit einer Person nichtarischer Abstammung verheiratet ist, darf nicht als Geistlicher und Beamter der allgemeinen kirchlichen Verwaltung berufen werden. Geistliche und Beamte arischer Abstammung, die mit einer Person nichtarischer Abstammung die Ehe eingehen, sind zu entlassen.
Wer als Person nichtarischer Abstammung zu gelten hat, bestimmt sich nach den Vorschriften der Reichsgesetze.

§ 3

1. Geistliche und Beamte, die nach ihrer bisherigen Betätigung nicht die Gewähr dafür bieten, daß sie jederzeit rückhaltlos für den nationalen Staat und die Deutsche Evangelische Kirche eintreten, können in den Ruhestand versetzt werden.
2. Geistliche oder Beamte, die nichtarischer Abstammung oder mit einer Person nichtarischer Abstammung verheiratet sind, sind in den Ruhestand zu versetzen.
3. Von der Anwendung des Abs. 2 kann abgesehen werden, wenn besondere Verdienste um den Aufbau der Kirche im deutschen Geiste vorliegen.
4. Die Vorschriften des Abs. 2 gelten nicht für Geistliche und Beamte, die bereits seit dem 1. August 1914 Geistliche oder Beamte der Kirche, des Reiches, eines Landes oder einer anderen Körperschaft des öffentlichen Rechtes gewesen sind oder die im Weltkriege an der Front für das Deutsche Reich oder für seine Verbündeten gestanden haben oder deren Väter oder Söhne im Weltkrieg gefallen sind.

Quelle: KJ 1933–1944, S. 24. – *Literatur:* K. Scholder, Die Kirchen und das Dritte Reich Bd. I, 1977, S. 592–601.

158. Die Verpflichtungserklärung des Pfarrernotbundes (Oktober 1933)

Nach der Einführung des Arierparagraphen in die Kirche der APU (s.o. Nr. 157) rief M. Niemöller die ehemaligen Mitglieder der Jungreformatorischen Bewegung (s.o. Nr. 153) zur Gründung des Pfarrernotbundes auf. Die Notbund-Verpflichtung wird in der Fassung von M. Niemöller wiedergegeben.

1. Ich verpflichte mich, mein Amt als Diener des Wortes auszurichten allein in der Bindung an die Hl. Schrift und an die Bekenntnisse der Reformation als die rechte Auslegung der Hl. Schrift.
2. Ich verpflichte mich, gegen alle Verletzung solchen Bekenntnisstandes mit rückhaltlosem Einsatz zu protestieren.
3. Ich weiß mich nach bestem Vermögen mit verantwortlich für die, die um solchen Bekenntnisstandes willen verfolgt werden.
4. In solcher Verpflichtung bezeuge ich, daß eine Verletzung des Bekenntnisstandes mit der Anwendung des Arierparagraphen im Raum der Kirche Christi geschaffen ist.

Quelle: Texte zur Geschichte des Pfarrernotbundes, W. Niemöller (Hg.) = Kl T 180, 1958, S. 26. – *Literatur:* W. Niemöller, Der Pfarrernotbund. Geschichte einer kämpfenden Bruderschaft, 1973.

159. Die Barmer »Theologische Erklärung zur gegenwärtigen Lage der Deutschen Evangelischen Kirche« (Mai 1934)

Die erste Reichssynode der Bekennenden Kirche in Barmen (29.–31. Mai 1934) wandte sich in sechs Thesen, die vom theologischen Vorbereitungsausschuß der Synode (Barth, Asmussen, Breit) erarbeitet worden war, gegen die Lehre der Deutschen Christen. Als Vorstufe hat zu gelten: »Eine theol. Erklärung zur Gestalt der Kirche« (die »Düsseldorfer Thesen« von K. Barth u.a., K. D. Schmidt, S. 149f.). Die Barmer theologische Erklärung ist nach den reformatorischen Bekenntnissen des 16. Jahrhunderts das erste Dokument im Bereich der evangelischen Kirche Deutschlands mit Bekenntnisqualität; sie gewann darüber hinaus ökumenische Bedeutung.
Nach der Berufung auf Art. 1 und 2,1 der Verfassung der DEK vom 11. Juli 1933 (s.o. Nr. 155) folgt die Erklärung:

Wir, die zur Bekenntnissynode der Deutschen Evangelischen Kirche vereinigten Vertreter lutherischer, reformierter und unierter Kirchen, freier Synoden, Kirchentage und Gemeindekreise erklären, daß wir gemeinsam auf dem Boden der Deutschen Evangelischen Kirche als eines Bundes der deutschen Bekenntniskirchen stehen. Uns fügt dabei zusammen das Bekenntnis zu dem einen Herrn der einen, heiligen, allgemeinen und apostolischen Kirche.
Wir erklären vor der Öffentlichkeit aller evangelischen Kirchen Deutschlands, daß die Gemeinsamkeit dieses Bekenntnisses und damit auch die Einheit der Deutschen Evangelischen Kirche aufs schwerste gefährdet ist. Sie ist bedroht durch die in dem ersten Jahr des Bestehens der Deutschen Evangelischen Kirche mehr und mehr sichtbar gewordene Lehr- und Handlungsweise der herrschenden Kirchenpartei der Deutschen Christen und des von ihr getragenen Kirchenregimentes. Diese Bedrohung besteht darin, daß die theologische Voraussetzung, in der die Deutsche Evangelische Kirche vereinigt ist, sowohl seitens der Führer und Sprecher der Deutschen Christen als auch seitens des Kirchenregimentes dauernd und grundsätzlich durch fremde Voraussetzungen durchkreuzt und unwirksam gemacht wird. Bei deren Geltung hört die Kirche nach allen bei uns in Kraft stehenden Bekenntnissen auf, Kirche zu sein. Bei deren Geltung wird also auch die Deutsche Evangelische Kirche als Bund der Bekenntniskirchen innerlich unmöglich.
Gemeinsam dürfen und müssen wir als Glieder lutherischer, reformierter und unierter Kirchen heute in dieser Sache reden. Gerade weil wir unseren verschiedenen Bekenntnissen treu sein und bleiben wollen, dürfen wir nicht schweigen, da wir glauben, daß uns in einer Zeit gemeinsamer Not und Anfechtung ein gemeinsames Wort in den Mund gelegt ist. Wir befehlen es Gott, was dies für das Verhältnis der Bekenntniskirchen untereinander bedeuten mag.
Wir bekennen uns angesichts der die Kirche verwüstenden und damit auch die Einheit der Deutschen Evangelischen Kirche sprengenden Irrtümer der »Deutschen Christen« und der gegenwärtigen Reichskirchenregierung zu folgenden evangelischen Wahrheiten:
1. »Ich bin der Weg und die Wahrheit und das Leben; niemand kommt zum Vater denn durch mich« (Joh. 14,6).
»Wahrlich, wahrlich ich sage euch: Wer nicht zur Tür hineingeht in den Schafstall, sondern steigt anderswo hinein, der ist ein Dieb und ein Mörder. Ich bin die Tür; so jemand durch mich eingeht, der wird selig werden« (Joh. 10,1.9).
Jesus Christus, wie er uns in der Heiligen Schrift bezeugt wird, ist das eine Wort Gottes, das wir zu hören, dem wir im Leben und im Sterben zu vertrauen und zu gehorchen haben. Wir verwerfen die falsche Lehre, als könne und müsse die Kir-

che als Quelle ihrer Verkündigung außer und neben diesem einen Worte Gottes auch noch andere Ereignisse und Mächte, Gestalten und Wahrheiten als Gottes Offenbarung anerkennen.

2. »Jesus Christus ist uns gemacht von Gott zur Weisheit und zur Gerechtigkeit und zur Heiligung und zur Erlösung« (1. Kor. 1,30).

Wie Jesus Christus Gottes Zuspruch der Vergebung aller unserer Sünden ist, so und mit gleichem Ernst ist er auch Gottes kräftiger Anspruch auf unser ganzes Leben; durch ihn widerfährt uns frohe Befreiung aus den gottlosen Bindungen dieser Welt zu freiem dankbaren Dienst an seinen Geschöpfen. Wir verwerfen die falsche Lehre, als gebe es Bereiche unseres Lebens, in denen wir nicht Jesus Christus, sondern anderen Herren zu eigen wären, Bereiche, in denen wir nicht der Rechtfertigung und Heiligung durch ihn bedürften.

3. »Lasset uns aber rechtschaffen sein in der Liebe und wachsen in allen Stücken an dem, der das Haupt ist, Christus, von welchem aus der ganze Leib zusammengefügt ist« (Eph. 4,15–16).

Die christliche Kirche ist die Gemeinde von Brüdern, in der Jesus Christus in Wort und Sakrament durch den Heiligen Geist als der Herr gegenwärtig handelt. Sie hat mit ihrem Glauben wie mit ihrem Gehorsam, mit ihrer Botschaft wie mit ihrer Ordnung mitten in der Welt der Sünde als die Kirche der begnadigten Sünder zu bezeugen, daß sie allein sein Eigentum ist, allein von seinem Trost und von seiner Weisung in Erwartung seiner Erscheinung lebt und leben möchte.

Wir verwerfen die falsche Lehre, als dürfe die Kirche die Gestalt ihrer Botschaft und ihrer Ordnung ihrem Belieben oder dem Wechsel der jeweils herrschenden weltanschaulichen und politischen Überzeugungen überlassen.

4. »Ihr wisset, daß die weltlichen Fürsten herrschen und die Oberherren haben Gewalt. So soll es nicht sein unter euch; sondern so jemand will unter euch gewaltig sein, der sei euer Diener« (Matth. 20,25–26).

Die verschiedenen Ämter in der Kirche begründen keine Herrschaft der einen über die anderen, sondern die Ausübung des der ganzen Gemeinde anvertrauten und befohlenen Dienstes. Wir verwerfen die falsche Lehre, als könne und dürfe sich die Kirche abseits von diesem Dienst besondere, mit Herrschaftsbefugnissen ausgestattete Führer geben oder geben lassen.

5. »Fürchtet Gott, ehret den König!« (1. Petr. 2,17).

Die Schrift sagt uns, daß der Staat nach göttlicher Anordnung die Aufgabe hat, in der noch nicht erlösten Welt, in der auch die Kirche steht, nach dem Maß menschlicher Einsicht und menschlichen Vermögens unter Androhung und Ausübung von Gewalt für Recht und Frieden zu sorgen.

Die Kirche erkennt in Dank und Ehrfurcht gegen Gott die Wohltat dieser seiner Anordnungen an. Sie erinnert an Gottes Reich, an Gottes Gebot und Gerechtigkeit und damit an die Verantwortung der Regierenden und Regierten. Sie vertraut und gehorcht der Kraft des Wortes, durch das Gott alle Dinge trägt.

Wir verwerfen die falsche Lehre, als solle und könne der Staat über seinen besonderen Auftrag hinaus die einzige und totale Ordnung menschlichen Lebens werden und also auch die Bestimmung der Kirche erfüllen.

Wir verwerfen die falsche Lehre, als solle und könne sich die Kirche über ihren besonderen Auftrag hinaus staatliche Art, staatliche Aufgaben und staatliche Würde aneignen und damit selbst zu einem Organ des Staates werden.

6. »Siehe, ich bin bei euch alle Tage bis an der Welt Ende« (Matth. 28,20). »Gottes Wort ist nicht gebunden« (2. Tim. 2,9).

Der Auftrag der Kirche, in welchem ihre Freiheit gründet, besteht darin, an Christi Statt und also im Dienst seines eigenen Wortes und Werkes durch Predigt und Sakrament die Botschaft von der freien Gnade Gottes auszurichten an alles Volk.
Wir verwerfen die falsche Lehre, als könne die Kirche in menschlicher Selbstherrlichkeit das Wort und Werk des Herrn in den Dienst irgendwelcher eigenmächtig gewählter Wünsche, Zwecke und Pläne stellen.
Die Bekenntnissynode der Deutschen Evangelischen Kirche erklärt, daß sie in der Anerkennung dieser Wahrheiten und in der Verwerfung dieser Irrtümer die unumgängliche theologische Grundlage der Deutschen Evangelischen Kirche als eines Bundes der Bekenntniskirchen sieht. Sie fordert alle, die sich ihrer Erklärung anschließen können, auf, bei ihren kirchenpolitischen Entscheidungen dieser theologischen Erkenntnisse eingedenk zu sein. Sie bittet alle, die es angeht, in die Einheit des Glaubens, der Liebe und der Hoffnung zurückzukehren.
Verbum Dei manet in aeternum

Quelle: KJ 1933–1944, S. 63ff. – *Literatur:* H. Brunotte, Die Theologische Erklärung von Barmen 1934 und ihr Verhältnis zum lutherischen Bekenntnis, 1955 = Luthertum 18; E. Wolf, Barmen, 1957, 1970² = BEvTh 27; G. Niemöller, Die erste Bekenntnissynode der DEK zu Barmen, Bd. I: Geschichte, Kritik und Bedeutung der Synode und ihrer Theologischen Erklärung, 1959 = AGK 5; Bd. II: Text-Dokumente-Berichte, 1959 = AGK 6; K. Scholder, Die Bedeutung des Barmer Bekenntnisses für die Evangelische Theologie und Kirche = EvTh 27, 1967, S. 435–461.

160. Das kirchliche Notrecht der zweiten Reichsbekenntnissynode in Dahlem (Oktober 1934)

Nach der gewaltsamen Eingliederung der Landeskirchen in die DC-Reichskirche rief die zweite Reichssynode der Bekennenden Kirche in Berlin-Dahlem (19.–20. Oktober 1934) das kirchliche Notrecht aus und bildete eigene Organe der Leitung.

a) Botschaft der Bekenntnissynode der Deutschen Evangelischen Kirche

Mit Polizeigewalt hat die Reichskirchenregierung nach der Kurhessischen auch die Württembergische und die Bayrische Kirchenleitung beseitigt. Damit hat die schon längst in der Evangelischen Kirche bestehende und seit dem Sommer 1933 offenbar gewordene Zerrüttung einen Höhepunkt erreicht, angesichts dessen wir uns zu folgender Erklärung gezwungen sehen:

I

1. Der erste und grundlegende Artikel der Verfassung der Deutschen Evangelischen Kirche vom 11.7.1933[1] lautet:
»Die unantastbare Grundlage der Deutschen Evangelischen Kirche ist das Evangelium von Jesus Christus, wie es uns in der Heiligen Schrift bezeugt und in den Bekenntnissen der Reformation neu ans Licht getreten ist. Hierdurch werden die Vollmachten, deren die Kirche für ihre Sendung bedarf, bestimmt und begrenzt.«
Dieser Artikel ist durch die Lehren, Gesetze und Maßnahmen der Reichskirchenregierung tatsächlich beseitigt. Damit ist die christliche Grundlage der Deutschen Evangelischen Kirche aufgehoben.
2. Die unter Parole: »ein Staat – ein Volk – eine Kirche« vom Reichsbischof erstrebte Nationalkirche bedeutet, daß das Evangelium für die Deutsche Evang. Kir-

che außer Kraft gesetzt und die Botschaft der Kirche an die Mächte dieser Welt ausgeliefert wird.
3. Die angemaßte Alleinherrschaft des Reichsbischofs und seines Rechtswalters hat ein in der Evangelischen Kirche unmögliches Papsttum aufgerichtet.
4. Getrieben von dem Geist einer falschen, unbiblischen Offenbarung hat das Kirchenregiment den Gehorsam gegen Schrift und Bekenntnis als Disziplinwidrigkeit bestraft.
5. Die schriftwidrige Einführung des weltlichen Führerprinzips in die Kirche und die darauf begründete Forderung eines bedingungslosen Gehorsams hat die Amtsträger der Kirche an das Kirchenregiment statt an Christus gebunden.
6. Die Ausschaltung der Synoden hat die Gemeinden im Widerspruch zur biblischen und reformatorischen Lehre vom Priestertum aller Gläubigen mundtot gemacht und entrechtet.

II

1. Alle unsere von Schrift und Bekenntnis her erhobenen Proteste, Warnungen und Mahnungen sind umsonst geblieben. Im Gegenteil, die Reichskirchenregierung hat unter Berufung auf den Führer und unter Heranziehung und Mitwirkung politischer Gewalten rücksichtslos ihr kirchenzerstörendes Werk fortgesetzt.
2. Durch die Vergewaltigung der süddeutschen Kirchen ist uns die letzte Möglichkeit einer an den bisherigen Zustand anknüpfenden Erneuerung der kirchlichen Ordnung genommen worden.
3. Damit tritt das kirchliche *Notrecht* ein, zu dessen Verkündigung wir heute gezwungen sind.

III

1. Wir stellen fest: Die Verfassung der Deutschen Evangelischen Kirche ist zerschlagen. Ihre rechtmäßigen Organe bestehen nicht mehr. Die Männer, die sich der Kirchenleitung im Reich und in den Ländern bemächtigten, haben sich durch ihr Handeln von der christlichen Kirche geschieden.
2. Auf Grund des kirchlichen Notrechtes der an Schrift und Bekenntnis gebundenen Kirchen, Gemeinden und Träger des geistlichen Amtes schafft die Bekenntnissynode der Deutschen Evangelischen Kirche neue Organe der Leitung. Sie beruft zur Leitung und Vertretung der Deutschen Evangelischen Kirche als eines Bundes bekenntnisbestimmter Kirchen den Bruderrat der Deutschen Evangelischen Kirche und aus seiner Mitte den Rat der Deutschen Evangelischen Kirche zur Führung der Geschäfte. Beide Organe sind den Bekenntnissen entsprechend zusammengesetzt und gegliedert.
3. Wir fordern die christlichen Gemeinden, ihre Pfarrer und Ältesten auf, von der bisherigen Reichskirchenregierung und ihren Behörden keine Weisungen entgegenzunehmen und sich von der Zusammenarbeit mit denen zurückzuziehen, die diesem Kirchenregiment weiterhin gehorsam sein wollen. Wir fordern sie auf, sich an die Anordnungen der Bekenntnissynode der Deutschen Evangelischen Kirche und der von ihr anerkannten Organe zu halten.

IV

Wir übergeben diese unsere Erklärung der Reichsregierung, bitten sie, von der damit vollzogenen Entscheidung Kenntnis zu nehmen, und fordern von ihr die

Anerkennung, daß in Sachen der Kirche, ihrer Lehre und Ordnung die Kirche unbeschadet des staatlichen Aufsichtsrechtes allein zu urteilen und zu entscheiden berufen ist.

b) Aus den Richtlinien für das Verhalten der bekennenden Gemeinden gegenüber der Reichskirchenregierung und ihren Behörden

Die Bekenntnissynode der DEK hat weiterhin [s. unter a) III,3] beschlossen: »Wir fordern die christlichen Gemeinden, ihre Pfarrer und Ältesten auf, sich von der Zusammenarbeit mit denen zurückzuziehen, die diesem Kirchenregiment weiterhin gehorsam sein wollen.« Das bedeutet:

1.a) Kein kirchlicher Amtsträger nimmt an einer Einführung, Ordination, Visitation oder einer Konferenz teil, die von einem unrechtmäßigen Kirchenregiment angeordnet wird.

b) Kein Pfarrer der Bekennenden Kirche darf einen Deutschen Christen zu seiner Vertretung heranziehen oder ihm ein Dimissoriale für eine Amtshandlung erteilen.

c) Verantwortliche Vernehmungen durch unrechtmäßige Kirchenbehörden im Sinne der Dienststrafverfahren sind abzulehnen.

2. Hinsichtlich der Gemeindekirchenräte bzw. Presbyterien ist folgendermaßen zu verfahren:

a) Es ist überall darauf hinzuwirken, daß die kirchlichen Körperschaften sich geschlossen aus Gliedern der Bekennenden Kirche zusammensetzen.

b) Wo dies Ziel noch nicht erreicht ist, ist ein Bruderrat zu bilden, dem in erster Linie die Bekennenden Glieder des Gemeindekirchenrats (Presbyteriums) angehören. Der Bruderrat bedarf der Bestätigung durch den Kreisbruderrat.

c) Die bekennenden Mitglieder des Gemeindekirchenrats (Presbyteriums) haben die übrigen Mitglieder unter Hinweis auf ihre kirchliche Verantwortlichkeit über die durch die Beschlüsse der Bekenntnissynode geschaffene Lage zu unterrichten und sie zur Entscheidung aufzufordern.

d) Entscheidet sich die Mehrheit im Sinne der Bekenntnissynode, so hat sie ihre Verantwortung in der Leitung der Gemeinde voll wahrzunehmen.

e) Entscheidet sich eine Minderheit im Sinne der Bekenntnissynode, so hat diese ihre Verantwortung in grundsätzlichem und stetigem Widerstand geltend zu machen.

f) In den synodalen Instanzen ist entsprechend zu verfahren.

3. Die Glieder der Bekennenden Kirche halten sich für Gottesdienst und Amtshandlungen allein an die Pfarrer der Bekennenden Kirche. Die Pfarrer der Bekennenden Kirche haben die Verpflichtung, erforderlichen Falles Gliedern der Bekennenden Gemeinde außerhalb ihres Pfarrbezirks zu dienen. Das Nähere regelt der Kreisbruderrat.

Quellen: KJ 1933–1944, S. 76f.79. – *Literatur:* W. Niemöller, Die zweite Bekenntnissynode der DEK zu Dahlem. Text – Dokumente – Berichte, 1958 = AGK 3; K. D. Schmidt, Fragen zur Struktur der Bekennenden Kirche = ZevKR 9, 1962/63, S. 201–228.

1. S. o. Nr. 155.

161. Die Theologie des Kreuzes. Aus dem Wort der Bekenntnissynode von Augsburg an die Gemeinden, ihre Pfarrer und Ältesten (Juni 1935)

Wegen der immer schärferen Maßnahmen des Staates gegen die Bekennende Kirche und wegen der offenen Propaganda für ein völkisches Neuheidentum wurde die dritte Reichsbekenntnissynode nach Augsburg einberufen (4.–6. Juni 1935). Der Staat wollte jedoch keine Märtyrer und entließ kurz vor der Synode die meisten inhaftierten Pfarrer. Die Beschlüsse der Synode standen ganz im Zeichen der Bedrängnis und Verfolgung.

Gott hat unsere Kirche in eine große Entscheidung gestellt. Christus ist wieder das Zeichen, dem widersprochen wird. Eine neue Religion tritt auf den Plan.
Die ganze DEK kämpft unter mannigfacher Bedrängnis und Anfechtung um die Freiheit der Verkündigung. In vielen Gemeinden werden Christen um ihres Bekenntnisses willen bedroht und verfolgt. Um uns und in uns wird die Stimme laut: Wo ist nun dein Gott?
Die Leiden der Kirche dürfen uns nicht erschrecken und verwirren. Christus, der Herr, hat sie vorausgesagt. Er behält auch recht mit der Verheißung des Sieges. »Unser Glaube ist der Sieg, der die Welt überwunden hat.« . . .
Daher bezeugen wir die Unüberwindlichkeit der Kirche. Jesus Christus spricht von seiner Gemeinde: »Die Pforten der Hölle sollen sie nicht überwältigen« (Matth. 16,18) und »Niemand wird sie mir aus meiner Hand reißen. Der Vater, der sie mir gegeben hat, ist größer denn alles« (Joh. 10,28).
Jesus Christus, wahrhaftiger Gott und wahrhaftiger Mensch, ist das Haupt seiner Gemeinde, die sein Leib ist. Darum kann eine Bekennende Kirche weder durch Auflösung beseitigt werden noch sonst durch Menschen ihr Ende finden. Denn in der Kraft seiner Auferstehung gibt Christus sein ewiges Leben denen, die an ihn glauben.
So seid in aller Bedrängnis freudig und getrost! Sorget nicht, was die Zukunft bringt! Sorget allein, daß ihr und die Euren in Jesus Christus gegründet seid. Der Sieg ist euer, was auch die Welt wider euch tut. Gott wird seine Kirche erhalten.
Wir ermahnen zum rechten Gehorsam gegen die Obrigkeit [nach der Zitierung von 1. Petr. 2,13.16 und Apg. 4,19–20 heißt es weiter:]
Die Obrigkeit hat ihre Gewalt von Gott. Nach Gottes Gebot ist ihr der Christ untertan. Der Gehorsam gegen die Obrigkeit findet seine Grenze dort, wo der Christ durch diesen Gehorsam zur Sünde wider Gottes Gebote gezwungen würde. Wo das Zeugnis, von dem die Christenheit nicht lassen darf, gehindert oder verboten wird, da ist es Pflicht gegen Gott, ohne Menschenfurcht im Handeln und im Leiden die Gnade und Herrlichkeit Jesu Christi jedermann zu bezeugen.
Laßt euch auch durch Bedrückung oder Verfolgung nicht beirren, der Obrigkeit in Ehrerbietung untertan zu sein. Bleibt im Gehorsam gegenüber den Herren, die euch gesetzt sind. Laßt euch nicht verbittern! Bleibet in der rechten Liebe zu unserm Volk! Ehret die Gabe Gottes, die wir in unserem Volk empfangen haben! Seid unermüdlich im Dienen! Tut Fürbitte für Volk und Obrigkeit!

Quelle: KJ 1933–1944, S. 89ff. – *Literatur:* W. Niemöller. Die dritte Bekenntnissynode der Deutschen Evangelischen Kirche zu Augsburg, 1969 = AGK 20.

162. Ritual für die »Taufe« eines SS-Kindes[1]

Nach dem Scheitern der nationalkirchlichen Pläne trat der unchristliche, völkische Charakter des NS-Staates und seiner Parteiorganisationen immer stärker in den Vordergrund. Es wurde ein Staatskultus mit Weihehandlungen entwickelt, welcher den christlichen Gottesdienst mit seinen Kasualien ersetzen sollte.

1. Musikalische Einleitung (Streichmusik, keine Blechmusik; Grieg ›Morgenstimmung‹).
2. Unter den Klängen der Musik trägt der Vater, rechts seine Ehefrau, links der dienstälteste SS-Führer, das Kind in den Weiheraum (Für eine weihevolle Ausschmückung des Raumes mit Blumen und Herstellung eines Lebensbaumsinnbildes aus jungem Grün – evtl. mit brennenden Kerzen – muß gesorgt werden). Auf einem Tisch, an dem der Weihende steht, befindet sich eine Schale. In dieser wird dann (siehe unten) das Feuer entzündet.
3. Chorlied oder Sprechchor: Sprüche aus Hitler ›Mein Kampf‹ (weitere Auswahl bleibt dem Gestalter der Weihe vorbehalten).
4. Der Weihende:
Wir glauben an den Gott im All
Und an die Sendung unseres deutschen Blutes,
Das ewig jung aus deutscher Erde wächst.
Wir glauben an das Volk, des Blutes Träger,
Und an den Führer, den uns Gott bestimmt.
(zu den Eltern gerichtet) Ihr weiht ein Kind dem Dienst Eures Volkes,
Ich frage Euch, welchen Namen soll Euer Kind erhalten?
5. Vater: Wir nennen unseren Sohn . . .
6. Der Weihende erklärt den Namen des Kindes und spricht von der Verpflichtung des Namens.
7. Frage des Weihenden an die Eltern: Wollt Ihr die in Eurem Kinde schlafenden Gaben wecken, hüten und pflegen, daß sein Name Tat wird? So sprecht: ›Wir geloben es‹.
8. Die Antwort der Eltern: Wir geloben es.
9. Der Weihende: So entzündet das Feuer, auf daß es als Teil des Ganzen entbrenne.
10. Der Vater entzündet das Feuer.
11. Die Freunde der Eltern sagen ihre Wünsche und legen Gaben auf den Tisch neben das Feuer des Kindes.
12. Der Weihende: So schließt den Ring um dieses Kind, daß es Teil werde unserer Gemeinschaft.
13. Der SS-Führer tritt vor: Wir nehmen dich auf in unsere Gemeinschaft als Glied unseres Leibes, du sollst aufwachsen in unserem Schutz und deinem Namen Ehre, deiner Sippe Stolz und deinem Volke unauslöschlichen Ruhm bringen.
14. Gemeinsamer Gesang des SS-Treueliedes.
15. Die Eltern verlassen mit dem Kind, unter Musikbegleitung, den Weiheraum, die Teilnehmer grüßen stehend mit erhobenem Arm.

Quelle: J. S. Conway, Die nationalsozialistische Kirchenpolitik, 1969, S. 172f. – *Literatur:* H. J. Gamm, Der braune Kult. Das Dritte Reich und seine Ersatzreligion, 1962.

1. Aus den Privatpapieren des Reichsführers SS H. Himmler. In einem mit NS-Fahnen und dem Bild des Lebensbaumes geschmückten Raum befand sich ein Altar mit einer Hitler-Photographie und seinem Buch »Mein Kampf« als »heiligem« Buch des Nationalsozialismus.

163. Aus der Denkschrift »Zur Lage der deutschen Nichtarier« (Synodalvorlage 1935)

Die kurz nach dem Erlaß der Nürnberger Rassegesetze vom 23. bis 26. September 1935 in Steglitz tagende Bekenntnissynode der Altpreußischen Union nahm zur Frage der Judentaufe, jedoch nicht zu den staatlichen Rassegesetzen Stellung. Eine Denkschrift von Marga Meusel »Zur Lage der deutschen Nichtarier« wurde von der Synode als Vorlage angenommen, die öffentliche Behandlung der Judenfrage (nicht Judentauffrage!) wurde jedoch an den Reichsbruderrat zur Klärung überwiesen. Der Beschluß der Synode für die Freiheit der Sakramentsverwaltung tritt nachdrücklich für die Judentaufe in den Gemeinden der Deutschen Evangelischen Kirche ein (W. Niemöller, Die dritte Bekenntnissynode der Evangelischen Kirche der Altpreußischen Union, 1970 = AGK 23, S. 570).

a) Lage der Kinder

Aber wenigstens die Kinder haben doch i.a. im ganz elementaren Empfinden der Menschen einen Anspruch auf Schutz. Und hier? In großen Städten gehen die jüdischen Kinder vielfach jetzt in jüdische Schulen. Oder die Eltern schicken sie in katholische Schulen, in denen nach allgemeiner Ansicht sie sehr viel besser geschützt sind als in evangelischen. Und die nichtarischen evangelischen Kinder? Und die jüdischen Kinder in kleinen Städten, wo es keine jüdischen Schulen gibt, und auf dem Lande? In einer kleinen Stadt werden den jüdischen Kindern von den anderen immer wieder die Hefte zerrissen, wird ihnen das Frühstücksbrot weggenommen und in den Schmutz getreten! Es sind christliche Kinder, die das tun, und christliche Eltern, Lehrer und Pfarrer, die es geschehen lassen!

Ein junges Mädchen aus einem sehr bekannten christlichen Hause trat in der Schule energisch für bekenntnismäßigen Religionsunterricht ein. Zur gleichen Zeit aber brach sie ausdrücklich ihren Verkehr mit einem anderen evangelischen jungen Mädchen ab mit der Erklärung, daß ihr Jugendbund ihr den Verkehr mit Nichtariern verbiete!

Ein kleines Mädchen wagt auf der Straße nicht, an einem Pferd vorbeizugehen, das mit den Vorderhufen auf dem Bürgersteig steht. Da sagt seine Schwester beruhigend: »Geh doch, das Pferd weiß ja nicht, daß wir jüdisch sind.«

Ein Kind, das eine jüdische Mutter hat, bittet seine Freundinnen immer wieder angstvoll: »Kommt bald wieder, meine Mutti ist sehr nett.« – Ein anderes bittet die Mutter fortzugehen, damit die Freundinnen sie nicht sehen.

Andere Kinder verbergen angstvoll mit allen Mitteln, daß sie nicht arisch sind, lügen, immer in der Angst, daß »es herauskommt«, machen Vater oder Mutter Vorwürfe.

In einer Stadt in Mitteldeutschland war als einziges nichtarisches Kind ein Kind aus einer Mischehe in der Klasse, aus der angesehensten – evangelischen – Familie der Stadt, einer bekannten Industriellenfamilie. Ein Lehrer fragte bei jeder Gelegenheit: »Wer ist nichtarisch?« und zwang das Kind immer wieder, als einziges aufzustehen. Es mußte schließlich aus der Schule genommen werden.

Eine Berliner Mädchenschule mußte in ihrem Landheim die Hakenkreuzfahne einziehen auf die drohende Haltung der Bevölkerung hin, die daran Anstoß nahm, daß die jüdischen Kinder mit den anderen spielten.

In einem Dorf in Hessen-Nassau lebte noch eine jüdische Familie, zwei waren schon weggezogen. Auch diese Familie hatte ihr älteres Kind schon weggegeben, das kleinere Mädchen aber wollten die Eltern noch bei sich behalten, und es ging also noch in die Dorfschule. Da setzte auf Veranlassung des Bürgermeisters, der zugleich Ortsgruppenleiter ist, ein Schulstreik der anderen Kinder ein, die erklärten, nicht mehr zu kommen, solange das jüdische Kind noch da sei.
Was soll aus den Seelen dieser Kinder werden, und was aus einem Volk, das solche Kindermartyrien duldet? und was aus der Jugend dieses Volkes, die in solcher Luft aufwächst und mißbraucht wird?

b) Die Stellung der Kirche

Was soll man antworten auf all die verzweifelten, bitteren Fragen und Anklagen: Warum tut die Kirche nichts? Warum läßt sie das namenlose Unrecht geschehen? Wie kann sie immer wieder freudige Bekenntnisse zum nationalsozialistischen Staat ablegen, die doch politische Bekenntnisse sind und sich gegen das Leben eines Teiles ihrer eigenen Glieder richten? Warum schützt sie nicht wenigstens die Kinder? Sollte denn alles das, was mit der heute so verachteten Humanität schlechterdings unvereinbar ist, mit dem Christentum vereinbar sein?
Und wenn die Kirche um ihrer völligen Zerstörung willen in vielen Fällen nichts tun kann, warum weiß sie dann nicht wenigstens um ihre Schuld? Warum betet sie nicht für die, die dies unverschuldete Leid und die Verfolgung trifft? Warum gibt es nicht Fürbittegottesdienste, wie es sie gab für die gefangenen Pfarrer? Die Kirche macht es einem bitter schwer, sie zu verteidigen.
Menschlich geredet bleibt die Schuld, daß alles dies geschehen konnte, vor den Augen der Christen, für alle Zeiten und vor allen Völkern und nicht zuletzt vor den eigenen künftigen Generationen auf den Christen Deutschlands liegen. Denn noch sind fast alle Glieder des Volkes getauft, und noch trägt die Kirche Verantwortung für Volk und Staat, anders als zu Zeiten des alten römischen Reiches, denn es sind ihre getauften Glieder, die all den Jammer und all das Elend auf dem Gewissen haben . . .
Das Judentum glaubt, daß Gott es in dieser Zeit zurückruft. Es lebt von diesem Glauben und nimmt die Kraft zum Martyrium daraus. Und wir wissen, daß Gott uns zurückruft in dem Gericht, das über Kirche und Volk ergeht. Daß es aber in der Bekennenden Kirche Menschen geben kann, die zu glauben wagen, sie seien berechtigt oder gar aufgerufen, dem Judentum in dem heutigen historischen Geschehen und dem von uns verschuldeten Leiden Gericht und Gnade Gottes zu verkündigen, ist eine Tatsache, angesichts deren uns eine kalte Angst ergreift. Seit wann hat der Übeltäter das Recht, seine Übeltat als den Willen Gottes auszugeben? Seit wann ist es etwas anderes als Gotteslästerung zu behaupten, es sei der Wille Gottes, daß wir Unrecht tun? Hüten wir uns, daß wir den Greuel unserer Sünde nicht verstecken im Heiligtum des Willens Gottes. Es könnte sonst wohl sein, daß auch uns die Strafe der Tempelschänder träfe, daß wir den Fluch dessen hören müßten, der die Geißel flocht und trieb sie hinaus.

Quelle: W. Niemöller , a.o. [Einleitung] a.O., S. 36ff.47f. – *Literatur:* A.o. [Nr. 151] a.O.

164. Die Spaltung der Bekennenden Kirche auf der Bekenntnissynode in Oeynhausen (1936)

Auf der Synode von Oeynhausen (17.–22. Februar 1936) versuchte die Bekennende Kirche vergeblich, die Einheit zwischen den vom DC-Kirchenregiment zerstörten Landeskirchen (besonders die APU) und den intakt gebliebenen (Hannover, Württemberg und Bayern) zu erhalten. Der hannoversche Landesbischof August Marahrens sprach für die 1. Vorläufige Leitung (im Sinne einer Kompromißlösung nach dem Scheitern der NS-Kirchenpolitik von der Bekennenden Kirche November 1934 eingesetzt), Martin Niemöller für das durch die Synode von Dahlem (s.o. Nr. 160) eingesetzte Notkirchenregiment.

a) Aus dem Tätigkeitsbericht August Marahrens' für die 1. Vorläufige Leitung der DEK

Noch einmal stellen wir in dieser feierlichen Stunde vor unserer Kirche und unserem deutschen Volke fest, daß, was der Kirchenkampf an öffentlicher Unruhe erzeugt hat, *nicht* Schuld der Bekennenden Kirche ist. Wir haben im öffentlichen Leben unseres Volkes nichts anderes getan, als die Kirche, zu der wir uns in Glauben und Liebe bekennen, nach dem Maß unserer menschlichen Kraft und unserer Erkenntnis des Willens Gottes gegen eine Bedrohung in Schutz zu nehmen, die ihr innerstes Wesen antastete.

Diese *Bedrohung* war eine *zwiefache*,

Unsere Kirche war von innen her bedroht durch *Irrlehre und Zerstörung ihrer rechtlichen Ordnung*. Die Bekennende Kirche ist entstanden, weil sie den Einbruch der deutsch-christlichen *Irrlehre* in die Deutsche Evangelische Kirche abwehren mußte. Dabei ist die Bekennende Kirche in ihrer Gesamtheit der Überzeugung gewesen, daß die Auseinandersetzung mit der offiziellen Lehre der Deutschen Christen nicht dogmatische, methodische oder organisatorische Einzelfragen betraf, sondern ein *Kampf um die eigentliche Grundlage* der Kirche überhaupt war. Ihre Gemeinden haben im Verlauf dieses Kampfes unter der gnädigen Führung Gottes immer deutlicher begriffen und immer fester bekannt, daß eine Kirche nicht leben und wirken kann, wenn sie die Grundlage der Heiligen Schrift und der Bekenntnisse ihrer reformatorischen Väter verleugnet. Dieses war das ursprüngliche Anliegen der Bekennenden Kirche. Wer es anders sagt, sagt *nicht* die Wahrheit. Wir bezeugen es vor Kirche und Volk, daß alle abfällige und mißgünstige Kritik, die der Bekennenden Kirche Zanksucht, dogmatische Rückständigkeit oder gar unterwertige politische Beweggründe unterschieben will, der klaren geschichtlichen Wahrheit widerstreitet.

Der zweite Grund für den Kampf der Bekennenden Kirche war die zunehmende *Zerstörung der rechtlichen Organisation der Deutschen Evangelischen Kirche*. [S. 157]

Neben dieser Bedrohung der Kirche von innen her ging und geht die *Bedrohung von außen* parallel. Wir erinnern uns rückblickend daran, daß die Kirche innerhalb der großen weltanschaulichen Auseinandersetzungen unseres Volkes einem geistigen Gegner begegnete, der ihre Verkündigung und zentrale Aufgabe entschlossen bekämpfte. Man hat diese in sich vielgestaltigen geistigen Strömungen, die das christliche Erbe unseres Volkes großenteils bewußt verleugnen und Ersatzreligionen verschiedener Prägung an die Stelle der christlichen Botschaft zu rükken versuchen, mit dem ungenauen Sammelnamen des »Neuheidentums« zusammengefaßt. In ihnen verkörpert sich ein Versuch, die christliche Kirche in unserem Volk zu bekämpfen und damit zugleich ein umspannendes geschichtliches

Erbe unseres Volkes zu leugnen, wie er in dieser direkten Form wohl nie in unserer Volksgeschichte sichtbar geworden ist.
Zu der offenen weltanschaulichen Bestreitung der christlichen Kirche traten endlich noch jene energischen und umfassenden *Bemühungen hinzu, die auf die Entkonfessionalisierung* unseres öffentlichen Lebens abzielten. [S. 158]
Gegen diese *doppelte* Bedrohung von *innen* und *außen* ist der Kampf der Bekennenden Kirche gerichtet gewesen. Es liegt an Gründen, die hier nicht weiter zu erörtern sind, daß dieser Kampf der Kirche um ihre Existenz die Form eines umfassenden *Gespräches mit dem Staat* angenommen hat. Wir wiederholen es an dieser Stelle ausdrücklich, was wir unzählige Male seit dem Anbruch unseres nationalsozialistischen Staates öffentlich und feierlich erklärt haben: daß wir in Opferbereitschaft und Treue für diesen Staat einzutreten bereit sind. Die Glieder der Bekennenden Kirche haben es nicht an Bezeugung in Wort und Tat fehlen lassen, daß sie diesem Staate kraft des ihm verliehenen Amtes der *Obrigkeit* mit Ehrerbietung und Einsatzbereitschaft unerbittlich in der Wahrheit gegenüberzutreten ehrlich gewillt sind und für selbstverständlich halten. Es ist also bis auf diese Stunde die Verdächtigung politischer Unzuverlässigkeit unbegründet und, von wo aus sie auch versucht werden sollte, nachdrücklich und feierlich abzuweisen.
Wenn aber trotzdem der uns aufgetragene Kampf vielfach den Charakter eines *umfassenden Gespräches mit dem Staat* angenommen hat, so liegt das darin begründet, daß die evangelische Kirche nicht darauf verzichten kann, denjenigen öffentlichen Lebensraum in Anspruch zu nehmen, den sie braucht, wenn sie den Auftrag erfüllen will, den sie vom Herrn der Kirche hat, und die Botschaft ausrichten will, die ihr aufgetragen ist. Es ist niemandem ein Geheimnis, daß dieses Gespräch *voll schwerer Spannungen* gewesen ist. Diese Spannungen sind auf verschiedene Weise sichtbar geworden. Wir erinnern daran, daß, besonders zur Zeit des Gewaltregiments der Deutschen Christen, die staatliche Autorität mißbräuchlich benutzt und gegen die Bekennende Kirche eingesetzt wurde. Wir erinnern daran, daß im Verlauf des vergangenen Jahres zahlreiche Amtsbrüder und Glieder der Bekennenden Kirche in das Konzentrationslager gebracht oder inhaftiert worden sind. Es kann daran wohl kein Zweifel sein, daß diese Maßnahmen auf den mittelbaren und unmittelbaren Einfluß deutsch-christlicher kirchlicher Machthaber zurückzuführen sind. Daß diese Auseinandersetzungen zu einem Gespräch der Kirche mit dem Staat führen mußten, liegt weiterhin an einer Tatsache, die von uns immer besonders schmerzlich empfunden ist, nämlich an *öffentlichen Äußerungen*, die bei verschiedenen Anlässen von Vertretern der Staatsgewalt gegenüber der Kirche gemacht sind, die das eigentliche Wesen und die wahren Gründe des uns aufgetragenen Kampfes in einer für uns schmerzlichen Weise mißdeuteten. [S. 159]

b) Aus der Rede Martin Niemöllers als Vertreter des Reichsbruderrates

M. Niemöller macht Hitler selbst für den Kampf gegen das Christentum verantwortlich:

. . . ich sehe einen Willen, der uns stellt, und ich sehe keine Möglichkeit, daß gegenüber diesem Willen, der uns stellen will, der uns täglich in den Zeitungen stellt, der uns in der offiziellen Schulpolitik stellt, der uns überall in den Organen, Schulungslagern, Landjahr usw. stellt, daß wir demgegenüber weiter sagen: Du bist das ja gar nicht, sondern das sind irgendwelche anonymen Kräfte. *Diese*

Kräfte sind nicht anonym, sondern diese Kräfte haben für uns in den zerstörten Kirchengebieten ein ganz klares und eindeutiges Gesicht. [S. 170]

Nun ist dies die Frage, und die lege ich vor Sie hin, die Hauptfrage: *Haben wir in Barmen [s.o. Nr. 158] und Dahlem [s.o. Nr. 159] eigentlich einen notwendigen, d.h. einen damals und heute von Gott uns abgeforderten Akt des Bekennens vollzogen? . . .*

Das heißt: Sind wir eine Kirche, die innerhalb der heutigen Situation, liebe Brüder, die innerhalb des heutigen Rufes, der an die Kirche von ihrem Herrn ergeht, heute Verzicht leistet auf die klare Bekenntnisposition um des Friedens willen, oder weil wir glauben, es würden uns doch noch menschliche oder staatliche Möglichkeiten geboten? *Oder sind wir heute zu einem missionarischen letzten Totalangriff gefordert auf unser Volk, auf das der Totalangriff ja eben dieses Heidentums oder dieses Dämonentums, oder wie wir es nennen wollen, losgelassen ist?*

Wenn es aber so ist, müssen wir da nicht sagen, daß die Bagage hinten bleiben muß? Müssen wir da nicht sagen, daß der Troß zurückbleiben muß, und daß der Angriff geführt werden muß mit denen, die bereit sind, wirklich nun den Tornister abzuwerfen und mit dem Seitengewehr und mit dem Gewehr allein heranzurücken, d.h. mit dem Wort Gottes, dem Schwert des Geistes? Wollen, können, dürfen, müssen wir, wie in Barmen und Dahlem und Augsburg [s.o. Nr. 160], Kirche sein? *Dürfen wir glauben, daß wir die Kirche sind, sein dürfen, nein müssen?* Ich glaube, es wäre viel leichter, wenn wir es nicht müßten.

. . . Wenn diese Attacke des Heidentums losbricht, dann sind wir alle miteinander vor die Klinge gefordert, auch die Leute, die dann vielleicht noch meinen: Als Deutsche Christen kommen wir durch. Aber das Panier muß aufgerichtet sein. Gewiß, es geht auch um die Frage, was Kirche ist, es geht auch um den Kirchenbegriff, es geht auch um das lutherische oder reformierte Bekenntnis dabei. Das wissen wir wohl. Bloß, liebe Brüder, das sauberste lutherische Bekenntnis bewahrt keinen von uns davor, daß wir dieses Bekenntnis praktisch verleugnen. Was kann der Herr Christus von uns erwarten?

Mir steht, ich habe das Bild jetzt in meinem Amtszimmer hängen, das Bild des Petrus vor Augen, dem der Herr Christus sagt: »Komm her!« Dieser Petrus sagt nicht: »Herr Christus, bitte, einen Balken, auf den ich treten kann!« Dieser Petrus sagt nicht: »Ich muß erst Gewißheit haben und Sicherheit haben.« Sondern er geht, und darin tut sich seine Gewißheit kund. [S. 173ff.]

Quelle: Die vierte Bekenntnissynode der Deutschen Evangelischen Kirche zu Bad Oeynhausen, Wilhelm Niemöller (Hg.) = AGK 7, 1960.

165. Denkschrift der 2. Vorläufigen Leitung an den Führer und Reichskanzler vom 28. Mai 1936

Während weite Kreise besonders in der evangelischen Kirche die Verletzungen der Rechtsstaatlichkeit und die antichristliche Propaganda des Nationalsozialismus als durch die »nationale Revolution« legitimierte Übergangserscheinungen ansahen, war die Leitung der Bekennenden Kirche (2. Vorläufige Leitung [VL] als Not-Kirchenregiment) nicht mehr bereit, ihre Kritik auf die Kirchenpolitik des NS-Staates zu beschränken. Die für Hitler abgefaßte Denkschrift erschien vor der Freigabe im Ausland. Daraufhin veranlaßte die VL eine Kanzelabkündigung (KJ 1933–1944, S. 135–139), in welcher die

Verurteilung des Antisemitismus, die Verletzung der Rechtsstaatlichkeit durch Konzentrationslager u.a. ausgelassen waren. Die antisemitische Hetze hatte die Juden in einem Maße würdelos gemacht, daß eine Solidarisierung mit ihnen nicht nur Mut, sondern auch die Bereitschaft erforderte, selbst in ein moralisches Zwielicht zu geraten.

1. Gefahr der Entchristlichung
Die Vorläufige Leitung weiß es zu würdigen, was es im Jahre 1933 und späterhin bedeutet hat, daß die Träger der nationalsozialistischen Revolution nachdrücklich erklären konnten: »Wir haben mit unserm Sieg über den Bolschewismus zugleich auch den Feind überwunden, der auch das Christentum und die christlichen Kirchen bekämpfte, und zu zerstören drohte.« Wir erleben aber, daß der Kampf gegen die christliche Kirche wie nie seit 1918 im deutschen Volk wirksam und lebendig ist. Keine Macht der Welt, wie sie auch heiße, vermag die Kirche Gottes wider seinen Willen zu zerstören oder zu schützen; das ist Gottes Sache. Die Kirche aber hat sich der angefochtenen Gewissen ihrer Glieder anzunehmen.
Durch die Not und Verwirrung des heutigen Glaubenskampfes werden viele getaufte Christen mit zeitlichem und ewigem Unheil bedroht. Wenn sogar hohe Stellen in Staat und Partei den Christenglauben öffentlich angreifen, dann werden der Kirche und ihrer Botschaft an sich schon entfremdete Kirchenglieder dadurch immer mehr in ihren Unglauben verstrickt; Wankende und Unsichere vollends unsicher gemacht und zum Abfall getrieben. Ja, es besteht ernstliche Gefahr, daß die evangelische Jugend sich hindern läßt, zu dem zu kommen, der der alleinige Heiland auch deutscher Knaben und Mädchen ist. Dieser Gefährdung der Kirche muß eine verantwortungsvolle Kirchenleitung wehren. Zu solcher Abwehr gehört die klare Frage an den Führer und Reichskanzler, ob der Versuch, das deutsche Volk zu entchristlichen, durch weiteres Mitwirken verantwortlicher Staatsmänner oder auch nur durch Zusehen und Gewährenlassen zum offiziellen Kurs der Regierung werden soll.

2. Positives Christentum
Wir vertrauen, daß die Reichsregierung, um die Zuspitzung des Glaubenskampfes zu vermeiden, das Wort der Evangelischen Kirche hören wird. Als die NSDAP in ihrem Programm erklärte, daß sie auf dem Boden eines positiven Christentums stehe, hat die gesamte christliche Bevölkerung das dahin verstehen müssen und auch verstehen sollen, daß im Dritten Reich der christliche Glaube gemäß den Bekenntnissen und der Predigt der Kirche Freiheit und Schutz, ja Hilfe und Förderung erfahren sollte.
Später aber ist es dahin gekommen, daß maßgebende Persönlichkeiten des Staates und der Partei das Wort »Positives Christentum« willkürlich ausgelegt haben. Bald gab der Herr Reichsminister für Propaganda und Volksaufklärung als positives Christentum aus, was lediglich humanitäre Leistung ist, und verband mit dieser Auslegung unter Umständen ein anderes gegen die christlichen Kirchen und ihre angeblich mangelhaften Leistungen auf dem Gebiet der christlichen Liebestätigkeit, das ihnen doch der Staat selbst seit 1933 durch seine Verbote wesentlich eingeengt hatte. Bald verkündete der Herr Reichsschulungsleiter Rosenberg seine Mystik des Blutes als positives Christentum, und Parteistellen diffamierten nach seinem Vorbild das bekenntnis- und offenbarungsgläubige Christentum als negativ.
Im Munde wieder anderer Mitglieder der Reichsregierung werden unter dem

Deckmantel des positiven Christentums entscheidende Begriffe des christlichen Glaubens (Glaube, Ewigkeit, Gebet, Auferstehung) ihres offenbarungsmäßigen Gehaltes entkleidet und rein innerweltlich psychologisch umgedeutet, selbst in Äußerungen des Herrn Reichsministers Kerrl.
Der Schaden solcher Äußerungen ist um so größer, als der Kirche niemals die Möglichkeit gegeben wurde, die von hohen Stellen erfolgten Mißdeutungen des christlichen Glaubens unter gleicher Reichweite zu widerlegen.

3. Zerstörung der kirchlichen Ordnung
Die Methoden der Entchristlichung des deutschen Volkes werden in ihrem Zusammenhang verständlich, wenn man sich an das Wort des Herrn Reichsschulungsleiter Rosenberg erinnert, man müsse in diesem Kampf um einen deutschen Glauben das Gegnerische nicht schonen, sondern es geistig überwinden, organisatorisch verkümmern lassen und politisch ohnmächtig erhalten (Mythos S. 636). Nach diesem Grundsatz wird verfahren. Es wird zwar amtlich jeder Eingriff in das innere Gefüge und Glaubensleben der Evangelischen Kirche abgeleugnet, tatsächlich aber ist seit den der Kirche aufgezwungenen Wahlen vom Juli 1933 bis heute ein Eingriff an den andern gereiht worden.
Die evangelische Öffentlichkeit, der gerade vor den erzwungenen Wahlen die Freiheit der Kirche vom Führer zugesichert wurde, konnte über den Fortgang des Kirchenkampfes nur unzulänglich unterrichtet werden. Das sogenannte »Befriedungswerk«, das mit der Errichtung des Reichskirchenministeriums und der Einsetzung der Kirchenausschüsse begonnen hatte, hat zwar einige, zuvor unter Duldung des Staates von Staatsbeamten und Parteimitgliedern herbeigeführte Mißstände beseitigt, der evangelische Christ aber, der genauer zusieht, erkennt, daß durch dieses Befriedungswerk die Kirche, verwaltungsmäßig und finanziell in Abhängigkeit vom Staat gehalten, der Freiheit ihrer Verkündigung und Ordnung beraubt und zur Duldung der Irrlehre gezwungen wird.
Für ihn muß es eine schwere Erschütterung sein, daß die Präambel des die Befriedung einleitenden Gesetzes vom 24.9.1935 in ihrer Darstellung von der Entstehung der Unruhen in der Deutschen Evangelischen Kirche nicht der Wahrheit entspricht und Eingriffe des Staates in die Kirche als Nichteingriffe hinstellt, ja als Dienste, die der Staat der Kirche leistet. Den evangelischen Gemeindegliedern, die zum offenbarten Gotteswort stehen und am Bekenntnis der Väter festhalten und die gerade darum wissen, was sie als Christen ihrem Volke und seiner Regierung schuldig sind, ist durch dieses Vorgehen des Staates eine kaum tragbare Last aufgebürdet.

4. Entkonfessionalisierung
Unter der Parole der »Entkonfessionalisierung« oder Überwindung der konfessionellen Spaltung hat eine Bewegung eingesetzt, die der Kirche ihre Öffentlichkeitsarbeit unmöglich machen soll.
Längst sind der Evangelischen Kirche durch einen zwischen dem Reichsjugendführer und dem dazu nicht ermächtigten Reichsbischof abgeschlossenen Vertrag ihre eigenen Jugendorganisationen genommen worden. Aber auch die durch jenen Vertrag der Evangelischen Kirche gewährleistete Betreuung der evangelischen Angehörigen der nationalsozialistischen Jugendorganisationen wird vielfach gehindert. Immer wieder wird von den obersten Führern der organisierten Jugend bis hinab zu den untersten Gliederungen der evangelischen Jugend ihre Kirche

verächtlich und verdächtig gemacht und versucht, den Glauben an die ihr anvertraute Offenbarung zu untergraben.
Während der heutige Staat offiziell zum positiven Christentum steht, haben seine neuen Einrichtungen, wie das Landjahr oder der Arbeitsdienst, nicht nur so gut wie gar keine Möglichkeiten seelsorgerischer Vorsorgung ihrer Angehörigen, bei ihnen ist sogar die Verbindung des Seelsorgers mit seinen jungen Gemeindegliedern, etwa durch persönliche Besuche oder auch nur durch Zusendung der evangelischen Gemeindeblätter und Schriften weithin unmöglich gemacht. Daß beispielsweise evangelische Angehörige eines Arbeitsdienstlagers keine Erlaubnis erhielten, am Karfreitag den Gottesdienst zu besuchen, zeigt, wie weit stellenweise die »Entchristlichung« schon vorgeschritten ist. Auch die Bestimmungen über die religiöse Versorgung der Kinder im Landjahr reden hier eine sehr deutliche Sprache.
Die »Entkonfessionalisierung« der Schule wird vom Staat bewußt gefördert. Unter Verletzung von Rechten der Kirche wird die Abschaffung der Bekenntnisschulen betrieben. Hierbei werden die Gewissen der Eltern stärkstem Druck der Partei ausgesetzt.
Rechtmäßig bestehende Pläne für den Religionsunterricht werden vielfach mißachtet. So sind schon lange vielerorts wesentliche Stücke biblischer Lehre aus dem Religionsunterricht ausgemerzt (Altes Testament) oder unchristliche Stoffe in ihn hineingekommen (Altgermanisches Heidentum). Schulgottesdienst und Schulandacht werden immer mehr vernachlässigt oder im Sinne einer Entchristlichung auch in der äußeren Form des schulischen Gemeinschaftslebens umgestaltet.
An den Universitäten wird die Ausbildung des theologischen Nachwuchses immer mehr solchen Professoren und Dozenten anvertraut, die als Irrlehrer erwiesen sind; namentlich die Zerstörung der theologischen Fakultäten in Preußen gibt hier ein aufschlußreiches Bild. Auf dem Gebiet des Prüfungswesens hat das Ministerium für Wissenschaft, Erziehung und Volksbildung die Wiederaufnahme der Irrlehrer in die Prüfungskommission gefordert.
Um Entchristlichung handelt es sich in Wirklichkeit bei jener Entkonfessionalisierung des öffentlichen Lebens, die den christlichen Einfluß und die christliche Mitarbeit im Rundfunk, der Tagespresse und dem öffentlichen Vortragswesen mehr und mehr zurückdrängt.

5. Nationalsozialistische Weltanschauung

Von den evangelischen Angehörigen der NS-Organisationen wird gefordert, sich uneingeschränkt auf die nationalsozialistische Weltanschauung zu verpflichten. Diese Weltanschauung wird vielfach als ein positiver Ersatz des zu überwindenden Christentums dargestellt und ausgegeben.
Wenn hier Blut, Rasse, Volkstum und Ehre den Rang von Ewigkeitswerten erhalten, so wird der evangelische Christ durch das erste Gebot gezwungen, diese Bewertung abzulehnen. Wenn der arische Mensch verherrlicht wird, so bezeugt Gottes Wort die Sündhaftigkeit aller Menschen.
Wenn den Christen im Rahmen der nationalsozialistischen Weltanschauung ein Antisemitismus aufgedrängt wird, der zum Judenhaß verpflichtet, so steht für ihn dagegen das christliche Gebot der Nächstenliebe. Einen besonders schweren Gewissenskonflikt bedeutet es für unsere evangelischen Gemeindeglieder, wenn sie das Eindringen dieser antichristlichen Gedankenwelt bei ihren Kindern, ihrer christlichen Elternpflicht entsprechend, bekämpfen müssen.

6. Sittlichkeit und Recht

Wir sehen mit tiefer Besorgnis, daß eine dem Christentum wesensfremde Sittlichkeit in unser Volk eindringt und es zu zersetzen droht.

Wohl ist uns bekannt, daß der Führer in seiner Rede vom 23. März 1933[1] die sittliche Bedeutung der christlichen Konfessionen für das Volksleben anerkannt hat. Aber die Macht des neuen sittlichen Denkens ist bisher stärker gewesen als dieses Wort.

Weithin wird heute als gut angesehen, was dem Volke nützt. So konnte mit Wissen des Reichsamtsleiters Derichsweiler erklärt werden, daß der Ausdruck positives Christentum im Artikel 24 des Parteiprogramms nur so gebraucht werde, wie man einem Kranken gegenüber die volle Wahrheit zurückhalte.

Ein solches Verhalten stellt die Zweckmäßigkeitserwägungen über die in Gottes Gebot geforderte Wahrhaftigkeit. An der Art, wie offiziell der Kirchenstreit dargestellt wird, an der Behandlung der evangelischen Presse und des evangelischen Versammlungswesens, an der Verkehrung des Begriffes der Freiwilligkeit in sein Gegenteil anläßlich von Sammlungen und von Werbungen zum Eintritt in Organisationen usw. wird dem evangelischen Christen diese aus dem Geist einer völkischen Nützlichkeitsmoral stammende Mißachtung des Wahrhaftigkeitsgebotes besonders deutlich. Die Evangelische Kirche begrüßt es im Blick auf die Forderungen Christi in der Bergpredigt dankbar, daß die Zahl der Eide im Gerichtssaal unter der Herrschaft des neuen Staates auf einen Bruchteil zusammengeschmolzen ist. Um so mehr muß sie es als einen Sieg des widerchristlichen Geistes beklagen, daß der Eid als Treuschwur und Verpflichtung eine erschreckende Häufung und damit zugleich eine erschreckende Entwertung erfahren hat.

Ist jeder Eid unter Gottes Augen gegebene Erklärung oder Versicherung, auch dann, wenn der Name Gottes dabei nicht ausdrücklich genannt wird, dann muß die Tatsache, daß viele Menschen in kurzen Abständen nacheinander zum Schwören veranlaßt werden, dem Eid seine Würde rauben und dazu führen, Gottes Namen zu entheiligen und zu mißbrauchen. Evangelische Eltern empfinden es als besonders unerträglich, daß man ihren Kindern schon in jungen Jahren eidähnliche Verpflichtungen abnimmt.

Schon häufen sich in der Seelsorge die Fälle, daß Menschen erklären, sie fühlten sich durch einen Eid nicht gebunden, dessen Verweigerung ihre Existenz bedroht hätte.

Die Evangelische Kirche würde eine solche, der christlichen Forderung zuwiderlaufende Denkart bei ihren Gliedern leichter bekämpfen können, wenn dem Christen die ihm selbstverständliche Auslegung des Eides gestattet wäre, daß kein Eid Handlungen decken kann, die wider Gottes Gebot gehen. Tatsächlich aber ist es geschehen, daß ernste Christen, die nach Gottes Willen im Gehorsam gegen ihre Obrigkeit zu stehen voll bereit waren, aus ihren Ämtern entfernt wurden, weil sie jene Auslegung für sich in Anspruch nahmen. Damit ist vielen Beamten eine unbedingt wahrhaftige Haltung sehr erschwert.

Die Bewertung der Stimmzettel bei der letzten Reichstagswahl hat viele evangelische Christen in Gewissensnot gebracht. Sie ist darin begründet, daß der Nutzen des Volkes über die Wahrhaftigkeit gestellt worden ist. Evangelische Christen, die sich um der Wahrheit willen zu ihrer Entscheidung bekannt haben, sind verhöhnt oder gar mißhandelt worden.

Die evangelischen Christen sind auf Grund der Heiligen Schrift davon überzeugt, daß Gott der Schützer des Rechts und der Rechtlosen ist; darum empfinden wir es als Abkehr von ihm, wenn Willkür in Rechtsdingen einzieht und Dinge geschehen, die nicht recht sind vor dem Herrn.

Hierher gehören nicht nur die vielen Vorgänge im Kirchenkampf, sondern auch die durch die Einrichtung und das Gebaren der kirchlichen Beschlußstelle im Endergebnis gegebene Rechtsverweigerung.

Das evangelische Gewissen, das sich für Volk und Regierung mitverantwortlich weiß, wird aufs härteste belastet durch die Tatsache, daß es in Deutschland, das sich selbst als Rechtsstaat bezeichnet, immer noch Konzentrationslager gibt und daß Maßnahmen der Geheimen Staatspolizei jeder richterlichen Nachprüfung entzogen sind.

Bekenntnistreue erwachsene Christen, einmal in ihrer Ehre angegriffen, finden oft nicht den Ehrenschutz, der anderen Staatsbürgern zuteil wird.

Die evangelische Christenheit erkennt auch in diesen Dingen die Gefahr, daß in unserem sittlich-rechtlichen Denken ein antichristlicher Geist zur Herrschaft kommt.

7. Der Anspruch Gottes

Wir haben in Offenheit die große Sorge weiter evangelischer Kreise zu begründen versucht, daß maßgebende Kräfte im heutigen Staate eine Unterdrückung der Evangelischen Kirche, eine Zersetzung ihres Glaubens, eine Beseitigung der evangelischen Sittlichkeit, kurz eine Entchristlichung im weitesten Umfang betreiben. Wir können uns in dieser auf Grund sorgsamer Beobachtungen gewonnenen Auffassung dieser Dinge nicht beruhigen lassen damit, daß man auf entgegengesetzte Äußerungen und Tatsachen hinweist. Die Reichsregierung wolle sich, darum bitten wir, die Frage vorlegen, ob es unserem Volke auf die Dauer zuträglich sein kann, wenn der bisherige Weg weiter beschritten wird. Schon jetzt üben der Zwang auf die Gewissen, die Verfolgung evangelischer Überzeugung, das gegenseitige Sichbespitzeln und Aushorchen einen unheilvollen Einfluß aus. Auch eine große Sache muß, wo sie sich gegen den offenbaren Willen Gottes stellt, am Ende das Volk ins Verderben führen. Gottes Kirche wird bestehen, auch wenn unter dem Versuch, das deutsche Volk zu entchristlichen, Millionen evangelischer Christen ihr Heil verlieren müßten. Das deutsche Volk aber hat nicht die Verheißung, daß ihm das Gift eines antichristlichen Geistes nicht schaden werde, auch wenn ihm vielleicht erst nach langer Zeit die Erkenntnis kommt, daß es von denen, die ihm den Herrn Christus nahmen, um sein bestes Erbgut gekommen ist.

Unser Volk droht die ihm von Gott gesetzten Schranken zu zerbrechen: Es will sich selbst zum Maß aller Dinge machen. Das ist menschliche Überheblichkeit, die sich gegen Gott empört.

In diesem Zusammenhang müssen wir dem Führer und Reichskanzler unsere Sorge kundtun, daß ihm vielfach Verehrung in einer Form dargebracht wird, die Gott allein zusteht. Noch vor wenigen Jahren hat der Führer selbst mißbilligt, daß man sein Bild auf evangelische Altäre stellte. Heute wird immer ungehemmter seine Erkenntnis zur Norm nicht nur der politischen Entscheidungen, sondern auch der Sittlichkeit und des Rechts in unserem Volke gemacht, und er selber mit der religiösen Würde des Volkspriesters, ja des Mittlers zwischen Gott und Volk umkleidet.

Wir bitten aber um die Freiheit für unser Volk, seinen Weg in die Zukunft unter dem Zeichen des Kreuzes Christi gehen zu dürfen, daß nicht einst die Enkel den

Vätern fluchen, weil sie ihnen zwar einen Staat auf der Erde bauten und hinterließen, das Reich Gottes aber ihnen verschlossen.
Was wir in diesem Schreiben dem Führer gesagt haben, mußten wir sagen in der Verantwortung unseres Amtes.
Die Kirche steht in der Hand des Herrn

Quelle: KJ 1933–1944, S. 131–135; AGK 13, 695–719 (mit 28 Anlagen). – *Literatur:* E. C. Helmreich, Die Veröffentlichung der »Denkschrift der Vorläufigen Leitung der DEK an den Führer und Reichskanzler, 28. Mai 1936« = ZKG 87, 1976, S. 39–53.
1. S. o. Nr. 149.

166. Aus der Enzyklika »Mit brennender Sorge« Papst Pius' XI. (1937)

Am 14. März 1937 wurde, nach Absprache mit dem deutschen Episkopat und aufgrund eines Entwurfs von Kardinal Faulhaber, die päpstliche Enzyklika »Mit brennender Sorge« publiziert. Der Staat schritt sogleich mit Polizeimaßnahmen gegen die Bekanntmachung des päpstlichen Hirtenschreibens ein.

Mit brennender Sorge und steigendem Befremden beobachten Wir seit geraumer Zeit den Leidensweg der Kirche, die wachsende Bedrängnis der ihr in Gesinnung und Tat treubleibenden Bekenner und Bekennerinnen inmitten des Landes und Volkes, dem St. Bonifatius einst die Licht- und Frohbotschaft von Christus und dem Reiche Gottes gebracht hat . . .
Als Wir im Sommer 1933 die Uns von der Reichsregierung in Anknüpfung an einen jahrealten früheren Entwurf angetragenen Konkordatsverhandlungen aufnehmen und zu Euer aller Befriedigung mit einer feierlichen Vereinbarung abschließen ließen, leitete Uns die pflichtgemäße Sorge um die Freiheit der kirchlichen Heilsmission in Deutschland und um das Heil der ihr anvertrauten Seelen – zugleich aber auch der aufrichtige Wunsch, der friedlichen Weiterentwicklung und Wohlfahrt des deutschen Volkes einen wesentlichen Dienst zu leisten. Trotz mancher schwerer Bedenken haben Wir daher Uns damals den Entschluß abgerungen, Unsere Zustimmung nicht zu versagen. Wir wollten unseren treuen Söhnen und Töchtern in Deutschland im Rahmen des Menschenmöglichen die Spannungen und Leiden ersparen, die andernfalls unter den damaligen Verhältnissen mit Gewißheit zu erwarten gewesen wären. Wir wollten allen durch die Tat beweisen, daß Wir, einzig Christus suchend und das, was Christi ist, niemandem die Friedenshand der Mutterkirche verweigern, der sie nicht selbst zurückstößt. Wenn der von uns in lauterer Absicht in die deutsche Erde gesenkte Friedensbaum nicht die Früchte gezeitigt hat, die Wir im Interesse Eures Volkes ersehnten, dann wird niemand in der weiten Welt, der Augen hat, zu sehen und Ohren, zu hören, heute noch sagen können, die Schuld liege auf Seiten der Kirche und ihres Oberhauptes. Der Anschauungsunterricht der vergangenen Jahre klärt die Verantwortlichkeiten. Er enthüllt Machenschaften, die von Anfang an kein anderes Ziel kannten als den Vernichtungskampf. In die Furchen, in die Wir den Samen aufrichtigen Friedens zu pflanzen bemüht waren, streuten andere – wie der inimicus homo der Heiligen Schrift (Mt. 13,25) – die Unkrautkeime des Mißtrauens, des Unfriedens, des Hasses, der Verunglimpfung, der heimlichen und offenen, aus tausend Quellen gespeisten und mit allen Mitteln arbeitenden grundsätzlichen Feindschaft ge-

gen Christus und seine Kirche. Ihnen, und nur ihnen, sowie ihren stillen und lauten Schildhaltern fällt die Verantwortung dafür zu, daß statt des Regenbogens des Friedens am Horizont Deutschlands die Wetterwolke zersetzender Religionskämpfe sichtbar wird . . .
Auch heute noch, wo der offene Kampf gegen die konkordatsgeschützte Bekenntnisschule und wo die vernichtete Abstimmungsfreiheit der katholischen Erziehungsberechtigten auf einem besonders wesentlichen Lebensgebiet der Kirche den erschütternden Ernst der Lage und die beispiellose Gewissensnot gläubiger Christen kennzeichnen – rät Uns die Vatersorge um das Heil der Seelen, die etwa noch vorhandenen, wenn auch geringen Aussichten auf Rückkehr zur Vertragstreue und zu verantwortbarer Verständigung nicht unberücksichtigt zu lassen . . .
Habet acht, daß vor allem der Gottesglaube, die erste und unersetzbare Grundlage jeder Religion, in deutschen Landen rein und unverfälscht erhalten bleibe . . .
Wer nach angeblich altgermanisch-vorchristlicher Vorstellung das düstere unpersönliche Schicksal an die Stelle des persönlichen Gottes rückt, leugnet Gottes Weisheit und Vorsehung . . . Wer die Rasse, oder das Volk, oder die Staatsform, die Träger der Staatsgewalt oder andere Grundwerte menschlicher Gemeinschaftsgestaltung – die innerhalb der irdischen Ordnung einen wesentlichen und ehrengebietenden Platz behaupten – aus dieser ihrer irdischen Wertskala herauslöst, sie zur höchsten Norm aller, auch der religiösen Werte macht und sie mit Götzenkult vergöttert, der verkehrt und verfälscht die gottgeschaffene und gottbefohlene Ordnung der Dinge . . . Gott hat in souveräner Fassung Seine Gebote gegeben . . . Aus der Totalität seiner Schöpferrechte fließt seinsmäßig die Totalität Seines Gehorsamsanspruchs an die Einzelnen und an alle Arten von Gemeinschaften. Dieser Gehorsamsanspruch erfaßt alle Lebensbereiche, in denen sittliche Fragen die Auseinandersetzung mit dem Gottesgesetz fordern und damit die Einordnung wandelbarer Menschensatzung in das Gefüge der unwandelbaren Gottessatzung. Nur oberflächliche Geister können der Irrlehre verfallen, von einem nationalen Gott, von einer nationalen Religion zu sprechen, können den Wahnversuch unternehmen, Gott, den Schöpfer aller Welt, den König und Gesetzgeber aller Völker, vor dessen Größe die Nationen klein sind wie Tropfen am Wassereimer, in die Grenzen eines einzelnen Volkes, in die blutmäßige Enge einer einzelnen Rasse einkerkern zu wollen . . .
Wer die biblische Geschichte und die Lehrweisheit des Alten Bundes aus Kirche und Schule verbannt sehen will, lästert das Wort Gottes, lästert den Heilsplan des Allmächtigen, macht enges und beschränktes Menschendenken zum Richter über göttliche Geschichtsplanung . . . Der im Evangelium Jesu Christi erreichte Höhepunkt der Offenbarung ist endgültig, ist verpflichtend für immer. Diese Offenbarung kennt keine Nachträge von Menschenhand, kennt erst recht keinen Ersatz und keine Ablösung durch die willkürlichen »Offenbarungen«, die gewisse Wortführer der Gegenwart aus dem sogenannten Mythus von Blut und Rasse herleiten wollen . . . Der Christusglaube wird sich nicht rein und unverfälscht erhalten, wenn er nicht gestützt und umhegt wird vom Glauben an die Kirche . . . Die von dem Erlöser gestiftete Kirche ist eine – für alle Völker und Nationen . . . Wenn Leute, die nicht einmal im Glauben an Christus einig sind, euch das Wunsch- und Lockbild einer deutschen Nationalkirche vorhalten, so wisset: sie ist nichts als eine Verneinung der einen Kirche Christi, ein offenkundiger Abfall von dem an die ganze Welt gerichteten Missionsbefehl, dem nur eine Weltkirche genügen und nachleben kann . . .

An den Geboten des Naturrechts kann jedes positive Recht . . . auf seinen sittlichen Gehalt . . . nachgeprüft werden . . . Mit diesem Maßstab muß auch der Grundsatz »Recht ist, was dem Volke nützt« gemessen werden. Zwar kann dem Satz ein rechter Sinn gegeben werden, wenn man unterstellt, daß sittlich Unerlaubtes nie dem wahren Wohl des Volkes zu dienen vermag . . . Von dieser Sittenregel losgelöst, würde jener Grundsatz den ewigen Kriegszustand zwischen den verschiedenen Nationen bedeuten. Im innerstaatlichen Leben verkennt er . . . die grundlegende Tatsache, daß der Mensch als Persönlichkeit gottgegebene Rechte besitzt, die jedem auf ihre Leugnung, Aufhebung oder Brachlegung abzielenden Eingriff vonseiten der Gemeinschaft entzogen bleiben müssen . . .

Quelle: D. Albrecht (Hg.), Der Notenwechsel zwischen dem Heiligen Stuhl und der deutschen Reichsregierung Bd. I, 1965, S. 402–443. – *Literatur:* J. Conway, Die nationalsozialistische Kirchenpolitik, 1969; D. Albrecht (Hg.), Katholische Kirche im Dritten Reich, 1976.

167. Bekenntnissynode der APU in Halle (1937) zur Frage der Bekenntnis- und Abendmahlsgemeinschaft

Über die Einheit der Bekennenden Kirche (Bekenntnis- und Abendmahlsgemeinschaft) wurde auf der Bekenntnissynode der APU in Halle/Saale (9.–11. Mai 1937) verhandelt. Das hier unter schwersten Belastungen begonnene Gespräch zwischen Lutheranern, Reformierten und Unierten wirkte sich bis zu den Arnoldshainer Thesen (s.u. Nr. 181) und der Konkordie europäischer Kirchen in Europa (»Leuenberger Konkordie«) 1971/73 (s.u.Nr. 196) aus.

a) Zur Frage der Abendmahlsgemeinschaft

Angesichts der Not und Frage, ob wir vor der Schrift und den sie bezeugenden Bekenntnissen recht tun, wenn wir als Lutheraner, Reformierte und Unierte untereinander das Heilige Abendmahl feiern, stellt sich die Synode unter das Wort der Heiligen Schrift 1 Kor. 10,16. 17: »Der gesegnete Kelch, welchen wir segnen, ist der nicht die Gemeinschaft des Blutes Christi? Das Brot, das wir brechen, ist das nicht die Gemeinschaft des Leibes Christi? Denn ein Brot ist's, so sind wir viele ein Leib, dieweil wir alle eines Brotes teilhaftig sind.«

Auf Grund dieses Wortes bezeugt die Synode in Einmütigkeit:

1. Jesus Christus, unser Herr und Heiland, der um unsertwillen in das Fleisch gekommen ist, sich selbst am Kreuz einmal für uns geopfert hat und leiblich auferstanden ist vom Tode, ist selber die Gnadengabe des von ihm eingesetzten Abendmahls seiner Gemeinde.

2. Daraus folgt für die Frage der Abendmahlsgemeinschaft: Abendmahlsgemeinschaft zwischen Lutheranern, Reformierten und Unierten ist nicht durch den in der Union bestehenden Zustand gerechtfertigt.

Abendmahlstrennung zwischen Lutheranern, Reformierten und Unierten ist nicht durch die Gegensätze des 16. Jahrhunderts gerechtfertigt.

Abendmahlsgemeinschaft hat ihren Grund nicht in unserer Erkenntnis des Abendmahls, sondern in der Gnade dessen, der der Herr des Abendmahls ist.

3. Die unter uns bestehenden Unterschiede in der Lehre vom heiligen Abendmahl betreffen die Art und Weise der Selbstmitteilung des Herrn im Abendmahl. Sie beziehen sich nicht darauf, daß der Herr selbst die Gabe des Abendmahls ist.

4. Darum bildet die Zugehörigkeit zum reformierten Bekenntnis keinen Grund

zum Ausschluß von der Abendmahlsfeier einer Gemeinde lutherischen Bekenntnisses.
5. Darum bildet die Zugehörigkeit zum lutherischen Bekenntnis keinen Grund zum Ausschluß von der Abendmahlsfeier einer Gemeinde reformierten Bekenntnisses.
6. Darum stehen gemeinsame Abendmahlsfeiern zwischen uns Lutheranern, Reformierten und Unierten nicht im Widerspruch zu der schriftgemäßen Verwaltung des heiligen Abendmahls.

Quelle: G. Niemöller, Die Synode zu Halle 1937 = AGK 11, S. 441f. – *Literatur:* H. Asmussen, H. Gollwitzer, F. W. Hopf, E. Käsemann, W. Niesel, E. Wolf: Abendmahlsgemeinschaft, 1937 = BEvTh 3.

b) Aus dem amtlichen Bericht über die Synode

IV. Die Bedeutung der Beschlüsse.
1. Eine sorgfältige Durcharbeitung der Beschlüsse wird erkennen lassen, daß in Halle die bislang immer wieder vertagte verantwortliche Behandlung der konfessionellen Frage in der Evangelischen Kirche der altpreußischen Union ebenso besonnen wie entschlossen in Angriff genommen worden ist. In aller Kürze läßt sich das Ergebnis der Synode in folgenden Sätzen zusammenfassen:
a) Die *Einheit* der Bekennenden Kirche der altpreußischen Union ist auf dem Boden der Barmer Theologischen Erklärung aufs neue bezeugt und befestigt worden, indem insbesondere das Recht unserer *Abendmahlsgemeinschaft* als in Übereinstimmung mit schriftgemäßer Verwaltung der Sakramente festgestellt wurde.
b) Die auf dem Boden dieser Einheit bestehende *Verschiedenheit* der reformatorischen Bekenntnisse in ihrer verpflichtenden Geltung für die Gemeinden und die Träger des geistlichen Amtes (Katechismus oder Ordination) ist ernst genommen, ohne daß eine konstruktive Lösung in Form einer Repristination versucht worden wäre.
c) Die uns angesichts dieser bekenntnisbestimmten Verschiedenheit in der Einheit gegenwärtigen Bekennens gewiesene *Verpflichtung,* zu einem voll ausgesprochenen consensus de doctrina evanglii zu kommen, ist als kirchlich-theologisch zu lösende Aufgabe anerkannt und als verantwortlich in Angriff zu nehmende Arbeit den Amtsträgern der Kirche auferlegt worden.
2. Die Beschlüsse zeigen, wie eine um ihre Existenz kämpfende Bekennende Kirche mitten im Kampf sich an Aufgaben innerkirchlicher Aufbau- und Ordnungsarbeit gewiesen weiß, die sie nicht auf sog. bessere Tage der Ruhe und des Friedens verschiebt, sondern um des im gegenwärtigen Kampf gebotenen vollen Einsatzes willen durchzuführen sich bemüht. Sie weiß, daß sie den Angriffen unserer Zeit auf die Dauer nur durch eine theologisch begründete Neuordnung der Kirche widerstehen kann. Sie weiß, daß sie ihren Auftrag nur dann recht ausrichten kann, wenn sie in einer wahrhaft *kirchlichen Ordnung* steht.

Quelle: A.o. [Nr. 167a] a.O., S. 452.

168. Trennung von Staat und Kirche im »Warthegau« (1940)

Die »13 Punkte« für die Ordnung der evangelischen Kirche im Warthegau[1] stammen wahrscheinlich aus Hitlers Parteikanzlei und können als Modell für die geplante Lösung der Kirchenfrage nach Beendigung des Krieges gelten. Die 13 Thesen über den »Auftrag und Dienst der Kirche« des »Kirchlichen Einigungswerkes« unter Landesbischof Wurm[2] sind der Sache nach eine Kritik an Hitlers Programm von 1940.

Daß der Führer gewillt ist, das Verhältnis zwischen Staat und Kirche auch im Kriege eindeutig zu klären, beweist der Auftrag, den er dem Gauleiter des jüngsten und schwierigsten Gaues, Pg. Greiser, gab. Dieser Pg. Greiser hat am 14. März 1940 folgende Verordnung erlassen:

1. Es gibt keine Kirchen mehr im staatlichen Sinne, nur religiöse Kirchengesellschaften im Sinne von Vereinen.
2. Die Leitung liegt nicht in Händen von Behörden, sondern es gibt nur Vereinsvorstände.
3. Aus diesem Grunde gibt es auf diesem Gebiete keine Gesetze, Verfügungen oder Erlasse mehr.
4. Es bestehen keine Beziehungen mehr zu Gruppen außerhalb des Gaues, auch keine rechtlichen, finanziellen oder dienstlichen Bindungen an die Reichskirche.
5. Mitglieder können nur Volljährige durch schriftliche Beitrittserklärung werden. Sie werden aber nicht mehr hineingeboren, sondern müssen erst bei Volljährigkeit ihren Beitritt erklären. Es gibt keine Landes-, Volks- oder Territorialkirchen. Wer vom Altreich neu in den Warthegau zieht, muß sich auch schriftlich erst neu eintragen lassen.
6. Alle konfessionellen Untergruppen sowie Organisationen (Jugendgruppen) sind aufgehoben und verboten.
7. Deutsche und Polen dürfen nicht mehr zusammen in einer Kirche sein (Nationalitätenprinzip). Dies tritt für den Nationalsozialismus zum erstenmal in Kraft.
8. In den Schulen darf kein Konfirmandenunterricht mehr abgehalten werden.
9. Es dürfen außer dem Vereinsbeitrag keine finanziellen Zuschüsse geleistet werden. (Es folgen die Strafbestimmungen, wenn Geistliche noch besondere Leistungen und Spenden annehmen, oder Strafbestimmungen gegen Laien, die Zuwendungen an Geistliche außer dem Vereinsbeitrag machen.)
10. Die Vereine dürfen kein Eigentum wie Gebäude, Häuser, Felder, Friedhöfe haben, außer ihrem Kultraum.
11. Sie dürfen sich ferner nicht in der Wohlfahrtspflege betätigen. Dies steht einzig und allein der NSV [NS-Volkswohlfahrt] zu.
12. Alle Stiftungen und Klöster werden aufgelöst, da diese der deutschen Sittlichkeit und der Bevölkerungspolitik nicht entsprechen.
13. In den Vereinen dürfen sich Geistliche nur aus dem Warthegau betätigen. Dieselben sind nicht hauptamtlich Geistliche, sondern müssen einen Beruf haben.

Quelle: KJ 1933–1944, S. 453. – *Literatur:* P. Gürtler, Nationalsozialismus und evangelische Kirchen im Warthegau = AGK 2, 1958; B. Stasiewski, Die Kirchenpolitik der Nationalsozialisten im Warthegau, 1939–1945 = VjZG 7, 1959, S. 46–74; J. Thierfelder, Das kirchliche Einigungswerk des württembergischen Landesbischofs Th. Wurm = Arbeiten zur kirchlichen Zeitgeschichte Bd. 1, 1975.

1. Eine auf Grund einer Besprechung zwischen dem Kirchenreferenten des Reichsstatthalters für den Warthegau und den Vertretern des Posener Konsistoriums rekonstruierte Fassung bei Gürtler, a.a.O., S. 48ff.
2. KJ 1933–1944, S. 441ff.

169. Öffentlicher Protest von Bischof Galen gegen die Euthanasie-Maßnahmen, 3. August 1941

Seit 1939 wurde im Dritten Reich die Vernichtung »lebensunwerten Lebens« planmäßig vorbereitet und durchgeführt. Diese Tötungsaktionen konnten nicht geheimgehalten werden. Sowohl in der evangelischen wie in der katholischen Kirche wurde vieles unternommen, um die bedrohten Anstaltsinsassen zu retten und den Staat zum Widerruf der Mordbefehle zu veranlassen. Der Bischof von Münster, Clemens August von Galen, trug den kirchlichen Protest durch seine Predigt in der Lambertikirche in Münster/Westfalen am 3. August 1941 in die Öffentlichkeit.

. . . Seit einigen Monaten hören wir Berichte, daß aus Heil- und Pflegeanstalten für Geisteskranke auf Anordnung von Berlin Pfleglinge, die schon länger krank sind und vielleicht unheilbar erscheinen, zwangsweise abgeführt werden. Regelmäßig erhalten dann die Angehörigen nach kurzer Zeit die Mitteilung, die Leiche sei verbrannt, die Asche könne abgeliefert werden. Allgemein herrscht der an Sicherheit grenzende Verdacht, daß diese zahlreichen unerwarteten Todesfälle von Geisteskranken nicht von selbst eintreten, sondern absichtlich herbeigeführt werden, daß man dabei jener Lehre folgt, die behauptet, man dürfe sogenanntes »lebensunwertes Leben« vernichten, also unschuldige Menschen töten, wenn man meint, ihr Leben sei für Volk und Staat nichts mehr wert. Eine furchtbare Lehre, die die Ermordung Unschuldiger rechtfertigen will, die die gewaltsame Tötung der nicht mehr arbeitsfähigen Invaliden, Krüppel, unheilbar Kranken, Altersschwachen grundsätzlich freigibt . . .
Deutsche Männer und Frauen! Noch hat Gesetzeskraft der § 211 des Reichsstrafgesetzbuches, der bestimmt: »Wer vorsätzlich einen Menschen tötet, wird, wenn er die Tötung mit Überlegung ausgeführt hat, wegen Mordes mit dem Tode bestraft« . . . Das StGB bestimmt in § 139: »Wer von dem Vorhaben . . . eines Verbrechens wider das Leben . . . glaubhafte Kenntnis erhält und es unterläßt, der Behörde oder dem Bedrohten hiervon rechtzeitig Anzeige zu machen, wird . . . bestraft«. Als ich von dem Vorhaben erfuhr, Kranke aus Marienthal abzutransportieren, habe ich am 28. Juli bei der Staatsanwaltschaft beim Landgericht Münster und bei dem Herrn Polizeipräsidenten in Münster Anzeige erstattet durch eingeschriebenen Brief mit folgendem Wortlaut: »Nach mir zugegangenen Nachrichten soll im Laufe dieser Woche eine große Anzahl Pfleglinge der Provinzialheilanstalt Marienthal bei Münster als sogenannte »unproduktive Volksgenossen« nach der Heilanstalt Eichberg überführt werden, um dann alsbald, wie es nach solchen Transporten aus anderen Heilanstalten nach allgemeiner Überzeugung geschehen ist, vorsätzlich getötet zu werden. Da ein derartiges Vorgehen nicht nur dem göttlichen und natürlichen Sittengesetz widerstreitet, sondern auch als Mord nach § 211 des StGB mit dem Tode zu bestrafen ist, erstatte ich gemäß § 139 des StGB pflichtgemäß Anzeige und bitte, die bedrohten Volksgenossen unverzüglich durch Vorgehen gegen die den Transport und die Ermordung beabsichtigenden Stellen zu schützen und mir von dem Veranlaßten Kenntnis zu geben.«

Nachricht über ein Einschreiten der Staatsanwaltschaft oder der Polizei ist mir nicht zugegangen . . . So müssen wir damit rechnen, daß die armen wehrlosen Kranken über kurz oder lang umgebracht werden . . . Wenn einmal zugegeben wird, daß Menschen das Recht haben, »unproduktive« Mitmenschen zu töten . . ., dann ist grundsätzlich der Mord an allen unproduktiven Menschen, also an den unheilbar Kranken, den Invaliden der Arbeit und des Krieges, dann ist der Mord an uns allen, wenn wir alt und altersschwach und damit unproduktiv werden, freigegeben . . . Es ist nicht auszudenken, welche Verwilderung der Sitten, welch allgemeines Mißtrauen bis in die Familien hineingetragen wird, wenn diese furchtbare Lehre geduldet, angenommen und befolgt wird. Wehe den Menschen, wehe unserem deutschen Volke, wenn das hl. Gottesgebot »Du sollst nicht töten«, das der Herr unter Donner und Blitz auf Sinai verkündet hat, das Gott, unser Schöpfer von Anfang an in das Gewissen der Menschen geschrieben hat, nicht nur übertreten wird, sondern wenn diese Übertretung sogar geduldet und ungestraft ausgeübt wird . . . Was allein uns retten, vor dem göttlichen Strafgericht bewahren kann: daß wir die göttlichen Gebote zur Richtschnur unseres Lebens nehmen und ernst machen mit dem Wort: Lieber sterben als sündigen! . . . Wer aber fortfahren will, Gottes Strafgericht herauszufordern, wer unseren Glauben lästert, wer Gottes Gebote verachtet, wer gemeinsame Sache macht mit jenen, die unsere Jugend dem Christentum entfremden, die unsere Ordensleute berauben und vertreiben, mit jenen die unschuldige Menschen dem Tode überliefern, mit dem wollen wir jeden vertrauten Umgang meiden, dessen Einfluß wollen wir uns und die Unsrigen entziehen, . . . damit wir nicht mitschuldig werden und somit anheimfallen dem Strafgericht, das der gerechte Gott verhängen muß und verhängen wird . . .

Quelle: H. Portmann, Kardinal von Galen, 1957, S. 354ff. – *Literatur:* K. Nowak, »Euthanasie« und Sterilisierung im Dritten Reich. Die Konfrontation der evangelischen und katholischen Kirche mit dem »Gesetz zur Verhütung erbkranken Nachwuchses« und der »Euthanasie«-Aktion, 1978.

170. Bischof Wurm gegen die Vernichtung menschlichen Lebens durch den NS-Staat

Nachdem Martin Niemöller durch die Einweisung ins Konzentrationslager zum Schweigen gebracht war, wurde in der evangelischen Kirche besonders der Württemberger Bischof Wurm zum Sprecher der Verfolgten und Gefährdeten.

a) Protestschreiben an den Reichsinnenminister gegen die Vernichtung lebensunwerten Lebens (19. Juli 1940)

Nachdem Wurm ähnlich wie Bischof Galen auf die Vorkommnisse in den Pflegeanstalten für Geisteskranke und die dadurch entstandene Unruhe besonders bei den Angehörigen hingewiesen hatte (s.o. Nr. 169), setzte er sich grundsätzlich mit der Lebensvernichtung auseinander:

Das Wichtigste scheint mir aber, daß die Reichsregierung die grundsätzlichen Einwendungen, die in unserem Volk vom menschlichen und religiösen Standpunkt aus erhoben werden, würdigt und die vorhandene Mißstimmung nicht als eine Mißachtung nationaler und politischer Notwendigkeiten ansieht. Ich bitte, mir deshalb zu gestatten, etwas eingehender das Problem der Lebensvernichtung zu behandeln. Ich war selbst früher im Nebenamt Seelsorger an einer staatlichen Heil- und Pflegeanstalt und bin deshalb nicht unbekannt mit den Verhältnissen und Problemen, um die es sich in diesem Zusammenhang handelt.

Selbstverständlich tritt jedem, der solche bedauernswerten Menschen vor sich hat, immer wieder der Gedanke nahe: »Wäre es nicht besser, einem solchen Dasein ein Ende zu machen? Es hat für sich selbst keinen Wert mehr und bedeutet eine schwere Belastung für die Angehörigen.« . . . Die Entscheidung darüber, wann dem Leben eines leidenden Menschen ein Ende gesetzt wird, steht dem allmächtigen Gott zu, nach dessen unerforschlichem Ratschluß das eine Mal ein völlig gesunder und wertvoller Mensch vor der Zeit hingerafft wird, das andere Mal ein lebensuntüchtiger jahrzehntelang dahinsiecht. Ich kann gut verstehen, daß viele Menschen angesichts dieser und vieler anderer nicht mit der Vernunft zu erklärenden Tatsachen den Glauben an Gott verwerfen und statt seiner ein blindes Schicksal annehmen. Aber das kann ich nicht verstehen, daß von der Seite, die ausdrücklich den Atheismus verwirft und für die außerhalb des Christentums Stehenden die Bezeichnung gottgläubig gewählt und eingeführt hat, eine Mißachtung des göttlichen Majestätsrechts gebilligt und durchgeführt wird, wie sie in dem Vorgehen gegen die Pfleglinge der Anstalten vorliegt. Soeben erst hat der Führer zum Gebet für die kämpfenden Truppen und zum demütigen Dank für den herrlichen Sieg über Frankreich aufgefordert. Dürfen wir diesem Gott nicht auch das Leben unserer leidenden Volksgenossen anempfehlen, und ist es nicht sein Wille, daß wir, solange er sie am Leben läßt, uns ihrer auch annehmen?

Damit komme ich zum zweiten Anstoß, den das Empfinden unseres Volkes an den besprochenen Maßnahmen nimmt. Schon die vorchristliche Antike stellte den Grundsatz auf: res sacra miser, eine heilige Sache ist der Unglückliche. Das Christentum hat es sich von jeher zur Aufgabe gemacht, im Blick auf den, von dem es heißt: Er trug unsere Krankheit und lud auf sich unsere Schmerzen, der Kranken und Elenden sich anzunehmen. Gegenüber der Roheit eines primitiven Heidentums wurde der Mensch als Mensch und nicht als Tier behandelt. Die Fortschritte der Heilkunde wurden in den Anstalten der christlichen Liebestätigkeit auch für die geistig Erkrankten nutzbar gemacht. Wesentliche Fortschritte sind gerade auch von Spezialärzten in Anstalten der Inneren Mission wie von staatlichen Anstalten ausgegangen. Ich habe oft die Gewissenhaftigkeit und Geduld der Anstaltspsychiater bewundert, die ja gegenüber anderen Ärzten einen viel geringeren Prozentsatz als Heilerfolge aufzuweisen haben und doch jeglichen Pflegling als ein ihnen anvertrautes Gut behandeln. Wie schwer muß es diesen Männern werden, entgegen der ganzen Tradition ihres Standes Maßnahmen geschehen zu lassen und zu vertreten, die auf das Gegenteil der menschenfreundlichen Einstellung hinauslaufen, die neben der wissenschaftlichen Akribie die Ehre und Würde des Ärztestandes bildet . . .

Ich kann nur mit Grausen daran denken, daß so, wie begonnen wurde, fortgefahren wird. Der etwaige Nutzen dieser Maßregeln wird je länger je mehr aufgewogen werden durch den Schaden, den sie stiften werden. Wenn die Jugend sieht, daß dem Staat das Leben nicht mehr heilig ist, welche Folgerungen wird sie daraus für das Privatleben ziehen? Kann nicht jedes Roheitsverbrechen damit begründet werden, daß für den Betreffenden die Beseitigung eines anderen von Nutzen war? Auf dieser schiefen Ebene gibt es kein Halten mehr. Gott läßt sich nicht spotten. Er kann das, was wir auf der einen Seite als Vorteil begonnen zu haben glauben, auf der anderen Seite zum Schaden und Fluch werden lassen. Entweder erkennt auch der NS-Staat die Grenzen an, die ihm von Gott gesetzt sind, oder er begünstigt einen Sittenverfall, der auch den Verfall des Staates nach sich ziehen müßte . . .

Quelle: KJ 1933–1944, S. 413ff. – *Literatur:* a.o. [Nr. 169] a.O.

b) Appell an Hitler und die Mitglieder der Reichsregierung über das Vorgehen gegen »privilegierte Nichtarier« (16. Juli 1943)

In den letzten Jahren und noch bis in die jüngste Zeit hinein haben Männer der Kirche mehrfach versucht, mit der Führung des Reichs oder mit einzelnen maßgebenden Persönlichkeiten in hohen Staats- oder Parteiämtern Fühlung zu gewinnen, um wichtige Anliegen der christlichen Volkskreise zu Gehör zu bringen. Ihre schriftlichen Vorlagen haben keine Antwort gefunden, ihre Bemühungen um persönliche Aussprache keinen Erfolg gehabt. Es läge nahe, nun zu schweigen und jede Mitverantwortung für alles weitere Geschehen abzulehnen. Denn eine Mitverantwortung trägt auch bei der heutigen Staatsform jeder Christ, weil ihm aufgetragen ist, für das Gute einzutreten und gegen das Böse zu zeugen. Die Liebe zu meinem Volk, dessen Geschicke ich fünfundsiebzigjähriger seit vielen Jahrzehnten mit innerster Anteilnahme verfolge und für das ich im engsten Familienkreis schwere Opfer gebracht habe, drängt mich aber dazu, es noch einmal mit einem offenen Wort zu versuchen.

Unter den vielen Männern und Frauen, die in diesem Krieg für Deutschland starben, sind ungezählte Christen. Unter denen, die weiter in schweigender Hingabe den Kampf für das Vaterland führen und die Opfer tragen, sind ebenfalls unzählige Christen. Für die lebenden wie für die gefallenen evangelischen Christen Deutschlands wende ich mich als ältester evangelischer Bischof, des Einverständnisses weiter Kreise in der evangelischen Kirche gewiß, an den Führer und die Regierung des Deutschen Reiches.

Im Namen Gottes und um des deutschen Volkes willen, sprechen wir die dringende Bitte aus, die verantwortliche Führung des Reiches wolle der Verfolgung und Vernichtung wehren, der viele Männer und Frauen im deutschen Machtbereich ohne gerichtliches Urteil unterworfen werden. Nachdem die dem deutschen Zugriff unterliegenden Nichtarier in größtem Umfang beseitigt worden sind, muß auf Grund von Einzelvorgängen befürchtet werden, daß nunmehr auch die bisher noch verschont gebliebenen sogenannten privilegierten Nichtarier erneut in Gefahr sind, in gleicher Weise behandelt zu werden. Insbesondere erheben wir eindringlichen Widerspruch gegen solche Maßnahmen, die die eheliche Gemeinschaft in rechtlich unantastbaren Familien und die aus diesen Ehen hervorgegangenen Kinder bedrohen. Diese Absichten stehen, ebenso wie die gegen die anderen Nichtarier ergriffenen Vernichtungsmaßnahmen, im schärfsten Widerspruch zu dem Gebot Gottes und verletzen das Fundament alles abendländischen Denkens und Lebens: Das gottgegebene Urrecht menschlichen Daseins und menschlicher Würde überhaupt.

In der Berufung auf dieses göttliche Urrecht des Menschen schlechthin erheben wir feierlich die Stimme auch gegen zahlreiche Maßnahmen in den besetzten Gebieten. Vorgänge, die in der Heimat bekannt geworden sind und viel besprochen werden, belasten das Gewissen und die Kraft unzähliger Männer und Frauen im deutschen Volk auf das schwerste; sie leiden unter manchen Maßnahmen mehr als unter den Opfern, die sie jeden Tag bringen. Die deutsche evangelische Christen-

heit muß das dringende Verlangen stellen, daß den der Macht des Reiches unterworfenen Nationen und Konfessionen die volle Freiheit der Religionsausübung und eine den Grundsätzen des Rechts und der Gerechtigkeit entsprechende Behandlung ohne Ansehen der Nation oder der Konfession gewährleistet werde. Die evangelische Christenheit weiß sich dabei in christlicher Solidarität mit all denen, die durch unverständliche Anordnungen selbst im tiefsten Elend noch daran gehindert werden, in der Gemeinschaft ihres Glaubens Trost zu suchen. Wir verkennen nicht die harten Notwendigkeiten des Krieges. Wir sind aber der Überzeugung, daß Willkürmaßnahmen gegen Leben, Eigentum und Glaubensfreiheit, die von Parteiinstanzen und staatlichen Stellen unter Berufung auf solche Notwendigkeiten durchgeführt worden sind, unendlich mehr geschadet haben als etwaiger Mißbrauch von Gerechtigkeit und Milde.
Die deutsche Christenheit hat bis heute den Angriffen auf den christlichen Glauben und die Freiheit seiner Betätigung widerstanden. Sie beklagt aber auf das tiefste die vielfache Unterdrückung der Glaubens- und Gewissensfreiheit, die fortgehende Zurückdrängung des elterlichen und christlichen Einflusses in der Jugenderziehung, die Festhaltung von durchaus ehrenhaften Persönlichkeiten in Konzentrationslagern, die Erschütterung der Rechtspflege und die sich daraus entwikkelnde allgemeine Rechtsunsicherheit überhaupt.
Indem wir dies im Namen unzähliger evangelischer Christen aussprechen, begehren wir nichts für uns selbst. Die deutsche evangelische Christenheit trägt alle Opfer mit. Sie will keine Sonderrechte und keine Bevorzugung. Sie strebt nicht nach Macht und begehrt keine Gewalt. Aber nichts und niemand in der Welt soll uns hindern, Christen zu sein und als Christen einzutreten für das, was recht ist vor Gott. Darum bitten wir in ganzem Ernst, daß die Führung des Reiches diesem Begehren Gehör schenken möge eingedenk ihrer hohen Verantwortung für Leben und Zukunft des deutschen Volkes.

Quelle: H. Hermelink, Kirche im Kampf. Dokumente des Widerstandes und des Aufbaus in der evangelischen Kirche Deutschlands von 1933 bis 1945, 1950, S. 654ff.

171. Dietrich Bonhoeffer: Nachfolge und Weltlichkeit des Christen

Nicht nur wegen seines mutigen Eintretens für die Juden (s. oben Nr. 151) und seiner aktiven Beteiligung am Widerstand gegen Hitler, sondern auch durch seine Theologie hat Bonhoeffer ein weltweites Echo erfahren. Dabei schließt sich von der Nachfolge, in der er einen Glauben ohne Konsequenzen für das Leben verurteilt, bis zu den Briefen aus der Haft, in denen er von den Gefahren des Strebens nach einer weltlosen Heiligung und von der Diesseitigkeit des Christen spricht (21. Juli 1944), der Kreis.

a) Nachfolge: Die teure Gnade

Billige Gnade ist der Todfeind unserer Kirche. Unser Kampf heute geht um die teure Gnade.
Billige Gnade heißt Gnade als Schleuderware, verschleuderte Vergebung, verschleuderter Trost, verschleudertes Sakrament; Gnade als unerschöpfliche Vorratskammer der Kirche, aus der mit leichtfertigen Händen bedenkenlos und grenzenlos ausgeschüttet wird; Gnade ohne Preis, ohne Kosten. Das sei ja gerade das Wesen der Gnade, daß die Rechnung im voraus für alle Zeit beglichen ist. Auf die

gezahlte Rechnung hin ist alles umsonst zu haben. Unendlich groß sind die aufgebrachten Kosten, unendlich groß daher auch die Möglichkeiten des Gebrauchs und der Verschwendung. Was wäre auch Gnade, die nicht billige Gnade ist?
Billige Gnade heißt Gnade als Lehre, als Prinzip, als System; heißt Sündenvergebung als allgemeine Wahrheit, heißt Liebe Gottes als christliche Gottesidee. Wer sie bejaht, der hat schon Vergebung seiner Sünden. Die Kirche dieser Gnadenlehre ist durch sie schon der Gnade teilhaftig. In dieser Kirche findet die Welt billige Bedeckung ihrer Sünden, die sie nicht bereut und von denen frei zu werden sie erst recht nicht wünscht. Billige Gnade ist darum Leugnung des lebendigen Wortes Gottes, Leugnung der Menschwerdung des Wortes Gottes. Billige Gnade heißt Rechtfertigung der Sünde und nicht des Sünders. Weil Gnade doch alles allein tut, darum kann alles beim alten bleiben. »Es ist doch unser Tun umsonst«. Welt bleibt Welt, und wir bleiben Sünder »auch in dem besten Leben«. Es lebe also auch der Christ wie die Welt, er stelle sich der Welt in allen Dingen gleich und unterfange sich ja nicht – bei der Ketzerei des Schwärmertums! – unter der Gnade ein anderes Leben zu führen als unter der Sünde! Er hüte sich gegen die Gnade zu wüten, die große, billige Gnade zu schänden und neuen Buchstabendienst aufzurichten durch den Versuch eines gehorsamen Lebens unter den Geboten Jesu Christi! Die Welt ist durch Gnade gerechtfertigt, darum – um des Ernstes dieser Gnade willen!, um dieser unersetzlichen Gnade nicht zu widerstreben! – lebe der Christ wie die übrige Welt! Gewiß, er würde gern ein Außerordentliches tun, es ist für ihn unzweifelhaft der schwerste Verzicht, dies nicht zu tun, sondern weltlich leben zu müssen. Aber er muß den Verzicht leisten, die Selbstverleugnung üben, sich von der Welt mit seinem Leben nicht zu unterscheiden. Soweit muß er die Gnade wirklich Gnade sein lassen, daß er der Welt den Glauben an diese billige Gnade nicht zerstört. Der Christ aber sei in seiner Weltlichkeit, in diesem notwendigen Verzicht, den er um der Welt – nein, um der Gnade willen! – leisten muß, getrost und sicher (securus) im Besitz dieser Gnade, die alles allein tut. Also, der Christ folge nicht nach, aber er tröste sich der Gnade! Das ist billige Gnade als Rechtfertigung der Sünde, aber nicht als Rechtfertigung des bußfertigen Sünders, der von seiner Sünde läßt und umkehrt; nicht Vergebung der Sünde, die von der Sünde trennt. Billige Gnade ist die Gnade, die wir mit uns selbst haben.
Billige Gnade ist Predigt der Vergebung ohne Buße, ist Taufe ohne Gemeindezucht, ist Abendmahl ohne Bekenntnis der Sünden, ist Absolution ohne persönliche Beichte. Billige Gnade ist Gnade ohne Nachfolge, Gnade ohne Kreuz, Gnade ohne den lebendigen, menschgewordenen Jesus Christus.
Teure Gnade ist der verborgene Schatz im Acker, um dessentwillen der Mensch hingeht und mit Freuden alles verkauft, was er hatte; die köstliche Perle, für deren Preis der Kaufmann alle seine Güter hingibt; die Königsherrschaft Christi, um derentwillen sich der Mensch das Auge ausreißt, das ihn ärgert, der Ruf Jesu Christi, auf den hin der Jünger seine Netze verläßt und nachfolgt.
Teure Gnade ist das Evangelium, das immer wieder gesucht, die Gabe, um die gebeten, die Tür, an die angeklopft werden muß.
Teuer ist sie, weil sie in die Nachfolge ruft, Gnade ist sie, weil sie in die Nachfolge *Jesu Christi* ruft; teuer ist sie, weil sie dem Menschen das Leben kostet, Gnade ist sie, weil sie ihm so das Leben erst schenkt; teuer ist sie, weil sie die Sünde verdammt, Gnade, weil sie den Sünder rechtfertigt. Teuer ist die Gnade vor allem darum, weil sie Gott teuer gewesen ist, weil sie Gott das Leben seines Sohnes gekostet hat – »ihr seid teuer erkauft« –, und weil uns nicht billig sein kann, was Gott

teuer ist. Gnade ist sie vor allem darum, weil Gott sein Sohn nicht zu teuer war für unser Leben, sondern ihn für uns hingab. Teure Gnade ist Menschwerdung Gottes.
Teure Gnade ist Gnade als das Heiligtum Gottes, das vor der Welt behütet werden muß, das nicht vor die Hunde geworfen werden darf, sie ist darum Gnade als lebendiges Wort, Wort Gottes, das er selbst spricht, wie es ihm gefällt. Es trifft uns als gnädiger Ruf in die Nachfolge Jesu, es kommt als vergebendes Wort zu dem geängsteten Geist und dem zerschlagenen Herzen. Teuer ist die Gnade, weil sie den Menschen unter das Joch der Nachfolge Jesu Christi zwingt, Gnade ist es, daß Jesus sagt: »Mein Joch ist sanft und meine Last ist leicht.«

Quelle: D. Bonhoeffer, Nachfolge, 1937, S. 1ff, 1976[11], S. 13ff.

b) Ethik

Die letzten und die Vorletzten Dinge
Rechtfertigung als das letzte Wort
Ursprung und Wesen alles christlichen Lebens liegen beschlossen in dem einen Geschehen, das die Reformation Rechtfertigung des Sünders aus Gnade allein genannt hat. Nicht, was der Mensch an sich ist, sondern was der Mensch in diesem Geschehnis ist, gibt uns Aufschluß über das christliche Leben. Hier ist die Länge und die Breite des menschlichen Lebens in einen Augenblick, in einen Punkt zusammengefaßt, die Ganzheit des Lebens ist in diesem Ereignis umschlossen. Was geschieht hier? Ein letztes, von keinem menschlichen Sein, Tun oder Leiden zu Ergreifendes. Der finstere, von innen und außen verriegelte, immer tiefer in Abgrund und Ausweglosigkeit sich verlierende Schacht des menschlichen Lebens wird mit Macht aufgerissen, das Wort Gottes bricht herein; der Mensch erkennt zum ersten Mal in rettendem Licht Gott und den Nächsten. Das Labyrinth seines bisherigen Lebens stürzt zusammen. Der Mensch ist frei für Gott und seine Brüder. Er wird inne, daß ein Gott ist, der ihn liebt und annimmt, daß ein Bruder neben ihm steht, den Gott liebt wie ihn selbst, daß eine Zukunft ist bei dem dreieinigen Gott mit seiner Gemeinde. Er glaubt, er liebt, er hofft. Vergangenheit und Zukunft des ganzen Lebens fließen in der Gegenwart Gottes in eines zusammen. Die ganze Vergangenheit ist umschlossen von dem Wort Vergebung, die ganze Zukunft ist aufgehoben in der Treue Gottes . . . In Christus ist dieses alles Wahrheit und Wirklichkeit, und eben weil es kein Traum ist, darum ist das Leben des Menschen, dem die Gegenwart Christi widerfährt, von nun an nicht mehr ein verlorenes, sondern ein gerechtfertigtes Leben geworden, gerechtfertigt aus Gnade allein . . .
Das Vorletzte
Weil aber die Rechtfertigung aus Gnaden und Glauben allein in jeder Hinsicht letztes Wort bleibt, darum muß nun auch von den vorletzten Dingen gesprochen werden, nicht so, als hätten sie irgendeinen eigenen Wert, aber so, daß ihre Beziehung auf das Letzte sichtbar wird. Um des Letzten willen muß vom Vorletzten die Rede sein . . .
Das Verhältnis von Vorletztem und Letztem im christlichen Leben kann in zwei extremen Formen gelöst werden, »radikal« und als Kompromiß, wobei gleich zu bemerken ist, daß auch die Kompromißlösung eine extreme Lösung ist.
Die radikale Lösung sieht nur das Letzte und in ihm nur den völligen Abbruch des Vorletzten. Letztes und Vorletztes stehen in ausschließlichem Gegensatz. Chri-

stus ist der Zerstörer und Feind alles Vorletzten und alles Vorletzte ist Feindschaft gegen Christus . . . Alles Vorletzte im menschlichen Verhalten ist Sünde und Verleugnung. Angesichts des kommenden Endes gibt es für den Christen nur noch letztes Wort und letztes Verhalten. Was dadurch aus der Welt wird, fällt nicht mehr ins Gewicht, der Christ trägt keine Verantwortung dafür, und die Welt muß doch verkommen . . .
Die andere Lösung ist der *Kompromiß*. Hier wird das letzte Wort von allen vorletzten prinzipiell getrennt. Das Vorletzte behält sein Recht in sich, wird aber von dem Letzten nicht bedroht oder gefährdet. Noch steht die Welt, noch ist das Ende nicht da, doch müssen vorletzte Dinge getan werden in der Verantwortung für diese Welt, die Gott schuf. Noch muß mit den Menschen gerechnet werden, wie sie sind. (Der Großinquisitor bei Dostojewski.) Das Letzte bleibt gänzlich jenseits des Täglichen und damit schließlich als ewige Rechtfertigung für alles Bestehende, als die metaphysische Reinigung von der Anklage, die auf allem Bestehenden lastet. Aus dem freien Gnadenwort wird das Gnadengesetz, das über allem Vorletzten, es rechtfertigend und bewährend, waltet.
Beide Lösungen sind in gleicher Weise extrem und enthalten in gleicher Weise Wahres und Falsches. Sie sind extrem, weil sie Vorletztes und Letztes in ausschließenden Gegensatz zueinander stellen, das eine Mal, indem *Vorletztes* durch *Letztes* zerstört, das andere Mal, indem das Letzte aus dem Bereich des Vorletzten ausgeschlossen wird; das eine Mal verträgt das Letzte nicht das Vorletzte, das andere Mal verträgt das Vorletzte nicht das Letzte . . .
In Jesus Christus glauben wir den menschgewordenen, gekreuzigten und auferstandenen Gott. In der Menschwerdung erkennen wir die Liebe Gottes zu seiner Kreatur, in der Kreuzigung das Gericht Gottes über alles Fleisch, in der Auferstehung den Willen Gottes zu einer neuen Welt. Nichts wäre nun verkehrter, als diese drei Stücke auseinanderzureißen; denn in jedem von ihnen ist das Ganze enthalten. So unsachgemäß es ist, eine Theologie der Menschwerdung, eine Theologie des Kreuzes oder eine Theologie der Auferstehung gegeneinander aufzurichten durch falsche Absolutsetzung eines dieser Teile, so falsch ist dieses Vorgehen auch für das Denken über das christliche Leben. Eine allein auf der Menschwerdung aufgebaute christliche Ethik würde leicht zu der Kompromißlösung führen, eine allein auf Kreuz oder Auferstehung Jesu aufgebaute Ethik würde dem Radikalismus und der Schwärmerei verfallen. Nur in der Einheit löst sich der Widerstreit.
Jesus Christus, der *Mensch*, das bedeutet, daß Gott in die geschaffene Wirklichkeit eingeht, daß wir vor Gott Menschen sein dürfen und sollen. Die Zerstörung des Menschseins ist Sünde und wird so zum Hindernis für Gott, den Menschen zu erlösen. Dennoch bedeutet das Menschsein Jesu Christi nicht einfach die Bestätigung der bestehenden Welt und des menschlichen Wesens. Jesu war Mensch »ohne Sünde« (Hebr. 4,15); das ist das Entscheidende. Unter den Menschen aber lebte Jesus in tiefster Armut, ehelos und starb als Verbrecher. So enthält das Menschsein Jesu schon eine doppelte Verurteilung des Menschen, die absolute Verurteilung der Sünde und die relative Verurteilung der bestehenden menschlichen Ordnungen. Unter Einschluß dieser Verurteilung aber ist Jesus wirklich Mensch und will, daß wir Menschen seien. Er läßt die menschliche Wirklichkeit, ohne sie zu verselbständigen und ohne sie zu zerstören, als Vorletztes bestehen, als Vorletztes, das in seiner Weise ernst genommen und nicht ernst genommen werden will, als Vorletztes, das zur Hülle des Letzten geworden ist.

Jesus Christus, der *Gekreuzigte*, das bedeutet, daß Gott der gefallenen Schöpfung ihr endgültiges Urteil spricht. In der Verwerfung Gottes am Kreuz Jesu Christi ist die Verwerfung des Menschengeschlechts ohne Ausnahme eingeschlossen. Das Kreuz Jesu ist das Todesurteil über die Welt . . .
Jesus Christus, der *Auferstandene*, das bedeutet, daß Gott aus Liebe und Allmacht dem Tod ein Ende macht und eine neue Schöpfung ins Leben ruft, neues Leben schenkt. »Das Alte ist vergangen« (2. Kor. 5,17). »Siehe, ich mache alles neu« (Apk. 21,5). Auferstehung ist schon mitten in der alten Welt angebrochen als letztes Zeichen ihres Endes und ihrer Zukunft und zugleich als lebendige Wirklichkeit. Jesus ist als Mensch auferstanden, so hat er den Menschen die Auferstehung geschenkt. So bleibt der Mensch Mensch, obwohl er ein neuer auferstandener, dem alten in keiner Weise gleicher Mensch ist . . .

Quelle: D. Bonhoeffer, Ethik, 1949 [1940–1943 geschrieben], S. 75–84.

Die Struktur des verantwortlichen Lebens: Stellvertretung
Daß Verantwortung auf Stellvertretung beruht, geht am deutlichsten aus jenen Verhältnissen hervor, in denen der Mensch unmittelbar genötigt ist, an der Stelle anderer Menschen zu handeln, also etwa als Vater, als Staatsmann, als Lehrmeister. Der Vater handelt an der Stelle der Kinder, indem er für sie arbeitet, für sie sorgt, eintritt, kämpft, leidet. Er tritt damit real an ihre Stelle. Er ist nicht ein isolierter Einzelner, sondern er vereinigt in sich das Ich mehrerer Menschen. Jeder Versuch zu leben, als wäre er allein, ist eine Leugnung der Tatsächlichkeit seiner Verantwortlichkeit. Entgehen kann er der durch seine Vaterschaft gegebenen Verantwortlichkeit nicht. An dieser Wirklichkeit scheitert die Fiktion, als sei das Subjekt alles ethischen Verhaltens der isolierte Einzelne. Nicht er, sondern der Verantwortliche ist das Subjekt, auf das sich die ethische Besinnung zu richten hat. Darin macht es keinen Unterschied, in welchem Umfang Verantwortung getragen wird, ob für einen einzelnen Menschen, ob für eine Gemeinschaft oder für ganze Gemeinschaftsgruppen. Kein Mensch, der der Verantwortung und das heißt der Stellvertretung überhaupt entgehen könnte. Selbst der Einsame lebt stellvertretend, ja er in qualifizierter Weise, da sein Leben stellvertretend für den Menschen schlechthin, für die Menschheit, gelebt wird. Der Begriff einer Verantwortung für sich selbst ist ja auch nur insofern sinnvoll, als er eben die Verantwortung meint, die ich mir als Mensch – also weil ich Mensch bin – gegenüber wahrnehme. Selbstverantwortung ist in Wahrheit Verantwortung gegenüber dem Menschen und das heißt der Menschheit. Daß Jesus ohne die besondere Verantwortlichkeit einer Ehe, einer Familie, eines Berufes lebte, stellt ihn keineswegs aus dem Bereich der Verantwortlichkeit heraus, sondern macht seine Verantwortung und seine Stellvertretung für alle Menschen nur um so deutlicher. Damit aber rühren wir bereits an den tragenden Grund alles bisher Gesagten. Weil Jesus – das Leben, unser Leben – als der menschgewordene Sohn Gottes stellvertretend für uns gelebt hat, darum ist alles menschliche Leben durch ihn wesentlich stellvertretendes Leben. Jesus war nicht der Einzelne, der zu einer eigenen Vollkommenheit gelangen wollte, sondern er lebte nur als der, der in sich das Ich aller Menschen aufgenommen hat und trägt. Sein gesamtes Leben, Handeln und Sterben war Stellvertretung. Was die Menschen leben, handeln und leiden sollten, erfüllt sich an ihm. In dieser realen Stellvertretung, die seine menschliche Existenz ausmacht, ist er der Verantwortliche schlechthin. Weil er das Leben ist, ist durch

ihn alles Leben zur Stellvertretung bestimmt. Ob es sich auch dagegen wehrt, so bleibt es doch stellvertretend, zum Leben oder zum Tode, wie der Vater Vater bleibt, zum Guten oder zum Bösen.
Stellvertretung und also Verantwortlichkeit gibt es nur in der vollkommenen Hingabe des eigenen Lebens an den anderen Menschen. Nur der Selbstlose lebt verantwortlich und das heißt, nur der Selbstlose *lebt.* Wo das göttliche Ja und Nein im Menschen eins werden, dort wird verantwortlich gelebt.

Quelle: ebd., S. 174f.

c) Die Weltlichkeit des Christen in der Theologie des Kreuzes

30.4.44
Was mich unablässig bewegt, ist die Frage, was das Christentum oder auch wer Christus heute für uns eigentlich ist. Die Zeit, in der man alles den Menschen durch Worte – seien es theologische oder fromme Worte – sagen könnte, ist vorüber; ebenso die Zeit der Innerlichkeit und des Gewissens, und das heißt eben die Zeit der Religion überhaupt. Wir gehen einer völlig religionslosen Zeit entgegen; die Menschen können einfach, so wie sie nun einmal sind, nicht mehr religiös sein. Auch diejenigen, die sich ehrlich als »religiös« bezeichnen, praktizieren das in keiner Weise; sie meinen also vermutlich mit »religiös« etwas ganz anderes . . .
Wie kann Christus der Herr auch der Religionslosen werden? Gibt es religionslose Christen? Wenn die Religion nur ein Gewand des Christentums ist – und auch dieses Gewand hat zu verschiedenen Zeiten sehr verschieden ausgesehen –, was ist dann ein religionsloses Christentum? . . . Wie sprechen (oder vielleicht kann man aber nicht einmal mehr davon »sprechen« wie bisher) wir »weltlich« von »Gott«, wie sind wir »religionslos-weltlich« Christen, wie sind wir ἐκ-κλησία, Herausgerufene, ohne uns religiös als Bevorzugte zu verstehen, sondern vielmehr als ganz zur Welt Gehörige? Christus ist dann nicht mehr Gegenstand der Religion, sondern etwas ganz anderes, wirklich Herr der Welt. Aber was heißt das? Was bedeutet in der Religionslosigkeit der Kultus und das Gebet? Bekommt hier die Arkandisziplin bzw. die Unterscheidung (die Du ja bei mir schon kennst) von Vorletztem und Letztem neue Wichtigkeit? . . .
. . . ich möchte von Gott nicht an den Grenzen, sondern in der Mitte, nicht in den Schwächen, sondern in der Kraft, nicht also bei Tod und Schuld, sondern im Leben und im Guten des Menschen sprechen. An den Grenzen scheint es mir besser, zu schweigen und das Unlösbare ungelöst zu lassen. Der Auferstehungsglaube *ist* nicht die »Lösung« des Todesproblems. Das »Jenseits« Gottes ist nicht das Jenseits unseres Erkenntnisvermögens! Die erkenntnistheoretische Transzendenz hat mit der Transzendenz Gottes nichts zu tun. Gott ist mitten in unserem Leben jenseitig. Die Kirche steht nicht dort, wo das menschliche Vermögen versagt, an den Grenzen, sondern mitten im Dorf. So ist es alttestamentlich und in diesem Sinne lesen wir das Neue Testament noch viel zu wenig vom Alten her.

5.5.44
Ist nicht die individualistische Frage nach dem persönlichen Seelenheil uns allen fast völlig entschwunden? Stehen wir nicht wirklich unter dem Eindruck, daß es wichtigere Dinge gibt, als diese Frage (– vielleicht nicht als diese *Sache,* aber doch als diese *Frage!?*)? Ich weiß, daß es ziemlich ungeheuerlich klingt, dies zu sagen. Aber ist es nicht im Grunde sogar biblisch? Gibt es im Alten Testament die Frage

nach dem Seelenheil überhaupt? Ist nicht die Gerechtigkeit und das Reich Gottes auf Erden der Mittelpunkt von allem? und ist nicht auch Römer 3,24ff. das Ziel des Gedankens, daß Gott allein gerecht sei, und nicht eine individualistische Heilslehre? Nicht um das Jenseits, sondern um diese Welt, wie sie geschaffen, erhalten, in Gesetze gefaßt, versöhnt und erneuert wird, geht es doch. Was über diese Welt hinaus ist, will im Evangelium *für* diese Welt da sein; ich meine das nicht in dem anthropozentrischen Sinne der liberalen, mystischen, pietistischen, ethischen Theologie, sondern in dem biblischen Sinne der Schöpfung und der Inkarnation, Kreuzigung und Auferstehung Jesu Christi.

16.7.44
Zum Historischen: es ist eine große Entwicklung, die zur Autonomie der Welt führt[1] . . .
Wo behält nun Gott noch Raum? fragen ängstliche Gemüter und weil sie darauf keine Antwort wissen, verdammen sie die ganze Entwicklung, die sie in solche Notlage gebracht hat . . . Wir können nicht redlich sein, ohne zu erkennen, daß wir in der Welt leben müssen – »etsi deus non daretur«[2]. Und eben dies erkennen wir – vor Gott! Gott selbst zwingt uns zu dieser Erkenntnis. So führt uns unser Mündigwerden zu einer wahrhaftigen Erkenntnis unserer Lage vor Gott. Gott gibt uns zu wissen, daß wir leben müssen als solche, die mit dem Leben ohne Gott fertig werden. Der Gott, der mit uns ist, ist der Gott, der uns verläßt (Markus 15,34)! Der Gott, der uns in der Welt leben läßt ohne die Arbeitshypothese Gott, ist der Gott, vor dem wir dauernd stehen. Vor und mit Gott leben wir ohne Gott. Gott läßt sich aus der Welt herausdrängen ans Kreuz, Gott ist ohnmächtig und schwach in der Welt und gerade und nur so ist er bei uns und hilft uns. Es ist Matth. 8,17 ganz deutlich, daß Christus nicht hilft kraft seiner Allmacht, sondern kraft seiner Schwachheit, seines Leidens!
Hier liegt der entscheidende Unterschied zu allen Religionen. Die Religiosität des Menschen weist ihn in seiner Not an die Macht Gottes in der Welt, Gott ist der deus ex machina. Die Bibel weist den Menschen an die Ohnmacht und das Leiden Gottes; nur der leidende Gott kann helfen. Insofern kann man sagen, daß die beschriebene Entwicklung zur Mündigkeit der Welt, durch die mit einer falschen Gottesvorstellung aufgeräumt wird, den Blick freimacht für den Gott der Bibel, der durch seine Ohnmacht in der Welt Macht und Raum gewinnt.

Quelle: D. Bonhoeffer, Widerstand und Ergebung. Briefe und Aufzeichnungen aus der Haft, 1951. – *Literatur:* A.o. [Nr. 151] a.O.

1. Bonhoeffer gibt hier einen kurzen geschichtlichen Abriß und nennt Namen wie Herbert von Cherbury, Montaigne, Bodin, Machiavelli, Grotius, Descartes, Spinoza, Kant, Fichte, Hegel.
2. Hinweis auf den bekannten Satz von Grotius: das Naturrecht hat Gültigkeit, »auch wenn es keinen Gott gäbe«; s. Bd. IV/1, Nr. 2.

172. Die Stuttgarter Schulderklärung (1945)

Nach den Zerstörungen und Verwüstungen des 2. Weltkrieges schlug die Stuttgarter Schulderklärung eine der ersten Brücken zwischen Deutschland und den Siegermächten. Der Rat der Evangelischen Kirche in Deutschland begrüßte bei seiner Sitzung Oktober 1945 in Stuttgart Vertreter des ökumenischen Rates der Kirchen und erklärte:

Wir sind für diesen Besuch um so dankbarer, als wir uns mit unserem Volke nicht nur in einer großen Gemeinschaft der Leiden wissen, sondern auch in einer Solidarität der Schuld. Mit großem Schmerz sagen wir: Durch uns ist unendliches Leid über viele Völker und Länder gebracht worden. Was wir unseren Gemeinden oft bezeugt haben, das sprechen wir jetzt im Namen der ganzen Kirche aus: Wohl haben wir lange Jahre hindurch im Namen Jesu Christi gegen den Geist gekämpft, der im nationalsozialistischen Gewaltregiment seinen furchtbaren Ausdruck gefunden hat; aber wir klagen uns an, daß wir nicht mutiger bekannt, nicht treuer gebetet, nicht fröhlicher geglaubt und nicht brennender geliebt haben.
Nun soll in unseren Kirchen ein neuer Anfang gemacht werden. Gegründet auf die Heilige Schrift, mit ganzem Ernst ausgerichtet auf den alleinigen Herrn der Kirche, gehen sie daran, sich von glaubensfremden Einflüssen zu reinigen und sich selber zu ordnen. Wir hoffen zu dem Gott der Gnade und Barmherzigkeit, daß er unsere Kirchen als sein Werkzeug brauchen und ihnen Vollmacht geben wird, sein Wort zu verkündigen und seinem Willen Gehorsam zu schaffen bei uns selbst und bei unserem ganzen Volk.
Daß wir uns bei diesem neuen Anfang mit den anderen Kirchen der ökumenischen Gemeinschaft herzlich verbunden wissen dürfen, erfüllt uns mit tiefer Freude. Wir hoffen zu Gott, daß durch den gemeinsamen Dienst der Kirchen dem Geist der Gewalt und der Vergeltung, der heute von neuem mächtig werden will, in aller Welt gesteuert werde und der Geist des Friedens und der Liebe zur Herrschaft komme, in dem allein die gequälte Menschheit Genesung finden kann. So bitten wir in einer Stunde, in der die ganze Welt einen neuen Anfang braucht: »Veni, creator spiritus!«
Stuttgart, 18./19. Oktober 1945.

gez. D. Wurm	Dr. Lilje	Dr. Heinemann	Martin Niemöller
Asmussen DD.	Hahn	Smend D. Dr.	Lic. Niesel
D. Meiser	Held	Dibelius	

Quelle: Schriftendienst der Kanzlei der Evangelischen Kirche in Deutschland: Zur Schuldfrage (mit Stellungnahmen ausländischer Kirchen); KJ 1945–1948, 1950, S. 26f.

173. Das Darmstädter Wort (1947)

Gegen den konservativen Trend in der EKD nach 1945 wurde das »Wort des Bruderrates der Evangelischen Kirche in Deutschland zum politischen Weg unseres Volkes« verfaßt. Es wurde vom »Linken Flügel« der Bekennenden Kirche um K. Barth aufgesetzt und von J. Beckmann, H. Diem, M. Niemöller und E. Wolf in den Flugblättern der Bekennenden Kirche Nr. 9/10, 1948 ausgelegt.

1. Uns ist das Wort der Versöhnung der Welt mit Gott in Christus gesagt. Dies Wort sollen wir hören, annehmen, tun und ausrichten. Dies Wort wird nicht gehört, nicht angenommen, nicht getan und nicht ausgerichtet, wenn wir uns nicht freisprechen lassen von unserer gesamten Schuld, von der Schuld der Väter wie von unserer eigenen, und wenn wir uns nicht durch Jesus Christus, den guten Hirten, heimrufen lassen auch von allen falschen und bösen Wegen, auf welchen wir als Deutsche in unserem politischen Wollen und Handeln in die Irre gegangen sind.

2. Wir sind in die Irre gegangen, als wir begannen, den Traum einer besonderen deutschen Sendung zu träumen, als ob am deutschen Wesen die Welt genesen könne. Dadurch haben wir dem schrankenlosen Gebrauch der politischen Macht den Weg bereitet und unsere Nation auf den Thron Gottes gesetzt. – Es war verhängnisvoll, daß wir begannen, unseren Staat nach innen allein auf eine starke Regierung, nach außen allein auf militärische Machtentfaltung zu begründen. Damit haben wir unsere Berufung verleugnet, mit den uns Deutschen verliehenen Gaben mitzuarbeiten im Dienst an den gemeinsamen Aufgaben der Völker.

3. Wir sind in die Irre gegangen, als wir begannen, eine »christliche Front« aufzurichten gegenüber notwendig gewordenen Neuordnungen im gesellschaftlichen Leben der Menschen. Das Bündnis der Kirche mit den das Alte und Herkömmliche konservierenden Mächten hat sich schwer an uns gerächt. Wir haben die christliche Freiheit verraten, die uns erlaubt und gebietet, Lebensformen abzuändern, wo das Zusammenleben der Menschen solche Wandlung erfordert. Wir haben das Recht zur Revolution verneint, aber die Entwicklung zur absoluten Diktatur geduldet und gutgeheißen.

4. Wir sind in die Irre gegangen, als wir meinten, eine Front der Guten gegen die Bösen, des Lichtes gegen die Finsternis, der Gerechten gegen die Ungerechten im politischen Leben und mit politischen Mitteln bilden zu müssen. Damit haben wir das freie Angebot der Gnade Gottes an alle durch eine politische, soziale und weltanschauliche Frontenbildung verfälscht und die Welt ihrer Selbstrechtfertigung überlassen.

5. Wir sind in die Irre gegangen, als wir übersahen, daß der ökonomische Materialismus der marxistischen Lehre die Kirche an den Auftrag und die Verheißung der Gemeinde für das Leben und Zusammenleben der Menschen im Diesseits hätte gemahnen müssen. Wir haben es unterlassen, die Sache der Armen und Entrechteten gemäß dem Evangelium von Gottes kommendem Reich zur Sache der Christenheit zu machen.

6. Indem wir das erkennen und bekennen, wissen wir uns als Gemeinde Jesu Christi freigesprochen zu einem neuen, besseren Dienst zur Ehre Gottes und zum ewigen und zeitlichen Heil der Menschen. Nicht die Parole: Christentum und abendländische Kultur, sondern Umkehr zu Gott und Hinkehr zum Nächsten in der Kraft des Todes und der Auferstehung Jesu Christi ist das, was unserem Volk und inmitten unseres Volkes vor allem uns Christen selbst nottut.

7. Wir haben es bezeugt und bezeugen es heute aufs neue: »Durch Jesus Christus widerfährt uns frohe Befreiung aus den gottlosen Bindungen dieser Welt zu freiem, dankbarem Dienst an seinen Geschöpfen.« Darum bitten wir inständig: Laßt die Verzweiflung nicht über Euch Herr werden, denn *Christus* ist der Herr. Gebt aller glaubenslosen Gleichgültigkeit den Abschied, laßt Euch nicht verführen durch Träume von einer besseren Vergangenheit oder durch Spekulationen um einen kommenden Krieg, sondern werdet Euch in dieser Freiheit und in großer Nüchternheit der Verantwortung bewußt, die alle und jeder einzelne von uns für den Aufbau eines besseren deutschen Staatswesens tragen, das dem Recht, der Wohlfahrt und dem inneren Frieden und der Versöhnung der Völker dient.

Darmstadt, den 8. August 1947.

Quelle: KJ 1945–1948, 1950, S. 220ff. – *Literatur:* H. Ludwig, Die Entstehung des Darmstädter Wortes, JK.Beiheft zu Heft 8/9, 1977.

174. Grundordnung der Evangelischen Kirche in Deutschland (1948)

Auf der Kirchenversammlung in Eisenach (9./11.–13.7.1948) wurde die Grundordnung der EKD einstimmig angenommen. Eine durch die Bildung eines selbständigen »Bundes der Evangelischen Kirchen in der DDR« notwendig gewordene Neuordnung scheiterte 1976 an der evangelikalen Gruppe der württembergischen Landessynode.

Grundlage der Evangelischen Kirche in Deutschland ist das Evangelium von Jesus Christus, wie es uns in der Heiligen Schrift Alten und Neuen Testaments gegeben ist. Indem sie diese Grundlage anerkennt, bekennt sich die Evangelische Kirche in Deutschland zu dem Einen Herrn der einen heiligen allgemeinen und apostolischen Kirche.
Gemeinsam mit der alten Kirche steht die Evangelische Kirche in Deutschland auf dem Boden der altkirchlichen Bekenntnisse.
Für das Verständnis der Heiligen Schrift wie auch der altkirchlichen Bekenntnisse sind in den lutherischen, reformierten und unierten Gliedkirchen und Gemeinden die für sie geltenden Bekenntnisse der Reformation maßgebend.

I. Grundbestimmungen
Artikel 1
1. Die Evangelische Kirche in Deutschland ist ein Bund lutherischer, reformierter und unierter Kirchen. Sie achtet die Bekenntnisgrundlage der Gliedkirchen und Gemeinden und setzt voraus, daß sie ihr Bekenntnis in Lehre, Leben und Ordnung der Kirche wirksam werden lassen.
2. In der Evangelischen Kirche in Deutschland wird die bestehende Gemeinschaft der deutschen evangelischen Christenheit sichtbar. Mit ihren Gliedkirchen bejaht die Evangelische Kirche in Deutschland die von der ersten Bekenntnissynode in Barmen getroffenen Entscheidungen. Sie weiß sich verpflichtet, als bekennende Kirche die Erkenntnisse des Kirchenkampfes über Wesen, Auftrag und Ordnung der Kirche zur Auswirkung zu bringen. Sie ruft die Gliedkirchen zum Hören auf das Zeugnis der Brüder. Sie hilft ihnen, wo es gefordert wird, zur gemeinsamen Abwehr kirchenzerstörender Irrlehre.

Artikel 2
1. Das Recht der Evangelischen Kirche in Deutschland und ihrer Gliedkirchen muß auf der im Vorspruch und in Artikel 1 bezeichneten Grundlage ruhen.
2. Die gesamtkirchliche Rechtsetzung darf das Bekenntnis der Gliedkirchen nicht verletzen; die Rechtsetzung der Gliedkirchen darf dem gesamtkirchlichen Recht nicht widersprechen.
3. Die evangelische Kirche in Deutschland steht in der Ordnung der Ökumene.

Artikel 3
1. Die Evangelische Kirche in Deutschland ist um ihres Auftrages willen unabhängig in der Aufstellung ihrer Grundsätze, in der Ordnung und Verwaltung ihrer Angelegenheiten und in der Verleihung und Aberkennung ihrer Ämter.
2. Die Regelung ihres Verhältnisses zum Staat bleibt einem Übereinkommen vorbehalten.

Artikel 4

1. Der Dienst am Wort und die Verwaltung der Sakramente geschieht in den Gliedkirchen und Gemeinden nach der Ordnung ihres Bekenntnisses. Vereinbarungen über Kanzel- und Abendmahlsgemeinschaft bleiben Aufgabe der Gliedkirchen.
2. Berufenen Dienern am Wort wird der Dienst der Verkündigung auch in Gemeinden eines anderen Bekenntnisses im Rahmen der geltenden Bestimmungen der Gliedkirchen nicht verwehrt.
3. Der ordnungsmäßige Vollzug der Heiligen Taufe wird in allen Gliedkirchen anerkannt; dasselbe gilt für alle Amtshandlungen.
4. Über die Zulassung zum Heiligen Abendmahl besteht innerhalb der Evangelischen Kirche in Deutschland keine volle Übereinstimmung. In vielen Gliedkirchen werden Angehörige eines anderen in der Evangelischen Kirche in Deutschland geltenden Bekenntnisses ohne Einschränkung zugelassen. In keiner Gliedkirche wird einem Angehörigen eines in der Evangelischen Kirche in Deutschland geltenden Bekenntnisses der Zugang zum Tisch des Herrn verwehrt, wo seelsorgerliche Verantwortung oder gemeindliche Verhältnisse die Zulassung gebieten. Die rechtliche Kirchenzugehörigkeit und die Bestimmung über die allgemeine Kirchenzucht bleiben in jedem Falle unberührt.

Artikel 5

Die Ordnung des Verhältnisses der Gliedkirchen zueinander und zur Evangelischen Kirche in Deutschland ist eine Ordnung der Brüderlichkeit. Verhandlungen und Auseinandersetzungen sowie die Geltendmachung von Rechten und Pflichten zwischen ihnen sollen in diesem Geiste stattfinden.

II. Aufgaben

Artikel 6

1. Die Evangelische Kirche in Deutschland bemüht sich um die Festigung und Vertiefung der Gemeinschaft unter den Gliedkirchen, hilft ihnen bei der Erfüllung ihres Dienstes und fördert den Austausch ihrer Kräfte und Mittel.
2. Sie wirkt dahin, daß die Gliedkirchen, soweit nicht ihr Bekenntnis entgegensteht, in den wesentlichen Fragen des kirchlichen Lebens und Handelns nach übereinstimmenden Grundsätzen verfahren.

Artikel 7

Die Evangelische Kirche in Deutschland fördert und unterstützt Einrichtungen und Arbeiten von gesamtkirchlicher Bedeutung, insbesondere die wissenschaftliche Forschung auf den Gebieten der Theologie und des Kirchenrechts, die Kirchenmusik, die kirchliche Kunst und die Herausgabe kirchlichen Schrifttums.

Artikel 8

Die Evangelische Kirche in Deutschland kann den Gliedkirchen für ihre Arbeit Anregungen geben, insbesondere für Ordnungen der Gliedkirchen, für die Zuordnung der kirchlichen Werke innerhalb einer Gliedkirche zu deren Leitung und für die Gestaltung der kirchlichen Presse.

Artikel 9

Die Evangelische Kirche in Deutschland kann Richtlinien aufstellen

a) für die wissenschaftliche und praktische Ausbildung der Pfarrer und der übrigen kirchlichen Amtsträger;

b) für die Rechtsverhältnisse und für die wirtschaftliche Versorgung der Pfarrer und der übrigen kirchlichen Amtsträger;

c) für die Erhebung kirchlicher Abgaben;

d) für die Verwaltung des kirchlichen Vermögens;

e) für die Vereinheitlichung der kirchlichen Amtsbezeichnungen und die Benennung der kirchlichen Amtsstellen;

f) für das Archiv- und Kirchenbuchwesen und für die kirchliche Statistik.

Artikel 10

Die Evangelische Kirche in Deutschland kann gesetzliche Bestimmungen mit Wirkung für die Gliedkirchen erlassen

a) für Sachgebiete, die im Bereich der Evangelischen Kirche in Deutschland bereits einheitlich geregelt waren;

b) für andere Sachgebiete, wenn die beteiligten Gliedkirchen damit einverstanden sind.

Artikel 11

Die Gliedkirchen nehmen über die Bestellung des Vorsitzenden ihrer Kirchenleitung mit dem Rat der Evangelischen Kirche in Deutschland Fühlung.

Artikel 12

Kirchengesetze und sonstige Ordnungen mit Gesetzeskraft legen die Gliedkirchen spätestens mit der Verkündigung dem Rat der Evangelischen Kirche in Deutschland vor. Sie sind abzuändern, wenn der Rat mitteilt, daß sie gegen gesamtkirchliche Ordnungen verstoßen.

Artikel 13

Alle Gliedkirchen gemeinsam oder einzelne von ihnen können der Evangelischen Kirche in Deutschland mit Zustimmung des Rates einzelne Aufgaben übertragen oder die Entscheidung in Fragen überlassen, für welche die Gliedkirchen zuständig sind.

Artikel 14

Die Evangelische Kirche in Deutschland fördert die Zusammenfassung der der Kirche aufgetragenen Arbeit an den verschiedenen Gruppen von Gliedern der Kirche, insbesondere an den Männern, den Frauen und der Jugend, soweit sie über den Bereich der Gliedkirchen hinausgeht und gesamtkirchlicher Ordnung oder Organe bedarf. Sie regelt die kirchliche Zuordnung dieser Arbeit so, daß die Mitarbeit freier Kräfte gewährleistet ist.

Artikel 15

1. Die Evangelische Kirche in Deutschland und die Gliedkirchen sind gerufen, Christi Liebe in Wort und Tat zu verkünden. Diese Liebe verpflichtet alle Glieder der Kirche zum Dienst und gewinnt in besonderer Weise Gestalt im Diakonat der Kirche; demgemäß sind die diakonisch-missionarischen Werke Wesens- und Lebensäußerung der Kirche.

2. Die Evangelische Kirche in Deutschland fördert die in ihrem Gesamtbereich arbeitenden Werke der Inneren Mission, ungeachtet deren Rechtsform. Ihre Verbindung mit der Kirche und den Gemeinden sowie die freie Gestaltung ihrer Arbeit werden in Vereinbarungen und entsprechenden Richtlinien gesichert.
3. Das Hilfswerk der Evangelischen Kirche in Deutschland wird von der Evangelischen Kirche in Deutschland, den Gliedkirchen und ihren Gemeinden getragen. Es dient dem kirchlichen Wiederaufbau sowie der Linderung und Behebung der Notstände der Zeit. Die Ordnung der Hilfswerke bedarf eines Gesetzes der Evangelischen Kirche in Deutschland.

Artikel 16
1. Die Evangelische Kirche in Deutschland und die Gliedkirchen wissen, daß die Kirche Christi das Evangelium an die ganze Welt zu bezeugen hat. Im Gehorsam gegen den Sendungsauftrag ihres Herrn treiben sie das Werk der Äußeren Mission.
Die Evangelische Kirche in Deutschland fördert die Arbeit der Äußeren Mission in Zusammenarbeit mit der von den Missionsgesellschaften bestellten Vertretung. Sie kann für diese Zusammenarbeit Grundsätze aufstellen.
2. Ebenso weiß sich die Evangelische Kirche in Deutschland zum Dienst an der evangelischen Diaspora gerufen. Sie fördert die zur Erfüllung dieses Dienstes bestehenden Einrichtungen und die anderen kirchlichen Werke, soweit sie im Gesamtbereich der Evangelischen Kirche in Deutschland ihren Dienst tun. Sie kann ihnen unter Wahrung ihrer sachlich erforderten Selbständigkeit für ihre Arbeit und ihre Ordnung Richtlinien geben.

Artikel 17
Die Evangelische Kirche in Deutschland trägt die Verantwortung für die deutschen evangelischen Kirchengemeinschaften, Gemeinden, Pfarrer und Gemeindeglieder außerhalb Deutschlands, insbesondere soweit sie ihr nach Maßgabe gesetzlicher Bestimmungen angeschlossen sind.

Artikel 18
1. Die Evangelische Kirche in Deutschland arbeitet in der ökumenischen Bewegung mit.
2. Die Pflege ökumenischer Beziehungen durch kirchliche Werke und Verbände und die Mitarbeit einzelner Persönlichkeiten an ökumenischen Aufgaben wird dadurch nicht beeinträchtigt. Sie soll in Fühlung mit den zuständigen Organen der Evangelischen Kirche in Deutschland geschehen.
3. Das gleiche gilt von der selbständigen Vertretung von Gliedkirchen in bekenntnismäßig gebundenen ökumenischen Vereinigungen.

Artikel 19
Die Evangelische Kirche in Deutschland vertritt die gesamtkirchlichen Anliegen gegenüber allen Inhabern öffentlicher Gewalt. Sie erstrebt ein einheitliches Handeln ihrer Gliedkirchen auf allen Gebieten des öffentlichen Lebens.

Artikel 20
1. In der Erfüllung ihrer Aufgaben kann die Evangelische Kirche in Deutschland Ansprachen und Kundgebungen ergehen lassen, die leitenden Stellen der Glied-

kirchen zu Besprechungen versammeln und von ihnen Auskunft oder Stellungnahmen einholen.
2. Sie kann zur Erfüllung bestimmter Aufgaben Kollekten ausschreiben, die in allen Gliedkirchen einzusammeln sind. Ihre Zahl soll jährlich nicht mehr als drei betragen. Die Erhebung weiterer gesamtkirchlicher Kollekten kann sie den Gliedkirchen empfehlen.
. . .

Quelle: KJ 1945–1948, 1950, S. 95–100. – *Literatur:* H. Brunotte, Die Grundordnung der EKD, 1954; ders., Die EKD. Geschichte, Organisation und Gestalt der EKD, EvEnz 1, 1964.

175. Die Kirchen-Union von Südindien (1947)

Nach jahrzehntelangen Verhandlungen kam es 1947 zum Zusammenschluß von Anglikanern, Methodisten und Reformierten in der »Kirche von Südindien«. Die feierliche Konstituierung fand am 27. September 1947 in Madras statt.

Die Kirche von Südindien bekennt sich dazu, daß das Ziel der Vereinigung, durch die sie entstanden ist, die Erfüllung von Gottes Willen ist, wie er sich in dem Gebet unseres Herrn Jesus ausdrückt: »daß sie alle eins seien, . . . auf daß die Welt glaube, du habest mich gesandt«. Sie glaubt, daß die Kirche in Südindien durch diese Vereinigung ein wirksameres Werkzeug im Dienste Gottes werden wird, . . .
Die Kirche von Südindien bedarf um der Vervollkommnung des Lebens des ganzen Leibes willen des Erbes jeder der Kirchen, aus denen sie sich zusammensetzt, und jede dieser Kirchen wird hoffentlich die Kontinuität ihres eigenen Lebens nicht verlieren, sondern bewahren, bereichert durch die Vereinigung mit den beiden anderen Kirchen. Die Kirche von Südindien ist also durch eine Verbindung verschiedener Elemente entstanden, wobei jedes seinen Beitrag leistet zum Ganzen, und nicht durch das Aufgehen des einen in einem anderen.
. . . Die Kirche von Südindien will . . ., indem sie alles geistlich Wertvolle in ihrem indischen Erbe beibehält, dem Geist, dem Denken und dem Leben der Allgemeinen Kirche in indischen Verhältnissen und in indischen Formen Ausdruck geben.

Quelle: H. L. Althaus (Hg.), Ökumenische Dokumente, 1962, S. 225f. – *Literatur:* J. W. Winterhager, Kirchen-Unionen des 20. Jahrhunderts, 1961, S. 112ff.; R. Rouse/St. Neill, Geschichte der ökumenischen Bewegung 1517–1948, Bd. II, 1958, S. 89ff.

176. Die Konstituierung des Ökumenischen Rats der Kirchen, Amsterdam 1948

Nachdem schon 1938 in Utrecht der Zusammenschluß der beiden Zweige der ökumenischen Bewegung (»life and work« und »faith and order«) und die Gründung des Ökumenischen Rats der Kirchen beschlossen worden war, erfolgte die offizielle Konstituierung an der ersten Vollversammlung in Amsterdam am 23. August 1948.

Basis (Grundlage):
Der Ökumenische Rat der Kirchen ist eine Gemeinschaft von Kirchen, die unseren Herrn Jesus Christus als Gott und Heiland anerkennen.
Aus der Botschaft der Vollversammlung:

... Christus hat uns zu seinem Eigentum gemacht, und in Ihm ist keine Zertrennung. Wo wir Ihn suchen, finden wir einander. Hier in Amsterdam haben wir uns von Ihm und damit voneinander aufs neue in Pflicht nehmen lassen, und deshalb haben wir diesen Ökumenischen Rat der Kirchen gebildet. Wir haben den festen Willen, beieinander zu bleiben. Wir rufen die christlichen Gemeinden allenthalben auf, diesen Zusammenschluß zu bejahen und Ihn auch in ihrem eigenen Leben miteinander Wirklichkeit werden zu lassen ...

Quelle: H. L. Althaus (Hg.), Ökumenische Dokumente, 1962, S. 11.70. – *Literatur:* Amsterdamer ökumenisches Gespräch 1948, 5 Bde.; R. Rouse/St. Neill, Geschichte der ökumenischen Bewegung 1517–1948, Bd. II, 1958, S. 385ff.

177. Die Regel von Taizé (1949)

Im burgundischen Taizé begründete Roger Schütz 1949 die Communauté de Taizé, eine evangelisch-ökumenische Bruderschaft, die monastische Tradition verbindet mit betonter Zuwendung zur weltweiten Verpflichtung für die Einheit der Kirche und den Dienst in der Welt.

Die Engagements bei der Profeß:
Willst du um der Liebe Christi willen dich ihm hingeben mit allem, was du bist? Ich will es.
Willst du von nun an den Dienst für Gott tun in unserer Communauté, in Gemeinschaft mit deinen Brüdern? Ich will es. Willst du unter Verzicht auf alles Eigentum mit deinen Brüdern leben nicht nur in der Gemeinschaft der materiellen Güter, sondern auch in der der geistigen und geistlichen Gaben, indem du dich mühst um die Offenheit des Herzens? Ich will es. Willst du, um besser verfügbar zu sein für den Dienst mit deinen Brüdern und um dich ungeteilt der Liebe Christi zu schenken, im Zölibat verbleiben? Ich will es.
Willst du, damit wir einmütigen Sinnes seien und damit unsere Einheit im Dienst sich vollauf verwirkliche, die Entscheidungen annehmen, die in der Communauté getroffen und durch den Prior zum Ausdruck gebracht werden? Ich will es.
Willst du stets Christus in deinen Brüdern wiedererkennen und so über sie wachen in guten und schlechten Tagen, in Zeiten des Überflusses und der Armut, im Leiden und in der Freude? Ich will es.

Quelle: Die Regel von Taizé, 1969^5, S. 69f. – *Literatur:* A. Stökl, Taizé, 1975 (Gütersloher Taschenbücher 184).

178. Dogmatisierung der leiblichen Aufnahme der Jungfrau Maria in den Himmel (1950)

Am 1. November 1950 proklamierte Papst Pius XII. in der Apostolischen Konstitution »Munificentissimus Deus« das Dogma von der »Aufnahme Marias mit Leib und Seele in die himmlische Herrlichkeit«.

Nachdem Wir nun immer wieder inständig zu Gott gefleht und den Geist der Wahrheit angerufen haben, verkündigen, erklären und definieren Wir zur Verherrlichung des allmächtigen Gottes, dessen ganz besonderes Wohlwollen über der Jungfrau Maria gewaltet hat, zur Ehre seines Sohnes, des unsterblichen Königs der Ewigkeit, des Siegers über Sünde und Tod, zur Mehrung der Herrlichkeit der erhabenen Gottesmutter, zur Freude und zum Jubel der ganzen Kirche, in Kraft der Vollmacht unseres Herrn Jesus Christus, der heiligen Apostel Petrus und Paulus und Unserer eigenen Vollmacht: es ist eine von Gott geoffenbarte Glaubenswahrheit, daß die unbefleckte, immer jungfräuliche Gottesmutter Maria nach Vollendung ihres irdischen Lebenslaufes mit Leib und Seele zur himmlischen Herrlichkeit aufgenommen worden ist.
Wenn daher, was Gott verhüte, jemand diese Wahrheit, die von Uns definiert worden ist, zu leugnen oder bewußt in Zweifel zu ziehen wagt, so soll er wissen, daß er vollständig vom göttlichen und katholischen Glauben abgefallen ist.

Quellen: D[33] 3900–3904; deutsch: J. Neuner/H. Roos, Der Glaube der Kirche in den Urkunden der Lehrverkündigung, 1965[7], S. 207ff. (Nr. 334c). – *Literatur:* F. Heiler, Das neue Mariendogma im Lichte der Geschichte und im Urteil der Ökumene, 1951.

179. Albert Camus: Der Ungläubige und die Christen (1948)

A. Camus (1913–1960) war einer der maßgeblichen Vertreter des atheistischen Humanismus. Im Dominikanerkloster Latour-Mauburg forderte er die Christen, deren Wahrheit er nicht teilhaftig zu werden vermochte, zu einem gemeinsamen Kampf um Menschlichkeit in einer unmenschlichen Welt auf.

. . . die heutige Welt verlangt von den Christen, daß sie Christen bleiben. Kürzlich hörte ich in der Sorbonne, wie ein katholischer Priester sich an einem marxistischen Redner wandte und öffentlich versicherte, auch er sei antiklerikal. Wohlan, ich liebe keine Priester, die antiklerikal sind, wie ich auch keine Philosophien liebe, die sich ihrer selbst schämen. Ich werde also nicht versuchen, mich vor Ihnen als Christ zu gebärden. Ich teile mit Ihnen das Grauen vor dem Bösen. Aber Ihre Hoffnung teile ich nicht und werde nie aufhören, gegen diese Welt zu kämpfen, in der Kinder leiden und sterben. [S. 74]
. . . Wir befinden uns dem Bösen gegenüber. Was mich selbst angeht, so fühle ich mich allerdings ein wenig wie Augustin vor seiner Bekehrung, als er sagte: »Ich forschte nach dem Ursprung des Bösen und blieb darin befangen.« Aber ich weiß auch, und ein paar andere Menschen wissen es mit mir, was getan werden muß, um das Böse wenn nicht zu verringern, so doch wenigstens nicht zu vermehren. Wir können es vielleicht nicht verhindern, daß diese Schöpfung eine Welt ist, in der Kinder gemartert werden. Aber wir können die Zahl der gemarterten Kinder verringern. Und wenn Sie uns dabei nicht helfen, wer soll uns dann helfen?

Zwischen den Mächten des Schreckens und denen des Zwiegesprächs ist ein gewaltiger, ungleicher Kampf entbrannt. Ich hege nur sehr mäßige Illusionen in bezug auf den Ausgang dieses Kampfes. Aber ich glaube, daß er durchgefochten werden muß, und ich weiß, daß es zumindest Menschen gibt, die dazu entschlossen sind. Nur fürchte ich, daß sie sich zuweilen ein wenig einsam fühlen, ja es tatsächlich sind, und daß wir Gefahr laufen, mit zweitausend Jahren Abstand der vervielfachten Hinopferung des Sokrates beizuwohnen. Die morgige Tagesordnung bringt uns entweder die Civitas des Zwiegesprächs oder die feierliche und bedeutungsschwere Hinrichtung der Zeugen des Zwiegesprächs. Nachdem ich meine Antwort abgegeben habe, richte ich nun meinerseits folgende Frage an die Christen: »Wird Sokrates wiederum allein stehen und gibt es nichts in seiner und in eurer Lehre, das euch dazu bewegen könnte, zu uns zu stoßen?« Ich weiß, es kann wohl sein, daß das Christentum nein sagt. Oh, nicht aus Ihrem Munde, das will ich gerne glauben. Aber es kann auch sein und ist sogar wahrscheinlich, daß es beharrlich weiter Kompromisse schließt oder seine Verurteilungen in das dunkle Gewand der Enzyklika kleidet. Es kann sein, daß es sich darauf versteift, sich endgültig die Tugend der Auflehnung und der Empörung entreißen zu lassen, die ihm vor langer Zeit eigen war. Dann werden die Christen leben, und das Christentum wird sterben. Dann werden es wirklich die anderen sein, die für das Opfer bezahlen. Auf jeden Fall ist dies eine Zukunft, über die zu entscheiden mir nicht zusteht, so manche Hoffnung und Angst sie in mir wecken mag. Ich kann nur von dem sprechen, was ich weiß. Ich weiß jedoch, und weiß es manchmal mit wehem Herzen, daß die Christen sich nur dazu entschließen müßten, damit Millionen von Stimmen, Millionen, hören Sie, auf der ganzen Welt in den Schrei einer Handvoll Einzelgänger einfallen, die heute ohne Glauben noch Gesetz allenthalben und unermüdlich für die Kinder und für die Menschen eintreten. [S. 77f.]

Quelle: A. Camus, Fragen der Neuzeit, 1960.

180. Rudolf Bultmann: Neues Testament und Mythologie (1941/48)

Relativ unbeachtet blieb 1941 Bultmanns Aufsatz »Neues Testament und Mythologie« mit dem Programm der »Entmythologisierung«: die mythologischen Bestandteile des Neuen Testaments (Himmel und Hölle, die Erde als »Schauplatz des Wirkens übernatürlicher Mächte, Gottes und seiner Engel, des Satans und seiner Dämonen«) nicht zu eliminieren, sondern existential zu interpretieren (Einfluß Heideggers!). Nach dem Neudruck 1948 kam es zu einem die Fundamente der evangelischen Kirche berührenden Streit um die Wahrheit des christlichen Glaubens[1].

Dem mythischen Weltbild entspricht die Darstellung des Heilsgeschehens, das den eigentlichen Inhalt der neutestamentlichen Verkündigung bildet. In mythologischer Sprache redet die Verkündigung: Jetzt ist die Endzeit gekommen; »als die Zeit erfüllt war«, sandte Gott seinen Sohn. Dieser, ein praeexistentes Gotteswesen, erscheint auf Erden als ein Mensch, sein Tod am Kreuz, den er wie ein Sünder erleidet, schafft Sühne für die Sünden der Menschen. Seine Auferstehung ist der Beginn der kosmischen Katastrophe, durch die der Tod, der durch Adam in die Welt gebracht wurde, zunichte gemacht wird; die dämonischen Weltmächte haben ihre Macht verloren. Der Auferstandene ist zum Himmel erhöht worden zur Rechten Gottes; er ist zum »Herrn« und »König« gemacht worden. Er wird wiederkommen auf den Wolken des Himmels, um das Heilswerk zu vollenden; dann wird die Totenauferstehung und das Gericht stattfinden; dann werden Sünde, Tod und alles Leid vernichtet sein. Und zwar wird das in Bälde geschehen; Paulus meint dieses Ereignis selbst noch zu erleben. [Kerygma und Mythus I, S. 15f.]

Das alles ist mythologische Rede, und die einzelnen Motive lassen sich leicht auf die zeitgeschichtliche Mythologie der jüdischen Apokalyptik und des gnostischen Erlösungsmythos zurückführen. Sofern es nun mythologische Rede ist, ist es für den Menschen von heute unglaubhaft, weil für ihn das mythische Weltbild vergangen ist. Die heutige christliche Verkündigung steht also vor der Frage, ob sie, wenn sie vom Menschen Glauben fordert, ihm zumutet, das vergangene mythische Weltbild anzuerkennen. Wenn das unmöglich ist, so entsteht für sie die Frage, ob die Verkündigung des Neuen Testaments eine Wahrheit ist, die vom mythischen Weltbild unabhängig ist; und es wäre dann die Aufgabe der Theologie, die christliche Verkündigung zu entmythologisieren. [Ebd. S. 16]

Die mythische Eschatologie ist im Grunde durch die einfache Tatsache erledigt, daß Christi Parusie nicht, wie das Neue Testament erwartet, alsbald stattgefunden hat, sondern daß die Weltgeschichte weiterlief und – wie jeder Zurechnungsfähige überzeugt ist – weiterlaufen wird. Wer überzeugt ist, daß die uns bekannte Welt in der Zeit endigen wird, der stellt sich ihr Ende doch als das Ergebnis der natürlichen Entwicklung vor, als ein Ende in Naturkatastrophen, und nicht als das mythische Geschehen, von dem das Neue Testament redet; . . . [Ebd. S. 17f.]

Folgt nun aus solcher kritischen Destruktion der neutestamentlichen Mythologie, daß die Verkündigung des Neuen Testaments überhaupt kritisch beseitigt ist? . . . Im Mythos findet der Glaube Ausdruck, daß die bekannte und verfügbare Welt, in der der Mensch lebt, Grund und Ziel nicht in sich selber hat, daß vielmehr ihr Grund und ihre Grenze außerhalb des Bekannten und Verfügbaren liegen, und daß dieses Bekannte und Verfügbare ständig von den unheimlichen Mächten, die ihm Grund und Grenze sind, durchwaltet und bedroht ist. Und in eins damit gibt der Mythos dem Wissen Ausdruck, daß der Mensch nicht Herr seiner selbst ist, daß er nicht nur innerhalb der bekannten Welt abhängig ist, sondern daß er vor allem von jenen jenseits des Bekannten waltenden Mächten abhängig ist, und daß er in dieser Abhängigkeit gerade von den bekannten Mächten frei werden kann. Im Mythos selbst ist also das Motiv zur Kritik seiner selbst, d.h. seiner objektivierenden Vorstellungen enthalten, insofern seine eigentliche Absicht, von einer jenseitigen Macht zu reden, welcher Welt und Mensch unterworfen sind, durch den objektivierenden Charakter seiner Aussagen gehemmt und verdeckt wird. Deshalb ist auch die Mythologie des Neuen Testaments nicht auf ihren objektivierenden Vorstellungsgehalt hin zu befragen, sondern auf das in diesen Vorstellungen sich aussprechende Existenszverständnis hin. Um die Frage nach dessen Wahrheit handelt es sich, und seine Wahrheit bejaht der Glaube, der nicht auf die Vorstellungswelt des Neuen Testaments verpflichtet werden darf. [Ebd. S. 21ff.]

Das Neue Testament . . . redet von einem Ereignis, durch welches Gott das Heil der Menschen beschafft hat; es verkündigt Jesus nicht primär als den Lehrer, der zwar entscheidend Wichtiges gesagt hat, und den wir deshalb dauernd ehrfürchtig verehren, dessen Person aber grundsätzlich gleichgültig wird für den, der seine Lehre erfaßt hat; sondern es verkündigt eben seine Person als das entscheidende

Heilsereignis. Es redet von dieser Person mythologisch, aber darf deshalb die Verkündigung seiner Person als bloße Mythologie beseitigt werden? Das ist die Frage! [Ebd. S. 24f.]

Das in Christus sich ereignende Geschehen ist . . . die Offenbarung der Liebe Gottes, die den Menschen von sich selbst befreit zu sich selbst, indem sie ihn zu einem Leben der Hingabe im Glauben und in der Liebe befreit. Glaube als die Freiheit des Menschen von sich selbst, als die Offenheit für die Zukunft, ist nur möglich als Glaube an die Liebe Gottes. Glaube an die Liebe Gottes ist aber so lange Eigenmächtigkeit, solange Gottes Liebe ein Wunschbild, eine Idee ist, solange Gott seine Liebe nicht offenbart hat. Christlicher Glaube ist deshalb Glaube an Christus, weil er der Glaube an die offenbare Liebe Gottes ist. Nur wer schon geliebt ist, kann lieben; nur wem Vertrauen geschenkt ist, kann vertrauen; nur wer Hingabe erfahren hat, kann sich hingeben. Wir sind zur Hingabe an Gott dadurch befreit, daß er sich für uns hingegeben hat. »Darin gründet die Liebe, nicht daß wir Gott geliebt haben, sondern daß er uns liebte und seinen Sohn sandte als Sühne für unsere Sünden« (1 Joh. 4,10) . . .

Indem Gott Jesus kreuzigen ließ, hat er für uns das Kreuz errichtet: an das Kreuz Christi glauben, heißt nicht, auf einen mythischen Vorgang blicken, der sich außerhalb unser und unserer Welt vollzogen hat, auf ein objektiv anschaubares Ereignis, das Gott als uns zugute geschehen anrechnet; sondern an das Kreuz glauben, heißt, das Kreuz Christi als das eigene übernehmen, heißt, sich mit Christus kreuzigen lassen. Das Kreuz ist als Heilsgeschehen nicht ein isoliertes Ereignis, das an Christus als mythischer Person passiert ist, sondern dieses Ereignis hat in seiner Bedeutsamkeit »kosmische« Dimension. Und seine entscheidende geschichtsumgestaltende Bedeutung wird dadurch zum Ausdruck gebracht, daß es als das eschatologische Ereignis gilt; d.h. es ist nicht ein Ereignis der Vergangenheit, auf das man zurückblickt; sondern es ist das eschatologische Ereignis in der Zeit und jenseits der Zeit, sofern es in seiner Bedeutsamkeit verstanden und d.h. für den Glauben, stets Gegenwart ist. [Ebd. S. 42]

Der verstehende Glaube an das Wort der Verkündigung ist der echte Osterglaube; er ist der Glaube, daß das verkündigende Wort legitimiertes Gotteswort ist. Das Osterereignis, sofern es als historisches Ereignis neben dem Kreuz genannt werden kann, ist ja nichts anderes als die Entstehung des Glaubens an den Auferstandenen, in dem die Verkündigung ihren Ursprung hat. Das Osterereignis als die Auferstehung Christi ist kein historisches Ereignis; als historisches Ereignis ist nur der Osterglaube der ersten Jünger faßbar. Der Historiker kann seine Entstehung bis zu einem gewissen Grade begreiflich machen durch Reflexion auf die ehemalige persönliche Verbundenheit der Jünger mit Jesus; für ihn reduziert sich das Osterereignis auf ihre visionären Erlebnisse. Der christliche Osterglaube ist an der historischen Frage nicht interessiert; für ihn bedeutet das historische Ereignis der Entstehung des Osterglaubens wie für die ersten Jünger die Selbstbekundung des Auferstandenen, die Tat Gottes, in der sich das Heilsgeschehen des Kreuzes vollendet. [Ebd. S. 46f.]

Quelle: R. Bultmann, Kerygma und Mythus [I], H. W. Bartsch (Hg.), 1948, 1951².

1. Dokumente der Diskussion: Kerygma und Mythos, 12 Bde., 1948–1976; KJ 1951, S. 185–221.

181. Die Arnoldshainer Abendmahlsthesen

Das Abendmahlsgespräch der EKD wurde 1947 in Weiterführung der Einigungsbemühungen im Kirchenkampf (s.o. Nr. 167) begonnen und führte 1957 zu Thesen, in denen gesagt wird, »was Theologen lutherischen, reformierten und unierten Bekenntnisses innerhalb der EKD, bestimmt durch den Ertrag der neueren exegetischen Arbeit am NT, heute auf die Fragen nach Wesen, Gabe und Empfang des Heiligen Abendmahls gemeinsam antworten können«. Die Thesen wurden 1958, die Erläuterungen 1962 vom Rat der EKD entgegengenommen.

Was hören wir als Glieder der einen Apostolischen Kirche als entscheidenden Inhalt des Biblischen Zeugnisses vom Abendmahl?

These 1
(1) Das Abendmahl, das wir feiern, gründet in der Stiftung und im Befehl Jesu Christi, des für uns in den Tod gegebenen und auferstandenen Herrn.
(2) Im Abendmahl lädt der erhöhte Herr die Seinen an seinen Tisch und gibt ihnen jetzt schon Anteil an der zukünftigen Gemeinschaft im Reiche Gottes.

These 2
(1) Im Abendmahl handelt Jesus Christus unter dem, was die Kirche tut, selbst als der durch sein Wort im Heiligen Geist gegenwärtige Herr.
(2) Das Abendmahl gehört wie die Predigt, die Taufe und der sonderliche Zuspruch der Sündenvergebung zu den Weisen, in denen Christus uns die Gaben des rettenden Evangeliums zueignet.

These 3
(1) Das Abendmahl ist eine gottesdienstliche Handlung der im Namen Jesu versammelten Gemeinde.
(2) Im Abendmahl ist das Mahl unlöslich verbunden mit der Verkündigung des Heilstodes Jesu, die durch mündliches Wort geschieht.
(3) Unter Gebet, Danksagung und Lobpreis werden Brot und Wein genommen, die Einsetzungsworte des Herrn gesprochen und Brot und Wein der Gemeinde zum Essen und Trinken dargereicht.
(4) Im Abendmahl gedenken wir des Todes Christi, durch den Gott ein für allemal die Welt versöhnt hat; in ihm bekennen wir die Gegenwart des auferstandenen Herrn unter uns und warten in Freude auf seine Wiederkunft als die zur Herrlichkeit in der Vollendung Berufenen.

These 4
Die Worte, die unser Herr Jesus Christus beim Reichen des Brotes und des Kelches spricht, sagen uns, was er selbst in diesem Mahle allen, die hinzutreten, gibt: Er, der gekreuzigte und auferstandene Herr, läßt sich in seinem für alle in den Tod gegebenen Leib und seinem für alle vergossenen Blut durch sein verheißendes Wort mit Brot und Wein von uns nehmen und nimmt uns damit kraft des Heiligen Geistes in den Sieg seiner Herrschaft, auf daß wir im Glauben an seine Verheißung Vergebung der Sünden, Leben und Seligkeit haben.

These 5
Darum wird das, was im Abendmahl geschieht, nicht angemessen beschrieben,
a) wenn man lehrt, Brot und Wein würden durch die Stiftungsworte des Herrn in

eine übernatürliche Substanz verwandelt, so daß Brot und Wein aufhören, Brot und Wein zu sein;
b) wenn man lehrt, im Abendmahl würde eine Wiederholung des Heilsgeschehens vollzogen;
c) wenn man lehrt, im Abendmahl würde ein naturhafter oder übernatürlicher Stoff dargereicht;
d) wenn man lehrt, es handele sich um einen Parallelismus von leiblichem und seelischem Essen als zwei voneinander getrennten Vorgängen;
e) wenn man lehrt, das leibliche Essen als solches mache selig, oder das Anteilbekommen am Leib und Blut Christi sei ein rein geistiger Vorgang.

These 6
(1) Jesus Christus, der uns aus Gottes todbringendem Zorngericht gerettet hat, ist zugleich Anfang und Haupt einer neuen Schöpfung.
(2) Durch ihn sind wir als die, die seinen Leib und sein Blut empfangen, zusammengeschlossen zu seinem Leib, der Kirche, und werden des verheißenen neuen Bundes teilhaftig, den Gott durch Jesu Blut gestiftet hat.
(3) Das Abendmahl stellt uns in die Gemeinschaft der Brüder und bezeugt uns damit, daß das, was uns in dieser Weltzeit knechtet und trennt, in Christus durchgebrochen ist und der Herr in der Mitte der begnadigten Sünder den Anfang einer neuen Menschheit setzt.

These 7
(1) Das Abendmahl stellt uns auf den Weg des Kreuzes Christi. Das Kreuz Christi weist uns in die Wirklichkeit in dieser Welt. Wo wir schwach sind, da ist die Gnade Gottes mächtig. Wenn wir sterben, leben wir mit ihm. Noch ist sein Sieg verborgen unter Anfechtung und Leiden. Darum speist uns der Herr durch sein Mahl, um uns zu stärken in dem Kampf, in den er die Seinen sendet, und uns zu wappnen gegen alle Schwärmerei und alle Schlaffheit, damit wir nicht entweder in falschen Träumen das Künftige vorwegnehmen oder verzagt die Hand sinken lassen.
(2) In der Gemeinde, der er sich im Abendmahl gibt, sind wir Brüder. Diese Gemeinschaft lebt allein in der Liebe, mit der er uns zuerst geliebt hat. Wie er sich unserer angenommen hat – der Gerechte der Ungerechten, der Freie der Unfreien, der Hohe der Niedrigen –, so sollen auch wir allen denen, die uns nötig haben, teilgeben an allem, was wir sind und haben.

These 8
(1) Der Glaube empfängt, was ihm verheißen ist, und baut auf diese Verheißung und nicht auf die eigene Würdigkeit.
(2) Gottes Wort warnt uns vor jeder Mißachtung und jedem Mißbrauch des Heiligen Abendmahls, damit wir uns nicht an der Hoheit dieser Gabe versündigen und Gottes Gericht auf uns ziehen.
(3) Weil der Herr reich ist für alle, die ihn anrufen, sind alle Glieder seiner Gemeinde zum Mahle gerufen, und allen ist die Vergebung der Sünden zugesagt, die nach der Gerechtigkeit Gottes verlangen.
[Unterschriften]

Erläuterungen

Zu These 1,1

1. Die Feststellung, daß das Abendmahl in Stiftung und Befehl Jesu Christi gründet, ist eine eindeutige Ablehnung aller Versuche, das Abendmahl nur als ein kultgeschichtliches Produkt der Gemeinde zu verstehen.

2. Stiftung und Befehl sind beschlossen in dem Wort und Handeln Jesu Christi, wie es uns das Zeugnis der Gemeinde mit ihren Berichten über das letzte Mahl Jesu mit seinen Jüngern verkündet. In diesem Stiftungsgeschehen ist der Auftrag eingeschlossen, bis zum kommenden Mahl im Reiche Gottes in der Mahlgemeinschaft zu bleiben.

3. Darüber hinaus sehen sich die Unterzeichner der Arnoldshainer Thesen nicht veranlaßt, in die Diskussion über die historischen Einzelfragen des letzten Mahles (Datum, Situation, ursprünglicher Wortlaut der Spendeworte) einzugreifen.

Zu These 2,2

Die besondere Weise, in der uns im Abendmahl die Gaben des rettenden Evangeliums zuteil werden, besteht darin, daß Jesus Christus sich uns in seinem Leib und Blut durch sein verheißendes Wort hier in der Darreichung von Brot und Wein gibt. Dabei ist vorausgesetzt, daß in der Verkündigung des Evangeliums, in Taufe und Abendmahl derselbe Herr sich uns schenkt, aber in verschiedener Weise. Die These hat nicht die Absicht, die besondere Art des Sichgebens Jesu Christi im Abendmahl zu nivellieren.

Darüber, ob der Herr den Seinen im Abendmahl darüber hinaus eine spezifische Gabe schenkt, bestehen im Kreise der Unterzeichner verschiedene Überzeugungen.

Erklärung zu These 3,3

Durch den Vollzug der Feier des Heiligen Abendmahles, wie er in These 3,3 beschrieben wird, werden Brot und Wein ausgesondert und in den Dienst dieses Mahles gestellt.

Auf Grund des exegetischen Befundes im Neuen Testament sehen sich die Unterzeichner nicht in der Lage, darüber hinaus einen besonderen Konsekrationsakt zu fordern oder eine besondere Lehre von der Konsekration unter die Stücke zu rechnen, die »zum Verständnis von Wesen, Gabe und Empfang des Abendmahls unerläßlich« sind.

Zu These 4

These 4 spricht so von Leib und Blut Jesu Christi, daß deutlich wird:

Leib und Blut Jesu Christi sind nichts anderes als Jesus Christus selbst. Sie sind nicht zu lösen von der Person und dem Geschick Jesu Christi, wie auch der gekreuzigte und auferstandene Herr nicht zu lösen ist von seinem für alle in den Tod gegebenen Leib und seinem für alle vergossenen Blut.

Wenn in These 4 von Brot und Wein gesprochen wird, so wird damit ausgesagt, daß Brot und Wein im Abendmahl von Jesus Christus erwählte Mittel für die Gaben seines Leibes und Blutes sind.

Eine nähere Bestimmung des Verhältnisses von Leib und Blut zu Brot und Wein haben die Unterzeichner mit Rücksicht auf die Vielfalt des neutestamentlichen Zeugnisses nicht vorgenommen.

Zu These 8,2 und 4

Die Unterzeichner sind darin einig, daß im Abendmahl Jesus Christus sich selbst vorbehaltlos allen, die Brot und Wein empfangen, gibt, den Glaubenden zum Heil, den Verächtern zum Gericht.

Quelle: Zur Lehre vom Heiligen Abendmahl. Bericht über das Abendmahlsgespräch der Evangelischen Kirche in Deutschland 1947–1962 und Erläuterungen seines Ergebnisses, in Gemeinschaft mit H. Gollwitzer, W. Kreck und H. Meyer erstattet von G. Niemeier, 1958. – *Literatur:* Lehrgespräch über das Heilige Abendmahl. Stimmen und Studien zu den Arnoldshainer Thesen, G. Niemeier (Hg.), 1961.

182. **Aufruf zur Aktion Sühnezeichen** (Januar 1959)

Im Bewußtsein der Mithaftung für das im deutschen Namen 1933–1945 geschehene Unrecht leisten vor allem junge Menschen eine Hilfe für die durch den 2. Weltkrieg besonders betroffenen Völker: Israel, Polen u.a.

Wir sind seit 1945 ein geteiltes, gespaltenes, zerrissenes Volk, das keiner gemeinsamen Geschichte mehr fähig, das in seinen Teilstücken sogar schon gewillt scheint, ohne Geschichte und ohne weiterzielende Aufgabe in den Tag hinein zu leben, nur an Wohlstand und Wirtschaftserfolgen interessiert. Das ist ein unehrliches, ein unehrenhaftes Verhalten, dessen noch kaum erhellte Ursache in unserem Bemühen liegt, die von uns mit Recht als schrecklich empfundene Vergangenheit zu verdrängen, zu verschweigen, sie nicht mehr wahrhaben zu wollen und sich ihr auf jeden Fall nicht zu stellen.
Aber Deutschland ist noch immer in der Mitte Europas. Das ist uns im Einsturz geblieben mit allen Chancen der Mitte und mit allen Gefahren. Zu diesen Gefahren gehört, daß die Perspektiven unseres Denkens zu eng sind, daß wir uns schon im Denken – und noch mehr in unserem Tun – nicht weit genug hinauswagen aus den von gestern her gesetzten Schranken.
Dazu ist es notwendig, uns selber auch mit den Blicken der anderen sehen zu lernen. Muß es uns nicht umtreiben und erregen, zum mindesten aber zum Nachdenken veranlassen, wenn wir nach dreizehn Jahren noch immer, ja sogar ganz neu dem alten Argwohn gegen unser Volk im Urteil der Engländer, der Franzosen, der Tschechen und der Polen, eigentlich aller unserer Nachbarvölker begegnen, mit denen wir wieder in eine echte Nachbarschaft kommen wollen und müssen? Was wir gar zu bald vergaßen, haben sie noch keineswegs vergessen. Daher meinen wir, daß das unter uns umgehende Wort von der unbewältigten Vergangenheit hier eine sehr gegenwärtige Bedeutung hat. Das Stuttgarter Schuldbekenntnis von 1945[1] hat in der allgemeinen Betäubung jener Jahre keine durchgreifende Klärung ausgelöst. Viele zwar fühlen sich durch dieses Zeugnis, dessen erster Aufklang nur der Entfaltung bedurft hätte, noch heute befreit und untereinander verbunden. Weit mehr Menschen aber haben es sich ausdrücklich verbeten. Die meisten haben es ignoriert oder gar nicht aufgenommen, wiewohl keiner sich geweigert hat, den Strom der Hilfe anzunehmen, der aus der Weltchristenheit auf dieses Bekenntnis antwortete. Zu den Völkern aber, die ganz unmittelbar unter uns gelitten haben, ist kaum etwas gedrungen, was sie als Zeichen wirklicher Einsicht hätten ansehen können.
So muß draußen in aller Welt der Eindruck entstehen, unser Volk habe in seiner großen Mehrzahl nichts gelernt und alles vergessen, was es auf keinen Fall vergessen darf. Wir hätten uns selber die Vergebung erteilt, die wir allenfalls im Gefolge einer echten Sühne von den anderen empfangen könnten. Dabei darf es nicht bleiben.

Das ist die ernste und leidenschaftliche Meinung der in der Aktion »Sühnezeichen« zusammengeschlossenen Menschen, die seit der Gesamtdeutschen Synode vom April 1958 miteinander auf dem Wege sind, um Zeichen einer wahrhaftigen Sühne aufzurichten, die zugleich bescheidene Anzeichen eines Neubeginns von geschichtlicher Verantwortung unseres Volkes sein oder werden könnten.
Die Zeit ist reif, daß sich die Geister scheiden. Wer erschrocken ist, was frevlerische, hemmungslose Selbstbehauptung eines Volkes, unseres Volkes, an grauenvoller, systematischer Unmenschlichkeit hat verüben und geschehen lassen – wer verstanden hat, daß man sich selber Rechenschaft geben muß und sich davon auch durch Mitverschulden anderer und ihre etwaige Einsichtslosigkeit nicht abbringen lassen darf – wer eingesehen hat, daß Vergeltung und Aufrechnung von Schuld gegen Schuld eine endlose Kette des Unheils in der Geschichte zur Folge hat, daß einzig Versöhnung, diese aber wirklich, die Kraft hat, den endlosen Reigen wechselseitiger Vernichtung zu unterbrechen, einen neuen Anfang verantwortlichen Lebens zu setzen, einem leidlichen Frieden in annehmbarer Gerechtigkeit Raum zu schaffen –
der trete der Aktion »Sühnezeichen« bei. Er helfe, wie immer er es vermag, mit einem sichtbaren Zeichen der Tat herauszutreten aus der Zone verstockten Schweigens oder unverbindlicher Diskussion.
Auf der Spandauer Synode wurde dazu aufgerufen, junge Menschen aller Stände und Konfessionen möchten sich dazu bereit finden, je auf ein Jahr nach Polen, Israel oder in die Sowjetunion zu gehen, um dort der durch uns bewirkten Zerstörung eine Aufbauleistung entgegenzustellen, ein Dorf, eine Siedlung, ein Krankenhaus oder was sonst immer im Zeichen der Sühne aufbauen zu helfen.
Der Plan ist nach neun Monaten aus dem Stadium des Vorausdenkens in das der praktischen Verwirklichung getreten. Daher rufen wir, nachdem sich eine überraschend große Zahl junger Menschen bereit gefunden hat, ein ganzes Jahr ihrer Ausbildungszeit dranzugeben, noch einmal alle, die es angeht, zum Mittun, nicht zuletzt, sondern ganz vordringlich auch zu Geldopfern für die Aktion »Sühnezeichen« auf.
Es droht zu spät zu werden. Noch können wir der Bitterkeit und dem Haß eine Kraft entgegensetzen, wenn wir selber wirklich vergeben, Vergebung erbitten und diese Gesinnung auf eine glaubhafte Weise auch praktizieren.
Epiphanias 1959.
Lothar Kreyssig Erich Müller-Gangloff Kurt Scharf.

Quelle: K. Kupisch, Quellen zur Geschichte des deutschen Protestantismus von 1945 bis zur Gegenwart, 2. Teil (Siebenstern-Taschenbuch 160), 1971, S. 79ff.

1. S.o. Nr. 172.

183. Dritte Vollversammlung des Ökumenischen Rats der Kirchen, Neu Delhi 1961

An der Vollversammlung in Neu Delhi, wo die russische und andere orthodoxe Kirchen in den ÖRK aufgenommen wurden und die Integration des Internationalen Missionsrats vollzogen wurde, kam es zur Neuformulierung der Basis-Erklärung und zur Umschreibung von Zielvorstellungen der angestrebten Einheit.

Neue Fassung der »Basis«:
Der Ökumenische Rat der Kirchen ist eine Gemeinschaft von Kirchen, die den Herrn Jesus Christus gemäß der Heiligen Schrift als Gott und Heiland bekennen und darum gemeinsam zu erfüllen trachten, wozu sie berufen sind, zur Ehre Gottes, des Vaters, des Sohnes und des heiligen Geistes.

Die Einheit der Kirche
Die Liebe des Vaters und des Sohnes in der Einheit des Heiligen Geistes ist die Quelle und das Ziel der Einheit, welche der dreieinige Gott für alle Menschen und die ganze Schöpfung will. Wir glauben, daß wir an dieser Einheit Anteil haben in der Kirche Jesu Christi, der vor allem ist und in dem alles besteht. In ihm allein, den der Vater zum Haupt des Leibes gesetzt hat, hat die Kirche ihre wahre Einheit. Zu Pfingsten wurde die Wirklichkeit dieser Einheit offenbar in der Gabe des Heiligen Geistes, durch den wir in dieser gegenwärtigen Zeit die Erstlingsgabe jener vollkommenen Einheit des Sohnes mit dem Vater erkennen, die in ihrer Fülle erst erkannt werden wird, wenn alle Dinge von Christus in seiner Herrlichkeit zusammengefaßt werden. Der Herr, der am Ende aller Dinge zur vollen Einheit führt, ist der, der uns nötigt, die Einheit zu suchen, die sein Wille für seine Kirche hier und jetzt auf Erden ist.
Wir glauben, daß die Einheit, die zugleich Gottes Wille und seine Gabe an seine Kirche ist, sichtbar gemacht wird, indem alle an jedem Ort, die in Jesus Christus getauft sind und ihn als Herrn und Heiland bekennen, durch den Heiligen Geist in eine völlig verpflichtete Gemeinschaft geführt werden, die sich zu dem einen apostolischen Glauben bekennt, das eine Evangelium verkündigt, das eine Brot bricht, sich im gemeinsamen Gebet vereint und ein gemeinsames Leben führt, das sich in Zeugnis und Dienst an alle wendet. Sie sind zugleich vereint mit der gesamten Christenheit an allen Orten und zu allen Zeiten in der Weise, daß Amt und Glieder von allen anerkannt werden und daß alle gemeinsam so handeln und sprechen können, wie es die gegebene Lage im Hinblick auf die Aufgaben erfordert, zu denen Gott sein Volk ruft.
Wir glauben, daß wir für solche Einheit beten und arbeiten müssen.
Diese kurze Beschreibung unseres Zieles läßt viele Fragen unbeantwortet. Wir sind uns noch nicht darüber einig, wie das eben beschriebene Ziel aufzufassen und mit welchen Mitteln es zu erreichen ist. Es ist uns klar, daß Einheit nicht einfach Uniformität der Organisation, des Ritus oder der Lebensform bedeutet. Wir alle bekennen, daß sündiger Eigenwille am Werk ist und uns getrennt hält und daß wir in unserer menschlichen Unwissenheit die Linien von Gottes Plan für die Zukunft nicht klar erkennen können. Aber wir sind der festen Hoffnung, daß Gottes Wille, wie er in der Heiligen Schrift bezeugt ist, durch den Heiligen Geist für uns und in uns immer mehr enthüllt wird. Die Einheit zu gewinnen bedeutet freilich nichts Geringeres, als daß viele Formen des kirchlichen Lebens, wie wir sie kennen, sterben und wiedergeboren werden müssen. Wir glauben, daß letzten Endes kein geringerer Preis gefordert ist.

Quelle: H. L. Althaus (Hg.), Ökumenische Dokumente, 1962, S. 13.236f. – *Literatur:* Neu Delhi 1961. Dokumentarbericht, 1962; H. E. Fey/G. Gaßmann, Geschichte der ökumenischen Bewegung 1948–1968, 1974, S. 47ff.

184. Zehn Artikel über Freiheit und Dienst der Kirche in der DDR (1963)

Im Auftrag der Konferenz der Evangelischen Kirchenleitungen in der DDR wurden die Artikel erarbeitet, verfaßt und beraten und von ihr am 8. März 1963 als »die der Kirche heute in Auslegung von Schrift und Bekenntnis gegebene Wegweisung« beschlossen.

I. Der Auftrag der Verkündigung
Jesus Christus hat seine Gemeinde in die Welt gesandt, allen Menschen die Versöhnung Gottes zu verkündigen und ihnen Gottes Willen in allen Bereichen des Lebens zu bezeugen. Wer Gottes Wort annimmt, wird nicht unter einen drückenden Zwang gestellt, sondern kommt zu einer herrlichen Freiheit. Wer sich ihm versagt, bleibt unter Gottes Gericht. Gott will, daß wir sein Wort zuversichtlich predigen, ohne Menschen zu fürchten und ohne Menschen gefällig zu sein. Dieser Auftrag wird auch nicht durch das Verschulden der Kirche in Vergangenheit und Gegenwart außer Kraft gesetzt. Buße heißt nicht Lähmung angesichts der Schuld, sondern besserer Gehorsam gegenüber dem Auftrag. Die Gemeinde darf der Kraft des Wortes vertrauen, die in ihm selbst liegt.
Wir verfallen dem Unglauben, wenn wir meinen, daß wir von uns aus dem Worte Gottes Geltung und Ansehen verschaffen müßten, indem wir es zum Mithelfer und Bestätiger irdischer Ziele machen oder der verführerischen Meinung nachgeben, daß bestimmte Gesellschaftsordnungen aus sich heraus den Glaubensgehorsam ermöglichten, ja das in sich verwirklichten, was dem Glaubensgehorsam gemäß ist.
Wir handeln in Ungehorsam gegenüber dem Befehl unseres Herrn und verletzen die Liebe zum Nächsten, wenn wir den angefochtenen Gewissen den Trost des Evangeliums schuldig bleiben, aber auch, wenn wir zu den Sünden unserer Zeit schweigen. Scheut sich die Gemeinde, den Willen Gottes in allen Bereichen des Lebens zu bezeugen, so wird auch ihre Predigt von der Vergebung der Sünden verkürzt und kraftlos.

II. Das Leben im Glauben und Gehorsam
Gott will den neuen Menschen, der nach ihm geschaffen ist. Darum hat er uns in Christus mit sich versöhnt. Er hat die durch den Abfall verlorene Würde des Menschen erneuert und unserem Leben Sinn und Erfüllung gegeben. Darum mahnt er uns, die gottlosen Bindungen zu lassen, die Macht der Versöhnung mit unserem eigenen Leben zu bezeugen und unseren Mitmenschen in allen Bereichen des Lebens zu dienen. Wir haben in den jeweiligen gesellschaftlichen Verhältnissen zu prüfen, was Gott von uns will, und haben das nach seinem Willen Gute zu tun.
Wir verfallen dem Unglauben, wenn wir meinen, in den gegebenen Verhältnissen von Gott verlassen zu sein, und darum verzweifeln, oder wenn wir die geschichtlichen und gesellschaftlichen Gegebenheiten als unmittelbare Kundgabe des Willens Gottes deuten und darum vorbehaltlos annehmen. In der Freiheit unseres Glaubens dürfen wir nicht von vornherein darauf verzichten, in der sozialistischen Gesellschaftsordnung zu unterscheiden zwischen dem gebotenen Dienst an der Erhaltung des Lebens und der gebotenen Verweigerung der atheistischen Bindung.
Wir handeln im Ungehorsam, wenn wir im Gottesdienst Gott als den Herren unseres Lebens bekennen, uns aber im täglichen Leben dem Absolutheitsanspruch

einer Ideologie unterwerfen und uns der allumfassenden Geltung von Gottes erstem Gebot entziehen. Wir handeln im Ungehorsam, wenn wir uns an eine von einer atheistischen Weltanschauung bestimmten Moral binden lassen, in der der Mensch ohne Gott zum Ziel der Erziehung und Bildung gemacht wird. Wir verwirren die Gewissen, wenn wir der Behauptung nicht widersprechen, daß die Gebote Gottes und die zehn Gebote der sozialistischen Moral[1] eine gemeinsame humanistische Zielsetzung hätten.

III. Wissenschaft und Wahrheit

Gott, der sich in Jesus Christus offenbart hat, ist der Schöpfer und Herr aller Dinge, der sichtbaren und unsichtbaren, nicht aber Teil des Seins, zu dem auch die Welt gehört. Der Glaube an Gott den Schöpfer befreit uns von jedem mythischen Weltverständnis und macht uns fähig, die gesamte, unserer Sinneserfahrung und unserer Vernunft in Natur und Geschichte zugängliche Wirklichkeit sachgerecht zu erforschen, ohne einer Ideologisierung der Wissenschaft zu erliegen. Es ist sachgemäß, diese Wirklichkeit in ihren eigenen Zusammenhängen erkennen zu wollen, ohne Gott als Lückenbüßer einzusetzen, wo unser Wissen noch unvollkommen ist. Aber es ist nicht sachgemäß, Grund und Grenze dieser Freiheit der Wissenschaft zu verkennen, indem man das so begrenzte Wissen unter Leugnung Gottes als die eine, alles umfassende Wahrheit ausgibt, in der alle Fragen, auch die Grundfrage unserer Existenz, beantwortet seien. Erst in der Begegnung mit Jesus Christus erschließen sich Wahrheit und Bestimmung des Menschen, Gottes Gegenüber und des Menschen Nächster zu sein. Er macht uns frei, unser Leben und unsere Welt als das zu empfangen, was sie wirklich sind: Gottes uns anvertraute Schöpfung.

Wir handeln im Unglauben und Ungehorsam, wenn wir eine sachgemäße wissenschaftliche Forschung verachten oder beargwöhnen, oder wenn wir ihre Methoden und Ergebnisse absolut setzen und uns damit der Wahrheit Gottes und der Verantwortung vor ihm entziehen.

Wir handeln in Unglauben und Ungehorsam, wenn wir Tatbestände unseres Lebens in Natur und Geschichte tendenziös darstellen, verfälschen oder unterschlagen, welches Interesse auch immer uns dabei leiten möge.

IV. Rechtfertigung und Recht

In Jesu Christi Kreuz und Auferstehung hat Gott den verlorenen Menschen gerecht gesprochen und ihn berufen, als der neue Mensch Gottes in seinem Reich zu leben. Auf dieses Ziel hin erhält Gott in seiner bewahrenden Güte die Welt und schützt er den Menschen in seinem Menschsein auch durch die Ordnung irdischen Rechts. Wohl lassen sich aus Gottes Gerechtigkeit keine für alle Zeiten gültigen Rechtsordnungen ableiten. Aber Gottes Gerechtigkeit gebietet, daß alles irdische Recht die Würde des von Gott geschaffenen und erlösten Menschen achtet und die Gleichheit aller vor dem Gesetz wahrt, daß es den Schutz der Schwachen sichert und Raum für die Verkündigung des Evangeliums und des Lebens in der Liebe zum Nächsten gewährt. Trotz der Sünde vermag der Mensch brauchbare Rechtsordnungen zu finden. Aber er erliegt in seinem Widerspruch gegen Gott, der das Recht will, immer wieder der Versuchung, das Recht für eigensüchtige Interessen zu mißbrauchen oder es dem Absolutheitsanspruch einer Ideologie zu unterwerfen und damit zu zerstören. Wo es keine Barmherzigkeit gibt, ist auch keine Gerechtigkeit.

Das Zeugnis von Gottes Gerechtigkeit und das Gebot der Nächstenliebe verpflichten die Gemeinde zur Mitsorge für gutes irdisches Recht. Solche Sorge geschieht im Bezeugen der Gebote Gottes, in der Bewährung der Mitmenschlichkeit im irdischen Beruf und in der Willigkeit, eher Unrecht zu leiden als Unrecht zu tun.

Wir handeln im Unglauben, wenn wir um einer erstrebten vollkommenen Gerechtigkeit willen das bestehende Recht in seiner Vorläufigkeit nicht ernst nehmen oder wenn wir um der Macht der Sünde willen die Sorge um vernünftiges Recht für aussichtslos halten.

Wir handeln im Ungehorsam, wenn wir es nur schweigend hinnehmen, daß das Recht um politischer oder wirtschaftlicher Interessen willen mißbraucht oder zerstört wird, und wenn wir nicht für unsere entrechteten und in ihrem Menschsein bedrohten Nächsten eintreten und mit ihnen leiden.

V. Versöhnung und Friede

Gott hat durch Jesus Christus, den Gekreuzigten und Auferstandenen, Frieden gemacht mit der Welt, Christus ist unser Friede. Sein Evangelium verkündigt den Anfang einer neuen Menschheit, in der die Feindschaft unter den Menschen und Völkern aufgehoben ist. Darum haben die Christen in der Welt der Versöhnung zu dienen.

Dieser Dienst verpflichtet uns, auch in den irdischen Verhältnissen Frieden zu suchen. Auch wenn wir dabei zwischen die Fronten einer friedlosen Welt geraten, bemühen wir uns, je an unserem Ort, durch sachliches Urteilen und Handeln versöhnend zu wirken und Frieden zu stiften. Wir verschließen uns dem Haß und Vergeltungsdrang, weil sie dem Versöhnungswillen Gottes widersprechen. Auch machen wir die Schändung der Ehre des Gegners nicht mit.

Der Dienst der Versöhnung verpflichtet uns auch, für den Frieden unter den Völkern ehrlich und ernstlich zu wirken. Angesichts der Massenvernichtungsmittel ist der Krieg weniger denn je eine Möglichkeit zur Lösung politischer und ideologischer Spannungen zwischen den Völkern und Machtblöcken.

Die Kirche setzt sich für den gesetzlichen Schutz der Wehrdienstverweigerer aus Glaubens- und Gewissensgründen ein, wie sie auch für ihre Glieder, die Soldaten werden, den Auftrag zur Seelsorge behält.

Wer wegen seines Dienstes für die Versöhnung leiden muß, darf der Treue Gottes gewiß sein und soll die Hilfe und fürbittende Liebe der Gemeinde erfahren.

Wir handeln im Unglauben, wenn wir den irdischen Frieden mit dem Frieden Gottes verwechseln, und wenn wir unser Wirken für den irdischen Frieden den Maßstäben menschlicher Ideologien, politischer Wunschbilder und Vergeltungsgedanken unterwerfen oder aber an unserem Friedensauftrag verzweifeln.

Wir handeln im Ungehorsam, wenn wir nicht dem Mißbrauch widerstehen, das politische oder nationale Eigeninteresse dem Dienst am Frieden gleichzusetzen.

VI. Die Arbeit

Es ist Gottes Auftrag, daß wir die Güter der Schöpfung, die er uns anvertraut, in Verantwortung vor ihm gebrauchen. Dies gilt gerade auch für unsere Arbeitskraft. Mit unserer Arbeit sollen wir unserer eigenen Lebenserhaltung und der unserer Mitmenschen dienen und darin Gott ehren. Dieser Auftrag Gottes verleiht der Arbeit ihre Würde und ihr rechtes Maß. – Weil unser Leben unter dem Fluch der Sünde steht, ist die Arbeit aber auch Mühsal und Last, die wir selbst noch steigern, wenn wir in ihr ein Mittel zur Selbsterlösung sehen. Jesus Christus macht uns frei von der Vergötzung der Arbeit. Er will nicht, daß der Mensch zum Sklaven der Arbeit werde. Er hilft uns zu einer rechten Ordnung von Arbeit, Muße und Gebet. Unter seinem Segen können wir mit unserer Arbeit einander dienen, Gott loben und auch in unbefriedigender oder scheinbar vergeblicher Arbeit treu sein.

Wir handeln im Unglauben, wenn wir dem Irrtum verfallen, als habe die Arbeit den Menschen geschaffen und könne ihn nun auch erlösen, oder wenn wir an ihrem Sinn verzweifeln, weil wir mit unseren Illusionen scheitern.

Wir handeln im Ungehorsam, wenn wir in der Arbeit unsere eigene Verantwortung preisgeben und gleichgültig werden, oder wenn wir dem Nächsten das Leben schwer machen, indem wir auf seine Kosten eigensüchtig und gewinnsüchtig handeln.

VII. Die Obrigkeit

Die Kirche bekennt Jesus Christus als den Herrn, dem alle Gewalt gegeben ist im Himmel und auf Erden, der der Herr auch über die Inhaber der staatlichen Macht ist. Nach göttlicher Anordnung haben diese für Recht und Frieden zu sorgen. Diese gnädige Anordnung Gottes ehren wir, indem wir für die Obrigkeit beten und ihre Autorität achten.

Die Träger staatlicher Macht bleiben in der Hand Gottes und unter seinem Auftrag, auch wenn sie diesen verfehlen, sich zu Herren der Gewissen machen und in das Amt der Kirche eingreifen. In dieser Gewißheit haben wir der Obrigkeit die Wahrheit zu bezeugen, auch wenn wir dafür leiden müssen.

Wir verfallen dem Unglauben, wenn wir die Anordnung Gottes nicht in Dankbarkeit erkennen oder aber meinen, daß ein Staat, der seinen Auftrag verfehlt, der Herrschaft Gottes entlaufen könnte und ihm nicht mehr dienen müßte. Wir handeln im Ungehorsam, wenn wir nicht prüfen, wo wir nach Gottes Willen im Staat der Erhaltung des Lebens dienen können. – Wir handeln im Ungehorsam, wenn wir für die Wahrheit nicht einstehen, zum Mißbrauch der Macht schweigen und nicht bereit sind, Gott mehr zu gehorchen als den Menschen.

VIII. Leben und Dienst der Kirche

Die Kirche lebt allein davon, daß Jesus Christus im Heiligen Geist durch sein Wort und Sakrament Menschen als seine Gemeinde sammelt, mit sich verbindet und als seine Zeugenschar in die Welt sendet. Bis zur Wiederkunft ihres Herrn ist sie unterwegs: von außen bedrängt, in sich selbst angefochten und in armseliger Gestalt. Aber gerade so ist sie Christi Leib und damit heute schon Ort seiner heilschaffenden Gegenwart. Die Kirche lebt darin, daß sie ihrem Herrn vertraut, seinem Auftrag gehorcht und mit seinen Verheißungen rechnet. Weil er die Kirche will, wird sie bleiben. Ihren Lebensraum und Rechtsboden, den sie jeweils in der Geschichte besitzt, nimmt sie als das Geschenk ihres Herrn an. Wenn die Kirche in der Welt für ihr Recht eintritt, verteidigt sie damit die Freiheit der Verkündigung und des Dienstes. Dem Auftrag ihres Herrn allein hat sie gehorsam zu sein: in keiner geschichtlichen Lage ist sie aus diesem Auftrag entlassen. Sie wird ihn in alten und neuen Formen erfüllen und ihren Gliedern nach dem Maß ihrer natürlichen und geistlichen Gaben zum Dienste Raum geben und Mut machen. Die Gemeinde wird auch die zur Erfüllung ihres Auftrages erforderlichen Opfer bringen.

Die Kirche handelt im Unglauben, wenn sie sich um die Sicherung ihres Lebens in

der Welt Sorge macht, dem Leiden ausweicht, das sie in der Nachfolge Christi trifft, und sich durch Prognosen einschüchtern läßt, die den Verheißungen des Herrn zuwider sind.
Sie handelt im Ungehorsam, wenn sie träge wird, sich hinter Kirchenmauern zurückzieht oder die Verantwortung, die allen Gliedern der Gemeinde auferlegt ist, nur einzelnen Personen, Gruppen oder kirchlichen Organen überläßt. Sie handelt ebenso im Ungehorsam, wenn sie ihre Wirkungsmöglichkeiten in der Welt dadurch sichern möchte, daß sie nicht bei ihrem Thema bleibt.

IX. Die Ordnung der Kirche
Die Kirche hat mit ihrer Botschaft wie mit ihrer Ordnung zu bezeugen, daß sie allein ihres Herrn Eigentum ist und ihm gehorchen soll. Wohl kann sie aus der Schrift keine bestimmte unveränderliche Ordnung für sich ablesen; die Gestalt der Kirche ist Wandlungen unterworfen. Aber die Ordnung der Kirche muß auch bei Berücksichtigung der geschichtlichen Situation ihrem Wesen entsprechen, darf nicht wider die Schrift sein und muß der Erfüllung ihres Auftrages dienen. Darum gehört es zur Verantwortung der Kirche vor ihrem Herrn, daß sie über ihre Ordnung selbst bestimmt.
Die Kirche verfällt dem Unglauben, wenn sie einer Ordnung zutraut, was allein Wirkung des Heiligen Geistes sein kann, und darum, statt allein auf die Möglichkeit rechten Dienstes zu schauen, überlieferte Vorrechte lediglich um ihrer selbst willen behauptet oder die Gestalt ihrer Ordnung dem Wechsel der jeweils herrschenden gesellschaftlichen Verhältnisse überläßt.
Die Kirche verfällt dem Ungehorsam, wenn sie ihre Ordnung und ihr Recht durch menschliche Willkür auflöst, ihre eigenen Ordnungen nicht einhält oder die Gestalt ihrer Ordnung an außerkirchliche Bindungen preisgibt.

X. Die Hoffnung der Kirche
Den Sieg ihres Herrn bekennt die christliche Gemeinde als die entscheidende, wenn auch verborgene Realität in Welt und Geschichte. Dies gibt ihr eine getroste Erwartung des Endes, stärkt sie in ihrem Dienst und Kampf in der Welt, läßt sie die Leiden dieser Zeit geduldig ertragen, hält sie fern von aller falschen Aktivität und macht sie fest zu nüchternem Tun an jedem irdischen Tag. Die Gemeinde wartet wachend und betend auf ihren kommenden Herrn und verkündigt das Evangelium allen Völkern, bis er seine Herrschaft offenbar machen wird. In dieser Zuversicht wendet sie sich ab von allen Ideen und Plänen menschlicher Selbstvollendung und warnt alle Menschen vor dem Versuch, durch eigene Werke sich selbst zu erlösen. Was vom Fleisch geboren wird, ist Fleisch, und das Reich des Menschen ist niemals das Reich Gottes. Darum kann die Weltrevolution nicht die letzte Entscheidung und der neue Mensch in der neuen Gesellschaft nicht die Vollendung der Geschichte sein. Was auf uns zukommt, ist alles schon im Sieg Jesu Christi entschieden.
In dieser Zuversicht hilft die Gemeinde im Rahmen des Möglichen die Leiden und Nöte in dieser Welt zu überwinden und Besseres an die Stelle des Schlechteren zu setzen. Sie weiß, daß alles menschliche Bemühen vorläufig ist und der Vollkommenheit ermangelt. Sie harrt des Tages, da vor aller Welt offenbar wird, was sie jetzt schon glaubt:
»Es sind die Reiche der Welt unseres Herrn und seines Christus geworden, und er wird regieren von Ewigkeit zu Ewigkeit« (Offenbarung 11,15).

Quelle: E. Wilkens, Die Zehn Artikel über Freiheit und Dienst der Kirche. Theologisch-politischer Kommentar, 1964, S. 9–19.

1. »Zehn Gebote der sozialistischen Moral« (V. Parteitag der SED, 1958):
Du sollst Dich stets für die internationale Solidarität der Arbeiterklasse und aller Werktätigen sowie für die unverbrüchliche Verbundenheit aller sozialistischen Länder einsetzen.
Du sollst Dein Vaterland lieben und stets bereit sein, Deine ganze Kraft und Fähigkeit für die Verteidigung der Arbeiter- und Bauern-Macht einsetzen.
Du sollst helfen, die Ausbeutung des Menschen durch den Menschen zu beseitigen.
Du sollst gute Taten für den Sozialismus vollbringen, denn der Sozialismus führt zu einem besseren Leben für alle Werktätigen.
Du sollst beim Aufbau des Sozialismus im Geiste der gegenseitigen Hilfe und der kameradschaftlichen Zusammenarbeit handeln, das Kollektiv achten und seine Kritik beherzigen.
Du sollst das Volkseigentum schützen und mehren.
Du sollst stets nach Verbesserung Deiner Leistungen streben, sparsam sein und die sozialistische Arbeitsdisziplin festigen.
Du sollst Deine Kinder im Geiste des Friedens und des Sozialismus zu allseitig gebildeten, charakterfesten und körperlich gestählten Menschen erziehen.
Du sollst sauber und anständig leben und Deine Familie achten.
Du sollst Solidarität mit den um ihre nationale Befreiung kämpfenden und den ihre nationale Unabhängigkeit verteidigenden Völkern üben.

185. Von der Freiheit der Kirche zum Dienen Theologische Sätze des Weißenseer Arbeitskreises

Die Einwände, die Karl Barth gegen die 10 Artikel (s.o. Nr. 184) erhob (JK 24, 1963, S. 647–651) führten zu den Theologischen Sätzen des Weißenseer Arbeitskreises »Von der Freiheit der Kirche zum Dienen«.

Ein jeglicher sei gesinnt, wie Jesus Christus auch war: welcher, ob er wohl in göttlicher Gestalt war, nahm er's nicht als einen Raub, Gott gleich zu sein, sondern entäußerte sich selbst und nahm Knechtsgestalt an, ward gleich wie ein andrer Mensch und an Gebärden als ein Mensch erfunden. Er erniedrigte sich selbst und ward gehorsam bis zum Tode, ja zum Tode am Kreuz. Darum hat ihn auch Gott erhöht und hat ihm den Namen gegeben, der über alle Namen ist, daß in dem Namen Jesu sich beugen sollen aller derer Knie, die im Himmel und auf Erden und unter der Erde sind, und alle Zungen bekennen, daß Jesus Christus der Herr sei, zur Ehre Gottes, des Vaters. (Phil. 2,5–11)
Wir bekennen Jesus Christus, unseren Herrn, als den Retter und Herrn der Welt. Weil er nicht gekommen ist, sich dienen zu lassen, sondern zu dienen, lebt die ganze Welt aus Gottes Gnade. Denn durch ihn hat Gott sie geschaffen; durch seinen Tod und seine Auferstehung hat er sie mit sich versöhnt und zu seinem Reich berufen. Das ist die entscheidende, wenn auch verborgene Realität für die Welt und ihre Geschichte.
Die Kirche ist die Versammlung von Juden und Heiden, Gesetzestreuen und Gesetzlosen, Frommen und Unfrommen, die in dem Wort des gegenwärtigen Christus täglich neu die Liebe Gottes zur Welt als Überwindung ihrer eigenen Gottlosigkeit hört, glaubt und bezeugt.
Jesus Christus befreit uns zum Bekenntnis unserer Schuld: Wir haben nicht nach

Gottes Gebot gelebt, sondern die Welt nach ihm gerichtet; wir haben oft Gottes Liebe allein auf uns, die Kirche, und Gottes Zorn über die Sünde zuerst auf die Welt bezogen. Darum wird Gottes Name um unseretwillen mißbraucht oder gelästert.

Zugleich befreit Jesus Christus uns zum Bekenntnis der Vergebung unserer Schuld und zur Umkehr: Gottes Treue erhält uns trotz unserer Untreue den Auftrag, allen seine Gnade zu bezeugen. Wir sollten, die seine Vergebung glauben, nicht für die hoffen, die sie nicht glauben?

So befreit Jesus Christus seine Kirche dazu, ihre Glaubensgerechtigkeit nicht für sich selbst zu behalten, sondern sich bekennend, liebend und dienend der Welt zuzuwenden, deren Sünde er trägt. In dieser Ermächtigung zum selbstlosen Dienen besteht ihre Freiheit.

I.
Der Auftrag der Kirche

Jesus Christus sendet seine Gemeinde, die Kirche, in die Welt, allen Menschen in allen Bereichen ihres Lebens Gottes anspruchsvolle Liebe zum Sünder zu bezeugen. Dieser Auftrag verbietet es der Gemeinde, die Welt als Reich des Gesetzes unter den Anspruch und sich selbst als Reich der Gnade unter den Zuspruch des Wortes Gottes zu stellen, weil Gott alle Menschen nur im Zuspruch seiner Gnade beansprucht. Denn er hat sich in Jesus Christus selbst verleugnet und die Welt geliebt. Die Kirche, die in der Nachfolge Jesu sich verleugnet und die Welt liebt, ist durch ihre Selbstverleugnung von der Welt unterschieden und durch ihre Liebe mit ihr verbunden. Diese Freiheit zu selbstloser Liebe gibt Gott ihr in allen Gesellschaftsordnungen. Keine Gesellschaftsordnung kann ihr diese Freiheit geben oder nehmen.

Im Glaubensgehorsam widersteht die Kirche der Versuchung, in der Absonderung von der gottlosen Welt selbstsüchtig ihr Heil zu suchen. Sie wird ihr Heil nur darin finden, daß sie das Heil der Welt sucht.

II.
Das Leben der Kirche

Die Kirche empfängt ihr Leben allein von Jesus Christus, der im Heiligen Geist durch sein Wort in Verkündigung, Taufe und Abendmahl Menschen um sich sammelt und als seine Zeugen in die Welt sendet. Wenn sie den Auftrag ihres Herrn erfüllt, wird sie in seinem Dienst, als sein Leib gebrochen, das Leiden, die Schande und den Tod ihres Hauptes bezeugen dürfen. Dabei wird sie in der Anfechtung durch den frommen und in der Bedrohung durch den unfrommen Unglauben ihren Weg getrost und fröhlich gehen. So erbringt sie den Erweis, daß Gottes Wort sich selber Raum schafft, seine Kirche für die Welt erhält und mit der Auferstehung Jesu Christi Recht und Sieg behält.

Im Glaubensgehorsam widersteht die Kirche der Versuchung, Gottes Wort schützen zu wollen. Unbesorgt um sich selbst kann sie furchtlos nach neuen Wegen suchen, wenn ihr Einfluß begrenzt und ihre Rechte bestritten werden; sie wird das Leiden weder suchen noch scheuen; sie wird dem innerkirchlichen Streit um das heute gebotene lautere Wort Gottes weder aus Angst vor äußerer Bedrohung noch aus Sorge um den Bestand der kirchlichen Einheit ausweichen, sondern einfältig ihren Auftrag erfüllen und leben.

III.
Die Ordnung der Kirche
Wie mit ihrer Botschaft und ihrem Leben hat die Kirche auch mit ihrer Ordnung zu bezeugen, daß sie allein ihres Herrn Eigentum ist und ihm gehorcht. Im Dienst ihres Herrn wird sie ihre ganze Tätigkeit seinem Auftrag unterordnen. Sie wird ihre Ordnung als Ordnung des Dienstes und nicht der Macht ohne Haß und Polemik von der Ordnung der politischen Gemeinde unterscheiden. Sie wird ihre Arbeit so regeln, daß alle Gemeinden und ihre Glieder im täglichen Leben frei zum glaubwürdigen Zeugnis von Gottes Liebe in allem Reden und Tun sind. So wird selbst ihre Ordnung vor der Welt zum Zeugnis des Willens Gottes, daß Jesus Christus unser Herr sei, wir alle aber Brüder.
Im Glaubensgehorsam wird sie nicht vergessen, daß niemals ihre Ordnung die Erfüllung ihres Auftrages, wohl aber ihr Auftrag ihre Ordnung begründet und sichert. Sie wird dann überlieferte Vorrechte preisgeben, Eingriffe von außen in ihre Ordnung zurückweisen und die Rechtsgestalten ihrer Ordnung ändern, wenn solches alles die Erfüllung ihres Auftrages behindert. So wird sie am besten davor bewahrt, in Situationen zu geraten, in denen sie bestochen oder erpreßt werden könnte.

IV.
Die Hoffnung der Kirche
Die Verheißung Gottes, daß das Kommen Jesu Christi den Sieg der Gnade Gottes über alle Sünde und Feindschaft offenbaren wird, begründet die Hoffnung der Kirche für die Welt. Diese Hoffnung stärkt sie in ihrem Dienst für die Welt, läßt sie die Leiden dieser Zeit geduldig ertragen und macht sie fest zu nüchternem und sachlichem Handeln. So erwartet die Gemeinde wachend und betend in der Hoffnung auf Jesu Christi gutes Werk ihren Herrn, der kommen wird, sie nach ihren Werken zu richten und nicht nur nach ihren Worten.
Im Glaubensgehorsam weiß sie sich berufen, sein gutes Werk der Versöhnung zu tun, bis Christus seine Herrlichkeit offenbaren wird. In dieser Zuversicht setzt sie ihre Hoffnung nicht auf ihre eigenen Werke. Sie läßt sich und ihre Mitmenschen durch die Zusage der barmherzigen Gegenwart Gottes aufrichten. Sie ermutigt in der Erwartung einer heilen Welt, Wunden zu heilen und für alle Menschen bessere Lebensbedingungen zu schaffen. Sie bezeugt die ewige und vollkommene Gerechtigkeit Gottes, die die Herrlichkeit aller menschlichen Reiche und aller menschlichen Selbstvervollkommnung in den Schatten der Herrlichkeit von Gottes neuer Erde stellt.

V.
Die Freiheit der Christen
Die Kirche kann, wenn sie die freie Gnade Gottes für alle bezeugt, nicht Ankläger, Verteidiger oder gar Richter der Parteien der Welt sein. Erst recht kann sie nicht selbst zur Partei der Christen gegenüber den Nichtchristen werden. Dagegen tragen wir, ihre Glieder, im freien Gehorsam des Glaubens konkrete gesellschaftliche Verantwortung, die wir im Denken, Arbeiten und politischen Handeln wahrzunehmen haben. Darum stehen wir vor der Aufgabe, für menschliches Leben, Recht und Frieden Partei zu ergreifen, ohne eine christliche Front aufzurichten.
Im Glaubensgehorsam sind wir dessen gewiß, daß uns nichts von Gottes Liebe scheiden kann. Darum begegnen wir der nichtchristlichen Gesellschaft nicht

ängstlich oder gehässig, sondern hilfsbereit und besonnen und können so auch in der sozialistischen Gesellschaftsordnung verantwortlich mitleben. Dabei haben wir – frei von Antikommunismus und Opportunismus – zu prüfen, was Gott von uns will, und seinen guten Willen zu tun. So werden wir der Erhaltung des Lebens durch Mitarbeit und kritischen Rat dienen und jeder Gefährdung des Lebens wehren. Wir werden die in Jesus offenbare Liebe Gottes zur Welt nur so bezeugen können, daß wir von dem weltanschaulich-philosophischen Gegenüber von Theismus und Atheismus nicht mehr fixiert werden. So leben wir täglich aus Gottes Gnade in sorgloser Gelassenheit und gehorchen Gottes menschenfreundlichem Wort, frei gegenüber allen Weltanschauungen und Gedankensystemen, gegenüber allen menschlichen und also auch sozialistischen Geboten der Moral.

VI.
Der Glaubensgehorsam im Arbeiten und Denken

Es ist Gottes gnädige Anordnung, daß wir die Erde bebauen und bewahren, den Dingen Namen geben und sie erkennen, arbeiten und von den Früchten unserer Arbeit leben sollen. Dieser Auftrag Gottes gibt der Arbeit und Wissenschaft ihren verborgenen Grund und ihr Ziel. Weltall, Erde und Mensch sind das legitime Objekt unserer Arbeit und Erkenntnis. Gott, der in Jesus in unsere Wirklichkeit hineingegangen ist, ist der Schöpfer aller Wirklichkeit. Der Glaube an das aller Wirklichkeit überlegene Wort Gottes erlaubt uns, die gesamte Wirklichkeit sachgerecht zu erforschen, sie zum Wohle der Menschen zu bearbeiten, zu verändern und zu benutzen und alle Ideologie an der Wirklichkeit selbst zu messen. Es ist sachgemäß, diese Wirklichkeit in ihren eigenen Zusammenhängen zu erkennen und zu bearbeiten, ohne Gott als Lückenbüßer einzusetzen, wo unser Wissen und Können noch unvollkommen ist.

Im Glaubensgehorsam werden wir wissenschaftliche Forschungen ebensowenig wie nützliche und kühne Arbeit verachten und beargwöhnen. Dabei werden wir uns weder durch die Macht noch durch die Ohnmacht menschlicher Werke zum Unglauben an Gottes Werk verführen lassen.

Im Glaubensgehorsam werden wir unsere Erkenntnis der Wirklichkeit nicht mit der Wahrheit Gottes verwechseln, noch Gottes Wahrheit in Natur und Geschichte statt in seinem Wort suchen. Darum werden wir den Gegensatz von natürlicher Gotteserkenntnis und natürlicher Unkenntnis Gottes (von Theismus und Atheismus) nicht mit dem Gegensatz von Glauben und Unglauben gleichstellen und uns nicht durch wissenschaftliche Forschung zum Unglauben an Gottes Wahrheit, die unserem natürlichen Wissen unerkennbar ist, verführen lassen.

Im Glaubensgehorsam werden wir alle Wissenschaft und Arbeit in den Dienst am menschlichen Leben stellen, vorbildlich und zuverlässig auch durch unsere Forschung und Arbeit der politischen Gemeinde dienen und ihr zeigen, daß wir als Zeugen der Menschenliebe Gottes zugleich zu ihrem irdischen Wohle denken und arbeiten. Wir werden alle Forschungen und Arbeiten, die der Vernichtung dienen, unterlassen und ihnen wehren.

VII.
Der Glaubensgehorsam im politischen Leben

1. Der Staat

Wir bekennen Jesus Christus als den Herrn, dem alle Macht im Himmel und auf Erden gegeben ist, unter dessen gnädiger Herrschaft wir darum auch gemeinsam

mit allen Inhabern staatlicher Gewalt im politischen Leben stehen. Nach göttlicher Anordnung hat der Staat die Aufgabe, nach dem Maße menschlicher Einsicht und menschlichen Vermögens unter Androhung und Ausübung von Gewalt für Recht und Frieden zu sorgen. Diese gnädige Anordnung Gottes ehren wir, indem wir für diejenigen, die staatliche Funktionen ausüben, beten, ihnen bei der Erfüllung ihrer Aufgabe helfen, uns selber in unserem politischen Handeln allein von der Sorge um Recht und Frieden und nicht von eigensüchtigen Interessen leiten lassen und allen, die Recht und Frieden gefährden, entschlossen entgegentreten.
Im Glaubensgehorsam werden wir die politische Ordnung unserer Gesellschaft, den Staat, weder fürchten noch lieben, sondern uns an der Erfüllung seiner von Gott angeordneten Aufgabe beteiligen.

2. Das Recht

Alle menschliche Gerechtigkeit bleibt unvollkommen und vorläufig im Vergleich mit der vollkommenen und ewigen Gerechtigkeit Gottes. Gottes Gerechtigkeit macht den Ungerechten gerecht; menschliche Gerechtigkeit vermag bestenfalls dem Gerechten Recht und dem Ungerechten Unrecht zu geben. Allein Gottes Gerechtigkeit ist Barmherzigkeit.
Im Glaubensgehorsam versuchen wir gemeinsam mit Nichtchristen unter dieser Barmherzigkeit Gottes das Recht so zu ordnen, daß die Gesamtheit und die einzelnen in Frieden miteinander leben, arbeiten, die Früchte ihrer Arbeit genießen und einander zu Freude und Zufriedenheit helfen können. Als solcher Versuch, das Miteinander zu regeln, achten wir das geltende Recht. Wir helfen zu seiner Veränderung, wo das zu seinem Zweck dienlich ist, übertreten es nicht ohne konkretes Gebot Gottes, mißbrauchen es nicht für eigensüchtige kirchliche, wirtschaftliche oder politische Interessen und verabsolutieren es nicht. Dabei bleiben wir uns dessen bewußt: Menschliche Gerechtigkeit bedarf menschlicher Barmherzigkeit.

3. Der Frieden

Aller irdische Friede bleibt unvollkommen und vorläufig im Vergleich mit dem vollkommenen und ewigen Frieden Gottes. Gottes Friede ist höher als alle Vernunft; menschlicher Friede ist der durch vernunftgemäße Vereinbarung geschaffene Zustand, in dem die menschliche Gesellschaft in Wohlstand, Sicherheit und Freiheit leben kann.
Im Glaubensgehorsam suchen wir gemeinsam mit Nichtchristen eine Friedensordnung einzurichten, in der der Krieg als Mittel des Machtkampfes überwunden, die Rüstungen überflüssig, die bewaffnete Macht auf polizeiliche Ordnungskräfte beschränkt und der Kampf der Interessen in waffenlosem Wettstreit ausgefochten wird. Wir meinen, daß der Friede das Normale und der Krieg das Unnormale ist. Deshalb bedürfen auch nicht etwa die Gewaltlosigkeit, sondern die Gewaltanwendung, nicht etwa die Abrüstung, sondern die Rüstung, nicht etwa die Ablehnung des Waffendienstes, sondern der Waffendienst einer ausdrücklichen Begründung, inwieweit sie dem friedlichen Zusammenleben der Staaten und Gesellschaftssysteme dienen. Wir widerstehen dem Ungeist der Revanche und bemühen uns, Frieden zu stiften. Dazu gehört es, den Gegner nicht zu verleumden, sondern ihn durch sachliches Urteil und Handeln zu überzeugen.
Psychologischen oder militärischen Gebrauch von Massenvernichtungsmitteln halten wir ebenso wie ihre Herstellung und Erprobung nicht für legitime staatliche Gewaltanwendung, sondern für Sünde und deren kirchliche oder christliche Legitimation für Irrlehre, vor der wir uns zu hüten haben. Gott war für seinen Frieden mit uns der Preis des Lebens seines Sohnes Jesus Christus nicht zu hoch. Darum

verwechseln wir den irdischen Frieden nicht mit dem Frieden Gottes, achten aber den irdischen Frieden auch nicht gering, sondern halten es für unsere vordringliche politische Aufgabe, ihn herzustellen und zu sichern.
Wir bitten unseren Herrn Jesus Christus, er möge alle, die ihn noch nicht kennen, erkennen lassen, daß er nicht gegen, sondern für sie gestorben ist. Dann werden wir und sie nicht als Triumph der Kirche über die Welt, sondern als Zeugnis seines Sieges für die Welt hören: »Es ist aber das Reich der Welt unseres Herrn und seines Christus geworden, und er wird regieren von Ewigkeit zu Ewigkeit.« (Apo. 11,15)

Quelle: JK 25, 1964, S. 30–34.

186. Papst Johannes XXIII.: Enzyklika »Pacem in terris« (1963)

Die Enzyklika »Pacem in terris« vom 11. April 1963 stellt in ihrer pastoralen Grundhaltung, im Ernstnehmen der »Zeichen der Zeit« und in der zuversichtlichen Betonung der Friedensaufgabe der Kirche das Testament des kurz danach verstorbenen Papstes Johannes' XXIII. dar.

Zeichen der Zeit
Unsere Gegenwart ist durch drei Merkmale gekennzeichnet:
Vor allem stellt man den wirtschaftlich-sozialen Aufstieg der Arbeiterklasse fest. Die Arbeiter machten zunächst, vordringlich auf wirtschaftlichem und sozialem Gebiet, ihre Rechte geltend; dann taten sie den Schritt zur Wahrung ihrer politischen Interessen; schließlich richteten sie ihren Sinn besonders darauf, in angemessener Weise an den Gütern der Kultur teilzunehmen. Deshalb sind die Arbeiter heutzutage auf der ganzen Welt besonders darauf bedacht, nie nur als Sache ohne Verstand und Freiheit gewertet zu werden, die andere ausbeuten, sondern als Menschen in allen Bereichen menschlicher Gemeinschaft . . .
An zweiter Stelle steht die allgemein bekannte Tatsache, daß die Frau am öffentlichen Leben teilnimmt, was vielleicht rascher geschieht bei den christlichen Völkern und langsamer, aber in aller Breite, bei den Völkern, welche als Erben anderer Überlieferungen auch andere Lebensformen und Sitten haben. Die Frau, die sich ihrer Menschenwürde heutzutage immer mehr bewußt wird, ist weit davon entfernt, sich als seelenlose Sache oder als bloßes Werkzeug einschätzen zu lassen; sie nimmt vielmehr sowohl im häuslichen Leben wie im Staat jene Rechte und Pflichten in Anspruch, die der Würde der menschlichen Person entsprechen.
Schließlich bemerken wir in unseren Tagen, daß die ganze Menschheitsfamilie im sozialen wie im politischen Leben eine völlig neue Gestalt angenommen hat. Da nämlich alle Völker für sich Freiheit beanspruchen oder beanspruchen werden, wird es bald keine Völker mehr geben, die über andere herrschen, noch solche, die unter fremder Herrschaft stehen . . . Denn in der Gegenwart schwinden die Anschauungen, die so viele Jahrhunderte überdauerten, aufgrund derer sich gewisse Menschengruppen für untergeordnet hielten, während andere sich überlegen dünkten, sei es wegen ihrer wirtschaftlichen oder sozialen Stellung, sei es wegen des Geschlechts oder ihres gesellschaftlichen Ranges.
. . .

Wenn so das Grundgefüge der Beziehungen zwischen den Bürgern auf die Rechte und Pflichten abgestellt wird, entdecken die Menschen immer mehr die geistigen Werte, nämlich was Wahrheit, was Gerechtigkeit, was Liebe und was Freiheit ist. So werden sie sich bewußt, Glieder einer solchen Gemeinschaft zu sein. Doch nicht genug! Auf diesem Wege kommen die Menschen dazu, den wahren Gott als die Menschennatur überragendes persönliches Wesen besser zu erkennen. So halten sie schließlich die Beziehungen zu Gott für das Fundament ihres Lebens, das sie sowohl in ihrem Inneren leben als auch gemeinsam mit den übrigen Menschen gestalten.

Quelle: Texte zur katholischen Soziallehre, 1976^3, S. 281ff. – *Literatur:* A. F. Utz, Die Friedensenzyklika Papst Johannes' XXIII., Herder-Taschenbuch 157, 1963.

187. Zweites Vatikanisches Konzil (1962–1965)

In vier Sessionen hat das Konzil eine lange Reihe lehramtlicher Dokumente erarbeitet und zum Beschluß erhoben.

Quellen: LThK^2, Ergänzungsbände I, II, III, lateinisch-deutsche Ausgabe der Konzilstexte mit ausführlichen Einleitungen und Kommentaren, 1966ff.

a) Aus der Dogmatischen Konstitution »Lumen gentium« (De Ecclesia), 1963

Der einzige Mittler Christus hat seine heilige Kirche, die Gemeinschaft des Glaubens, der Hoffnung und der Liebe, hier auf Erden als sichtbares Gefüge verfaßt und trägt sie als solches unabläßig; so gießt er durch sie Wahrheit und Gnade auf alle aus. Die mit hierarchischen Organen ausgestattete Gesellschaft und der geheimnisvolle Leib Christi, die sichtbare Versammlung und die geistliche Gemeinschaft, die irdische Kirche und die mit himmlischen Gaben beschenkte Kirche sind nicht als zwei verschiedene Größen zu betrachten sondern bilden eine einzige komplexe Wirklichkeit, die aus menschlichem und göttlichem Element zusammenwächst. Deshalb ist sie in einer nicht unbedeutenden Analogie dem Mysterium des fleischgewordenen Wortes ähnlich. Wie nämlich die angenommene Natur dem göttlichen Wort als lebendiges, ihm unlöslich geeintes Heilsorgan dient, so dient auf eine ganz ähnliche Weise das gesellschaftliche Gefüge der Kirche dem Geist Christi, der es belebt, zum Wachstum seines Leibes (vgl. Eph. 4,16).

. . .

Dies ist die einzige Kirche Christi, die wir im Glaubensbekenntnis als die eine, heilige, katholische und apostolische bekennen. Sie zu weiden, hat unser Erlöser nach seiner Auferstehung dem Petrus übertragen, ihm und den übrigen Aposteln hat er ihre Ausbreitung und Leitung anvertraut, für immer hat er sie als »Säule und Feste der Wahrheit« errichtet (1Tim 3,15). Diese Kirche, in dieser Welt als Gesellschaft verfaßt und geordnet, ist verwirklicht (subsistit) in der katholischen Kirche, die vom Nachfolger Petri und von den Bischöfen in Gemeinschaft mit ihm geleitet wird. Das schließt nicht aus, daß außerhalb ihres Gefüges vielfältige Elemente der Heiligung und der Wahrheit zu finden sind, die als der Kirche Christi eigene Gaben auf die katholische Einheit hindrängen . . . Sie (die Kirche) ist zugleich heilig und stets der Reinigung bedürftig, sie geht immerfort den Weg der Buße und Erneuerung.

. . . Zu dieser katholischen Einheit des Gottesvolkes, die den allumfassenden Frieden bezeichnet und fördert, sind alle Menschen berufen. Auf verschiedene Weise gehören ihr zu oder sind ihr zugeordnet die katholischen Gläubigen, die anderen an Christus Glaubenden und schließlich alle Menschen überhaupt, die durch die Gnade Gottes berufen sind.

. . .

Mit jenen, die durch die Taufe der Ehre des Christennamens teilhaftig sind, den vollen Glauben aber nicht bekennen oder die Einheit der Gemeinschaft unter dem Nachfolger Petri nicht wahren, weiß sich die Kirche aus mehrfachem Grunde verbunden. Viele nämlich halten die Schrift als Glaubens- und Lebensnorm in Ehren, zeigen einen aufrichtigen religiösen Eifer, glauben in Liebe an Gott, den allmächtigen Vater, und an Jesus Christus, den Sohn Gottes und Erlöser, empfangen das Zeichen der Taufe, wodurch sie mit Christus verbunden werden; ja sie anerkennen und empfangen auch andere Sakramente in ihren eigenen Kirchen oder kirchlichen Gemeinschaften. Mehrere unter ihnen besitzen auch einen Episkopat, feiern die heilige Eucharistie und pflegen die Verehrung der jungfräulichen Gottesmutter. Dazu kommt die Gemeinschaft im Gebet und in anderen geistlichen Gütern; ja sogar eine wahre Verbindung im Heiligen Geiste, den in Gaben und Gnaden auch in ihnen mit seiner heiligenden Kraft wirksam ist und manche von ihnen bis zur Vergießung des Blutes gestärkt hat. So erweckt der Geist in allen Jüngern Christi Sehnsucht und Tat, daß alle in der von Christus angeordneten Weise in der einen Herde unter dem einen Hirten in Frieden geeint werden mögen . . .
Um Gottes Volk zu weiden und immerfort zu mehren, hat Christus der Herr in seiner Kirche verschiedene Dienstämter eingesetzt, die auf das Wohl des ganzen Leibes ausgerichtet sind. Denn die Amtsträger, die mit heiliger Vollmacht ausgestattet sind, stehen im Dienste ihrer Brüder, damit alle, die zum Volke Gottes gehören und sich daher der wahren Würde eines Christen erfreuen, in freier und geordneter Weise sich auf das nämliche Ziel hin ausstrecken und so zum Heile gelangen. Diese Heilige Synode setzt den Weg des ersten Vatikanischen Konzils fort und erklärt feierlich mit ihm, daß der ewige Hirt Jesus Christus die heilige Kirche gebaut hat, indem er die Apostel sandte wie er selbst gesandt war vom Vater. Er wollte daß deren Nachfolger, das heißt die Bischöfe, in seiner Kirche bis zur Vollendung der Weltzeit Hirten sein sollten. Damit aber der Episkopat selbst einer und ungeteilt sei, hat er den heiligen Petrus an die Spitze der übrigen Apostel gestellt und in ihm ein immerwährendes und sichtbares Prinzip und Fundament der Glaubenseinheit und der Gemeinschaft eingesetzt. Diese Lehre über Einrichtung, Dauer, Gewalt und Sinn des dem Bischof von Rom zukommenden heiligen Primates sowie über dessen unfehlbares Lehramt legt die Heilige Synode abermals allen Gläubigen fest zu glauben vor. Das damals Begonnene fortführend, hat sie sich entschlossen, nun die Lehre von den Bischöfen, den Nachfolgern der Apostel, die mit dem Nachfolger Petri, dem Stellvertreter Christi und sichtbaren Haupt der ganzen Kirche, zusammen das Haus des lebendigen Gottes leiten, vor allem zu bekennen und zu erklären . . .

Quelle: De Ecclesia I, 8; II, 13; II, 15; III, 18 (LThK, Erg. Bd. I, S. 171ff.195.201f.211f. – *Literatur:* G. Barauna (Hg.), Beiträge zur Konstitution »Über die Kirche« Bd. I/II, 1966.

b) Aus dem Dekret über den Ökumenismus »Unitatis redintegratio« (1964)

Die Einheit aller Christen wiederherstellen zu helfen ist eine der Hauptaufgaben des Heiligen Ökumenischen II. Vatikanischen Konzils. Denn Christus der Herr hat eine einige und einzige Kirche gegründet, und doch erheben mehrere christliche Gemeinschaften vor den Menschen den Anspruch, das wahre Erbe Jesu Christi darzustellen; sie alle bekennen sich als Jünger des Herrn, aber sie weichen in ihrem Denken voneinander ab und gehen verschiedene Wege, als ob Christus selber geteilt wäre. Eine solche Spaltung widerspricht aber ganz offenbar dem Willen Christi, sie ist ein Ärgernis für die Welt und ein Schaden für die heilige Sache der Verkündigung des Evangeliums vor allen Geschöpfen. Der Herr der Geschichte aber, der seinen Gnadenplan mit uns Sündern in Weisheit und Langmut verfolgt, hat in jüngster Zeit begonnen, über die gespaltene Christenheit ernste Reue und Sehnsucht nach Einheit reichlicher auszugießen. Von dieser Gnade sind heute überall sehr viele Menschen ergriffen, und auch unter unseren getrennten Brüdern ist unter der Einwirkung der Gnade des Heiligen Geistes eine sich von Tag zu Tag ausbreitende Bewegung zur Wiederherstellung der Einheit aller Christen entstanden. Diese Einheitsbewegung, die man als ökumenische Bewegung bezeichnet, wird von Menschen getragen, die den dreieinigen Gott anrufen und Jesus als Herrn und Erlöser bekennen, und zwar nicht nur einzeln für sich, sondern auch in ihren Gemeinschaften, in denen sie die frohe Botschaft vernommen haben und die sie ihre Kirche und Gottes Kirche nennen. Fast alle streben, wenn auch auf verschiedene Weise, zu einer einen, sichtbaren Kirche Gottes hin, die wahrhaft universal und zur ganzen Welt gesandt ist, damit sich die Welt zum Evangelium bekehre und so ihr Heil finde zur Ehre Gottes . . .

Jesus Christus will, daß sein Volk durch die gläubige Predigt des Evangeliums und die Verwaltung der Sakramente durch die Apostel und ihre Nachfolger, die Bischöfe mit dem Nachfolger Petri als Haupt, sowie durch ihre Leitung in Liebe unter der Wirksamkeit des Heiligen Geistes wachse, und er vollendet seine Gemeinschaft in der Einheit: im Bekenntnis des einen Glaubens, in der gemeinsamen Feier des Gottesdienstes und in der brüderlichen Eintracht der Familie Gottes. So ist die Kirche, Gottes alleinige Herde, wie ein unter den Völkern erhobenes Zeichen. Indem sie dem ganzen Menschengeschlecht den Dienst des Evangeliums des Friedens leistet, pilgert sie in Hoffnung dem Ziel des ewigen Vaterlandes entgegen . . .

In dieser einen und einzigen Kirche Gottes sind schon von den ersten Zeiten an Spaltungen entstanden, die der Apostel aufs schwerste tadelt und verurteilt; in den späteren Jahrhunderten aber sind ausgedehntere Verfeindungen entstanden, und es kam zur Trennung recht großer Gemeinschaften von der vollen Gemeinschaft der katholischen Kirche, oft nicht ohne Schuld der Menschen auf beiden Seiten. Den Menschen jedoch, die jetzt in solchen Gemeinschaften geboren sind und in ihnen den Glauben an Christus erlangen, darf die Schuld der Trennung nicht zur Last gelegt werden – die katholische Kirche betrachtet sie als Brüder, in Verehrung und Liebe. Denn wer an Christus glaubt und in der rechten Weise die Taufe empfangen hat, steht dadurch in einer gewissen, wenn auch nicht vollkommenen Gemeinschaft mit der katholischen Kirche. Da es zwischen ihnen und der katholischen Kirche sowohl in der Lehre und bisweilen auch in der Disziplin wie auch bezüglich der Struktur der Kirche Diskrepanzen verschiedener Art gibt, so stehen sicherlich nicht wenige Hindernisse der vollen kirchlichen Gemeinschaft entgegen, bisweilen recht schwerwiegende, um deren Überwindung die ökumenische Bewegung bemüht ist. Nichtsdestoweniger sind sie durch den Glauben in der Taufe gerechtfertigt und dem Leibe Christi eingegliedert, darum gebührt ihnen der Ehrenname der Christen, und mit Recht werden sie von den Söhnen der katholischen Kirche als Brüder im Herrn anerkannt. Hinzu kommt, daß einige, ja sogar viele und bedeutende Elemente oder Güter, aus denen insgesamt die Kirche erbaut wird und ihr Leben gewinnt, auch außerhalb der sichtbaren Grenzen der katholischen Kirche existieren können: das geschriebene Wort Gottes, das Leben der Gnade, Glaube, Hoffnung und Liebe und andere innere Gaben des Heiligen Geistes und sichtbare Elemente: all dieses, das von Christus ausgeht und zu ihm hinführt, gehört rechtens zu der einzigen Kirche Christi. Auch zahlreiche liturgische Handlungen der christlichen Religion werden bei den von uns getrennten Brüdern vollzogen, die auf verschiedene Weise je nach der verschiedenen Verfaßtheit einer jeden Kirche und Gemeinschaft ohne Zweifel tatsächlich das Leben der Gnade zeugen können und als geeignete Mittel für den Zutritt zur Gemeinschaft des Heils angesehen werden müssen . . . Dennoch erfreuen sich die von uns getrennten Brüder, sowohl als einzelne wie auch als Gemeinschaften und Kirchen betrachtet, nicht jener Einheit, die Jesus Christus all denen schenken wollte, die er zu einem Leibe und zur Neuheit des Lebens wiedergeboren und lebendig gemacht hat . . . Denn nur durch die katholische Kirche Christi, die das allgemeine Hilfsmittel des Heils ist, kann man Zutritt zu der ganzen Fülle der Heilsmittel haben.

. . .

Unter der »Ökumenischen Bewegung« versteht man Tätigkeiten und Unternehmen, die je nach den verschiedenen Bedürfnissen der Kirche und nach Möglichkeit der Zeitverhältnisse zur Förderung der Einheit der Christen ins Leben gerufen und auf dieses Ziel ausgerichtet sind. Dazu gehört: Zunächst alles Bemühen zur Ausmerzung aller Worte, Urteile und Taten, die der Lage der getrennten Brüder nach Gerechtigkeit und Wahrheit nicht entsprechen und dadurch die gegenseitigen Beziehungen mit ihnen erschweren: ferner der »Dialog«, der bei Zusammenkünften der Christen aus verschiedenen Kirchen oder Gemeinschaften, die vom Geist der Frömmigkeit bestimmt sind, von wohlunterrichteten Sachverständigen geführt wird, wobei ein jeder die Lehre seiner Gemeinschaft tiefer und genauer erklärt. . . . Von hier aus gelangen diese Gemeinschaften auch zu einer stärkeren Zusammenarbeit in den Aufgaben des Gemeinwohls, die jedes christliche Gewissen fordert, und sie kommen, wo es erlaubt ist, zum gemeinsamen Gebet zusammen. Schließlich prüfen hierbei alle ihre Treue gegenüber dem Willen Christi hinsichtlich der Kirche und gehen tatkräftig ans Werk der notwendigen Erneuerung und Reform . . .

Dieser Erneuerung kommt also eine besondere ökumenische Bedeutung zu. Und so sind die verschiedenen Lebensäußerungen der Kirche, in denen diese Erneuerung sich schon verwirklicht – wie etwa die biblische und die liturgische Bewegung, die Predigt des Wortes Gottes und die Katechese, das Laienapostolat, neue Formen des gottgeweihten Lebens, die Spiritualität der Ehe, die Lehre und Wirksamkeit der Kirche im sozialen Bereich – als Unterpfand und als gute Vorbedeutung zu sehen, die den künftigen Fortschritt des Ökumenismus schon verheißungsvoll ankündigen . . . Es gibt keinen echten Ökumenismus ohne innere Bekehrung . . .

Die Art und Weise der Formulierung des katholischen Glaubens darf keinerlei Hindernis bilden für den Dialog mit den Brüdern . . . Beim Vergleich der Lehren miteinander soll man nicht vergessen, daß es eine Rangordnung oder »Hierarchie« der Wahrheiten innerhalb der katholischen Lehre gibt, je nach der verschiedenen Art ihres Zusammenhangs mit dem Fundament des christlichen Glaubens . . .

Das Heilige Konzil wünscht dringend, daß alles, was die Söhne der katholischen Kirche ins Werk setzen in Verbindung mit den Unternehmungen der getrennten Brüder fortschreitet, ohne den Wegen der Vorsehung irgendein Hindernis in den Weg zu legen und ohne den künftigen Anregungen des Heiligen Geistes vorzugreifen. Darüber hinaus erklärt es seine Überzeugung, daß dieses heilige Anliegen der Wiederversöhnung aller Christen in der Einheit der einen und einzigen Kirche Christi die menschlichen Kräfte und Fähigkeiten übersteigt. Darum setzt es seine Hoffnung gänzlich auf das Gebet Christi für die Kirche, auf die Liebe des Vaters zu uns und auf die Kraft des Heiligen Geistes.

Quelle: Decretum de Oecumenismo, Vorwort: 1; I: 2.3.4; II: 6.7.11; III: 24 (LThK², Erg. Bd. II, S. 41f.47ff.61f.73.85ff.123). – *Literatur:* L. Jäger, Das Konzilsdekret »Über den Ökumenismus«, 1965.

c) Aus der Dogmatischen Konstitution über die göttliche Offenbarung »Dei Verbum« (1965)

Die Heilige Überlieferung und die Heilige Schrift sind eng miteinander verbunden und haben aneinander Anteil. Demselben göttlichen Quell entspringend, fließen beide gewissermaßen in eins zusammen und streben demselben Ziel zu. Denn die Heilige Schrift ist Gottes Rede, insofern sie unter dem Anhauch des Heiligen Geistes schriftlich aufgezeichnet wurde. Die Heilige Überlieferung aber gibt das Wort Gottes, das von Christus dem Herrn und vom Heiligen Geist den Aposteln anvertraut wurde, unversehrt an deren Nachfolger weiter, damit sie es unter der erleuchtenden Führung des Geistes der Wahrheit in ihrer Verkündigung treu bewahren, erklären und ausbreiten. So ergibt sich, daß die Kirche ihre Gewißheit über alles Geoffenbarte nicht aus der Heiligen Schrift allein schöpft. Daher sollen beide mit gleicher Liebe und Achtung angenommen und verehrt werden . . . Die Aufgabe aber, das geschriebene oder überlieferte Wort Gottes verbindlich zu erklären, ist nur dem lebendigen Lehramt der Kirche anvertraut . . . Das Lehramt ist nicht über dem Wort Gottes, sondern dient ihm . . .

Quelle: De divina revelatione, II, 9.10 (LThK², Erg. Bd. II, S. 523f.529).

d) Aus der Deklaration über die Religionsfreiheit »Dignitatis humanae personae« (1965)

Das Vatikanische Konzil erklärt, daß die menschliche Person das Recht auf religiöse Freiheit hat. Diese Freiheit besteht darin, daß alle Menschen frei sein müssen von jedem Zwang sowohl von seiten Einzelner wie gesellschaftlicher Gruppen, wie jeglicher menschlichen Gewalt, so daß in religiösen Dingen niemand gezwungen wird, gegen sein Gewissen zu handeln, noch daran gehindert wird, privat und öffentlich, als einzelner oder in Verbindung mit anderen innerhalb der gebührenden Grenzen nach seinem Gewissen zu handeln. Ferner erklärt das Konzil, das Recht auf religiöse Freiheit sei in Wahrheit auf die Würde der menschlichen Person selbst gegründet, so wie sie durch das geoffenbarte Wort Gottes und durch die Vernunft selbst erkannt wird. Dieses Recht der menschlichen Person auf religiöse Freiheit muß in der rechtlichen Ordnung der Gesellschaft so anerkannt werden, daß es zum bürgerlichen Recht wird.

Quelle: Declaratio de libertate religiosa, 2 (LThK², Erg. Bd. II, S. 715f.). – *Literatur:* Conc(D) 2, 1966, S. 567–646.

188. Vertreibung und Versöhnung

Die sogenannte Ostdenkschrift der Kammer für öffentliche Verantwortung der EKD löste durch das Bekenntnis der Schuld Deutschlands gegenüber seinen östlichen Nachbarn eine tief greifende Diskussion aus. Durch den in Rom während des 2. Vatikanischen Konzils an die deutschen Bischöfe geschriebenen Brief des polnischen Episkopates mit der Gewährung von Vergebung und der Bitte um Vergebung für die Vertreibung war der Weg gebahnt auch für die einmütige Erklärung der Synode der EKD »Vertreibung und Versöhnung«. Diese kirchlichen Aktivitäten machten die Bundesrepublik handlungsfähig für eine neue Ostpolitik.

a) Aus der Ostdenkschrift, 1965

Jede Betrachtung zur Lage der Vertriebenen und zum künftigen Verhältnis des deutschen Volkes zu seinen östlichen Nachbarn muß damit beginnen, den Umfang der menschlichen Seite der Katastrophe des deutschen Ostens bewußt zu machen. In Millionen von Einzelschicksalen wiederholte sich mit dem Verlust der Heimat der Verlust beinahe jeglichen äußeren Besitzes und in den meisten Fällen auch der Verlust von nahen Angehörigen. Millionenfach wiederholte sich mit den Strapazen der Vertreibung und mit dem Kampf um die nackte Selbsterhaltung eine totale Lebenskrise, die auch die seelische, geistige und geistliche Substanz erfaßte.
Den geschichtlichen Hintergrund der Vertreibung und aller Einzelschicksale aber bilden die Vorgänge, durch die ein Viertel des Deutschen Reiches von 1937 unter fremde Verwaltung gestellt worden und der deutsche Siedlungsraum in der Tschechoslowakei sowie in anderen Ländern Ost- und Südeuropas verlorengegangen ist. Damit hat nicht nur das Geschichtsbewußtsein des deutschen Volkes einen empfindlichen Schlag erlitten, es bedeutet auch den Verlust großer kultureller Kraftfelder, von denen eine starke Wirkung auf das deutsche und europäische Geistesleben einschließlich seiner religiösen und kirchlichen Elemente ausgegangen ist. Kirchlich gesehen empfindet es der deutsche Protestantismus bis heute als einen tiefgehenden Eingriff in seine Substanz, daß ihm mehrere große Landeskirchen ganz verloren gegangen und die Kirchen von Berlin-Brandenburg, Pommern und Schlesien in ihrem Bestand erheblich geschmälert worden sind.
Die Vorgänge wären unangemessen verkürzt dargestellt, würde nicht von Anfang an auch das menschliche und geschichtliche Schicksal der östlichen Nachbarn Deutschlands mit ins Auge gefaßt. Sie haben den Krieg und den Kriegsausgang ebenfalls als menschliche und nationale Katastrophe erfahren. Dabei hatte das deutsche Volk schwere politische und moralische Schuld gegenüber seinen Nachbarn auf sich geladen. Die den Deutschen angetanen Unrechtstaten können nicht aus dem Zusammenhang mit der politischen und moralischen Verirrung herausgelöst werden, in die sich das deutsche Volk vom Nationalsozialismus hat führen lassen.
Diese im einzelnen und im ganzen erschütternden und die Struktur ganz Europas berührenden Katastrophen sind bis heute weder menschlich noch geistig, weder als geschichtlicher Vorgang noch als politische Aufgabe ausreichend verarbeitet worden. Die Vertreibung der deutschen Bevölkerung aus den Gebieten jenseits der Oder-Neiße-Linie und aus anderen Nachbarländern hat die notwendige sittliche und rechtliche Bewältigung bisher nicht erfahren. [S. 7f.]

Die Vertriebenen in Gesellschaft und Kirche

. . . Allerdings wäre der Zweck einer solchen Untersuchung verfehlt, würde man sie auf die Frage beschränken, wie weit die wirtschaftliche Eingliederung der Ver-

triebenen im Sinne einer Sicherung ihrer äußeren Lebensbedingungen gelungen ist. Zwar beruhigt sich die öffentliche Meinung weithin mit einer pauschal getroffenen Feststellung dieses Erfolges. Das mag den Maßstäben unserer Zeit entsprechen, die den materiellen Lebensstandard und die soziale Sicherheit so hoch bewertet. Es ist aber ein großes Mißverständnis anzunehmen, man könne ein soziales Problem, das immer zugleich ein menschliches und politisches ist, allein mit wirtschaftlichen Mitteln lösen. [S. 11]
Auch wo wirtschaftliche Nöte nicht vorliegen und kein sozialer Abstieg zu verzeichnen ist, gilt doch allgemein, daß den Vertriebenen das Einleben in die Gesellschaft über die materiellen Sachverhalte hinaus durch die mehr oder minder großen Mentalitätsunterschiede der Bevölkerung in den verschiedenen deutschen Landschaften, vor allem durch die Fremdenfeindlichkeit der bürgerlichen Gesellschaft erschwert, wenn nicht unmöglich gemacht worden ist. Die Vertriebenen haben sich bisher in keinem gesellschaftlichen Bereich ausreichend durchsetzen können. [S. 13]
Offenbar ist auch hier [in der Kirche] nicht vernehmlich genug ausgesprochen und entschlossen genug gelebt worden, daß nur das Ja zum Gericht Gottes den Weg zu neuen Aufgaben frei macht, daß dieses Ja aber zusammen mit den Vertriebenen von der Gesamtheit des Volkes in der Solidarität einer einzigen großen Schuld- und Haftungsgemeinschaft gesprochen werden muß. Wenn bis heute immer wieder darüber geklagt wird, daß die Vertriebenen in den Leitungsorganen und in den leitenden Ämtern der Kirche nicht ausreichend vertreten sind, so handelt es sich hier nur um ein äußeres Indiz für die Störungen im Grundverhältnis zwischen Vertriebenen und Nichtvertriebenen auch in der Kirche. Offenbar geht es letzten Endes nicht um äußere Sachverhalte und statistische Befunde als vielmehr um gemeinsame Überzeugungen hinsichtlich der Aufgaben, die sich für alle aus dem Gericht Gottes ergeben. [S. 17]

Völkerrechtliche Fragen
. . . Die in der innerdeutschen Diskussion da und dort im Trotz erhobene Frage, ob denn Deutschland rechtlos geworden sei, kann also klar verneint werden. Vollends kann keine Rede davon sein, daß sich im Rechtssinn eine Schuld der vertriebenen Bevölkerung konstruieren lasse, die das gerade ihr auferlegte schwere Schicksal rechtfertige.
Ernsthaft zu bedenken sind dagegen zwei andere Gesichtspunkte. Der eine wird von den östlichen Nachbarn Deutschlands auf den Begriff einer deutschen Friedenssicherungspflicht gebracht; der polnische Staat habe nach seinen bitteren geschichtlichen Erfahrungen gegenüber Deutschland ein gesteigertes Recht auf Sicherheit und müsse deshalb auch die Grenze wählen dürfen, die ihm ein Höchstmaß von Sicherheit verbürge. Versteht man diese Sicherheit rein militärisch, so kann das Argument nicht überzeugen . . . Aber das Argument enthält einen richtigen Kern, wenn man es dahin interpretiert, daß das Erbe einer bösen Vergangenheit dem deutschen Volk eine besondere Verpflichtung auferlegt, in der Zukunft das Lebensrecht des polnischen Volkes zu respektieren und ihm den Raum zu lassen, dessen es zu seiner Entfaltung bedarf . . . Damit verbindet sich ein zweiter Gesichtspunkt. Die zwanzig Jahre, die verstrichen sind, seitdem Polen von dem Gebiet Besitz ergriffen und die deutsche Bevölkerung daraus vertrieben hat, haben auch für die rechtliche Beurteilung des Anspruchs auf Wiederherstellung ihr eigenes Gewicht. Zwar kann der bloße Zeitablauf einen unrechtmäßigen Zu-

stand nicht in einen rechtmäßigen verwandeln, zumal solange die Machtverteilung in Europa jede Änderung der faktischen Besitzverhältnisse ausschließt. Aber der Inhalt dessen, was von deutscher Seite als Wiedergutmachung für das erlittene Unrecht verlangt werden kann, verändert sich in dem Maße, in dem Polen erfolgreiche Anstrengungen gemacht hat, den Besitz in sein Staatsgebiet zu integrieren. Eine volle Wiederherstellung alten Besitzstandes, die in den ersten Jahren nach 1945 noch möglich gewesen wäre, ist zwanzig Jahre später unmöglich, wenn sie Polen jetzt in seiner Existenz bedrohen würde, die Deutschland nach dem Gesagten zu respektieren hat. [S. 28f.]

Theologische und ethische Erwägungen

. . . Ohne Zweifel gehört die irdische Heimat zu den Gaben, mit denen Gott die Menschen ihr Leben in einer möglichst guten Ordnung der Welt führen lassen will. Die Heimat ist also zu den Gütern zu rechnen, die der Schöpfer dem Geschöpf in das Leben mitgibt und um die wir nach der Auslegung Martin Luthers mit beten, wenn wir in der vierten Bitte des Vaterunsers sprechen: »Unser täglich Brot gib uns heute.« Menschenwürdiges Leben ist ohne die Inhalte und Beziehungen, die Werte und Verpflichtungen, die man üblicherweise mit dem freilich nicht leicht zu umschreibenden Begriff Heimat verbindet, schwerlich vorstellbar . . .

Alles christliche Reden von Heimat wäre unzulänglich und irreführend, wenn es nicht für die Erkenntnis offen und durchscheinend bliebe, daß dem Menschen in Jesus Christus das Vaterhaus Gottes verheißen und angeboten ist, in dem er für sein Leben Geborgenheit findet, die ihm keine irdische Heimat geben kann. »Trachtet am ersten nach dem Reich Gottes und nach seiner Gerechtigkeit, so wird euch solches alles zufallen« (Matth. 6,33) – dieses Wort der Bergpredigt sorgt auch hier für eine rechte Rangordnung und ordnet die irdische Heimat dem Heilshandeln Gottes unter. Der Christ hat die Freiheit, aber auch die Aufgabe, eine letzte Distanz sowohl zur Heimat wie zur Heimatlosigkeit zu gewinnen. Diese Fremdlingschaft in der Welt erlaubt den freien Gebrauch ihrer Güter und schützt vor einer unerlaubten Überschätzung. [S. 33f.]

Die deutschen Ostgrenzen als politische Aufgabe

. . . Welche Schritte im einzelnen das Ziel der Versöhnung und Neuordnung am besten fördern, kann wiederum nicht in dieser Denkschrift erörtert werden. Sicher ist nur, daß es nicht genügen wird, den deutschen Rechtsstandpunkt starr und einseitig zu betonen, daß auf der anderen Seite aber einer deutschen Regierung auch nicht zugemutet werden kann, ihren Rechtsstandpunkt von vornherein und bedingungslos preiszugeben. Vielmehr wird es zunächst darauf ankommen, im deutschen Volk selbst und nach außen eine Atmosphäre zu schaffen, in der dann auch in einzelnen Schritten Akte der Versöhnung mit den östlichen Nachbarn möglich werden . . .

Die vorliegende Denkschrift maßt sich also nicht an, den zum politischen Handeln berufenen Instanzen die Handlungswege vorzuzeichnen. Aber sie sieht eine Aufgabe der Kirche darin, dem deutschen Volk die Ziele, auf die es ankommt, deutlicher bewußt zu machen, als das in der innerdeutschen Diskussion meist geschieht, und die in dieser Diskussion so oft zutage tretenden Widerstände gegen diese Ziele auszuräumen. Ist damit der Handlungsspielraum der Politiker erweitert, so bleibt es ihre Aufgabe, von dieser Möglichkeit den rechten Gebrauch zu machen. [S. 44]

Quelle: Die Lage der Vertriebenen und das Verhältnis des deutschen Volkes zu seinen östlichen Nachbarn. Eine evangelische Denkschrift. Mit einem Vorwort von Präses D. Kurt Scharf, 1965.

b) Botschaft der Polnischen Bischöfe an ihre Deutschen Brüder im Hirtenamt

. . . Nach kurzer Unabhängigkeit von etwa zwanzig Jahren (1918–1939) brach über das polnische Volk ohne seine Schuld das herein, was man euphemistisch einfach als II. Weltkrieg bezeichnet, was aber für uns Polen als totale Vernichtung und Ausrottung gedacht war. Über unser armes Vaterland senkte sich eine furchtbare, finstere Nacht, wie wir sie seit Generationen nicht erlebt hatten. Sie wird bei uns allgemein als »deutsche Okkupationszeit« bezeichnet und ist unter diesem Namen in die polnische Geschichte eingegangen. Wir waren alle macht- und wehrlos. Das Land war übersät mit Konzentrationslagern, in denen die Schlote der Krematorien Tag und Nacht rauchten. Über sechs Millionen polnischer Staatsbürger, darunter der Großteil jüdischer Herkunft, haben diese Okkupationszeit mit ihrem Leben bezahlen müssen. Die führende polnische Intelligenzschicht wurde einfach weggefegt. Zweitausend polnische Priester und fünf Bischöfe (ein Viertel des damaligen Episkopats) wurden in Lagern umgebracht . . . Wir wollen nicht alles aufzählen, um die noch nicht vernarbten Wunden wiederaufzureißen. Wenn wir an diese polnische furchtbare Nacht erinnern, dann nur deswegen, damit man uns heute einigermaßen versteht, uns selbst und unsere heutige Denkart . . . Wir versuchen zu vergessen. Wir hoffen, daß die Zeit – der große göttliche Kairos – die geistigen Wunden langsam heilen wird.

. . . Die Belastung der beiderseitigen Verhältnisse ist immer noch groß und wird vermehrt durch das sogenannte »heiße Eisen« dieser Nachbarschaft; die polnische Westgrenze an Oder und Neiße ist, wie wir wohl verstehen, für Deutschland eine äußerst bittere Frucht des letzten Massenvernichtungskrieges – zusammen mit dem Leid der Millionen von Flüchtlingen und vertriebenen Deutschen (auf interalliierten Befehl der Siegermächte – Potsdam 1945! – geschehen). Ein großer Teil der Bevölkerung hatte diese Gebiete aus Furcht vor der russischen Front verlassen und war nach dem Westen geflüchtet. – Für unser Vaterland, das aus dem Massenmorden nicht als Siegerstaat, sondern bis zum äußersten geschwächt hervorging, ist es eine Existenzfrage (keine Frage »größeren Lebensraumes!«); es sei denn, daß man ein über 30-Millionen-Volk in den engen Korridor eines »Generalgouvernements« von 1939–45 hineinpressen wollte – ohne Westgebiete; aber auch ohne Ostgebiete, aus denen seit 1945 Millionen von polnischen Menschen in die »Potsdamer Westgebiete« hinüberströmen mußten . . .

Seid uns wegen dieser Aufzählung dessen, was im letzten Abschnitt unserer tausend Jahre geschehen ist, liebe deutschen Brüder, nicht gram! Es soll weniger eine Anklage als vielmehr eine eigene Rechtfertigung sein! Wir wissen sehr wohl, wie ganz große Teile der deutschen Bevölkerung jahrelang unter übermenschlichem nationalsozialistischem Gewissensdruck standen, wir kennen die furchtbaren inneren Nöte, denen seinerzeit rechtschaffene und verantwortungsvolle deutsche Bischöfe ausgesetzt waren, um nur die Namen Kardinal Faulhaber, von Galen, Preysing zu erwähnen. Wir wissen um die Märtyrer der weißen Rose, die Widerstandkämpfer des 20. Juli, wir wissen, daß viele Laien und Priester ihr Leben opferten (Lichtenberg, Metzger, Klausener und viele andere). Tausende von Deutschen teilten als Christen und Kommunisten in den Konzentrationslagern das Los unserer polnischen Brüder . . .

Und trotz alledem, trotz dieser fast hoffnungslos mit Vergangenheit belasteten

Lage, gerade aus dieser Lage heraus, hochwürdige Brüder, rufen wir Ihnen zu: Versuchen wir zu vergessen! Keine Polemik, kein weiterer kalter Krieg, aber der Anfang eines Dialogs, wie er heute vom Konzil und vom Papst Paul VI. überall angestrebt wird. Wenn echter guter Wille beiderseits besteht – und das ist wohl nicht zu bezweifeln –, dann muß ja ein ernster Dialog gelingen und mit der Zeit gute Früchte bringen – trotz allem, trotz heißer Eisen . . .

Wir bitten Sie, katholische Hirten des deutschen Volkes, versuchen Sie auf Ihre eigene Art und Weise unser christliches Millennium mitzufeiern, sei es durch Gebet, sei es durch einen besonderen Gedenktag. Für jede Geste dieser Art werden wir Ihnen dankbar sein. Überbringen Sie auch, wir bitten Sie darum, unsere Grüße und unseren Dank den deutschen evangelischen Brüdern, die sich mit uns und mit Ihnen abmühen, Lösungen für unsere Schwierigkeiten zu finden.

In diesem allerchristlichen und zugleich sehr menschlichen Geist strecken wir unsere Hände zu Ihnen hin in den Bänken des zu Ende gehenden Konzils, gewähren Vergebung und bitten um Vergebung. Und wenn Sie, deutsche Bischöfe und Konzilsväter, unsere ausgestreckten Hände brüderlich erfassen, dann erst können wir wohl mit ruhigem Gewissen in Polen auf ganz christliche Art unser Millennium feiern. Wir laden Sie dazu herzlichst nach Polen ein.

Das walte der barmherzige Erlöser und die Jungfrau Maria, die Königin Polens, die Regina Mundi und Mater Ecclesiae.

18. November 1965 (Rom)

Stefan Cardinalis Wyszynski
Primas Poloniae
(weitere Unterschriften; u.a. C. Wojtyla,
später Papst Johannes Paul II.)

Quelle: Versöhnung oder Haß?, Der Briefwechsel der Bischöfe Polens und Deutschlands und seine Folgen. Eine Dokumentation mit einer Einführung von O. B. Roegele, 1966, S. 89–94.

c) EKD-Synoden zu: »Vertreibung und Versöhnung«

Erklärung der in Berlin-Spandau zu ihrer Tagung vom 13. bis 18. März 1966 versammelten Mitglieder der Synode der Evangelischen Kirche in Deutschland vom 18. März 1966.

Die in Berlin-Spandau vom 13. bis 18. März 1966 versammelten Synodalen der Evangelischen Kirche in Deutschland haben sich in mehreren Referaten und einer eingehenden Aussprache mit der vom Rat im Oktober 1965 veröffentlichten Denkschrift über »Die Lage der Vertriebenen und das Verhältnis des deutschen Volkes zu seinen östlichen Nachbarn« befaßt. Sie nehmen den Widerspruch ernst, der gegen die Denkschrift auch von vielen treuen Gemeindegliedern, namentlich von solchen geäußert worden ist, die aus ihrer angestammten Heimat vertrieben worden sind. Die Denkschrift bindet die Gewissen nicht als Glaubenswahrheit. Sie will ein redliches Angebot zum Nachdenken und zur Aussprache über die hier behandelten Probleme sein. Sie soll die Gewissen schärfen und dem Frieden in der Welt dienen. Ein kirchliches Wort zu politischen Fragen muß mit Nachdruck geltend machen, daß politische Entscheidungen die personale Würde und Freiheit des Menschen zu achten haben. Das erfordert ein unvoreingenommenes, sachgerechtes Prüfen der politischen und sozialen Verhältnisse.

1. Hinter uns liegt eine Zeit nationalistischer Übersteigerung. Dieser Geist war gerade im Verhältnis zwischen uns und unseren östlichen Nachbarn oft auf beiden Seiten wirksam und hat großes Unheil angerichtet. Auch die Kirche hat diese Ge-

fahren nicht deutlich genug erkannt und ihnen unkritisch Vorschub geleistet. Solchen Entwicklungen gilt es, in unserem wie in jedem anderen Lande zu wehren. Aber auch die Leugnung einer Bindung an das eigene Volk können wir nicht gutheißen. Solche Bindungen ernst zu nehmen, ist dem Christen erlaubt, ja geboten, sofern sie nicht zu einer Vergötzung führt und die offene Zuwendung zu Menschen anderer Völker hindert. Unsere Aufgabe ist es, ein Verhältnis zur Geschichte und zur heutigen Stellung unseres Volkes zu finden, das weder in Selbstgerechtigkeit noch in Selbstaufgabe mündet, sondern zu der Selbstachtung verhilft, mit der allein wir unseren Nachbarvölkern frei gegenübertreten können.

Gerade weil wir um die besondere Schuldverstrickung unseres Volkes in der jüngsten Vergangenheit wissen, setzen wir den irrigen Vorstellungen von einer Kollektivschuld unseres Volkes die Einsicht entgegen, daß wir eine Haftungsgemeinschaft bilden. In ihr stehen wir sowohl für die Folgen der im deutschen Namen begangenen Unrechtstaten als auch für das Unglück ein, das Mitbürger ohne persönliche Schuld erlitten haben. Sie umschließt das ganze deutsche Volk, auch die Jugend, die jene Jahre nicht bewußt und handelnd miterlebt hat. Ohne diese Einsicht können die Voraussetzungen für die notwendige Partnerschaft mit den Nachbarvölkern und für eine dauerhafte Friedensordnung nicht geschaffen werden.

2. Die Vertreibung geht unser ganzes Volk an. Sie ist weit mehr als nur ein vielen einzelnen zugefügtes Leid. Wir alle, nicht nur die Vertriebenen, sind von ihr betroffen. Es ist unser aller Pflicht, mit den sich daraus ergebenden Aufgaben fertig zu werden. Wurde den Vertriebenen auferlegt, sich in fremder Umgebung einzuleben, so muß von den Nichtvertriebenen die Liebe der Ostdeutschen zu ihrer Heimat und der Schmerz um ihren Verlust besser als bisher verstanden und mitgetragen werden. Die reiche Geschichte Ostdeutschlands ist ein wesentliches Stück deutscher Geschichte. Vielgestaltig und fruchtbar ist der Beitrag der Ostdeutschen zu unserem politischen, kulturellen und kirchlichen Leben. Der Verlust ihrer Heimat bedeutet für unser ganzes Volk eine Schädigung, deren Schwere uns inmitten des chaotischen Kriegsendes und der angestrengten Aufbauzeit nicht immer genügend gegenwärtig war.

Auch die evangelische Kirche hat schwere Einbußen erlitten. Viele Gemeinden wurden zerstört, Landeskirchen oder Teile von ihnen gingen verloren. Im Ostkirchenausschuß und in den im Konvent der zerstreuten evangelischen Ostkirchen zusammengeschlossenen Hilfskomitees wurde viel Dankenswertes geleistet, um der Verwurzelung der Vertriebenen in ihrer neuen Heimat zu dienen und zugleich das Erbe unserer zerstörten evangelischen Gemeinden und Landeskirchen zu bewahren. Den von dieser Zerstörung nicht betroffenen Kirchen und Gemeinden bleibt die Aufgabe, die besonderen geistlichen Erfahrungen der evangelischen Kirchen und Gemeinden aus dem Osten aufzunehmen und lebendig zu erhalten.

Der Verzicht der Vertriebenen auf Vergeltung, ihre Selbsthilfe und ihre Mitarbeit beim Wiederaufbau der ebenfalls weithin zerstörten neuen Heimat verdienen Dank und Anerkennung. Ebenso sollen die Anstrengungen des ganzen Volkes im Lastenausgleich und in mannigfachen Hilfen öffentlicher, privater und kirchlicher Art nicht vergessen werden. Sie haben dazu beigetragen, daß viele Vertriebene eine neue Existenz aufbauen und neue Aufgaben in Gesellschaft, Staat und Kirche übernehmen konnten. Trotzdem bleibt noch viel zu tun. Die Denkschrift hat darauf hingewiesen, daß allein mit der wirtschaftlichen Eingliederung das Ziel, zu einer neuen Gemeinschaft aus Einheimischen und Vertriebenen zusammenzuwachsen, noch nicht erreicht ist. Was dazu geschehen kann, muß für uns alle und von allen zusammen geschehen.

3. Die Aufgabe der Aussöhnung mit den östlichen Nachbarn ist allen Deutschen gestellt. Gerade die Vertriebenen können in ihrer Verbundenheit mit der alten Heimat und aufgrund ihres schweren Erlebens einen Beitrag dazu leisten, den andere nicht erbringen können.

Rechte Aussöhnung setzt nach christlicher Erkenntnis gegenseitige Vergebung voraus. Mit Bewegung und Dankbarkeit haben die Synodalen aus dem Brief der katholischen Bischöfe Polens vom 18. November 1965 vernommen, daß hier Vergebung für deutsche Schuld gewährt und um Vergebung für polnische Schuld gebeten wird. Wir wissen, wie sehr wir der Vergebung unserer östlichen Nachbarn bedürftig bleiben. Zugleich bitten die Synodalen alle Glieder unseres Volkes, insbesondere die durch Vertreibung und Heimatverlust unmittelbar betroffenen, Vergebung zu gewähren. Mit allen Christen können wir es nicht lassen zu beten: »Vergib uns unsere Schuld, wie wir unseren Schuldigern vergeben.« Wer mit Gott in Christus versöhnt ist, wird zur Versöhnung auch mit unseren östlichen Nachbarn bereit.

4. Die Vertreibung ist völkerrechtlich ein Unrecht; die Vertriebenen haben zu Recht in ihrer Heimat gewohnt. Wir müssen aber die Vertreibung in Zusammenhang mit dem Unrecht und dem Leid sehen, die beide im deutschen Namen während des Krieges den Völkern im Osten zugefügt worden sind. Heute haben wir zu bedenken, daß inzwischen Rechte auch von der neu angesiedelten polnischen Bevölkerung geltend gemacht werden. Viele Menschen sind dort aufgewachsen und sehen dieses Land als ihre Heimat an.

Angesichts dieser Lage rät die Denkschrift nicht zu einseitigem Verzicht als politischer Vorleistung, wohl aber zu Nüchternheit und zur Bemühung um einen friedlichen Ausgleich. Die Hoffnung auf diesen mag für viele Menschen im Blick auf die politische Lage unerfüllbar erscheinen. Zwar kann es nur durch die Regierungen zu Verhandlungen über die strittigen Positionen kommen; wir meinen aber, daß eine wichtige Vorbereitung geleistet werden kann, wenn auf beiden Seiten Kräfte am Werk sind, die auf das gemeinsame Ziel hin in ihrem Umkreis zu Versöhnungsbereitschaft und Friedensgesinnung beitragen.

Für die deutsche Seite bedeutet Verständigungsbereitschaft, daß wir begangenes und erlittenes Unrecht nicht gegeneinander aufrechnen dürfen. Wir dürfen zu keiner Zeit eine Lösung durch Gewalt erstreben. Eine Vertreibung darf nie wieder geschehen. Eine Friedensordnung zu schaffen, erfordert Freiheit von Angst, gegenseitige Achtung und die Bereitschaft zum Opfer. Das bedeutet für uns, daß wir die Lebensrechte unserer östlichen Nachbarvölker, ihrer Menschen und ihrer Staaten, zu achten haben. Wären wir dazu nicht bereit, so wären unser Verzicht auf Gewalt und unser Wille zum Frieden nicht glaubwürdig. Auf die Wirkung des Rufes zur Versöhnung hoffen wir auch in der politischen Öffentlichkeit unserer östlichen Nachbarn. Auch ihre Bereitschaft zur Verständigung ist eine Voraussetzung dafür, daß eine Friedensordnung zustande kommt. Wir bitten unsere östlichen Nachbarn, eingedenk der Liebe, die sie zu ihrem eigenen Volke stets empfunden haben, Verständnis dafür zu gewinnen, daß auch wir für die Lebensrechte des deutschen Volkes eintreten, insbesondere für seine friedliche Wiedervereinigung.

5. Das Wort von der Versöhnung ist in seinem vollen Gehalt nicht begriffen, wenn aus ihm die Zumutung an das deutsche Volk herausgehört wird, ohnmächtig

zu resignieren. Wie es gegenüber unseren östlichen Nachbarn die Bereitschaft zu friedlichem Ausgleich bekunden soll, so soll es zugleich uns selbst dazu verhelfen, ein neues und positives Verhältnis zur Geschichte unseres eigenen Volkes zu gewinnen und nach Gottes Führung in ihr zu fragen. Die Bereitschaft zur Versöhnung befreit uns von dem Zwang, nach rückwärts zu blicken, über eigene und fremde Taten zu rechten und Geschichte ungeschehen machen zu wollen. Sie ermutigt uns, quer durch alle trennenden Gegensätze hindurch die Menschen auf der anderen Seite als Partner zu suchen, weil sie Gottes Geschöpfe sind wie wir.

Erklärung der in Potsdam-Babelsberg (DDR) zu einer Arbeitstagung vom 14. bis 16. März 1966 versammelten Mitglieder der Synode der Evangelischen Kirche in Deutschland vom 16. März 1966

Die zu einer Arbeitstagung der Evangelischen Kirche in Deutschland in Potsdam-Babelsberg versammelten Synodalen haben einen ausführlichen Bericht empfangen über die Denkschrift »Die Lage der Vertriebenen und das Verhältnis des deutschen Volkes zu seinen östlichen Nachbarn«. Sie erklären nach eingehender Aussprache:

»Wir sind dankbar, daß unsere evangelische Kirche in nüchterner Offenheit und seelsorgerlicher Verantwortung zu einer Lebensfrage unseres Volkes hilfreich gesprochen hat. Die Denkschrift nimmt die Nöte derer, die ihre Heimat verloren haben, ernst und weicht den Fragen nach Recht und Unrecht nicht aus; aber sie stellt alles unter das biblische Zeugnis von der Versöhnung. Dieses Zeugnis hat heiligende, friedensstiftende und ordnende Kraft. Die Denkschrift ermutigt die Deutschen und ihre östlichen Nachbarvölker, in der Macht der fünften Bitte des Vaterunsers einander zu begegnen:

›Vergib uns unsere Schuld, wie wir vergeben unsern Schuldigern‹.«

Quelle: Vertreibung und Versöhnung. Die Synode der EKD zur Denkschrift »Die Lage der Vertriebenen . . .«, E. Wilkens (Hg.), 1966, S. 59–64.

189. Martin Luther King »Ich habe einen Traum« (1963)

Am 28. August 1963 hielt Martin Luther King im Rahmen des »Marsches nach Washington« eine Ansprache vor dem Lincoln Memorial in Washington DC.

Heute sage ich euch, meine Freunde, trotz der Schwierigkeiten von heute und morgen habe ich einen Traum. Es ist ein Traum, der tief verwurzelt ist im amerikanischen Traum. Ich habe einen Traum, daß eines Tages diese Nation sich erheben wird und der wahren Bedeutung ihres Credos gemäß leben wird: »Wir halten diese Wahrheit für selbstverständlich: daß alle Menschen gleich erschaffen sind.« Ich habe einen Traum, daß eines Tages auf den roten Hügeln von Georgia die Söhne früherer Sklaven und die Söhne früherer Sklavenhalter miteinander am Tisch der Brüderlichkeit sitzen können. Ich habe einen Traum, daß sich eines Tages selbst der Staat Mississippi, ein Staat, der in der Hitze der Ungerechtigkeiten und Unterdrückung verschmachtet, in eine Oase der Freiheit und Gerechtigkeit verwandelt. Ich habe einen Traum, daß meine vier kleinen Kinder eines Tages in einer Nation leben werden, in der man sie nicht nach ihrer Hautfarbe, sondern

nach ihrem Charakter beurteilen wird . . . Ich habe einen Traum, daß eines Tages jedes Tal erhöht und jeder Hügel und Berg erniedrigt wird . . . Und die Herrlichkeit des Herrn wird offenbar werden, und alles Fleisch wird es sehen. Das ist unsere Hoffnung. Mit diesem Glauben kehre ich in den Süden zurück. Mit diesem Glauben werde ich fähig sein, aus dem Berg der Verzweiflung einen Stein der Hoffnung zu hauen.
. . . Mit diesem Glauben werden wir fähig sein, zusammen zu arbeiten, zusammen zu beten, zusammen zu kämpfen, zusammen ins Gefängnis zu gehen, zusammen für die Freiheit aufzustehen, in dem Wissen, daß wir eines Tages frei sein werden. Das wird der Tag sein, an dem alle Kinder Gottes diesem Lied eine neue Bedeutung geben können: »Mein Land, von dir, du Land der Freiheit, singe ich. Land, wo meine Väter starben, Stolz der Pilger, von allen Bergen laßt die Freiheit erschallen!« Soll Amerika eine große Nation werden, dann muß dies wahr werden . . . Wenn wir die Freiheit erschallen lassen, . . . dann werden wir den Tag beschleunigen können, an dem alle Kinder Gottes – schwarze und weiße Menschen, Juden und Heiden, Protestanten und Katholiken – sich die Hände reichen und die Worte des alten Negro Spiritual singen können: »Endlich frei! Endlich frei! Großer allmächtiger Gott, wir sind endlich frei!«

Quelle: Martin Luther King, Testament der Hoffnung. Letzte Reden, Aufsätze und Predigten, 1974 = Gütersloher Taschenbücher 79, S. 124f. – *Literatur:* H. Grosse, Die Macht der Armen. Martin Luther King und der Kampf für soziale Gerechtigkeit, 1971.

190. Papst Paul VI.: Enzyklika »Populorum progressio« (1967)

Am 26. März 1967 veröffentlichte Paul VI. seine große Enzyklika »Über die Entwicklung der Völker«, die mit größtem Nachdruck die weltweiten Dimensionen sozialer Verantwortung ins Bewußtsein rückte.

. . . Wenn die Erde da ist, um jedem die Mittel für seine Existenz und seine Entwicklung zu geben, dann hat jeder Mensch das Recht, auf ihr das zu finden, was er nötig hat . . . Alle anderen Rechte, ganz gleich welche, auch das des Eigentums und des freien Tausches, sind diesem Grundsatz untergeordnet.
. . . Das Privateigentum ist also für niemand ein unbedingtes und unbeschränktes Recht . . . Das Gemeinwohl verlangt manchmal eine Enteignung von Grundbesitz, wenn dieser wegen seiner Größe, seiner geringen oder überhaupt nicht erfolgten Nutzung, wegen des Elends, das die Bevölkerung durch ihn erfährt, wegen eines beträchtlichen Schadens, den die Interessen des Landes erleiden, dem Gemeinwohl hemmend im Wege steht . . .
Es geht darum, eine Welt zu bauen, wo jeder Mensch, ohne Unterschied der Rasse, der Religion, der Abstammung, ein volles menschliches Leben führen kann, frei von Versklavung von seiten der Menschen oder einer noch nicht hinreichend gebändigten Natur; eine Welt, wo die Freiheit nicht ein leeres Wort ist, wo der arme Lazarus an derselben Tafel mit dem Reichen sitzen kann. Das fordert von diesem ein hohes Maß an Hochherzigkeit, große Opfer und unermüdliche Anstrengungen. Jeder muß sein Gewissen erforschen, das ihn auf diese neuen Forde-

rungen für unsere Zeit hinweist. Ist er bereit, auf seine Kosten die Werke und Aufgaben zugunsten der Ärmsten zu unterstützen? Mehr Steuern zu zahlen, damit die öffentlichen Stellen ihre Entwicklungshilfe intensivieren können? Höhere Preise für Einfuhrgüter zu zahlen, damit die Erzeuger einen angemessenen Verdienst erhalten? Notfalls seine Heimat zu verlassen, wenn er jung ist, um den zu höherer Zivilisation aufstrebenden Nationen zu helfen? . . . Die Spielregel des freien Handels kann . . . für sich allein die internationalen Beziehungen nicht regieren. Ihre Vorteile sind klar, wo es sich um Partner in nicht allzu ungleicher wirtschaftlicher Lage handelt . . . Aber es ist etwas ganz anderes, wenn die Bedingungen von Land zu Land zu ungleich sind . . . Man muß es einfach zugeben: in diesem Bereich wird ein Grundprinzip des sogenannten Liberalismus als Regel des Handels überaus fragwürdig . . . Der Friede besteht nicht einfach im Schweigen der Waffen, nicht einfach im immer schwankenden Gleichgewicht der Kräfte. Er muß Tag für Tag aufgebaut werden mit dem Ziel einer von Gott gewollten Ordnung, die eine vollkommenere Gerechtigkeit unter den Menschen herbeiführt . . .

Quelle: Texte zur katholischen Soziallehre, 1976³, S. 443f.453.457.464. – *Literatur:* H. Krauss, Die Entwicklungsenzyklika Pauls VI., Herder-Taschenbuch 286, 1967.

191. Vierte Vollversammlung des Ökumenischen Rats der Kirchen, Uppsala 1968

Die 4. Vollversammlung in Uppsala (4. – 20. Juli 1968) stand – vorbereitet durch die Genfer Konferenz »Kirche und Gesellschaft« 1966 – im Zeichen weltweiten Aufbruchs mit großen Hoffnungen und Zielsetzungen.

Keine Kirche kann sich der Verantwortung für das Leben ihrer eigenen Nation und Kultur entziehen. Wenn sich dies jedoch gegen die Gemeinschaft mit Kirchen und Christen anderer Länder richten sollte, dann ist an einem wichtigen Punkt eine Entstellung im Leben der Kirche eingetreten. Doch das deutlichste Hindernis für die Manifestierung der Universalität der Kirchen ist ihre Unfähigkeit zu erkennen, in welchem Maße sie bereits in einem Leib zusammengehören . . . Die ökumenische Bewegung trägt dazu bei, diese Erfahrung der Universalität zu erweitern, und ihre regionalen Räte sowie der Ökumenische Rat der Kirchen können als eine Übergangslösung bis zu einer schließlich zu verwirklichenden wahrhaft universalen, ökumenischen, konziliaren Form des gemeinsamen Lebens und Zeugnisses angesehen werden. Die Mitgliedskirchen des Ökumenischen Rats der Kirchen, die einander verpflichtet sind, sollten auf die Zeit hinarbeiten, wenn ein wirklich universales Konzil wieder für alle Christen sprechen und den Weg in die Zukunft weisen kann . . .

. . .

Die Kirche hat heute die Aufgabe, für eine weltweite verantwortliche Gesellschaft zu arbeiten und Menschen und Nationen zur Buße aufzurufen. Angesichts der Nöte der Welt selbstzufrieden zu sein, bedeutet, der Häresie schuldig zu werden . . . Die Kirchen haben die Aufgabe, die Menschen zu lehren, wie sie politisch wirksam tätig sein können . . .

Die Rassendiskriminierungen unserer Zeit lassen alle Menschenrechte bedeutungslos werden und stellen eine unmittelbare Gefahr für den Weltfrieden dar . . . Rassendiskriminierung ist eine krasse Leugnung des christlichen Glaubens. Sie leugnet die Wirksamkeit des Versöhnungswerks Jesu Christi, durch dessen Liebe alle menschlichen Verschiedenheiten ihre trennende Bedeutung verloren haben. Sie leugnet unser in der Schöpfung begründetes gemeinsames Menschsein und unseren Glauben, daß alle Menschen zum Bilde Gottes geschaffen sind. Sie unterstellt zu Unrecht, daß wir unsere Identität stärker in der Zugehörigkeit zu einer Rasse als zu der Bindung an unseren Herrn Jesus Christus finden . . .

Quelle: Uppsala spricht. Die Sektionsberichte der 4. Vollversammlung des ÖRK, 1968, S. 14.52f.68. – *Literatur:* Bericht aus Uppsala 1968. Offizieller Bericht der 4. Vollversammlung des ÖRK, 1968; H. E. Fey/G. Gaßmann, Geschichte der ökumenischen Bewegung 1948–1968, 1974, S. 537ff.

192. Die lateinamerikanischen Bischöfe zum Problem der Gewalt, Medellin 1968

Im September 1968 versammelte sich in Medellin (Kolumbien) die Generalversammlung des Lateinamerikanischen Episkopats, um im Lichte des II. Vatikanischen Konzils und der Umbruchsituation in den Ländern Lateinamerikas die pastorale Arbeit der Kirche neu auszurichten.

. . . Wenn der Christ an die Fruchtbarkeit des Friedens glaubt, um zur Gerechtigkeit zu gelangen, glaubt er auch, daß die Gerechtigkeit eine unumgängliche Bedingung für den Frieden ist. Er übersieht nicht, daß sich Lateinamerika in vielen Gebieten in einer Situation der Ungerechtigkeit befindet, die man institutionalisierte Gewalt nennen kann. Nämlich dann, wenn durch Unzulänglichkeit der Strukturen der industriellen und landwirtschaftlichen Unternehmen, der nationalen und internationalen Wirtschaft, des kulturellen und politischen Lebens ›ganze Völker das Notwendigste entbehren und in einer Abhängigkeit leben, die sie an der Initiative und Verantwortung sowie am kulturellen Aufstieg hindert‹, und auf diese Weise fundamentale Rechte verletzt werden. Eine solche Situation erfordert vollständige, kühne, dringende und tiefgreifend erneuernde Umwandlungen. Es darf uns darum nicht wundern, daß in Lateinamerika »die Versuchung der Gewalt« aufbricht. Die Geduld eines Volkes, das jahrelang Bedingungen erträgt, die schwerlich von denjenigen akzeptiert würden, die ein besseres Bewußtsein der Menschenrechte haben, darf nicht mißbraucht werden . . .
Wir möchten unseren Appell in erster Linie an jene richten, die in größerem Rahmen am Reichtum, an der Kultur oder an der Macht beteiligt sind . . . Deshalb ermahnen wir sie dringend, die friedfertige Haltung der Kirche nicht ausnützen zu wollen, um sich passiv oder aktiv den tiefgreifenden Umwandlungen, die notwendig sind, zu widersetzen. Wenn sie eifersüchtig an ihren Privilegien festhalten und besonders, wenn sie diese selbst unter Einsatz gewaltsamer Mittel verteidigen, machen sie sich vor der Geschichte verantwortlich, ›die explosiven Revolutionen der Verzweiflung‹ zu provozieren . . . Doch auch alle diejenigen sind für die Ungerechtigkeit verantwortlich, die nicht mit den ihnen zur Verfügung stehenden Mitteln für die Gerechtigkeit handeln und die aus Angst vor persönlichen Opfern und Risiken, die jede kühne und wahrhaft wirksame Aktion einschließt, passiv

bleiben. Die Gerechtigkeit und folglich den Frieden erobert man durch eine dynamische Aktion der Bewußtseinsbildung und Organisation der Volksschichten, durch eine Aktion, die fähig ist, auf die öffentlichen Mächte, die ohne die Unterstützung des Volkes in ihren sozialen Programmen vielfach machtlos sind, Druck auszuüben. Wir richten uns schließlich an all jene, die angesichts der Schwere der Ungerechtigkeit und der unrechtmäßigen Widerstände gegen den Wandel ihre Hoffnung auf Gewalt setzen. Mit Paul VI. erkennen wir an, daß ihre Haltung ›häufig ihre letzte Motivierung in edlen Beweggründen der Gerechtigkeit und Solidarität hat‹ . . . Wenn es auch wahr ist, daß der revolutionäre Aufstand gerechtfertigt sein kann im Fall der ›eindeutigen und lange dauernden Gewaltherrschaft, die die Grundrechte der Person schwer verletzt und dem Gemeinwohl des Landes schwer schadet‹ – ob diese Gewaltherrschaft nun von einer Person oder von eindeutig ungerechten Strukturen ausgeübt wird –, so ist auch gewiß, daß die Gewalt oder »bewaffnete Revolution« im allgemeinen ›neues Unrecht zeugt, neue Störungen des Gleichgewichts mit sich bringt, neue Zerrüttung hervorruft. Man darf ein Übel nicht mit einem noch größeren Übel vertreiben‹. Wenn wir also die Gesamtheit der Verhältnisse unserer Länder erwägen, wenn wir in Betracht ziehen, daß der Christ dem Frieden den Vorzug gibt, wenn wir die große Schwierigkeit des Bürgerkrieges bedenken, seine Logik der Gewalt, die greulichen Übel, die er mit sich bringt, das Risiko, eine ausländische Intervention – so widerrechtlich sie auch sei – zu provozieren, die Schwierigkeit, eine Regierung der Gerechtigkeit und Freiheit – hervorgegangen aus einem Prozeß der Gewalt – zu errichten, dann wünschen wir sehnlich, daß die Dynamik des bewußt gewordenen und organisierten Volkes sich in den Dienst der Gerechtigkeit und des Friedens stellt . . .

Quelle: Dokumente von Medellin. Deutsche Übersetzung: adveniat, 1970, S. 34ff. – *Literatur:* H. J. Prien, Die Geschichte des Christentums in Lateinamerika, 1978, S. 898ff.

193. Josef L. Hromadka zum Ende des »Prager Frühlings« (1968)

Die militärische Intervention der Sowjetunion gegen die Tschechoslowakei am 21. August 1968 bedeutete das Ende des 1968 in Prag unternommenen hoffnungsfrohen Experiments eines »Sozialismus mit menschlichem Antlitz«. Die von dem tschechischen Theologen J. Hromadka begründete Christliche Friedenskonferenz (CFK) wurde dadurch in eine schwere Krise gestürzt. Hromadka ist kurz darauf (1969) gestorben.

In einem Augenblick größter Spannung schrieb ich (am 22. August 1968) den folgenden Brief an den sowjetischen Botschafter S. V. Červonenko:
Eure Exzellenz, hochverehrter Herr Botschafter!
Im Jahre 1958 wurde ich durch die Verleihung des Leninpreises für Internationale Freundschaft und Frieden im Sverdlovsk-Saal des Moskauer Kreml geehrt. Es gibt in unserem Lande wenige Menschen, die dem Volk der Sowjetunion so echt ergeben wären wie ich . . . Auf meinen Reisen ins Ausland wurde ich immer wieder gefragt, ob ich die sowjetische Intervention nicht befürchte. Meine entscheidende Antwort war aber, daß ich sie für unmöglich betrachtete, da ich die staatsmännische Weisheit der sowjetischen politischen Führer hochhielt. Aus diesem Grund erlebe ich die Okkupation durch die fünf Verbündeten der sozialistischen

Nachbarn um so schmerzlicher. Mein innigstes Gefühl ist Enttäuschung, Leid und Scham. Es gibt in meinem Leben keine größere Tragödie als dieses Ereignis . . . Es ist ein unermeßliches Unglück. Das moralische Gewicht des Sozialismus und des Kommunismus wurde auf lange Zeit erschüttert. Nur ein unverzüglicher Abzug der Okkupationsarmeen könnte unser gemeinsames Unglück wenigstens teilweise mäßigen . . .

gez. Dr. J. L. Hromadka

Ich möchte wiederholen, daß dies in einem Augenblick größter Erregung und mit einem Gefühl tiefer Bitterkeit geschrieben wurde . . . Ich bin mir allerdings meiner Verantwortung als Präsident der CFK und auch als alter evangelischer Theologe bewußt, wenigstens eine kurze Erklärung darüber abzugeben, warum ich dem sowjetischen Diplomaten den Brief schrieb . . .

(Neue Fragen vor dem Arbeitsausschuß.)
Ich sehe vor mir aber auch die Freunde aus westlichen Ländern und aus Staaten der »Dritten Welt« . . . Wie sollen wir durch diese furchtbare Krise hindurchkommen, die sich auf so schreckliche Weise genau in der Mitte Europas vertieft hat? In welcher Hinsicht wird es notwendig sein, unsere Ansichten, Ziele und Methoden zu revidieren? . . . Es handelt sich nicht nur um eine innere oder familiäre Kontroverse zwischen der Tschechoslowakei und ihren fünf früheren Verbündeten und Freunden. Die Frage ist, *ob der Sozialismus in der Lage ist, sich schöpferisch zu entwickeln, und ob er die Weltgemeinschaft beeinflussen wird, und hier besonders die jüngere Generation, indem er überzeugende Ideen, moralische Offenheit und politische Weisheit bietet.* Stehen wir nicht der Gefahr gegenüber, daß der Sozialismus seine Anziehungskraft, sein Gewicht und seine Zuverlässigkeit verliert, weil er sich in Machtinteressen, in die Manipulation politischer Verfahrensweisen, in eine Hohlheit des Denkens und in die Unfähigkeit verwandelt hat, den Menschen und die Nation in ihren tiefsten Wünschen und in ihrem Kampf für die Fülle des menschlichen Lebens zu verstehen? Die Ereignisse des 21. August und danach fordern besonders von uns, die wir das Evangelium bekennen, die historische Situation, in der wir leben, genau zu prüfen, damit wir in der Lage sind, jede Art des Formalismus im Denken und Entscheiden aufzugeben, der unsere Arbeit belastet und uns oft davon abgehalten hat, von Herz zu Herz, von Verstand zu Verstand, von Person zu Person zu sprechen.

Quelle: J. L. Hromadka, Der Geschichte ins Gesicht sehen. Evangelische und politische Interpretation der Wirklichkeit, M. Stöhr (Hg.), 1977, S. 302ff. – *Literatur:* J. Hromadka, Mein Leben zwischen Ost und West, 1971; D. Neumärker, J. L. Hromadka, Theologie und Politik im Kontext des Zeitgeschehens, 1974.

194. Düsseldorfer Erklärung der Bekenntnisbewegung »Kein anderes Evangelium« (1967)

Gegen die kritische Theologie R. Bultmanns (s.o. Nr. 180), gegen den Vorrang des irdischen Wohls vor dem ewigen Heil und gegen eine profane Wissenschaftstheorie der Theologie (in Anlehnung besonders an Psychologie und Soziologie) wandten sich die Evangelikalen. Der Kampf um das rechte Bekenntnis sollte von der Mitte des Christusbekenntnisses aus geführt werden.

»Der Herr ist mein Licht und mein Heil; vor wem sollte ich mich fürchten?. Der Herr ist meines Lebens Kraft; vor wem sollte mir grauen?« (Psalm 27,1).
Im Jahre des 450. Reformationsgedächtnisses wissen wir uns verpflichtet, den Gemeinden ein theologisches Wort zu sagen und ihnen inmitten kirchlicher Verwirrung eine klare Wegweisung zu bieten. Wir sehen seit langem zunehmend die Grundlage der evangelischen Lehre und Verkündigung durch theologische Meinungen bedroht, welche Schrift und Bekenntnis zuwiderlaufen. Daher dürfen wir nicht schweigen.
Die folgende Erklärung beschränkt sich auf die Mitte des Christusbekenntnisses. Hier fällt die Entscheidung des Glaubens. Mit ihr steht und fällt die Existenz der Kirche.

Der Herr ist mein Licht

1. »Niemand kann Jesus den Herrn heißen ohne durch den Heiligen Geist!« (1 Kor 12,3).
»Der natürliche Mensch aber vernimmt nichts vom Geist Gottes, es ist ihm eine Torheit, und er kann es nicht erkennen, denn es muß geistlich verstanden sein!« (1 Kor 2,14).
Wir bekennen das Evangelium, daß Gott, der Heilige Geist, es uns schenkt, dem Zeugnis der Heiligen Schrift zu glauben und in Jesus den Sohn Gottes zu erkennen.
Es muß daher die falsche Lehre verworfen werden, eine wissenschaftliche Forschung könne die Heilige Schrift ohne diese Gnade des Heiligen Geistes als Gottes Wort und als Urkunde seiner geschehenen Offenbarung sachgemäß verstehen und anerkennen.

2. Jesus Christus spricht: »Wer mich sieht, der sieht den Vater« (aus Joh 14,9).
Jesus Christus spricht: »Niemand kennt den Vater denn nur der Sohn und wem es der Sohn will offenbaren« (aus Mt 11,27).
Wir bekennen das Evangelium, daß der ewige Sohn Gottes in dem geschichtlichen Jesus von Nazareth Mensch wurde und zugleich Gott blieb.
Wir bekennen das Evangelium, daß der Sohn Gottes uns seinen Vater als unseren Schöpfer und als unseren Vater offenbart.
Es muß daher die falsche Lehre verworfen werden, Jesus sei nur bloßer Mensch, und wir könnten auch ohne den Glauben an den Sohn Gottes wissen, wer Gott ist, und mit Gott Gemeinschaft haben.

Der Herr ist mein Heil

3. »Die Strafe liegt auf ihm, auf daß wir Frieden hätten!« (aus Jes 53,5).
Jesus Christus spricht: »Des Menschen Sohn ist nicht gekommen, daß er sich dienen lasse, sondern daß er diene und gebe sein Leben zu einer Erlösung für viele!« (Mk 10,45).
Wir bekennen das Evangelium, daß Jesus Christus stellvertretend für uns und für die ganze Welt am Kreuz die Strafe für alle unsere Sünde gelitten und damit alle unsere Schuld gesühnt hat.
Es muß daher die falsche Lehre verworfen werden, Jesus habe sich nicht bewußt für uns geopfert oder es sei der wirkliche Opfertod Jesu Christi zur Versöhnung der Welt nicht notwendig gewesen und es dürfe die Verkündigung vom Sühnetod als eine zeitgebundene Einkleidung der Heilsbotschaft verstanden werden.

4. »Nun aber ist Christus auferstanden von den Toten!« (1 Kor 15,20).
»Der Herr ist wahrhaftig auferstanden!« (aus Lk 24,34).

Wir bekennen das Evangelium, daß Gott den am Kreuz gestorbenen Jesus von den Toten leiblich auferweckt und zum Herrn erhöht hat.
Es muß daher die falsche Lehre verworfen werden, Jesu Leib sei verwest, er sei nur geistig auferstanden und lebe nur unpersönlich in seinem Wort weiter.
Es muß auch die falsche Lehre verworfen werden, die Osterzeugen des Neuen Testamentes hätten ihre Botschaft in mythisch gefärbte Legenden gekleidet oder nicht die Absicht gehabt, die Erscheinungen des Auferstandenen als Grund und Voraussetzung des Glaubens so zu berichten, wie sie wirklich geschehen sind.
Es muß die falsche Lehre verworfen werden, es könne kein Gebet zu Jesus Christus geben.
Es muß die falsche Lehre verworfen werden, es könne eine Nachfolge des Gekreuzigten ohne Bindung an die Person des Auferstandenen geben.
5. »Ihr habt euch bekehrt zu Gott von den Götzen, zu dienen dem lebendigen und wahren Gott und zu warten auf seinen Sohn vom Himmel, welchen er auferweckt hat von den Toten, Jesus, der uns von dem zukünftigen Zorn errettet« (aus 1Thess 1,9 und 10).
»Wir warten aber eines neuen Himmels und einer neuen Erde nach seiner Verheißung, in welchen Gerechtigkeit wohnt« (2Petr 3,13).
Wir bekennen, daß der auferstandene Jesus Christus sich selbst vor den Gläubigen und Ungläubigen als universaler Herr und Richter enthüllen und die Welt in einer neuen Schöpfung zur Vollendung führen wird.
Es muß daher die falsche Lehre verworfen werden, die Erwartung der Wiederkunft Jesu Christi sei sinnlos und allein die diesseitige Welt besitze Realität.

Der Herr ist meines Lebens Kraft
6. Jesus Christus spricht: »Lehret sie halten alles, was ich euch befohlen habe!« (aus Mt 28,20).
»Ich vermag alles durch den, der mich mächtig macht, Christus!« (Phil 4,13).
Wir bekennen das Evangelium, daß Jesus Christus den Seinen durch die Vergebung der Sünden und durch die Erneuerung im Geist immer wieder den Mut zur Nachfolge schenkt und die Kraft gibt, seinen Geboten zu gehorchen.
Es muß daher die falsche Lehre verworfen werden, wir hätten ein Recht, die Gebote Gottes je nach dem Geschmack der Zeit oder einer angeblich wissenschaftlichen Neuerkenntnis abzuändern und so die Richtlinien für unser Handeln selbst zu erfinden.

Vor wem wollte mir grauen?
7. Jesus Christus spricht: »Ich sende euch!« (aus Lk 10,3).
»Die Gemeinde des lebendigen Gottes ist ein Pfeiler und eine Grundfeste der Wahrheit« (aus 1Tim 3,15).
Wir bekennen, daß Jesus Christus seiner Kirche den Auftrag gegeben hat, die großen Taten Gottes ohne Menschenfurcht zu verkündigen. Durch solches Zeugnis werden verlorene Menschen für Zeit und Ewigkeit gerettet.
Wir halten es für ein Mißverständnis des kirchlichen Auftrages, wenn die Gemeinde zum Experimentierfeld für einander widersprechende theologische Meinungen gemacht und wenn in solcher Vielstimmigkeit ihre Freiheit und ihr Reichtum gesehen wird.
Die kirchliche Verkündigung wird unglaubwürdig, wenn Kirchenleitungen Menschen in das Predigtamt berufen, die sich das Evangelium im Sinne der geltenden

Bekenntnisse nicht zu eigen machen und das Glaubensbekenntnis mit der Gemeinde nur unter Vorbehalten sprechen können.
»Lasset uns halten an dem Bekenntnis der Hoffnung und nicht wanken; denn er ist treu, der sie verheißen hat!« (Hebr 10,23).

Quelle: KJ 1967, S. 70f. – *Literatur:* H. Stratmann, Kein anderes Evangelium. Geist und Geschichte der neuen Bekenntnisbewegung, 1970.

195. Ordnung des Bundes der Evangelischen Kirchen in der DDR (1969)

Durch die Neuorientierung der deutschen Ostpolitik (s. Nr. 188) kam es bis 1972 zu einer vertraglichen Regelung »über die Grundlagen der Beziehungen zwischen der Bundesrepublik Deutschland und der Deutschen Demokratischen Republik« (21. Dezember 1972). Der neue Kurs hatte auch Auswirkungen auf die Organisation der Kirche. 1969 wurde der »Bund der Evangelischen Kirchen in der DDR« gegründet, was das Ende der EKD als verfaßter Kirche bedeutete.

Die Evangelische Landeskirche Anhalts, die Evangelische Kirche in Berlin-Brandenburg, die Evangelische Kirche des Görlitzer Kirchengebietes, die Evangelische Landeskirche Greifswald, die Evangelisch-Lutherische Landeskirche Mecklenburgs, die Evangelische Kirche der Kirchenprovinz Sachsen, die Evangelisch-Lutherische Landeskirche Sachsens, die Evangelisch-Lutherische Kirche in Thüringen schließen sich ohne Aufgabe ihres rechtlichen Bestandes zu dem
Bund der Evangelischen Kirchen
in der Deutschen Demokratischen Republik
zusammen.
Für den Bund der Evangelischen Kirchen in der Deutschen Demokratischen Republik gilt folgende Ordnung:

Grundbestimmungen
Artikel 1
(1) Ziel des Bundes der Evangelischen Kirchen in der Deutschen Demokratischen Republik ist, die diesen Kirchen vorgegebene Gemeinschaft und ihre in der Konferenz der Evangelischen Kirchenleitungen in der Deutschen Demokratischen Republik geübte Zusammenarbeit zu vertiefen.
(2) Der Bund als ein Zusammenschluß von bekenntnisbestimmten und rechtlich selbständigen Gliedkirchen strebt an, in der Einheit und Gemeinsamkeit des christlichen Zeugnisses und Dienstes gemäß dem Auftrag des Herrn Jesus Christus zusammenzuwachsen.
(3) Mit seinen Gliedkirchen bejaht der Bund die von der ersten Bekenntnissynode in Barmen getroffenen Entscheidungen. Er ruft die Gliedkirchen zum Hören auf das Zeugnis der Brüder. Er hilft ihnen zur gemeinsamen Abwehr kirchenzerstörender Irrlehre.

Artikel 2
(1) Der Dienst am Wort und die Verwaltung der Sakramente geschieht in den Gliedkirchen und Gemeinden nach der Ordnung ihres Bekenntnisses.

(2) Die berufenen Diener am Wort sind in allen Gliedkirchen im Rahmen der geltenden gliedkirchlichen Bestimmungen zum Dienst der Verkündigung zugelassen.
(3) Die ordnungsgemäß vollzogene Heilige Taufe wird in allen Gliedkirchen anerkannt.
Die nach den Ordnungen der Gliedkirchen vollzogenen Amtshandlungen werden gegenseitig anerkannt.
Die gliedkirchlichen Bestimmungen über das Dimissoriale bleiben unberührt.
(4) Es ist in allen Gliedkirchen festgelegt, daß evangelische Christen, die einer der Gliedkirchen des Bundes angehören, der Zugang zum Heiligen Abendmahl offensteht. Die gliedkirchlichen Bestimmungen über die Kirchenzucht bleiben unberührt.

Artikel 3
(1) Der Bund nimmt seine Aufgaben nach innen und nach außen durch seine Organe wahr.
(2) Als ein Verband der in ihm zusammengeschlossenen Kirchen hat der Bund den gleichen Rechtsstatus wie seine Gliedkirchen.

Aufgaben
Artikel 4
(1) Der Bund verfolgt seine Ziele, indem er die Gemeinschaft der in ihm zusammengeschlossenen Gliedkirchen festigt, den Gliedkirchen bei der Erfüllung ihres Dienstes hilft und ein gemeinsames Handeln anstrebt.
(2) Der Bund nimmt die gemeinsamen Aufgaben der in ihm zusammengeschlossenen Gliedkirchen selbständig und unabhängig wahr.
(3) In der Verantwortung für den missionarischen und diakonischen Auftrag fördert der Bund die gesamtkirchlichen Werke und regelt ihre Zuordnung zum Bund.
(4) Der Bund bekennt sich zu der besonderen Gemeinschaft der ganzen evangelischen Christenheit in Deutschland.
In der Mitverantwortung für diese Gemeinschaft nimmt der Bund Aufgaben, die alle evangelischen Kirchen in der Deutschen Demokratischen Republik und in der Bundesrepublik Deutschland gemeinsam betreffen, in partnerschaftlicher Freiheit durch seine Organe wahr.
(5) Der Bund fördert und koordiniert die Mitarbeit der Gliedkirchen in der Ökumene.
. . .

Quelle: epd-Dokumentation I, Bund der Evangelischen Kirchen in der DDR, 1970, S. 33–36.

196. Konkordie reformatorischer Kirchen in Europa (Leuenberger Konkordie) 1973

Durch die Leuenberger Gespräche (1969–1971) wurden die kirchentrennenden Bekenntnisunterschiede zwischen den reformatorischen Kirchen Europas überwunden. Die 1. Fassung der Leuenberger Konkordie (Leuenberg bei Basel) wurde 1971, die endgültige 1973 angenommen. 1976 hatten von 89 am Einigungsgespräch beteiligten Kirchen 69 die Konkordie unterzeichnet.

Die dieser Konkordie zustimmenden lutherischen, reformierten und aus ihnen hervorgegangenen unierten Kirchen sowie die ihnen verwandten vorreformatorischen Kirchen der Waldenser und der Böhmischen Brüder stellen aufgrund ihrer Lehrgespräche unter sich das gemeinsame Verständnis des Evangeliums fest, wie es nachstehend ausgeführt wird. Dieses ermöglicht ihnen, Kirchengemeinschaft zu erklären und zu verwirklichen. Dankbar dafür, daß sie näher zueinander geführt worden sind, bekennen sie zugleich, daß das Ringen um Wahrheit und Einheit in der Kirche auch mit Schuld und Leid verbunden war und ist.
Die Kirche ist allein auf Jesus Christus gegründet, der sie durch die Zuwendung seines Heils in der Verkündigung und in den Sakramenten sammelt und sendet. Nach reformatorischer Einsicht ist darum zur wahren Einheit der Kirche die Übereinstimmung in der rechten Lehre des Evangeliums und in der rechten Verwaltung der Sakramente notwendig und ausreichend. Von diesen reformatorischen Kriterien leiten die beteiligten Kirchen ihr Verständnis von Kirchengemeinschaft her, das im folgenden dargelegt wird.

I. Der Weg zur Gemeinschaft

Angesichts wesentlicher Unterschiede in der Art des theologischen Denkens und des kirchlichen Handelns sahen sich die reformatorischen Väter um ihres Glaubens und Gewissens willen trotz vieler Gemeinsamkeiten nicht in der Lage, Trennungen zu vermeiden. Mit dieser Konkordie erkennen die beteiligten Kirchen an, daß sich ihr Verhältnis zueinander seit der Reformationszeit gewandelt hat.

1. Gemeinsame Aspekte im Aufbruch der Reformation

Aus dem geschichtlichen Abstand heraus läßt sich heute deutlicher erkennen, was trotz aller Gegensätze den Kirchen der Reformation in ihrem Zeugnis gemeinsam war: Sie gingen aus von einer neuen, befreienden und gewißmachenden Erfahrung des Evangeliums. Durch das Eintreten für die erkannte Wahrheit sind die Reformatoren gemeinsam in Gegensatz zu kirchlichen Überlieferungen jener Zeit geraten. Übereinstimmend haben sie deshalb bekannt, daß Leben und Lehre an der ursprünglichen und reinen Bezeugung des Evangeliums in der Schrift zu messen sind. Übereinstimmend haben sie die freie und bedingungslose Gnade Gottes im Leben, Sterben und Auferstehen Jesu Christi für jeden, der dieser Verheißung glaubt, bezeugt. Übereinstimmend haben sie bekannt, daß Handeln und Gestalt der Kirche allein von dem Auftrag her zu bestimmen sind, dieses Zeugnis in der Welt auszurichten, und daß das Wort des Herrn jeder menschlichen Gestaltung der christlichen Gemeinde überlegen bleibt. Dabei haben sie gemeinsam mit der ganzen Christenheit das in den altkirchlichen Symbolen ausgesprochene Bekenntnis zum Dreieinigen Gott und zur Gott-Menschheit Jesu Christi aufgenommen und neu bekannt.

2. Veränderte Voraussetzungen heutiger kirchlicher Situation

In einer vierhundertjährigen Geschichte haben die theologische Auseinandersetzung mit den Fragen der Neuzeit, die Entwicklung der Schriftforschung, die kirchlichen Erneuerungsbewegungen und der wiederentdeckte ökumenische Horizont die Kirchen der Reformation zu neuen, einander ähnlichen Formen des Denkens und Lebens geführt. Sie brachten freilich auch neue, quer durch die Konfessionen verlaufende Gegensätze mit sich. Daneben wurde immer wieder, besonders in Zeiten gemeinsamen Leidens, brüderliche Gemeinschaft erfahren. All dies veranlaßte die Kirchen in neuer Weise, das biblische Zeugnis wie die reformatorischen Bekenntnisse, vor allem seit den Erweckungsbewegungen, für die Gegenwart zu aktualisieren. Auf diesen Wegen haben sie gelernt, das grundlegende Zeugnis der reformatorischen Bekenntnisse von ihren geschichtlich bedingten Denkformen zu unterscheiden. Weil die Bekenntnisse das Evangelium als das lebendige Wort Gottes in Jesus Christus bezeugen, schließen sie den Weg zu dessen verbindlicher Weiterbezeugung nicht ab, sondern eröffnen ihn und fordern auf, ihn in der Freiheit des Glaubens zu gehen.

II. Das gemeinsame Verständnis des Evangeliums

Im folgenden beschreiben die beteiligten Kirchen ihr gemeinsames Verständnis des Evangeliums, soweit es für die Begründung ihrer Kirchengemeinschaft erforderlich ist.

1. Die Rechtfertigungsbotschaft als die Botschaft von der freien Gnade Gottes

Das Evangelium ist die Botschaft von Jesus Christus, dem Heil der Welt, in Erfüllung der an das Volk des Alten Bundes ergangenen Verheißung.

a) Sein rechtes Verständnis haben die reformatorischen Väter in der Lehre von der Rechtfertigung zum Ausdruck gebracht.

b) In dieser Botschaft wird Jesus Christus bezeugt

als der Menschgewordene, in dem Gott sich mit dem Menschen verbunden hat;

als der Gekreuzigte und Auferstandene, der das Gericht Gottes auf sich genommen und darin die Liebe Gottes zum Sünder erwiesen hat; und

als der Kommende, der als Richter und Retter die Welt zur Vollendung führt.

c) Gott ruft durch sein Wort im Heiligen Geist alle Menschen zu Umkehr und Glauben und spricht dem Sünder, der glaubt, seine Gerechtigkeit in Jesus Christus zu. Wer dem Evangelium vertraut, ist um Christi willen gerechtfertigt vor Gott und von der Anklage des Gesetzes befreit. Er lebt in täglicher Umkehr und Erneuerung zusammen mit der Gemeinde in Lobpreis Gottes und im Dienst am anderen, in der Gewißheit, daß Gott seine Herrschaft vollenden wird. So schafft Gott neues Leben und setzt inmitten der Welt den Anfang einer neuen Menschheit.

d) Diese Botschaft macht die Christen frei zu verantwortlichen Dienst in der Welt und bereit, in diesem Dienst auch zu leiden. Sie erkennen, daß Gottes fordernder und gebender Wille die ganze Welt umfaßt. Sie treten ein für irdische Gerechtigkeit und Frieden zwischen den einzelnen Menschen und unter den Völkern. Dies macht es notwendig, daß sie mit anderen Menschen nach vernünftigen, sachgemäßen Kriterien suchen und sich an ihrer Anwendung beteiligen. Sie tun dies im Vertrauen darauf, daß Gott die Welt erhält, und in Verantwortung vor seinem Gericht.

e) Mit diesem Verständnis des Evangeliums stellen wir uns auf den Boden der altkirchlichen Symbole und nehmen die gemeinsame Überzeugung der reformatorischen Bekenntnisse auf, daß die ausschließliche Heilsmittlerschaft Jesu Christi die Mitte der Schrift und die Rechtfertigungsbotschaft als die Botschaft von der freien Gnade Gottes Maßstab aller Verkündigung der Kirche ist.

2. Verkündigung, Taufe und Abendmahl

Das Evangelium wird uns grundlegend bezeugt durch das Wort der Apostel und Propheten in der Heiligen Schrift Alten und Neuen Testaments. Die Kirche hat die Aufgabe, dieses Evangelium weiterzugeben durch das mündliche Wort der Predigt, durch den Zuspruch an den einzelnen und durch Taufe und Abendmahl. In Verkündigung, Taufe und Abendmahl ist Jesus Christus durch den Heiligen Geist gegenwärtig. So wird den Menschen die Rechtfertigung in Christus zuteil, und so sammelt der Herr seine Gemeinde. Er wirkt dabei in vielfältigen Ämtern und Diensten und im Zeugnis aller Glieder seiner Gemeinde.

a) Taufe

Die Taufe wird im Namen des Vaters, des Sohnes und des Heiligen Geistes mit Wasser vollzogen. In ihr nimmt Jesus Christus den der Sünde und dem Sterben verfallenen Menschen unwiderruflich in seine Heilsgemeinschaft auf, damit er eine neue Kreatur sei. Er beruft ihn in der Kraft des Heiligen Geistes in seine Gemeinde und zu einem Leben aus Glauben, zur täglichen Umkehr und Nachfolge.

b) Abendmahl

Im Abendmahl schenkt sich der auferstandene Jesus Christus in seinem für alle dahingegebenen Leib und Blut durch sein verheißendes Wort mit Brot und Wein. Er gewährt uns dadurch Vergebung der Sünden und befreit uns zu einem neuen Leben aus Glauben. Er läßt uns neu erfahren, daß wir Glieder an seinem Leibe sind. Er stärkt uns zum Dienst an den Menschen. Wenn wir das Abendmahl feiern, verkündigen wir den Tod Christi, durch den Gott die Welt mit sich selbst versöhnt hat. Wir bekennen die Gegenwart des auferstandenen Herrn unter uns. In der Freude darüber, daß der Herr zu uns gekommen ist, warten wir auf seine Zukunft in Herrlichkeit.

III. Die Übereinstimmung angesichts der Lehrverurteilungen der Reformationszeit

Die Gegensätze, die von der Reformationszeit an eine Kirchengemeinschaft zwischen den lutherischen und reformierten Kirchen unmöglich gemacht und zu gegenseitigen Verwerfungsurteilen geführt haben, betrafen die Abendmahlslehre, die Christologie und die Lehre von der Prädestination. Wir nehmen die Entscheidungen der Väter ernst, können aber heute folgendes gemeinsam dazu sagen:

1. Abendmahl

Im Abendmahl schenkt sich der auferstandene Jesus Christus in seinem für alle dahingegebenen Leib und Blut durch sein verheißendes Wort mit Brot und Wein. So gibt er sich selbst vorbehaltlos allen, die Brot und Wein empfangen; der Glaube empfängt das Mahl zum Heil, der Unglaube zum Gericht.

Die Gemeinschaft mit Jesus Christus in seinem Leib und Blut können wir nicht vom Akt des Essens und Trinkens trennen. Ein Interesse an der Art der Gegenwart Christi im Abendmahl, das von dieser Handlung absieht, läuft Gefahr, den Sinn des Abendmahls zu verdunkeln.

Wo solche Übereinstimmung zwischen Kirchen besteht, betreffen die Verwerfungen der reformatorischen Bekenntnisse nicht den Stand der Lehre dieser Kirchen.

2. Christologie

In dem wahren Menschen Jesus Christus hat sich der ewige Sohn und damit Gott selbst zum Heil in die verlorene Menschheit hineingegeben. Im Verheißungswort und Sakrament macht der Heilige Geist und damit Gott selbst uns Jesus als Gekreuzigten und Auferstandenen gegenwärtig.

Im Glauben an diese Selbsthingabe Gottes in seinem Sohn sehen wir uns angesichts der geschichtlichen Bedingtheit überkommener Denkformen vor die Aufgabe gestellt, neu zur Geltung zu bringen, was die reformierte Tradition in ihrem besonderen Interesse an der Unversehrtheit von Gott und Menschheit Jesu und was die lutherische Tradition in ihrem besonderen Interesse an seiner völligen Personeinheit geleitet hat. Angesichts dieser Sachlage können wir heute die früheren Verwerfungen nicht nachvollziehen.

3. Prädestination

Im Evangelium wird die bedingungslose Annahme des sündigen Menschen durch Gott verheißen. Wer darauf vertraut, darf des Heils gewiß sein und Gottes Erwählung preisen. Über die Erwählung kann deshalb nur im Blick auf die Berufung zum Heil in Christus gesprochen werden.

Der Glaube macht zwar die Erfahrung, daß die Heilsbotschaft nicht von allen angenommen wird, er achtet jedoch das Geheimnis von Gottes Wirken. Er bezeugt zugleich den Ernst menschlicher Entscheidung wie die Realität des universalen Heilswillens Gottes. Das Christuszeugnis der Schrift verwehrt uns, einen ewigen Ratschluß Gottes zur definitiven Verwerfung gewisser Personen oder eines Volkes anzunehmen.

Wo solche Übereinstimmung zwischen Kirchen besteht, betreffen die Verwerfungen der reformatorischen Bekenntnisse nicht den Stand der Lehre dieser Kirchen.

4. Folgerungen

Wo diese Feststellungen anerkannt werden, betreffen die Verwerfungen der reformatorischen Bekenntnisse zum Abendmahl, zur Christologie und zur Prädestination den Stand der Lehre nicht. Damit werden die von den Vätern vollzogenen Verwerfungen nicht als unsachgemäß bezeichnet, sie sind jedoch kein Hindernis mehr für die Kirchengemeinschaft.

Zwischen unseren Kirchen bestehen beträchtliche Unterschiede in der Gestaltung des Gottesdienstes, in den Ausprägungen der Frömmigkeit und in den kirchlichen Ordnungen. Diese Unterschiede werden in den Gemeinden oft stärker empfunden als die überkommenen Lehrgegensätze. Dennoch vermögen wir nach dem Neuen Testament und den reformatorischen Kriterien der Kirchengemeinschaft in diesen Unterschieden keine kirchentrennenden Faktoren zu erblicken.

IV. Erklärung und Verwirklichung der Kirchengemeinschaft

Kirchengemeinschaft im Sinne dieser Konkordie bedeutet, daß Kirchen verschiedenen Bekenntnisstandes aufgrund der gewonnenen Übereinstimmung im Verständnis des Evangeliums einander Gemeinschaft an Wort und Sakrament gewähren und eine möglichst große Gemeinsamkeit in Zeugnis und Dienst an der Welt erstreben.

1. Erklärung der Kirchengemeinschaft

Mit der Zustimmung zu der Konkordie erklären die Kirchen in der Bindung an die sie verpflichtenden Bekenntnisse oder unter Berücksichtigung ihrer Traditionen:

a) Sie stimmen im Verständnis des Evangeliums, wie es in den Teilen II und III Ausdruck gefunden hat, überein.

b) Die in den Bekenntnisschriften ausgesprochenen Lehrverurteilungen betreffen entsprechend den Feststellungen des Teils III nicht den gegenwärtigen Stand der Lehre der zustimmenden Kirchen.

c) Sie gewähren einander Kanzel- und Abendmahlsgemeinschaft. Das schließt die gegenseitige Anerkennung der Ordination und die Ermöglichung der Interzelebration ein.

Mit diesen Feststellungen ist Kirchengemeinschaft erklärt. Die dieser Gemeinschaft seit dem 16. Jahrhundert entgegenstehenden Trennungen sind aufgehoben. Die beteiligten Kirchen sind der Überzeugung, daß sie gemeinsam an der einen Kirche Jesu Christi teilhaben und daß der Herr sie zum gemeinsamen Dienst befreit und verpflichtet.

2. Verwirklichung der Kirchengemeinschaft

Die Kirchengemeinschaft verwirklicht sich im Leben der Kirchen und Gemeinden. Im Glauben an die vereinigende Kraft des Heiligen Geistes richten sie ihr Zeugnis und ihren Dienst gemeinsam aus und bemühen sich um die Stärkung und Vertiefung der gewonnenen Gemeinschaft.

a) Zeugnis und Dienst
Die Verkündigung der Kirchen gewinnt in der Welt an Glaubwürdigkeit, wenn sie das Evangelium in Einmütigkeit bezeugen. Das Evangelium befreit und verbindet die Kirchen zum gemeinsamen Dienst. Als Dienst der Liebe gilt er dem Menschen mit seinen Nöten und sucht deren Ursachen zu beheben. Die Bemühung um Gerechtigkeit und Frieden in der Welt verlangt von den Kirchen zunehmend die Übernahme gemeinsamer Verantwortung.
b) Theologische Weiterarbeit
Die Konkordie läßt die verpflichtende Geltung der Bekenntnisse in den beteiligten Kirchen bestehen. Sie versteht sich nicht als ein neues Bekenntnis. Sie stellt eine im Zentralen gewonnene Übereinstimmung dar, die Kirchengemeinschaft zwischen Kirchen verschiedenen Bekenntnisstandes ermöglicht. Die beteiligten Kirchen lassen sich bei der gemeinsamen Ausrichtung von Zeugnis und Dienst von dieser Übereinstimmung leiten und verpflichten sich zu kontinuierlichen Lehrgesprächen untereinander.
Das gemeinsame Verständnis des Evangeliums, auf dem die Kirchengemeinschaft beruht, muß weiter vertieft, am Zeugnis der Heiligen Schrift geprüft und ständig aktualisiert werden. Es ist Aufgabe der Kirchen, an Lehrunterschieden, die in und zwischen den beteiligten Kirchen bestehen, ohne als kirchentrennend zu gelten, weiterzuarbeiten. Dazu gehören:
Hermeneutische Fragen im Verständnis von Schrift, Bekenntnis und Kirche;
Verhältnis von Gesetz und Evangelium;
Taufpraxis;
Amt und Ordination;
Zwei-Reiche-Lehre und Lehre von der Königsherrschaft Jesu Christi;
Kirche und Gesellschaft.
Zugleich sind auch Probleme aufzunehmen, die sich im Hinblick auf Zeugnis und Dienst, Ordnung und Praxis neu ergeben. Aufgrund ihres gemeinsamen Erbes müssen die reformatorischen Kirchen sich mit den Tendenzen theologischer Polarisierung auseinandersetzen, die sich gegenwärtig abzeichnen. Die damit verbundenen Probleme greifen zum Teil weiter als die Lehrdifferenzen, die einmal den lutherisch-reformierten Gegensatz begründet haben.
Es wird Aufgabe der gemeinsamen theologischen Arbeit sein, die Wahrheit des Evangeliums gegenüber Entstellungen zu bezeugen und abzugrenzen.
c) Organisatorische Folgerungen
Durch die Erklärung der Kirchengemeinschaft werden kirchenrechtliche Regelungen von Einzelfragen zwischen den Kirchen und innerhalb der Kirchen nicht vorweggenommen. Die Kirchen werden jedoch bei diesen Regelungen die Konkordie berücksichtigen.
Allgemein gilt, daß die Erklärung der Kanzel- und Abendmahlsgemeinschaft und die gegenseitige Anerkennung der Ordination die in den Kirchen geltenden Bestimmungen für die Anstellung im Pfarramt, die Ausübung des pfarramtlichen Dienstes und die Ordnungen des Gemeindelebens nicht beeinträchtigen.
Die Frage eines organisatorischen Zusammenschlusses einzelner beteiligter Kirchen kann nur in der Situation entschieden werden, in der diese Kirchen leben. Bei der Prüfung dieser Frage sollten folgende Gesichtspunkte beachtet werden:
Eine Vereinheitlichung, die die lebendige Vielfalt der Verkündigungsweisen, des gottesdienstlichen Lebens, der kirchlichen Ordnung und der diakonischen wie gesellschaftlichen Tätigkeit beeinträchtigt, würde dem Wesen der mit dieser Erklä-

rung eingegangenen Kirchengemeinschaft widersprechen. Andererseits kann aber in bestimmten Situationen der Dienst der Kirche um des Sachzusammenhanges von Zeugnis und Ordnung willen rechtliche Zusammenschlüsse nahelegen. Werden organisatorische Konsequenzen aus der Erklärung der Kirchengemeinschaft gezogen, so darf die Entscheidungsfreiheit der Minoritätskirchen nicht beeinträchtigt werden.

d) Ökumenische Aspekte

Indem die beteiligten Kirchen unter sich Kirchengemeinschaft erklären und verwirklichen, handeln sie aus der Verpflichtung heraus, der ökumenischen Gemeinschaft aller christlichen Kirchen zu dienen.

Sie verstehen eine solche Kirchengemeinschaft im europäischen Raum als einen Beitrag auf dieses Ziel hin. Sie erwarten, daß die Überwindung ihrer bisherigen Trennung sich auf die ihnen konfessionell verwandten Kirchen in Europa und in anderen Kontinenten auswirken wird, und sind bereit, mit ihnen zusammen die Möglichkeit von Kirchengemeinschaft zu erwägen.

Diese Erwartung gilt ebenfalls für das Verhältnis des Lutherischen Weltbundes und des Reformierten Weltbundes zueinander.

Ebenso hoffen sie, daß die Kirchengemeinschaft der Begegnung und Zusammenarbeit mit Kirchen anderer Konfessionen einen neuen Anstoß geben wird. Sie erklären sich bereit, die Lehrgespräche in diesen weiteren Horizont zu stellen.

Quelle: KJ 1973, S. 19–23.

197. »Schwarze Theologie« als Protest und Programm – Weltmissionskonferenz in Bangkok 1973

Die Weltmissionskonferenz, die an der Jahreswende 1972/73 in Bangkok tagte, war geprägt nicht nur von dem starken Gewicht der Dritten Welt, sondern auch von der Reflexion von Erfahrungen christlicher Existenz im Kontext verschiedener Kulturen und geschichtlicher Situationen.

Die Menschwerdung Christi ereignete sich in einem bestimmten Kontext: Jesus wurde als Jude geboren, als Angehöriger einer bestimmten Rasse. Dennoch hat sie universale Bedeutung: Jesus ist gekommen, die Welt zu retten. Deshalb tritt der Gottessohn in die Geschichte eines jeden Volkes ein, wenn er durch seine Menschwerdung ein Mitglied unserer eigenen Familie wird. Daher wird er bei den »Schwarzen« als der Unterdrückte identifiziert. Die Universalität der christlichen Religion steht nicht im Widerspruch zu ihrer Besonderheit. Christus erwartet unsere Antwort aus unserer konkreten Situation. Viele Menschen versuchen, ihrer besonderen Art allgemeine Gültigkeit zu verschaffen, statt anzuerkennen, daß die Vielfalt der Antworten gerade deshalb wesentlich ist, weil jede Antwort in der Bezogenheit auf ihre konkrete Situation wichtig wird und alle einander ergänzen. Eine konkrete Antwort drückt sich in der sogenannten »schwarzen Theologie« aus.

»Schwarze Theologie« ist für viele Christen ein Ärgernis. Sie entlarvt die traditionelle Theologie (z.B. in Amerika, Großbritannien, Deutschland), die doch von den selben Christen ohne Bedenken gutgeheißen wird, als »weiße Theologie«. Sie ist weiße Theologie, weil sich der Westen das Recht angemaßt hat, in allen menschlichen Lebensbereichen die Kriterien festzusetzen für das, was annehmbar oder

nicht annehmbar ist. Schwarze Theologie ist deshalb ein Ärgernis, weil sie diesen anmaßenden Herrschaftsanspruch zurückweist.
Wahre Theologie schließt die Reflexion von Erfahrung ein, Erfahrung der christlichen Gemeinschaft an einem bestimmten Ort und zu einer bestimmten Zeit. Sie wird deshalb »Theologie im Kontext« sein; sie wird praktisch anwendbare und lebendige Theologie sein, die billige Verallgemeinerungen ablehnt, weil sie zu und aus einer bestimmten Situation spricht.
Die schwarze Theologie versucht, die besondere Erfahrung des Leidens und der Unterdrückung der Schwarzen durch das Überhandnehmen des weißen Rassismus im Licht der göttlichen Offenbarung in dem Menschen Jesus Christus fruchtbar zu machen. Sie ist eine Theologie der Befreiung und als solche eine Theologie der Unterdrückten; sie kann daher allen denen dienen, deren Menschenwürde durch Unterdrückung verletzt wird, gleich welcher Hautfarbe sie sind. Die schwarze Theologie betont die Personalität der Unterdrückten und versichert sie als Menschen, für die Christus starb, des Heils, das Gott ihnen in Jesus Christus anbietet, so daß sie sich für ihre Existenz nicht zu entschuldigen brauchen. Schwarz oder nicht – sie sind Gottes Kinder. Christus ist ihr Bruder, der ihr ganzes Leben mit ihnen teilt, weil er sich unzweideutig auf die Seite der Unterdrückten und der Machtlosen stellt.
Sobald die »Mittler des Heils«, sei es zweifelnd, auf der Seite des Unterdrückers stehen, wird die christliche Botschaft verzerrt und die christliche Mission gefährdet. Das geschieht immer, wenn die, die offensichtlich eine wirtschaftliche, politische oder geistige Machtstellung innehaben, versuchen, das Evangelium zu predigen. Die Konvertiten werden dann verlockt, eine Religion anzunehmen, die sie nicht nur den höchsten Idealen ihrer Kultur entfremdet, sondern ihnen auch einen Christus schenkt, den sie mit ihren Machthabern identifizieren. Das ist böse. Wir sind tief besorgt darüber, daß in den nicht befreiten Gebieten des südlichen Afrika Kirchen und Missionen immer noch meinen, sie könnten ihre Mission von einer Machtposition und bevorrechtigten Stellung aus erfüllen. Wir glauben, daß konkrete Aktion notwendig ist, damit wir uns mit den Unterdrückten, die dieser vernichtenden Macht Widerstand leisten, identifizieren.

Quelle: Ph. Potter (Hg.), Das Heil der Welt heute. Ende oder Beginn der Weltmission? Dokumente der Weltmissionskonferenz Bangkok 1973, 1973, S. 181f. – *Literatur:* K. Viehweger, Weltmissionskonferenz Bangkok, 1973; L. Vischer (Hg.), Theologie im Entstehen. Beiträge zum ökumenischen Gespräch im Spannungsfeld kirchlicher Situationen, 1976.

198. Kirche als konziliare Gemeinschaft, Salamanca-Bericht (1973)

Eine von der Kommission für Glauben und Kirchenverfassung des Ökumenischen Rats der Kirchen einberufene Arbeitskonferenz erarbeitete im September 1973 in Salamanca die »Vision einer vereinigten Kirche als konziliarer Gemeinschaft«. Die ökumenische Diskussion ist dadurch entscheidend angeregt und geprägt worden.

Jesus Christus schuf eine einzige Kirche. Heute leben wir in verschiedenen Kirchen, die von einander getrennt sind. Unsere Zukunftsvision ist jedoch, eines Tages wieder als Brüder und Schwestern in einer ungeteilten Kirche zu leben. Wie läßt sich dieses Ziel beschreiben? Wir unterbreiten den Kirchen für ihre Auseinandersetzung mit dieser Frage folgende Beschreibung: Die eine Kirche ist als konziliare Gemeinschaft von Gemeinden (local churches) zu verstehen, die ihrerseits tatsächlich vereinigt sind. In dieser konziliaren Gemeinschaft hat jede der Gemeinden zusammen mit den anderen volle Katholizität, sie bekennt denselben apostolischen Glauben und erkennt daher die anderen als Glieder derselben Kirche Christi an, die von demselben Geist geleitet werden. Wie die Vollversammlung in Neu Delhi ausführte, gehören sie zusammen, weil sie die gleiche Taufe empfangen haben und das gleiche Heilige Abendmahl feiern; sie erkennen die Mitglieder und die geistlichen Ämter der anderen Gemeinden an. Sie sind eins in ihrem gemeinsamen Auftrag, das Evangelium von Jesus Christus in ihrer Verkündigung und in ihrem Dienst in der Welt und vor der Welt zu bekennen. Zu diesem Zweck ist jede Einzelgemeinde bestrebt, die angebahnten Beziehungen zu ihren Schwestergemeinden anzuknüpfen und diesen Beziehungen in konziliaren Zusammenkünften Ausdruck zu verleihen, wo immer die Erfüllung ihres gemeinsamen Auftrags dies erfordert.

Quelle: R. Groskurth (Hg.), Wandelnde Horizonte auf dem Weg zu kirchlicher Einheit, 1974, S. 164f. – *Literatur:* G. Müller-Fahrenholz, Accra 1974. Berichte, Reden, Dokumente, 1975, S. 61ff.; Von Uppsala nach Nairobi. Ökumenische Bilanz 1968–1975, epd-Dokumentation 1975, S. 89ff.

199. Die »Lausanner Verpflichtung« (1974)

Der Internationale Kongreß für die Weltevangelisation führte im Juli 1974 evangelikale Gruppen aus aller Welt zusammen.

Wir, Glieder der Gemeinde Jesu Christi aus mehr als 150 Nationen, . . . loben Gott, weil Er Sein Heil geschenkt hat und freuen uns an der Gemeinschaft, die Er uns mit Ihm und untereinander schenkt . . . Durch seine Gnade sind wir entschlossen, dem Auftrag Jesu Christi zu gehorchen, indem wir Sein Heil der ganzen Menschheit verkündigen . . . Darum wollen wir unseren Glauben und unseren Entschluß bekräftigen und unserer Verpflichtung öffentlich Ausdruck geben.

. . .

Wir bekräftigen die göttliche Inspiration, die gewißmachende Wahrheit und Autorität der alt- und neutestamentlichen Schriften in ihrer Gesamtheit als das einzige geschriebene Wort Gottes. Es ist ohne Irrtum in allem, was es verkündigt, und ist der einzige unfehlbare Maßstab des Glaubens und des Lebens.

. . .

Wir bekräftigen: Es gibt nur einen Erlöser und nur ein Evangelium, jedoch eine große Vielfalt evangelistischer Arbeitsweisen. Als Herabsetzung Jesu Christi und des Evangeliums lehnen wir jeglichen Synkretismus ab und jeden Dialog, der vorgibt, daß Jesus Christus gleichermaßen durch alle Religionen und Ideologien spricht . . . Wir bekräftigen, daß Gott zugleich Schöpfer und Richter aller Menschen ist. Wir müssen deshalb Seine Sorge um Gerechtigkeit und Versöhnung in der ganzen menschlichen Gesellschaft teilen. Sie zielt auf die Befreiung der Menschen von jeder Art der Unterdrückung . . . Versöhnung zwischen Menschen ist nicht gleichzeitig Versöhnung mit Gott, soziale Aktion ist nicht Evangelisation, politische Befreiung ist nicht Heil. Dennoch bekräftigen wir, daß Evangelisation

und soziale wie politische Betätigung gleichermaßen zu unserer Pflicht als Christen gehören . . .
Wir bekräftigen, daß die sichtbare Einheit der Gemeinde in Wahrheit Gottes Ziel ist . . . Wir stellen jedoch fest, daß es organisatorische Einheit in vielen Formen geben kann, dadurch aber nicht unbedingt die Evangelisation gefördert wird. Wir aber, die wir den gleichen biblischen Glauben haben, sollen uns eng in Gemeinschaft, Dienst und Zeugnis vereinen . . . Wir freuen uns, daß ein neues Zeitalter der Mission angebrochen ist . . . Gott hat in den jungen Kirchen eine große neue Quelle der Weltevangelisation entstehen lassen und zeigt damit, daß die Verantwortung für die Evangelisation dem ganzen Leib Christi zukommt . . . Wir entdecken die Aktivität des Feindes nicht allein in falschen Ideologien außerhalb der Gemeinde, sondern gleichermaßen in der Gemeinde durch die Verkündigung eines anderen Evangeliums, das die Schrift verkehrt und den Menschen an die Stelle Gottes setzt. Wir müssen wachsam sein und die Geister unterscheiden, um die biblische Botschaft zu gewährleisten . . . Wir glauben, daß Jesus Christus persönlich und sichtbar in Macht und Herrlichkeit wiederkommen wird, Heil und Gericht zu vollenden . . . Wir erinnern uns an seine Warnungen, daß falsche Christusse und falsche Propheten sich als Vorläufer des Antichristen erheben werden. Deshalb widerstehen wir dem stolzen und selbstsicheren Traum, daß die Menschheit jemals Utopia auf Erden bauen kann . . .
Deshalb verpflichten wir uns, im Licht dieses unsres Glaubens und unsrer Entscheidung feierlich vor Gott und voreinander für die Evangelisation der ganzen Welt zusammen zu beten, zu planen und zu wirken.

Quelle: H. Krüger (Hg.), Ökumenische Bewegung 1973–74 = ÖR.B 29, 1975, S. 125ff. – *Literatur:* H. N. Janowski, Der Geist von Lausanne = EK 7, 1974, S. 479ff.

200. Fünfte Vollversammlung des Ökumenischen Rats der Kirchen, Nairobi 1975

Die Vollversammlung in Nairobi (23. November – 10. Dezember 1975) war wesentlich geprägt von der Besinnung auf Christusbekenntnis und Menschenrechte.

Das Bekenntnis zu Christus und die Bekehrung zur Jüngerschaft gehören untrennbar zusammen . . . Ohne ein klares Bekenntnis zu Christus wird unsere Jüngerschaft nicht kenntlich; und wenn wir uns unsere Jüngerschaft nicht etwas kosten lassen, werden die Menschen zögern, unserem Bekenntnis Glauben zu schenken.

. . .

Im Bekenntnis zu Christus und in der Bekehrung unter seine Herrschaft erfahren wir die Freiheit des Heiligen Geistes und verkündigen wir die letztgültige Hoffnung für die Welt . . . Der Teufelszirkel von Sünde, Tod und Teufel setzt den Teufelszirkel von Hunger, Unterdrückung und Gewalt aus sich heraus. Gleichermaßen geschieht Befreiung zu Gerechtigkeit, besserer Gemeinschaft und Menschenwürde innerhalb der umgreifenden Freiheit des Geistes, der nichts anderes ist als die Macht der neuen Schöpfung . . . Wir bedauern, daß einige die Befreiung von der Sünde und dem Bösen auf ihre sozialen und politischen Dimensionen reduzierten, ebenso wie wir es bedauern, daß andere die Befreiung auf die privaten und ewigen Dimensionen einschränken . . .

. . .

Unser Einsatz für die Menschenrechte gründet in der Überzeugung, daß Gott eine Gesellschaft will, in der jeder seine Menschenrechte voll verwirklichen kann . . . Das Evangelium führt uns dazu, Verletzungen der Menschenrechte in unseren eigenen Gesellschaften immer wacher aufzugreifen und zu korrigieren sowie neue Formen der Solidarität mit andernorts ähnlich engagierten Christen einzugehen . . . Wo es Menschen gibt, die sich nicht selbst vernehmlich machen können, sind wir berufen, Stimme der Schweigenden und Anwälte der Unterdrückten zu sein.

Quelle: Bericht aus Nairobi 1975. Ergebnis, Erlebnisse, Ereignisse, 1976, S. 7f.76f. – *Literatur:* W. Arnold/H. W. Heßler, Ökumenische Orientierung, Nairobi 1975, 1976; L. Vischer, Veränderung der Welt – Bekehrung der Kirchen. Denkanstöße der 5. Vollversammlung des ÖRK in Nairobi, 1976.

Literatur zum Studium der Kirchen- und Theologiegeschichte der Neuzeit

Neben den entsprechenden Kapiteln in den Gesamtdarstellungen der Kirchengeschichte:

Allgemeine Geschichte

Th. Schieder (Hg.), Handbuch der europäischen Geschichte, Bd. 4 Europa im Zeitalter des Absolutismus und der Aufklärung; (Bd. 5 noch nicht erschienen); Bd. 6 Europa im Zeitalter der Nationalstaaten und europäische Weltpolitik bis zum ersten Weltkrieg, 1968.
B. Gebhardt – H. Grundmann (Hg.), Handbuch der deutschen Geschichte, Bd. II–IV, 9. Aufl. 1970–1976.

Wirtschafts- und Sozialgeschichte

H. Aubin und W. Zorn (Hg.), Handbuch der deutschen Wirtschafts- und Sozialgeschichte, Bd. 1 Von der Frühzeit bis zum Ende des 18. Jahrhunderts, 1971; Bd. 2 Das 19. und 20. Jahrhundert, 1976.

Kirchengeschichtliche Handbücher

Handbuch der Kirchengeschichte, Hg. Krüger 4. Teil: Die Neuzeit, von H. Stephan u. H. Leube, 1931².
Die Kirche in ihrer Geschichte, begründet v. K. D. Schmidt u. E. Wolf, Hg. B. Moeller, Bd. IV.
Wiss. Handbibliothek. Kirchengeschichte von K. Bihlmeyer-Tüchle 3. Teil: Die Neuzeit und die neueste Zeit, 1969¹⁸ (kath.). Handbuch der Kirchengeschichte, Hg. H. Jedin (kath.): Bd. V Die Kirche im Zeitalter des Absolutismus und der Aufklärung, 1970; Bd. VI,1 Die Kirche zwischen Revolution und Restauration, 1971; Bd. VI,2 Die Kirche zwischen Anpassung und Widerstand (1878 bis 1914), 1973; Bd. VII Die Weltkirche im 20. Jahrhundert, 1979.

Kirchengeschichtliche Darstellungen

F. Schnabel: Deutsche Geschichte im 19. Jahrhundert, Bd. IV Die religiösen Kräfte, 1937 u.ö. – H. Hermelink: Das Christentum in der Menschheitsgeschichte von der franz. Revolution bis zur Gegenwart, 3 Bde., 1951–1955 – J. Wallmann, Kirchengeschichte Deutschlands II: Von der Reformation bis zur Gegenwart (= Deutsche Geschichte. Ereignisse u. Probleme), 1973 – R. Kottje u. B. Moeller: Ökumenische Kirchengeschichte III Neuzeit, 1974 – K. Kupisch: Kirchengeschichte IV. Das Zeitalter der Aufklärung; V. 1815–1945, Urban TB, 1975 – F. W. Kantzenbach: Christentum in der Gesellschaft. Grundlinien der Kirchengeschichte, 2. Bd. Reformation und Neuzeit, 1976 – H. W. Krumwiede: Geschichte des Christentums III, Neuzeit: 17. bis 20. Jahrhundert, 1977.
J. Lortz: Geschichte der Kirche in ideengeschichtlicher Betrachtung, 21. Aufl. Bd. 2 Die Neuzeit, 1964 (kath.).

Theologiegeschichte

H. Stephan: Geschichte der evangelischen Theologie seit dem Deutschen Idealismus, 1938, 3. Aufl. M. Schmidt 1973 – K. Barth: Die protestantische Theologie im 19. Jahrhundert, 1947 u.ö. – E. Hirsch: Geschichte der neueren evangelischen Theologie 5 Bde. 1949–1954, 1975⁵ – F. Flückiger u. W. Anz: Theologie und Philosophie im 19. Jahrhundert, (= Die Kirche in ihrer Geschichte. Ein Handbuch, Bd. 4, Lfg. P) 1975 – F. W. Kantzenbach: Programme der Theologie. Denker, Schulen, Wirkungen. Von Schleiermacher bis Moltmann, 1978 – M. Greschat (Hg.): Theologen des Protestantismus im 19. und 20. Jahrhundert I, II, Urban TB, 1978.

Geschichte der Ökumenischen Bewegung

R. Rouse u. St. C. Neill: Geschichte der ökumenischen Bewegung I, 1957; II 1958; H. E. Fey: Geschichte der ökumenischen Bewegung 1948–1968, 1974.

Register der Personennamen

Römische Ziffern verweisen auf den jeweiligen Teilband.

Sachregister